Thomas Theis

Einstieg in PHP 8 und MySQL

Liebe Leserin, lieber Leser,

dynamische Webseiten zu erstellen, das ist Ihr Ziel! Dieses Buch zeigt Ihnen, wie Sie das einfach mit PHP und MySQL realisieren – auch wenn Sie bislang noch nie programmiert haben.

Damit Ihnen der Einstieg sicher gelingt, lernen Sie zu Beginn die notwendigen Grundlagen der Programmierung mit PHP kennen. Anschließend zeigt Ihnen Thomas Theis, wie Sie »richtige« Internetanwendungen mit PHP erstellen: z. B. Daten auf sichere Weise aus HTML-Formularen auslesen und in MySQL-Datenbanken abspeichern, Cookies generieren, automatisch erzeugte E-Mails versenden, Webshops, Chats, Blogs oder Foren in die eigene Website integrieren und vieles mehr.

Alles, was Sie zum Erstellen Ihrer Webseiten benötigen, lernen Sie Schritt für Schritt anhand vieler kleiner Anwendungsbeispiele. Sämtliche Code-Zeilen werden dabei erklärt, sodass Sie alles problemlos nachvollziehen können. Durch das Lösen der Übungsaufgaben können Sie Ihr neu gewonnenes Wissen anschließend überprüfen und festigen. Zum Schluss können Sie an einigen größeren Beispielprojekten, darunter der Aufbau eines Multiplayerspiels und das Verstecken von Daten, Ihre Programmierkenntnisse ausprobieren.

Dieses Buch wurde mit großer Sorgfalt geschrieben, geprüft und produziert. Sollte dennoch einmal etwas nicht so funktionieren, wie Sie es erwarten, freue ich mich, wenn Sie sich mit mir in Verbindung setzen. Ihre Kritik und konstruktiven Anregungen sind uns jederzeit herzlich willkommen!

Viel Spaß beim Programmieren Ihrer Webseiten wünscht Ihnen nun

Ihre Anne Scheibe
Lektorat Rheinwerk Computing

anne.scheibe@rheinwerk-verlag.de
www.rheinwerk-verlag.de
Rheinwerk Verlag · Rheinwerkallee 4 · 53227 Bonn

Auf einen Blick

1	PHP-Programmierkurs	25
2	Daten senden und auswerten	151
3	Datenbanken mit MySQL	203
4	Objektorientierung in PHP	279
5	Fehler behandeln, Sicherheit erhöhen	323
6	Zeichenketten	331
7	Dateien und Verzeichnisse	345
8	Felder	363
9	Datum und Zeit	403
10	Mathematische Funktionen	425
11	Sessions und Cookies	443
12	Datenbanken mit SQLite3 und PDO	465
13	XML	481
14	Ajax	491
15	Grafiken programmieren	513
16	PDF-Dateien erstellen	541
17	Automatisierter E-Mail-Versand	559
18	Beispielprojekte	565

Impressum

Wir hoffen, dass Sie Freude an diesem Buch haben und sich Ihre Erwartungen erfüllen. Ihre Anregungen und Kommentare sind uns jederzeit willkommen. Bitte bewerten Sie doch das Buch auf unserer Website unter **www.rheinwerk-verlag.de/feedback**.

An diesem Buch haben viele mitgewirkt, insbesondere:

Lektorat Anne Scheibe
Korrektorat Friederike Daenecke, Zülpich
Herstellung Maxi Beithe
Typografie und Layout Vera Brauner
Einbandgestaltung Julia Schuster
Coverbild Johannes Kretzschmar, Jena
Satz SatzPro, Krefeld
Druck C.H.Beck, Nördlingen

Dieses Buch wurde gesetzt aus der TheAntiquaB (9,35/13,7 pt) in FrameMaker.
Gedruckt wurde es auf chlorfrei gebleichtem Offsetpapier (90 g/m²).
Hergestellt in Deutschland.

Das vorliegende Werk ist in all seinen Teilen urheberrechtlich geschützt. Alle Rechte vorbehalten, insbesondere das Recht der Übersetzung, des Vortrags, der Reproduktion, der Vervielfältigung auf fotomechanischen oder anderen Wegen und der Speicherung in elektronischen Medien.

Ungeachtet der Sorgfalt, die auf die Erstellung von Text, Abbildungen und Programmen verwendet wurde, können weder Verlag noch Autor, Herausgeber oder Übersetzer für mögliche Fehler und deren Folgen eine juristische Verantwortung oder irgendeine Haftung übernehmen.

Die in diesem Werk wiedergegebenen Gebrauchsnamen, Handelsnamen, Warenbezeichnungen usw. können auch ohne besondere Kennzeichnung Marken sein und als solche den gesetzlichen Bestimmungen unterliegen.

Bibliografische Information der Deutschen Nationalbibliothek:
Die Deutsche Nationalbibliothek verzeichnet diese Publikation in der Deutschen Nationalbibliografie; detaillierte bibliografische Daten sind im Internet über *http://dnb.dnb.de* abrufbar.

ISBN 978-3-8362-7532-3

14., aktualisierte Auflage 2021
© Rheinwerk Verlag, Bonn 2021

Informationen zu unserem Verlag und Kontaktmöglichkeiten finden Sie auf unserer Verlagswebsite **www.rheinwerk-verlag.de**. Dort können Sie sich auch umfassend über unser aktuelles Programm informieren und unsere Bücher und E-Books bestellen.

Inhalt

Materialien zum Buch 18
Einführung 19

1 PHP-Programmierkurs   25

1.1 Einbettung von PHP 25
   1.1.1 Kodierung in UTF-8 27
   1.1.2 Kommentare 27

1.2 Variablen, Datentypen und Operatoren 29
   1.2.1 Datentypen 29
   1.2.2 Namen für Variablen 30
   1.2.3 Variablen für Zahlen 31
   1.2.4 Rechenoperatoren für Zahlen 32
   1.2.5 Kombinierte Zuweisungsoperatoren 34
   1.2.6 Formatierung von Zahlen 36
   1.2.7 Variablen und Operatoren für Zeichenketten ... 38
   1.2.8 Konstanten 40
   1.2.9 Referenzen 41

1.3 Einfache Formularauswertungen 42
   1.3.1 Eingabeformular 42
   1.3.2 Auswertung mit $_POST 44
   1.3.3 Umwandlungen zwischen Zeichenketten
          und Zahlen 46
   1.3.4 Umwandlung von Eingaben 49

1.4 Verzweigungen 51
   1.4.1 Einfache Verzweigung mit »if« 52
   1.4.2 Alternativer Zweig mit »else« 53
   1.4.3 Verknüpfung mit »oder« 57
   1.4.4 Verknüpfung mit »und« 58
   1.4.5 Umkehrung mit »nicht« 60
   1.4.6 Rangordnung der Operatoren 61
   1.4.7 Mehrfache Verzweigung mit »if« und »else« 61

	1.4.8	Mehrfache Verzweigung mit »switch«	63
	1.4.9	Mehrfache Verzweigung mit »match«	66
1.5	**Mehr über Verzweigungen**		67
	1.5.1	Wahrheitswerte	68
	1.5.2	Ternärer Operator ?:	70
	1.5.3	Spaceship-Operator <=>	71
	1.5.4	Existenz von Variablen	72
	1.5.5	Typ prüfen	74
	1.5.6	Koaleszenzoperatoren ?? und ??=	76
1.6	**Schleifen**		77
	1.6.1	Schleife mit »for«	78
	1.6.2	Beispiele für Schleifen mit »for«	79
	1.6.3	Verschachtelte Schleife mit »for«	81
	1.6.4	Schleifen und Tabellen	82
	1.6.5	Schleife mit »while«	85
	1.6.6	Schleife mit »do-while«	87
	1.6.7	Abbruch einer Schleife mit »break«	88
	1.6.8	Fortsetzung einer Schleife mit »continue«	89
1.7	**Funktionen**		90
	1.7.1	Ein erstes Beispiel	91
	1.7.2	Definition, Aufruf und Funktionstypen	92
	1.7.3	Funktionen mit einem Parameter	93
	1.7.4	Funktionen mit mehreren Parametern	96
	1.7.5	Rückgabewert einer Funktion	98
	1.7.6	Kopie und Referenz	101
	1.7.7	Gültigkeitsbereich von Variablen	103
1.8	**Behandlung von Fehlern**		106
	1.8.1	Ohne Ausnahmebehandlung	106
	1.8.2	Mit Ausnahmebehandlung	108
1.9	**Felder**		110
	1.9.1	Numerisch indizierte Felder	111
	1.9.2	Assoziative Felder	113
1.10	**Mehr über Funktionen**		117
	1.10.1	Variable Parameteranzahl	117
	1.10.2	Variadische Funktionen	119
	1.10.3	Parameter entpacken	121
	1.10.4	Optionale Parameter	122

	1.10.5	Benannte Parameter	123
	1.10.6	Rekursive Funktionen	125
	1.10.7	Auslagern von Funktionen	127
	1.10.8	Generatoren	130
	1.10.9	Typhinweise	131
	1.10.10	Nullbare Typen	135
1.11	**Beispiele**		137
	1.11.1	Entwicklung eines Programms	137
	1.11.2	Geldanlage	138
	1.11.3	Steuertabelle	141
	1.11.4	Bestimmung des Ostersonntags	144

2 Daten senden und auswerten   151

2.1	**Textelemente**		151
	2.1.1	Einzeilige Texteingabefelder	152
	2.1.2	Mehrzeilige Texteingabefelder	154
	2.1.3	Passworteingabefeld und versteckte Elemente	156
2.2	**Auswahlelemente**		160
	2.2.1	Radiobutton-Gruppe	160
	2.2.2	Einfaches Auswahlmenü	163
	2.2.3	Kontrollkästchen	164
	2.2.4	Mehrfaches Auswahlmenü	166
2.3	**Aktionselemente**		168
	2.3.1	Absenden und Zurücksetzen	169
2.4	**Weitere Möglichkeiten**		172
	2.4.1	Felder von Formularelementen	172
	2.4.2	Formular und Programm in einer Datei	176
	2.4.3	Absenden über Hyperlink mit CSS	178
	2.4.4	Daten an Formularziel anhängen	181
	2.4.5	Daten an Hyperlinkziel anhängen	184
	2.4.6	Dateien auf den Server hochladen	186

2.5	**Beispiele**		189
	2.5.1	Grundrechenarten	189
	2.5.2	Pizzabestellung	191
	2.5.3	Kopfrechnen	195
2.6	**PHP-Programme publizieren**		200

3   Datenbanken mit MySQL   203

3.1	**Einführung**		203
	3.1.1	Was ist eine Datenbank?	203
	3.1.2	Was bedeuten SQL und MySQL?	204
	3.1.3	Was ist phpMyAdmin?	205
3.2	**Verwaltung mit phpMyAdmin**		205
	3.2.1	Planung	206
	3.2.2	Datenbank erzeugen	207
	3.2.3	Tabelle erzeugen	207
	3.2.4	Primärschlüssel erzeugen	209
	3.2.5	Datensätze eintragen	210
3.3	**Datensätze anzeigen**		211
	3.3.1	Aufbau des Programms	212
	3.3.2	Klasse »mysqli« für das Verbindungsobjekt	213
	3.3.3	Klasse »mysqli_result« für das Ergebnisobjekt	214
	3.3.4	Schleife über alle Ergebnisse	215
3.4	**Datensätze auswählen**		216
	3.4.1	SQL-Operatoren	216
	3.4.2	Vergleich von Zahlen	217
	3.4.3	Vergleich von Zeichenketten	219
3.5	**Ausgabe in Tabellenform**		221
3.6	**Auswahl über Formulare**		222
	3.6.1	Ablauf	223
	3.6.2	Formular	223
	3.6.3	Auswertung	224
3.7	**Prepared Statements**		226
	3.7.1	Einbindung von Zahlen	227
	3.7.2	Einbindung von Zeichenketten	231

3.8	Datensätze erzeugen	233
3.9	Datensätze ändern	238
	3.9.1 Mehrere Datensätze	238
	3.9.2 Einzelner Datensatz	239
3.10	Datensätze löschen	244
3.11	SQL-Funktionen für Zeichenketten	247
3.12	Aggregatfunktionen	249
3.13	Gruppierung	251
3.14	Benutzeroberfläche mit JavaScript und CSS	252
3.15	Abfragen über mehrere Tabellen	263
	3.15.1 Zweck der Datenbank	263
	3.15.2 Datenbankmodell	264
	3.15.3 Beispieldaten	265
	3.15.4 Abfragen	266
	3.15.5 JOIN oder WHERE?	270
3.16	Ein Datenbankbrowser	271
3.17	Datenbanken publizieren	271
	3.17.1 Verbindung aufnehmen	272
	3.17.2 Export einer Tabelle	274
	3.17.3 Tabelle und Daten per Programm erzeugen	276

4   Objektorientierung in PHP   279

4.1	Was ist objektorientierte Programmierung?	279
4.2	Klassen und Objekte	280
	4.2.1 Definition der Klasse	280
	4.2.2 Sichtbarkeit	282
	4.2.3 Anwendung der Klasse	283
4.3	Konstruktor und Ausgabe	285
4.4	Destruktor	288
4.5	Optionale und benannte Parameter	290
4.6	Konstanten und statische Elemente	293

4.7	Kopie und Referenz	297
4.8	Typhinweise	300
4.9	Objekte und Felder	301
4.10	Vererbung	306
4.11	Schnittstellen	311
	4.11.1 Eigene Schnittstellen	311
	4.11.2 Iterator-Schnittstelle	313
4.12	Serialisierung	315
4.13	Beispiel »Scheck«	318
4.14	Kopfrechnen, objektorientiert	322

5 Fehler behandeln, Sicherheit erhöhen — 323

5.1	Anzeige von Fehlern	323
5.2	Dauerhafte Konfiguration der Anzeige von Fehlern	323
5.3	Änderung der Anzeige	326
5.4	Angriffe und Sicherheit	327
	5.4.1 Programmpakete	327
	5.4.2 Sichtbare Daten	327
	5.4.3 Sessions	328
	5.4.4 Variablen	329
	5.4.5 Eingaben prüfen	329
	5.4.6 SQL-Injection vermeiden	330
	5.4.7 Passwörter	330

6 Zeichenketten — 331

6.1	Eigenschaften und Umwandlungen	331
6.2	Suchen und Ersetzen	332
6.3	Positionen und Teilzeichenketten	335
6.4	Zeichenketten und Felder	337

6.5	Zeichen und Codenummern	338
6.6	Verschlüsselung	339

7 Dateien und Verzeichnisse — 345

7.1	Schreiben einer Textdatei	345
7.2	Lesen einer Textdatei	347
7.3	Ein einfacher Webcounter	350
7.4	Schreiben einer CSV-Datei	351
7.5	Lesen einer CSV-Datei	353
7.6	Informationen über Dateien	355
7.7	Informationen über ein Verzeichnis	356
7.8	Informationen über einen Verzeichnisbaum	359

8 Felder — 363

8.1	Feld entpacken	363
8.2	Feld kopieren	364
8.3	Feld als Parameter	365
8.4	Feld als Rückgabewert	366
8.5	Zufällige Werte aus einem Feld	368
8.6	Typhinweise	369
8.7	foreach-Schleife, Kopie und Referenz	370
8.8	Operationen für numerisch indizierte Felder	371
	8.8.1 Erzeugung mit der Funktion range()	371
	8.8.2 Sortierung	372
	8.8.3 Wert und Position der Extrema	374
	8.8.4 Statistische Auswertung	375
	8.8.5 Feld verändern	378
8.9	Sortierung eines assoziativen Feldes	380

8.10	Zweidimensionale Felder	381
	8.10.1 Zweidimensionale numerische Felder	382
	8.10.2 Zweidimensionale gemischte Felder	385
	8.10.3 Zweidimensionale assoziative Felder	388
8.11	Callback-Funktionen	391
8.12	Benutzerdefinierte Sortierung	393
	8.12.1 Sortierung eines zweidimensionalen Felds	393
	8.12.2 Sortierung eines Felds von Objekten	395
8.13	Dekonstruktion	396
8.14	Mengenlehre	399

9 Datum und Zeit   403

9.1	Zeit ermitteln und ausgeben	403
9.2	Zeit formatiert ausgeben	405
9.3	Zeitangabe prüfen	408
9.4	Absolute Zeitangabe erzeugen	409
9.5	Relative Zeitangabe erzeugen	410
9.6	Mit Zeitangaben rechnen	411
9.7	Zeitstempel in Datenbanken	416
9.8	SQL-Funktionen für Zeitangaben	418
9.9	Ermittlung von Feiertagen	420
9.10	Kopfrechnen mit Zeitmessung	424

10 Mathematische Funktionen   425

10.1	Ganze Zahlen und Fließkommazahlen	425
10.2	Exponentialoperator **	427
10.3	PHP als Taschenrechner	428
10.4	Ganze Zahlen, Runden	430

10.5	Ganzzahlige Division und Modulo	432
10.6	Extremwerte	433
10.7	Winkelfunktionen	434
10.8	Mischen	435
10.9	Stellenwertsysteme	437
10.10	Bit-Operatoren	439

11 Sessions und Cookies — 443

11.1	Session-Management	444
11.2	Zugriffszähler mit Sessions	444
11.3	Geschützte Website mit Sessions	446
	11.3.1 Ablauf	446
	11.3.2 Anmeldeseite	448
	11.3.3 Intro-Seite	449
	11.3.4 Seite innerhalb der Website	450
11.4	Webshop mit Sessions	451
	11.4.1 Ablauf	452
	11.4.2 Datenbank	453
	11.4.3 Auswahl der Abteilung	454
	11.4.4 Startseite	455
	11.4.5 Warenkorb	457
11.5	Cookies	459
11.6	Existenz von Cookies prüfen	460
11.7	Daten speichern mit Cookies	462

12 Datenbanken mit SQLite3 und PDO — 465

12.1	SQLite3	465
	12.1.1 Eigenschaften	465
	12.1.2 Prüfung und Version	466

	12.1.3	Datenbank, Tabelle und Datensätze erzeugen	467
	12.1.4	Abfrage der Datensätze	469
	12.1.5	Benutzeroberfläche mit JavaScript und CSS	471
	12.1.6	Kopfrechnen und SQLite	476
12.2	PDO		476
	12.2.1	Erweiterungen aktivieren	476
	12.2.2	Beispiel für einen Zugriff	477

13 XML 481

13.1	Einlesen eines einzelnen Objekts	481
13.2	Sammlung von gleichartigen Objekten	484
13.3	Zugriff auf Attribute	486
13.4	Interne XML-Daten	488
13.5	Speicherung von Objekten	489

14 Ajax 491

14.1	Hallo Ajax		491
14.2	Parameter senden		494
14.3	XML-Datei lesen		497
	14.3.1	Einzelnes Objekt	497
	14.3.2	Sammlung von Objekten	499
14.4	JSON-Datei lesen		501
	14.4.1	Einzelnes Objekt	502
	14.4.2	Sammlung von Objekten	504
	14.4.3	Decodieren von JSON-Daten	506
14.5	Zugriff auf MySQL-Datenbank		507
14.6	Weitere Ereignisse		510

15 Grafiken programmieren — 513

15.1	Installation testen	513
15.2	Grafik anzeigen	514
	15.2.1 Speicherung in Bilddatei	515
	15.2.2 Anzeige ohne Speicherung	516
15.3	Texte anzeigen	518
	15.3.1 Text mit internen Fonts	518
	15.3.2 Text mit TrueType-Fonts	519
15.4	Bilder anzeigen	521
	15.4.1 Bilder aus Dateien laden	521
	15.4.2 Bilder skalieren	523
	15.4.3 Bilder spiegeln	524
	15.4.4 Bildausschnitte erstellen	525
	15.4.5 Bilder aus Dateien ineinander einbetten	526
15.5	Zeichnungen erzeugen	528
	15.5.1 Ellipsen und Bogen	528
	15.5.2 Rechtecke und Polygone	530
	15.5.3 Linien und Pixel	531
	15.5.4 Füllen mit Farbe	533
15.6	Beispielprojekte	535
	15.6.1 Darstellung eines Aktienkurses	535
	15.6.2 Erstellung eines CAPTCHAS	538

16 PDF-Dateien erstellen — 541

16.1	Installation	541
16.2	PDF-Dokument erzeugen	541
16.3	Text in Zelle	543
16.4	Fließtext, Schriftparameter	545
16.5	Tabelle	547
16.6	Kopf- und Fußzeile	550
16.7	Bild aus Datei laden	552

| 16.8 | Hyperlinks | 553 |
| 16.9 | Linie, Rechteck, Position | 557 |

17　Automatisierter E-Mail-Versand　559

17.1	Eine erste E-Mail	559
17.2	Weitere Header	560
17.3	Ein E-Mail-Formular	561
17.4	E-Mails mit PHPMailer	563

18　Beispielprojekte　565

18.1	Das Projekt »Chat«		565
18.2	Das Projekt »Blog«		565
18.3	Das Projekt »Forum«		566
18.4	Das Projekt »Multiplayer«		566
	18.4.1	Der Ablauf der Anmeldung	567
	18.4.2	Der Ablauf des Spiels und der Abmeldung	569
	18.4.3	Aufbau der XML-Dateien	570
	18.4.4	Beginn des Programms	572
	18.4.5	Anmeldung	574
	18.4.6	Abmeldung	575
	18.4.7	Lesen der XML-Dateien	576
	18.4.8	Schreiben der XML-Dateien	577
	18.4.9	Erhöhen eines Werts um 1	578
	18.4.10	Ausgelöste Aktion durchführen	579
	18.4.11	Formular mit Schaltflächen	581
	18.4.12	Anzeige von Informationen oder Spielkarten	582
	18.4.13	Individuelle oder allgemeine Informationen	584
18.5	Das Projekt »Steganografie«		585
	18.5.1	Das Auge erkennt keinen Unterschied	586
	18.5.2	Das Verstecken der Daten	587
	18.5.3	Die Rekonstruktion der Daten	591

Anhang: Installationen und Hilfestellungen   595

A.1	**Installationen unter Windows**		595
	A.1.1	Installation des Pakets XAMPP	595
	A.1.2	Der FTP-Client FileZilla	597
A.2	**Installation unter Ubuntu Linux**		598
A.3	**Installation für macOS**		600
A.4	**Windows – einige Tastenkombinationen**		602
A.5	**Unix-Befehle**		602
	A.5.1	Inhalt eines Verzeichnisses	603
	A.5.2	Verzeichnis anlegen, wechseln und löschen	604
	A.5.3	Datei kopieren, verschieben und löschen	604

Index   607

Materialien zum Buch

Sie können folgende Materialien von der Webseite zu diesem Buch herunterladen:

- alle Beispielprogramme
- Musterlösungen der Übungsaufgaben
- Bonuskapitel

Gehen Sie auf *www.rheinwerk-verlag.de/5069*. Klicken Sie auf den Reiter MATERIALIEN. Sie sehen die herunterladbaren Dateien samt einer Kurzbeschreibung des Dateiinhalts. Klicken Sie auf den Button HERUNTERLADEN, um den Download zu starten. Je nach Größe der Datei (und Ihrer Internetverbindung) kann es einige Zeit dauern, bis der Download abgeschlossen ist.

Einführung

In dieser Einführung erfahren Sie, warum PHP eine gute Wahl ist. Ich stelle Ihnen die Vorzüge von PHP vor und beschreibe den Aufbau des Buches, damit Ihnen der Einstieg leichtfällt.

PHP wurde im Jahre 1995 von Rasmus Lerdorf entwickelt. Seitdem hat es sich als sehr erfolgreiche Sprache zur Entwicklung dynamischer Internetanwendungen bewährt. Die Sprache ist weitverbreitet, wird ständig weiterentwickelt und gehört zur Standardausstattung bei Webhosting-Unternehmen. PHP ist diejenige Programmiersprache, die zum Erstellen von Websites am häufigsten verwendet wird. Die Sprache wird bei vielen großen Internetprojekten eingesetzt, ist aber gleichzeitig leicht erlernbar, auch für Anfänger.

Standardausstattung

Zu diesem Buch

Dieses Buch erscheint mittlerweile in der vierzehnten Auflage, aktuell zu PHP 8.0. Es ist eine leicht verständliche Einführung in die wichtigsten Einsatzgebiete von PHP. Zahlreiche Kommentare und E-Mails zu diesem Bestseller haben gezeigt, dass es als Lehrbuch sehr gut angenommen wird. Viele Leser und Leserinnen fühlen sich erfolgreich an die Hand genommen und in die PHP-Welt eingeführt. Das Buch wurde von Auflage zu Auflage ständig überarbeitet und erweitert.

Bestseller

Besondere Beachtung findet in diesem Buch die Zusammenarbeit zwischen PHP und dem Datenbanksystem MySQL beziehungsweise der MySQL-Abspaltung MariaDB. Für die Beispiele dieses Buches ist es unerheblich, ob Sie MySQL oder MariaDB nutzen. Beziehe ich mich im weiteren Verlauf dieses Buches auf MySQL, so gilt die jeweilige Aussage auch für MariaDB.

MySQL, MariaDB

Im Anhang finden Sie Anleitungen zum Download und zur Installation der benötigten Software. Sie lässt sich sehr einfach installieren. Mit ihrer Hilfe können Sie schnell eigene PHP-Programme entwickeln und testen. PHP ist in vielen kostengünstigen Angeboten von Internet-Service-Providern bereits enthalten, sodass Sie die erworbenen Kenntnisse dort erfolgreich einsetzen können.

Anleitung zur Installation

PHP lernen — Um PHP anhand des vorliegenden Buches zu erlernen, brauchen Sie lediglich Grundkenntnisse auf Anwenderebene des Betriebssystems Ihres Rechners, also in Microsoft Windows, Ubuntu Linux oder macOS. Sie sollten mit Dateien und Verzeichnissen sowie mit einem Browser arbeiten können.

Machen Sie sich nun mit dieser erfolgreichen und einfachen Sprache vertraut!

Für die Hilfe bei der Erstellung dieses Buches bedanke ich mich bei Anne Scheibe und dem ganzen Team des Rheinwerk Verlags.

PHP – eine Beschreibung

Dynamische Internetseiten — PHP ist die Abkürzung für *PHP Hypertext Preprocessor*. PHP ermöglicht Entwicklern die Erzeugung dynamischer Internetseiten, mit denen sogenannte *Web Applications* erstellt werden, wie zum Beispiel E-Commerce-Systeme, Chat-Plattformen oder Foren. Im Unterschied zu statischen Internetseiten kann sich in Web-Applikationen der Inhalt aufgrund von Aktionen des Benutzers oder aufgrund neuer Basisinformationen, die zum Beispiel aus Datenbanken stammen, jederzeit ändern.

MySQL — PHP unterstützt insbesondere die einfache Auswertung von Formularen, mit denen ein Benutzer Daten an eine Website senden kann. Es ermöglicht die Zusammenarbeit mit vielen verschiedenen Datenbanksystemen. Die weitaus meisten PHP-Entwickler setzen das Datenbanksystem MySQL ein. Ein besonderer Schwerpunkt dieses Buches ist daher der Zusammenarbeit von PHP und MySQL gewidmet.

PHP – Vorzüge

Gründe für die Verwendung von PHP — PHP bietet im Vergleich zu anderen Programmiersprachen viele Vorteile. Als wichtigste Gründe für die Nutzung von PHP sind zu nennen:

- PHP wurde zur Entwicklung von Internetanwendungen erschaffen.
- PHP ermöglicht die einfache Entwicklung von Programmen.
- PHP unterstützt verschiedene Plattformen.
- PHP arbeitet sehr gut mit dem verbreiteten Apache-Webserver zusammen, auch innerhalb des Installationspakets XAMPP, das in diesem Buch genutzt wird.
- PHP ist erschwinglich und flexibel.

Im Folgenden sollen einige Eigenschaften von PHP näher betrachtet werden: Erlernbarkeit, Einsatzbereich, Preis und Ausführungsort.

Erlernbarkeit

Im Vergleich zu anderen Sprachen ist PHP leicht erlernbar. Dies liegt hauptsächlich daran, dass PHP im Gegensatz zu anderen Sprachen ausschließlich für die Webserverprogrammierung entwickelt wurde und nur die dafür notwendigen Bestandteile enthält.   *Leicht erlernbar*

Einsatzbereich

PHP wird von vielen Typen von Webservern einheitlich unterstützt. Andere Sprachen kommen nur auf bestimmten Servertypen zum Einsatz. Ein PHP-Programmierer kann also seine Kenntnisse später auf den unterschiedlichsten Systemen nutzen.   *Auf vielen Systemen einsetzbar*

Preis

PHP kostet nichts; Sie müssen weder einen Compiler noch ein Entwicklungssystem kaufen. PHP kann unter anderem auf dem ebenfalls frei verfügbaren und weitverbreiteten Apache-Webserver unter verschiedenen Betriebssystemen eingesetzt werden.   *Frei verfügbar*

Ausführungsort

Eine Internetanwendung kann entweder auf einem Webserver (*Serverprogramm*) oder beim Betrachter einer Internetseite (*Clientprogramm*) ausgeführt werden. PHP-Programme sind stets Serverprogramme. Beim Betrachter wird also lediglich die Ausgabe der Programme dargestellt. Der Browser des Betrachters muss nur in der Lage sein, den vom Server gesendeten HTML-Code umzusetzen. Er muss keine besonderen Eigenschaften besitzen, die mit der Programmiersprache des Webservers zusammenhängen.   *Serverprogramm*

Darüber hinaus haben Serverprogramme im Unterschied zu Clientprogrammen Zugriff auf Textdateien und Datenbanken, die auf dem Server liegen. Dies ermöglicht erst die Durchführung häufig vorkommender Vorgänge, wie zum Beispiel die Suche nach bestimmten Daten oder die Übermittlung von Daten an den Server.   *Dateien und Datenbanken*

Der Betrachter kann nur wenige Rückschlüsse auf den erzeugenden Programmcode oder auf die Quelldaten ziehen. Die Programme können also   *Sicherheit* vom Betrachter nicht einfach kopiert und zu eigenen Zwecken weiterverwendet werden.

Aufbau dieses Buches

Alle Kapitel des Buches haben den folgenden lernfreundlichen Aufbau:

Grundlagen und Anwendung
- Neue Elemente werden Schritt für Schritt hinzugefügt, basierend auf den Grundlagen und Kenntnissen, die bis zu diesem Punkt vorhanden sind. Ich beschreibe die Theorie und erläutere sie anhand von vollständigen, anschaulichen und ausführlich kommentierten Beispielen.

Übungen
- Sie haben die Möglichkeit, Übungsaufgaben zum jeweiligen Thema zu lösen. Sie sollen dabei das soeben erworbene Wissen umsetzen und haben damit eine unmittelbare Erfolgskontrolle. Sie können so selbst feststellen, ob Sie den betreffenden Abschnitt verstanden haben.

Lösungen
- Die Lösungen zu allen Übungsaufgaben finden Sie (zusammen mit dem Code aller Programmbeispiele) in den Materialien zum Buch. Sollten Sie eine Übungsaufgabe nicht vollständig gelöst haben, kann Ihnen die dortige Lösung als Hilfestellung dienen.
- Sofern Sie selbst eine lauffähige Lösung gefunden haben, können Sie sie mit der vorgeschlagenen Lösung vergleichen. Beim Programmieren gilt der Grundsatz: Es gibt beliebig viele richtige Lösungen und nicht nur eine sogenannte Musterlösung. Allerdings soll mit dem Aufbau der Beispiel- und Übungsprogramme auch ein übersichtlicher und lesbarer Programmierstil vermittelt werden, der ein strukturiertes Erlernen und professionelles Programmieren ermöglicht.

Systemvoraussetzungen

Voraussetzungen
PHP läuft unter zahlreichen Betriebssystemen, unter anderem unter Windows, macOS und Ubuntu Linux. Sie benötigen für Ihre Arbeit mit PHP neben einem Browser zum Betrachten beziehungsweise Benutzen der Seiten die folgende Minimalausstattung:

- einen PHP-fähigen Webserver (zum Beispiel Apache)
- PHP selbst
- das Datenbanksystem MySQL bzw. MariaDB

Unter Windows, Ubuntu Linux und macOS können Sie für die Programm- **XAMPP**
entwicklung das leicht installierbare Paket XAMPP verwenden. Das Paket
beinhaltet alle notwendigen Bestandteile und ist bereits fertig vorkonfiguriert. Im Anhang finden Sie eine Anleitung zum Download und zur Installation.

Kapitel 1
PHP-Programmierkurs

In diesem Kapitel lernen Sie, mithilfe von Variablen, Feldern, Operatoren, Kontrollstrukturen und Funktionen erfolgreich Programme in PHP zu schreiben. Die Auswertung von Formularen und einige umfangreichere Beispiele runden das Kapitel ab.

> **Hinweis**
> Dieses Buch soll Ihnen nicht nur Kenntnisse der Sprache PHP vermitteln, sondern Ihnen auch einen übersichtlichen und strukturierten Programmierstil beibringen. Er vereinfacht sowohl die Arbeit eines einzelnen Entwicklers als auch die Zusammenarbeit eines Entwicklerteams und die spätere Wartung der Programme.
>
> Für viele denkbare Anwendungsfälle biete ich jeweils nur eine Lösung an und erläutere den typischen Einsatzzweck, denn ich möchte Sie nicht durch eine allzu große Anzahl von Möglichkeiten verwirren.

1.1 Einbettung von PHP

Die Markierung `<?php` leitet eine oder mehrere PHP-Anweisungen ein. Diese werden bis zur Markierung `?>` bearbeitet, die das Ende des PHP-Bereichs darstellt. PHP-Bereiche können im gesamten Dokument untergebracht werden. Der Code wird von oben nach unten abgearbeitet. Dabei kann mehrmals zwischen HTML und PHP gewechselt werden.

`<?php ... ?>`

Zur Auffrischung Ihrer Kenntnisse in HTML und CSS verweise ich auf das Bonuskapitel »HTML und CSS für PHP«, das Sie auf der Webseite zu diesem Buch finden. In ihm werden einige Grundlagen erläutert, die bei der Programmierung mit PHP benötigt werden.

HTML und CSS

Das folgende Beispiel zeigt die Einbettung von PHP-Code in HTML:

```
<!DOCTYPE html>
<html lang="de">
<head>
   <meta charset="utf-8">
   <title>PHP einbetten</title>
</head>
<body>
Die erste Zeile in HTML<br>
<?php
   echo "Die zweite Zeile in PHP<br>";
   echo "Die dritte " . "Zeile in PHP" . "<br>";
?>
</body>
</html>
```

Listing 1.1 Datei »einbetten.php«

Ausgabe von Text

Die PHP-Anweisung echo gibt den angegebenen Text auf dem Bildschirm aus. Der Text muss in einfachen oder in doppelten Hochkommata geschrieben werden. Beinhaltet der Text HTML-Markierungen (hier <br> für einen Zeilenumbruch), werden diese im Browser ausgeführt. Der Text kann aus mehreren Teilen bestehen. Diese müssen mithilfe des Operators . (Punkt) miteinander verbunden werden.

Die Ausgabe des Programms sehen Sie in Abbildung 1.1.

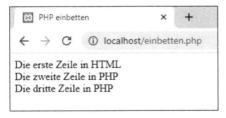

Abbildung 1.1 Einbetten von PHP in HTML

Um das Beispiel nachzuvollziehen, gehen Sie wie folgt vor:

▶ Starten Sie den Apache-Webserver, wie es bei der Installation von *XAMPP* in Anhang A beschrieben wird.

▶ Geben Sie den angegebenen Code in einem Editor ein, und speichern Sie ihn in der Datei *einbetten.php* im Hauptverzeichnis des Webservers. Das jeweils passende Verzeichnis auf der Festplatte Ihres Rechners wird ebenfalls in Anhang A genannt.

Die vollständige Adresse des Webservers ist *http://localhost*. Die Funktionsweise der PHP-Dateien wird über den Webserver kontrolliert. Daher lautet die vollständige Adresse für das erste Beispielprogramm *http://localhost/einbetten.php*. In der Adresszeile eines modernen Browsers genügt meist die Eingabe ohne den Protokollnamen, also *localhost/einbetten.php*.

http://localhost

Sollten Sie in Ihrem Browser nicht die gleiche Ausgabe wie in Abbildung 1.1 sehen, kann dies mehrere Ursachen haben. Prüfen und korrigieren Sie gegebenenfalls Ihren Programmcode und die eingegebene Adresse.

Programmierer arbeiten häufig mit Einrückungen. Damit wird die Struktur eines Dokuments sowohl im HTML-Code als auch im PHP-Code für den Entwickler besser erkennbar.

Einrückung

1.1.1 Kodierung in UTF-8

In den Dokumenten dieses Buches wird mithilfe der Meta-Angabe `charset` die Kodierung UTF-8 eingestellt. Es ist wichtig, dass die Kodierung, die im `head`-Container steht (siehe Listing 1.1), mit der Kodierung der Datei übereinstimmt. Steht die Kodierung einer Datei im Editor Notepad++ noch nicht auf UTF-8, können Sie sie wie folgt umstellen: Menüpunkt Kodierung • Konvertiere zu UTF-8. Anschließend ist innerhalb des Menüs Kodierung die Kodierung UTF-8 markiert.

Kodierung

Sie können die Kodierung im Editor Notepad++ wie folgt auch automatisch für alle Dateien wählen, die Sie neu erstellen: Menüpunkt Einstellungen • Optionen • Neue Dateien • Kodierung • UTF-8. Betätigen Sie als Letztes die Schaltfläche Schliessen.

UTF-8 ist die Abkürzung für das *8-Bit UCS Transformation Format*. *UCS* steht für *Universal Character Set*. UTF-8 ist die Kodierung mit der weitesten Verbreitung für Unicode-Zeichen. Sie enthält auch viele Sonderzeichen, zum Beispiel die deutschen Umlaute und das *ß*.

UTF-8

1.1.2 Kommentare

Mithilfe von Kommentaren wird ein Programm lesbarer. Kommentare werden nicht ausgeführt, sondern dienen nur zur Information des Ent-

Kommentare

wicklers, insbesondere bei umfangreichen Programmen. Sollte es sich um eine Gruppe von Entwicklern handeln oder sollte das Programm später von anderen Entwicklern weiterbearbeitet werden, ist es besonders notwendig, Kommentare zu schreiben.

> **Hinweis**
> Erfahrungsgemäß gibt es immer wieder Entwickler, die ihre Programme nur minimal kommentieren. Dies stellt sich nach kurzer Zeit als Nachteil für sie selbst und ihre Kollegen heraus.

Man unterscheidet zwischen einzeiligen und mehrzeiligen Kommentaren:

- Ein einzeiliger Kommentar beginnt mit den Zeichen // und endet am Schluss der Zeile. Er wird im Allgemeinen zur Kommentierung einzelner Begriffe verwendet.
- Ein mehrzeiliger Kommentar beginnt mit den Zeichen /* und endet mit den Zeichen */. Er wird üblicherweise zur Erläuterung eines Programmblocks verwendet.

Ein Beispiel hierzu:

```
<!DOCTYPE html>...<body>
<?php
    echo "Das ist der Anfang";      // Kommentar
                                    // bis zum Zeilenende
    /* Ein Kommentar in
       mehreren Zeilen */
    echo " und hier das Ende des Programms.";
?>
</body></html>
```

Listing 1.2 Datei »kommentar.php«

Die Ausgabe des Programms im Browser sehen Sie in Abbildung 1.2. In diesem und in vielen nachfolgenden Codebeispielen bleibt der Beginn des HTML-Dokuments bis auf den Titel gleich. Daher wird er für die Darstellung im Buch häufig mithilfe von ... verkürzt.

Abbildung 1.2 Ausgabe ohne Kommentare

Übung »u_ausgabe«

Schreiben Sie ein PHP-Programm innerhalb einer Webseite (Datei *u_ausgabe.php*) mit Kommentarzeilen. Speichern Sie die Datei im Hauptverzeichnis Ihres Webservers, und testen Sie das Programm, indem Sie einen Browser aufrufen und die Adresse *localhost/u_ausgabe.php* eingeben. Die Ausgabe des Programms im Browser sollte so aussehen wie in Abbildung 1.3.

Abbildung 1.3 Ergebnis der Übung »u_ausgabe«

1.2 Variablen, Datentypen und Operatoren

Innerhalb eines Programms können Informationen zur späteren Verwendung in Variablen gespeichert werden.

Variablen

1.2.1 Datentypen

Variablen unterscheiden sich in ihren Datentypen. PHP unterstützt unter anderem Datentypen für:

- ganze Zahlen
- *Fließkommazahlen*, also Zahlen mit Nachkommastellen
- Zeichenketten (auch *Strings* genannt)
- Felder (ein- und mehrdimensionale Felder von Variablen)
- Objekte

Datentypen Der Datentyp für eine PHP-Variable wird nicht vom Programmierer festgelegt, sondern richtet sich nach dem Zusammenhang, in dem sie verwendet wird. Sie kann bei ihrem ersten Erscheinen sofort benutzt werden und muss dem Programm nicht vorher bekannt gemacht werden. Sie kann ihren Datentyp innerhalb eines Programms wechseln.

Typhinweise Seit PHP 7.0 gibt es die Möglichkeit, die Datentypen der benutzten Variablen beim Aufruf von Funktionen genauer zu prüfen. Dabei wird mit sogenannten Typhinweisen gearbeitet. Typhinweise verbessern die Lesbarkeit und erleichtern den Ablauf und die Pflege von PHP-Programmen. Mehr dazu finden Sie in Abschnitt 1.10.9.

Zunächst geht es um die *einfachen Datentypen* (Zahlen und Zeichenketten). Später kommen Felder und Objekte hinzu.

1.2.2 Namen für Variablen

Variablen Für den Namen einer Variablen gelten folgende Regeln:

- Er muss mit einem Dollarzeichen beginnen.
- Er darf keine Leerzeichen enthalten.
- Er darf nur aus Buchstaben und Ziffern bestehen, wobei das erste Zeichen ein Buchstabe sein muss. Es sind Groß- und Kleinbuchstaben erlaubt, zwischen denen jedoch unterschieden wird ($HokusPokus ist nicht das Gleiche wie $hokuspokus).
- Er darf keine sprachspezifischen Zeichen wie zum Beispiel die deutschen Umlaute oder ß (»scharfes S«) enthalten.
- Er darf als einziges Sonderzeichen den _ (Unterstrich) enthalten.
- Er darf nicht mit einem reservierten Wort identisch sein, zum Beispiel mit einem Befehl aus der Sprache PHP.

Selbsterklärend Sie sollten selbsterklärende Namen vergeben. Dies hat den Vorteil, dass sich jeder sofort zurechtfindet, der sich später mit dem Programm befasst. Einige Beispiele sind: $Startmeldung, $Temperaturwert, $XKoordinate, $Ywert.

Ähnliche Regeln Diese Regeln gelten in ähnlicher Form für die Namen von Konstanten (siehe Abschnitt 1.2.8), Funktionen (siehe Abschnitt 1.7) sowie Klassen und Methoden (siehe Kapitel 4). Eine wichtige Ausnahme: Nur die Namen von Variablen beginnen mit einem Dollarzeichen.

1.2.3 Variablen für Zahlen

Betrachten Sie einmal das folgende Programm, in dem verschiedene Zahlen gespeichert und ausgegeben werden:

```php
<!DOCTYPE html>...<body>
<?php
    $ganzeZahl = -14;
    $kommaZahl = 1.35;
    $grosseZahl = 5.5e6;
    $kleineZahl = 3.8e-3;
    $separatorGross = 1_580_000_000;
    $separatorKlein = 0.000_000_001_580;

    echo $ganzeZahl . "<br>";
    echo $kommaZahl . "<br>";
    echo $grosseZahl . "<br>";
    echo $kleineZahl . "<br>";
    echo $separatorGross . "<br>";
    echo $separatorKlein;
?>
</body></html>
```

Listing 1.3 Datei »zahl_variable.php«

Es wird eine Variable mit dem Namen $ganzeZahl eingeführt. Dieser Variablen wird der Wert -14 zugewiesen, wodurch $ganzeZahl zu einer Variablen für eine ganze Zahl wird. Bei negativen Werten wird ein Minuszeichen vorangestellt. Ganze Zahl

Die Variable $kommaZahl wird eingeführt. Ihr wird der Wert 1.35 zugewiesen, also wird $kommaZahl zu einer Variablen für eine Fließkommazahl. Dabei muss die englische Schreibweise mit einem Punkt als Dezimaltrennzeichen verwendet werden. Fließkommazahl

Eine Zahl kann auch als *Exponentialzahl* eingegeben werden. Diese Schreibweise eignet sich besonders für sehr große oder sehr kleine Zahlen: Exponentialzahl

- Die Variable $grosseZahl erhält den Wert 5.5e6. Er wird gelesen als 5.5 x 10 hoch 6, also 5.5 x 1000000. Es ergibt sich der Wert 5500000.
- Die Variable $kleineZahl erhält den Wert 3.8e-3. Er wird gelesen als 3.8 x 10 hoch -3, also 3.8 x 0.001. Es ergibt sich der Wert 0.0038.

Separator Seit PHP 7.4 kann ein Unterstrich als Separator dienen. Ein Separator hilft bei der Eingabe von Zahlen mit vielen Ziffern, kann an beliebiger Stelle eingesetzt werden und hat keinen Einfluss auf den Zahlenwert. Lange Ziffernfolgen werden meist in Dreiergruppen unterteilt.

Ausgabe von Variablen Mit echo lassen sich nicht nur Texte, sondern auch die gespeicherten Werte von Variablen ausgeben. Auch hier gilt: Mehrere Teile der Ausgabe werden mithilfe eines Punkts miteinander verbunden. Abbildung 1.4 zeigt die Ausgabe des Programms im Browser.

Abbildung 1.4 Zahlen

1.2.4 Rechenoperatoren für Zahlen

Rechenoperatoren Bei Zahlen können Sie die Rechenoperatoren (arithmetischen Operatoren) aus Tabelle 1.1 verwenden.

Operator	Bedeutung
+	Addition
-	Subtraktion
*	Multiplikation
/	Division
%	Modulo-Operation: der Rest bei einer ganzzahligen Division.
**	Potenzieren mithilfe des Exponentialoperators (seit PHP 5.6). Ein Beispiel: 2 ** 3, gesprochen: 2 hoch 3. Mehr dazu folgt in Abschnitt 10.2.

Tabelle 1.1 Rechenoperatoren in PHP

Ein Beispiel mit einigen Berechnungen:

```php
<!DOCTYPE html>...<body>
<?php
   $zahlEins = 3 * 2 + 2.5 * 4 - 3;
   $zahlZwei = 3 * (2 + 2.5) * 4 - 3;
   $zahlDrei = 23 / 4;
   $zahlVier = 23 % 4;

   echo $zahlEins . "<br>";
   echo $zahlZwei . "<br>";
   echo $zahlDrei . "<br>";
   echo $zahlVier;
?>
</body></html>
```

Listing 1.4 Datei »zahl_operator.php«

Beachten Sie die Rangfolge der Operatoren: Die Operatoren für die Multiplikation und die Division haben wie in der Mathematik den Vorrang vor den Operatoren für die Addition und die Subtraktion. Sie werden also zuerst ausgeführt. Bei Operatoren mit gleicher Rangfolge werden die Ausdrücke von links nach rechts bearbeitet. — Rangordnung der Operatoren

Ausdrücke in Klammern werden vorrangig berechnet. Daher ergeben sich für die ersten beiden Rechenausdrücke unterschiedliche Ergebnisse. — Klammern

Die mathematische Division von 23 durch 4 ergibt 5.75. Die ganzzahlige Division von 23 durch 4 ergibt 5 Rest 3. Dieser Rest wird mithilfe des Modulo-Operators ermittelt. — Modulo

> **Hinweis**
> Eine (mathematisch nicht erlaubte) Division einer positiven oder negativen Zahl durch 0 führt zur Ausgabe einer Warnung. Seit PHP 7.0 führt sie nicht mehr zu einem Abbruch des Programms. Als Ergebnis wird INF beziehungsweise -INF angezeigt. INF steht als Abkürzung für *infinity* (deutsch: *unendlich*).

Die Ausgabe des Programms sehen Sie in Abbildung 1.5.

Abbildung 1.5 Berechnungen mit Zahlen

Übung »u_zahl«

Berechnen Sie in einem PHP-Programm (Datei *u_zahl.php*) den Bruttopreis eines Einkaufs. Es werden insgesamt drei Artikel eingekauft. Die Nettopreise der einzelnen Artikel betragen 22,50 €, 12,30 € und 5,20 €. Der Bruttopreis berechnet sich bekanntlich aus dem Nettopreis zuzüglich 19 % Umsatzsteuer. In die Berechnung muss also der Faktor 1.19 eingehen.

Ihr Programm sollte im Browser über die Adresse *localhost/u_zahl.php* aufrufbar sein. Die Ausgabe sollte wie in Abbildung 1.6 aussehen.

Abbildung 1.6 Ergebnis der Übung »u_zahl«

1.2.5 Kombinierte Zuweisungsoperatoren

Operation und Zuweisung

Sie kennen bereits den Zuweisungsoperator =. Es gibt zudem die kombinierten Zuweisungsoperatoren +=, -=, *=, /=, %= und **=, mit deren Hilfe eine Operation mit einer Zuweisung kombiniert werden kann.

Inkrement, Dekrement

Der *Inkrement-Operator* ++ dient zur Erhöhung einer Zahl um 1. Das Gegenstück ist der *Dekrement-Operator* -- zur Verminderung einer Zahl um 1. In diesem Buch werden die beiden Operatoren normalerweise nur bei alleinstehenden Variablen eingesetzt, zum Beispiel bei for-Schleifen, siehe auch Abschnitt 1.6.

Nachfolgend sehen Sie unter anderem die Auswirkungen, falls die beiden Operatoren in Zuweisungen verwendet werden:

```php
<!DOCTYPE html>...<body>
<?php
   $zahl = 5;      echo $zahl . " ";
   $zahl += 7;     echo $zahl . " ";
   $zahl -= 7;     echo $zahl . " ";
   $zahl *= 3;     echo $zahl . " ";
   $zahl /= 3;     echo $zahl . " ";
   $zahl %= 3;     echo $zahl . "<br>";

   $a = 5;         echo $a . " ";
   $a++;           echo $a . " ";
   ++$a;           echo $a . "<br>";

   $a = 5;
   $b = $a++;
   echo $a . " " . $b . "<br>";

   $a = 5;
   $b = ++$a;
   echo $a . " " . $b;
?>
</body></html>
```

Listing 1.5 Datei »zahl_zuweisung.php«

Die Variable $zahl hat zunächst den Wert 5. Er wird um 7 erhöht und anschließend um 7 vermindert. Danach wird er mit 3 multipliziert und anschließend durch 3 geteilt. Als Letztes wird der Wert der Zahl zugewiesen, der sich bei der Modulo-Operation ergibt.

Der Inkrement-Operator ++ kann vor (*Prefix-Notation*) oder nach (*Postfix-Notation*) einer Variablen stehen. Steht die Variable allein, ist das Ergebnis identisch: Die Variable wird um 1 erhöht.

Prefix, Postfix

Steht die Variable nicht allein, sondern innerhalb einer Zuweisung, ist die Reihenfolge der Bearbeitung zu beachten. Bei $b = $a++ wird zunächst der alte Wert von $a an $b übergeben. Anschließend wird $a erhöht. Bei $b = ++$a wird zunächst $a erhöht. Anschließend wird der neue Wert von $a an

$b übergeben. Beim Dekrement-Operator -- zur Verminderung einer Variablen um 1 verhält es sich entsprechend.

Die Ausgabe des Programms sehen Sie in Abbildung 1.7.

Abbildung 1.7 Kombinierte Zuweisungen

1.2.6 Formatierung von Zahlen

PHP bietet eine ganze Reihe von Funktionen, die Sie für Ihre Zwecke nutzen können. Die beiden Funktionen number_format() und sprintf() liefern Zahlen, die man ihnen übergibt, formatiert zurück, sodass sie zum Beispiel auf dem Bildschirm ausgegeben werden können. Im nachfolgenden Programm sehen Sie einige Beispiele:

```
<!DOCTYPE html>...<body>
<?php
    $zahl = 1234567.987654;
    echo $zahl . "<br>";
    echo number_format($zahl) . "<br>";
    echo number_format($zahl, 3) . "<br>";
    echo number_format($zahl, 3, ",", ".") . "<br><br>";

    echo sprintf("%.3f", $zahl) . "<br>";
    echo sprintf("%.3e", $zahl) . "<br>";

    $tag = 7;
    echo sprintf("%d", $tag) . "<br>";
    echo sprintf("%'.02d", $tag);
?>
</body></html>
```

Listing 1.6 Datei »zahl_formatierung.php«

In der Variablen `$zahl` ist ein Fließkommawert mit sechs Nachkommastellen gespeichert. In der ersten Ausgabe sehen Sie die Zahl mit allen Nachkommastellen.

Die Funktion `number_format()` kann mit einer unterschiedlichen Anzahl von Parametern aufgerufen werden. Parameter stehen in den runden Klammern nach dem Funktionsnamen und werden jeweils durch ein Komma voneinander getrennt:

number_format()

- Wird die Funktion nur mit einem Parameter aufgerufen, wird der übergebene Wert ohne Nachkommastellen dargestellt, mit einem Komma als Tausender-Trennzeichen.
- Wird die Funktion mit zwei Parametern aufgerufen, wird im zweiten Parameter die Anzahl der Nachkommastellen angegeben, auf die gerundet wird.
- Wird die Funktion mit vier Parameter aufgerufen, dient der dritte Parameter zur Angabe des Dezimalzeichens (hier dem Komma) und der vierte Parameter zur Angabe des Tausender-Trennzeichens (hier dem Punkt).

Die Funktion `sprintf()` wird mit einer Formatierungszeichenkette als erstem Parameter aufgerufen. Diese beinhaltet die Angaben zur Formatierung der weiteren Parameter. Im vorliegenden Beispiel gibt es jeweils nur einen weiteren Parameter. Mögliche Angaben sind:

sprintf()

- `%f`: zur Ausgabe als Fließkommazahl
- `%.3f`: zur Rundung der Fließkommazahl auf die angegebene Anzahl von Nachkommastellen
- `%e`: zur Ausgabe als Exponentialzahl
- `%.3e`: zur Rundung der Exponentialzahl auf die angegebene Anzahl von Nachkommastellen
- `%d`: zur Ausgabe einer ganzen Zahl
- `%'.02d`: zur Ausgabe einer ganzen Zahl mit mindestens zwei Ziffern, gegebenenfalls mit der Ziffer 0 vorne aufgefüllt, wie es zum Beispiel für eine zweistellige Datumsangabe benötigt wird.

Die Ausgabe sehen Sie in Abbildung 1.8.

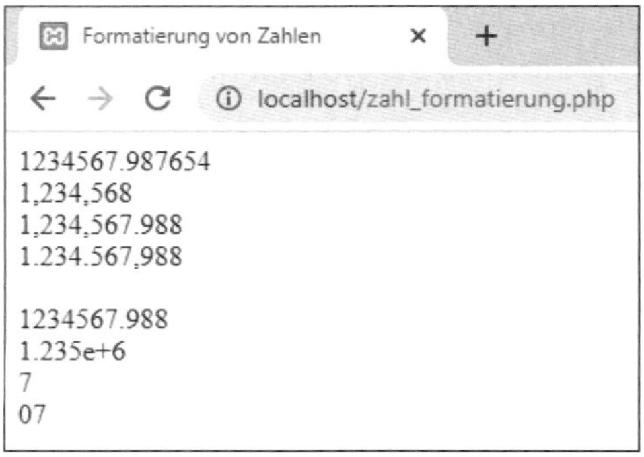

```
                    ┌─────────────────────────────────────┐
                    │ ☒ Formatierung von Zahlen   ×   +   │
                    │ ← → C  ⓘ localhost/zahl_formatierung.php │
                    │ 1234567.987654                      │
                    │ 1,234,568                           │
                    │ 1,234,567.988                       │
                    │ 1.234.567,988                       │
                    │                                     │
                    │ 1234567.988                         │
                    │ 1.235e+6                            │
                    │ 7                                   │
                    │ 07                                  │
                    └─────────────────────────────────────┘
```

Abbildung 1.8 Formatierte Zahlen

1.2.7 Variablen und Operatoren für Zeichenketten

Einige Regeln und Operatoren für Zeichenketten werden anhand des nachfolgenden Beispiels erläutert:

```
<!DOCTYPE html>...<body>
<?php
    $a = 3;
    $b = 2.6;
    $c = $a + $b;

    echo "Summe: " . $c . "<br>";
    echo "Summe: " . ($a + $b) . "<br>";

    $zeile = "Addition: $a + $b = $c<br>";
    echo $zeile;

    $zeile = "Die Summe von";
    $zeile .= " $a + $b";
    $zeile .= " ist $c";
    $zeile .= "<br>";
    echo $zeile;
?>
</body></html>
```

Listing 1.7 Datei »zeichenkette.php«

1.2 Variablen, Datentypen und Operatoren

Eine (verkettete) Zeichenkette kann in einer Variablen gespeichert werden oder unmittelbar mithilfe von echo ausgegeben werden. Die Variable $zeile wird durch die Zuweisung zu einer Variablen für eine Zeichenkette. Zeichenketten werden auch *Strings* genannt. Enthält eine Zeichenkette HTML-Code, gelangt dieser zur Ausführung.

String

Es können sowohl Zahlen als auch Zeichenketten mithilfe des Operators . (Punkt) miteinander verkettet werden. Findet dabei eine Berechnung statt, sollte diese in Klammern gesetzt werden, damit sie vor der eigentlichen Verkettung ausgeführt wird. Zur Verlängerung von Zeichenketten dient der Operator .=.

Verkettung

Der Name einer Variablen kann zur Vereinfachung direkt in eine Zeichenkette eingebettet werden. Gespeichert beziehungsweise ausgegeben wird der Wert der Variablen. Operatoren, die direkt in einer Zeichenkette eingebettet sind, gelangen nicht zur Ausführung, sondern werden als Text ausgegeben.

Einbettung

Die Ausgabe des Programms sehen Sie in Abbildung 1.9.

> **Hinweis**
> Zeichenketten können auch innerhalb einfacher Hochkommata notiert werden. Ist eine Variable enthalten, wird allerdings ihr Name und nicht ihr Wert ausgegeben.

[«]

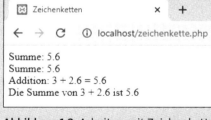

Abbildung 1.9 Arbeiten mit Zeichenketten

> **Übung »u_zeichenkette«**
> Schreiben Sie das Programm aus der vorherigen Übung *u_zahl* um (Datei *u_zeichenkette.php*). Die Zwischenergebnisse sollen einzeln berechnet und ausgegeben werden. Ihr Programm sollte im Browser über die Adresse *localhost/u_zeichenkette.php* aufrufbar sein. Die Ausgabe sollte wie in Abbildung 1.10 aussehen.

[✎]

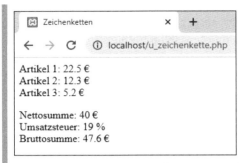

Abbildung 1.10 Ergebnis der Übung »u_zeichenkette«

1.2.8 Konstanten

Unveränderlich   Konstanten dienen zur Speicherung von unveränderlichen Werten. Als Entwickler können Sie sich den Namen einer Konstanten meist leichter merken als den zugehörigen Wert. Nachfolgend ein kleines Beispiel:

```
<!DOCTYPE html>...<body>
<?php
    const pi = 3.1415926;
    const gruss = "Guten Morgen";
    echo pi . "<br>";
    echo gruss . "<br>";
    // gruss = "Hallo";
?>
</body></html>
```

Listing 1.8 Datei »konstanten.php«

const, ohne $ Mithilfe des Schlüsselworts const werden die Zahlenkonstante pi und die Zeichenkettenkonstante gruss definiert. Beachten Sie, dass im Unterschied zu Variablen kein $-Zeichen vor dem Namen notiert wird. Konstanten können nicht direkt innerhalb von Zeichenketten ausgegeben werden, da sie mangels $-Zeichen nicht vom restlichen Text unterschieden werden können. Beim Versuch, eine Konstante zu ändern, erscheint eine Fehlermeldung.

In Abbildung 1.11 sehen Sie die Ausgabe des Programms.

Abbildung 1.11 Konstanten

1.2.9 Referenzen

Sie können auf eine vorhandene Variable eine sogenannte *Referenz* einrichten. Damit haben Sie die Möglichkeit, auf diese Variable über einen weiteren Namen zuzugreifen. Referenzen werden vor allem im Zusammenhang mit Funktionen und Methoden interessant (siehe Abschnitt 1.7.6). Eine erste Einführung bietet das folgende Programm:

Weiterer Name

```
<!DOCTYPE html>...<body>
<?php
    $orig = 12.3;
    echo "$orig<br>";

    $refe = &$orig;
    $refe = 5.8;
    echo "$orig<br>";
?>
</body></html>
```

Listing 1.9 Datei »referenz.php«

Die Variable $orig wird erzeugt. Es wird ihr ein Wert zugewiesen und ausgegeben. Danach wird mithilfe des Operators & die Referenz $refe auf die Variable $orig eingerichtet. Eine anschließende Änderung des Werts über die Referenz entspricht einer Änderung des Werts der Variablen. In Abbildung 1.12 sehen Sie die Ausgabe des Programms.

Operator &

Abbildung 1.12 Referenzen

1.3 Einfache Formularauswertungen

In den bisher gezeigten Beispielen hat der Benutzer eines Programms noch keine Möglichkeit, eigene Eingaben vorzunehmen. Er kann das Programm lediglich aufrufen und das Ergebnis betrachten.

Information zum Webserver senden

Eine besondere Stärke und ein typischer Einsatzzweck von PHP ist jedoch die Auswertung von Benutzereingaben aus Formularen. Erst durch eine solche Auswertung wird die dynamische Informationsübermittlung zwischen Benutzer und Webserver ermöglicht. Dem Betrachter wird zunächst ein Formular vorgelegt, in dem er eigene Einträge vornehmen kann beziehungsweise bei dem er aus bereits vorhandenen Einträgen auswählen kann. Er füllt das Formular aus, sendet es ab und erhält nach der Auswertung eine Antwort vom Webserver.

1.3.1 Eingabeformular

Texteingabefeld

In diesem Abschnitt soll eine Informationsübermittlung mithilfe von einzeiligen Texteingabefeldern ermöglicht werden. Formulare können noch aus einer Reihe weiterer Elemente bestehen. Diese werden ausführlich in Kapitel 2 besprochen.

Der HTML-Programmcode des Formulars:

```
<!DOCTYPE html>...<body>
<p>Bitte tragen Sie Ihren Vornamen und Ihren Nachnamen ein.<br>
   Senden Sie anschließend das Formular ab.</p>
<form action = "eingabe.php" method = "post">
    <p><input name = "vorname"> Vorname</p>
    <p><input name = "nachname"> Nachname</p>
    <p><input type = "submit">
    <input type = "reset"></p>
</form>
</body></html>
```

Listing 1.10 Datei »eingabe.htm«

Die Ausgabe des Formulars im Browser, mit eingegebenen Beispieldaten, sehen Sie in Abbildung 1.13.

1.3 Einfache Formularauswertungen

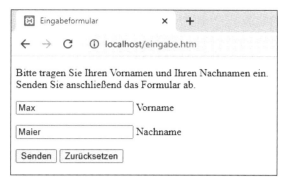

Abbildung 1.13 Eingabeformular mit Beispieldaten

Innerhalb des HTML-Dokuments befindet sich ein form-Container. Die Markierung <form> beinhaltet:

- das Attribut action, das auf die Datei mit dem PHP-Auswertungsprogramm (hier *eingabe.php*) verweist, und
- das Attribut method, das auf die Übermittlungsmethode zum Webserver (hier post) verweist.

Der form-Container beinhaltet die verschiedenen Formularelemente. Dabei handelt es sich um:

- zwei einzeilige Texteingabefelder mit den Namen vorname und nachname für die Eintragung des Vor- und Nachnamens,
- eine Schaltfläche zum Absenden (englisch: *to submit*); beim Betätigen werden die eingetragenen Daten an den Server gesendet, und es wird das genannte PHP-Auswertungsprogramm angefordert,
- eine Schaltfläche zum Zurücksetzen (englisch: *to reset*) des Formulars; beim Betätigen wird das Formular wieder in den Anfangszustand versetzt, wie es zum Beispiel bei einer Fehleingabe notwendig sein kann.

Falls Sie keinen eigenen Text vorgeben (siehe Abschnitt 2.1.1), wird auf den Schaltflächen ein Standardtext angezeigt, abhängig vom Browser und der Sprachversion. Die Auswertung der Eingabedaten stelle ich im folgenden Abschnitt vor.

[✐] **Übung »u_eingabe«, Teil 1**

Erweitern Sie das Beispiel dahingehend, dass eine vollständige Adresse eingegeben werden kann (Datei *u_eingabe.htm*). Es sollen zusätzlich drei weitere Eingabefelder für die Angaben zu Straße mit Hausnummer, Postleitzahl und Ort innerhalb des Formulars vorhanden sein. Das Formular sollte so wie in Abbildung 1.14 aussehen (mit Beispieldaten).

Abbildung 1.14 Erweitertes Eingabeformular mit Beispieldaten

1.3.2 Auswertung mit $_POST

Das antwortende PHP-Programm für das Formular sieht wie folgt aus:

```
<!DOCTYPE html>...<body>
<?php
   $vorname = htmlentities($_POST["vorname"]);
   $nachname = htmlentities($_POST["nachname"]);
   echo "Guten Tag, $vorname $nachname";
?>
</body></html>
```

Listing 1.11 Datei »eingabe.php«

Hat der Benutzer das obige Beispiel eingegeben, antwortet der Server so, wie in Abbildung 1.15 dargestellt.

Abbildung 1.15 Auswertung des Eingabeformulars

Es gibt in PHP einige vordefinierte Variablen, unter anderem das assoziative Feld $_POST. Wird die Übermittlungsmethode post verwendet, werden aus den Namen der Eingabefelder automatisch Elemente des Felds $_POST.

$_POST

Die Elemente können angesprochen werden, indem Sie ihren Namen in Hochkommata und rechteckigen Klammern hinter dem Namen des Felds $_POST angeben. Die Eintragung im Texteingabefeld vorname wird also zum Wert der Variablen $_POST["vorname"] im Programm.

Feldelemente

Die Absicherung von Programmen gegen böswillige Benutzer ist ein wichtiges Thema in PHP. In einem Texteingabefeld könnte schädlicher Code eingegeben werden, der nach der Übermittlung auf den Webserver zur Ausführung kommen könnte.

Absicherung gegen Schadcode

Daher wird die Funktion htmlentities() für den übermittelten Inhalt des Texteingabefelds aufgerufen. Sie wandelt alle HTML-spezifischen Zeichen in die entsprechenden *Entities* um. Im Quelltext der Seite, die von PHP erstellt wird, erscheinen dann zum Beispiel < für das Zeichen < und > für das Zeichen >. Normaler Textinhalt wird von dieser Umwandlung nicht beeinflusst. Zeichen, die schädlichen Programmcode einleiten könnten, werden aber damit »entschärft«.

htmlentities()

Diese Absicherung wird nur an denjenigen Stellen benötigt, an denen der Benutzer Text eintragen kann, der nicht in eine Zahl umgewandelt wird.

> **Übung »u_eingabe«, Teil 2**
> Erstellen Sie (passend zum Formular aus der Übung *u_eingabe*, Teil 1) ein PHP-Programm, das die Daten des Benutzers bestätigt (Datei *u_eingabe.php*). Hat der Benutzer die oben angegebenen Beispieldaten eingegeben, soll die Ausgabe des Programms im Browser so aussehen wie in Abbildung 1.16.

Abbildung 1.16 Auswertung des erweiterten Eingabeformulars

1.3.3 Umwandlungen zwischen Zeichenketten und Zahlen

Ein Texteingabefeld eines Formulars nimmt eine Zeichenkette auf; dabei wird eine Zeichenkette an das PHP-Programm übermittelt. Häufig werden die Eingaben jedoch als Zahlen benötigt, zum Beispiel zur Ausführung von Berechnungen.

Zeichenketten werden nach den folgenden Regeln implizit umgewandelt:

Ziffern, Vorzeichen
- Enthalten sie nach einem optionalen Vorzeichen nur Ziffern, werden sie in ganze Zahlen umgewandelt. Beispiele: "42", "-42" oder "+42".

Dezimalpunkt, Exponent
- Enthalten sie zusätzlich einen Dezimalpunkt oder am Ende nach einem optionalen Vorzeichen und einem e oder E einen Exponenten, werden sie in Fließkommazahlen umgewandelt. Beispiele: "4.2", "-4.2", "42e3", "4.2e3", "4.2e-3" oder "-4.2E3".

Andere Zeichen sollten in den Zeichenketten vermieden werden:

Warnung
- Stehen andere Zeichen am Ende, wird nur der vordere Teil der Zeichenkette bis zum Beginn der anderen Zeichen umgewandelt. Allerdings erfolgt eine Warnung, dass es sich nicht um einen wohlgeformten numerischen Wert handelt. Beispiele: "42abc23" (Zahlenwert: 42) oder "4.2 Liter" (Zahlenwert 4.2).

Wert 0
- Stehen andere Zeichen am Beginn, ergibt sich der Zahlenwert 0 und es erfolgt ebenfalls die oben genannte Warnung. Beispiele: "abc42" oder "Summe 4.2".

Explizite Umwandlung
Sie können nicht wissen, was der Benutzer eingibt. Zur Vermeidung der oben genannten Warnung sollten Sie daher Eingaben oder andere Zeichenketten, aus denen Sie Zahlenwerte entnehmen möchten, explizit in Zahlen umwandeln:

- Zur Umwandlung in eine ganze Zahl nutzen Sie die Funktion `intval()`. Dabei werden die Nachkommastellen abgeschnitten.
- Zur Umwandlung in eine Fließkommazahl nutzen Sie die Funktion `floatval()`. Diese Funktion können Sie auch über den Alias `doubleval()` aufrufen.

intval()

floatval()

Dadurch, dass Sie die Eingabe des Benutzers in eine Zahl umwandeln, verhindern Sie gleichzeitig die Übermittlung schädlichen Codes.

Umgekehrt können Sie Zahlen mithilfe der Funktion `strval()` explizit in eine Zeichenkette umwandeln. Das ist beim Aufruf von Funktionen sinnvoll, die nur mit einer Zeichenkette arbeiten können.

strval()

Ein Beispiel mit einigen Umwandlungen folgt:

```
<!DOCTYPE html>...<body>
<?php
    $a = 42;
    echo "Wert: $a<br>";
    echo "Als Fließkommazahl: " . floatval($a) . "<br>";
    $az = strval($a);
    echo "Als Text: $az, " . mb_strlen($az) . " Zeichen<br><br>";

    $a = 34.9;
    echo "Wert: $a<br>";
    echo "Als ganze Zahl: " . intval($a) . "<br>";
    $az = strval($a);
    echo "Als Text: $az, " . mb_strlen($az) . " Zeichen<br><br>";

    $a = "12.825";
    echo "Wert: $a, " . mb_strlen($a) . " Zeichen<br>";
    echo "Als ganze Zahl: " . intval($a) . "<br>";
    echo "Als Fließkommazahl: " . floatval($a);
?>
</body></html>
```

Listing 1.12 Datei »umwandeln.php«

Zunächst wird die ganze Zahl 42 in die Fließkommazahl 42.0 umgewandelt. Diese Zahl wird allerdings weiterhin als 42 ausgegeben. Anschließend wird die ganze Zahl 42 in die Zeichenkette "42" umgewandelt. Mithilfe der Zeichenkettenfunktion `mb_strlen()` wird ermittelt, dass diese Zeichenkette

mb_strlen()

aus zwei Zeichen besteht. Mehr zu Zeichenkettenfunktionen finden Sie in Kapitel 6.

Als Nächstes wird die Fließkommazahl 34.9 in die ganze Zahl 34 umgewandelt. Dabei werden die Nachkommastellen abgeschnitten. Die Zeichenkette "34.9" besteht aus vier Zeichen.

Zuletzt wird die Zeichenkette "12.825", die aus sechs Zeichen besteht, in die ganze Zahl 12 und in die Fließkommazahl 12.825 umgewandelt.

Die Ausgabe des Programms sehen Sie in Abbildung 1.17.

Abbildung 1.17 Umwandlungen zwischen Zeichenketten und Zahlen

> **[»] Hinweis**
>
> In den ersten Beispielen dieses Buches werden Eingabefehler des Benutzers nicht immer abgefangen. Die Programme würden sonst unnötig umfangreich und schwer verständlich. Später werden Routinen zum Abfangen von Eingabefehlern in die Programme eingebaut.

> **[»] Hinweis**
>
> Der Aufruf der Funktion mb_strlen() mit einer Zahl würde bei der Nutzung von Typhinweisen (siehe Abschnitt 1.10.9) zu einer Fehlermeldung führen.

1.3.4 Umwandlung von Eingaben

Im folgenden Beispiel wird der Benutzer aufgefordert, zwei Zahlen in ein Formular einzugeben und das Formular abzusenden. Bei den Eingaben handelt es sich um Zeichenketten. Diese werden mithilfe der Funktion floatval() in Fließkommazahlen umgewandelt. Ein Nebeneffekt davon: Der Einsatz der Funktion htmlentities() kann entfallen. Ein PHP-Programm berechnet die Summe der beiden Zahlen und gibt das Ergebnis aus. Der HTML-Code des Formulars lautet:

Summe von zwei Zahlen

```
<!DOCTYPE html>...<body>
<p>Bitte zwei Zahlen eintragen und das Formular absenden</p>
<form action = "eingabe_zahl.php" method = "post">
    <p>Zahl 1: <input name = "zahl1"></p>
    <p>Zahl 2: <input name = "zahl2"></p>
    <p><input type = "submit">
    <input type = "reset"></p>
</form>
</body></html>
```

Listing 1.13 Datei »eingabe_zahl.htm«

Das PHP-Programm sieht so aus:

```
<!DOCTYPE html>...<body>
<?php
    $zahl1 = floatval($_POST["zahl1"]);
    $zahl2 = floatval($_POST["zahl2"]);
    $summe = $zahl1 + $zahl2;
    echo "Die Summe von $zahl1 und $zahl2 ist $summe";
?>
</body></html>
```

Listing 1.14 Datei »eingabe_zahl.php«

Ein Aufruf mit den in Abbildung 1.18 dargestellten Eingabewerten ergibt die in Abbildung 1.19 gezeigte Antwort.

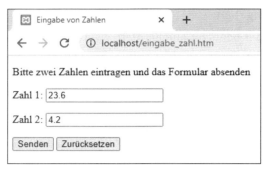

Abbildung 1.18 Senden von Zahlen

Abbildung 1.19 Umwandlung und Berechnung des Ergebnisses

[✎] **Übung »u_eingabe_zahl«**

Erstellen Sie ein Eingabeformular (Datei *u_eingabe_zahl.htm*) und ein dazu passendes PHP-Programm (Datei *u_eingabe_zahl.php*), mit dessen Hilfe das Quadrat einer Zahl berechnet werden kann. Die Zahl soll also mit sich selbst multipliziert werden. Vergessen Sie nicht, die eingegebene Zeichenkette in eine Zahl umzuwandeln.

Formular und Ergebnis sollten so wie in Abbildung 1.20 und Abbildung 1.21 aussehen.

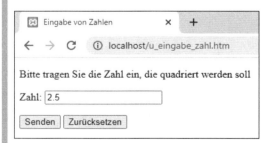

Abbildung 1.20 Eingabe der Übung »u_eingabe_zahl«

Abbildung 1.21 Ergebnis der Übung »u_eingabe_zahl«

1.4 Verzweigungen

Bisher werden die Dateien mit dem HTML-Code und dem PHP-Code rein sequenziell abgearbeitet, das heißt, es wird eine Anweisung nach der anderen durchgeführt. Programme sind aber auch in der Lage, auf unterschiedliche Bedingungen zu reagieren. Einzelne Anweisungen werden in diesem Fall nur in bestimmten Situationen ausgeführt.

Die Ausführung dieser Anweisungen wird in solchen Fällen von einer oder von mehreren Bedingungen abhängig gemacht. Je nachdem, ob die Bedingung zutrifft, werden die entsprechenden Anweisungen ausgeführt oder nicht. Darüber hinaus können bei Nichterfüllung der Bedingung alternative Anweisungen bearbeitet werden. Man nennt diese Stellen in einem Programm *Verzweigungen* oder auch *bedingte Anweisungen*.

Bedingung

Bedingungen werden mithilfe von Wahrheitswerten (wahr oder falsch) und Vergleichsoperatoren erstellt. Tabelle 1.2 enthält eine Übersicht über die Vergleichsoperatoren. Sie finden weitere Informationen über die Hintergründe von Wahrheitswerten in Abschnitt 1.5.1. Zunächst aber kommen wir zur praktischen Nutzung.

Wahr oder falsch

Operator	Bedeutung	Geltungsbereich
==	gleich	Zahlen und Zeichenketten
!=	ungleich	Zahlen und Zeichenketten
>	größer als	Zahlen
<	kleiner als	Zahlen
>=	größer als oder gleich	Zahlen
<=	kleiner als oder gleich	Zahlen

Tabelle 1.2 Vergleichsoperatoren in PHP

Bei der Überprüfung auf Gleichheit sollten Sie besonders auf das doppelte Gleichheitszeichen achten. Es handelt sich dabei um eine Bedingung und nicht um eine Zuweisung.

1.4.1 Einfache Verzweigung mit »if«

Hier sehen Sie ein Beispiel für eine einfache Verzweigung mit einer if-Anweisung:

```
<!DOCTYPE html>...<body>
<?php
    $x = 8;
    $y = 12;

    if ($x < $y)
        echo "$x ist kleiner als $y";
?>
</body></html>
```

Listing 1.15 Datei »if.php«

Alternativen testen Falls $x kleiner als $y ist, wird der entsprechende Text ausgegeben, andernfalls geschieht nichts. Die Bedingung (hier: $x < $y) muss in Klammern stehen. Die Ausgabe sehen Sie in Abbildung 1.22. Ändern Sie einmal kurzfristig den Wert von $x im PHP-Programm, zum Beispiel in 18. Es erfolgt keine Ausgabe mehr, da die Bedingung nicht erfüllt ist.

Abbildung 1.22 Einfache Verzweigung mit »if«

Ein weiteres Beispiel:

```
<!DOCTYPE html>...<body>
<?php
    $x = 8;
    $y = 12;
```

```
   if ($x < $y)
   {
      echo "$x ist kleiner als $y<br>";
      echo "$y ist größer als $x";
   }
?>
</body></html>
```

Listing 1.16 Datei »if_block.php«

Sollen aufgrund einer Bedingung mehrere Anweisungen ausgeführt werden, müssen diese innerhalb eines Anweisungsblocks stehen. Ein solcher Block wird mithilfe von geschweiften Klammern {} gebildet. Diese erreichen Sie auf der Tastatur mithilfe der Sondertaste [Alt Gr].

Anweisungsblock

In diesem Programm werden zwei Ausgaben erzeugt, da $x kleiner als $y ist. Abbildung 1.23 zeigt die Ausgabe.

Abbildung 1.23 Verzweigung mit Anweisungsblock

1.4.2 Alternativer Zweig mit »else«

Bei Nichterfüllung einer Bedingung können gegebenenfalls alternative Anweisungen bearbeitet werden. Dazu wird zusätzlich das Schlüsselwort else benötigt:

```
<!DOCTYPE html>...<body>
<?php
   $x = 18;
   $y = 12;

   if ($x < $y)
   {
      echo "$x ist kleiner als $y<br>";
      echo "$y ist größer als $x";
   }
```

```
        else
        {
           echo "$x ist größer oder gleich $y<br>";
           echo "$y ist kleiner oder gleich $x";
        }
     ?>
     </body></html>
```

Listing 1.17 Datei »ifelse.php«

Trifft die Bedingung nach dem if nicht zu, wird die Anweisung oder der Anweisungsblock nach dem else ausgeführt. Die Ausgabe sehen Sie in Abbildung 1.24.

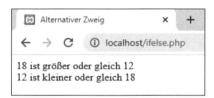

Abbildung 1.24 Verzweigung mit »if« und »else«

Passwort Ein weiteres Beispiel (mit Eingabeformular) verdeutlicht den Vergleich von Zeichenketten bei einer Bedingung. Dabei wird der Zugang zu einer Internetseite per Passwort (stark vereinfacht und ausnahmsweise in sichtbarer Form) simuliert. Das PHP-Programm vergleicht die Eingabe mit dem gespeicherten Passwort und reagiert entsprechend. Der HTML-Code des Formulars sieht wie folgt aus:

```
<!DOCTYPE html>...<body>
<p>Bitte tragen Sie das Zugangspasswort ein</p>
<form action = "ifelse_zugang.php" method = "post">
    <p><input name = "passwort"></p>
    <p><input type = "submit">
    <input type = "reset"></p>
</form>
</body></html>
```

Listing 1.18 Datei »ifelse_zugang.htm«

Das Auswertungsprogramm sieht so aus:

```
<!DOCTYPE html>...<body>
<?php
   $passwort = htmlentities($_POST["passwort"]);
   if ($passwort == "bingo")
      echo "Zugang gestattet";
   else
      echo "Zugang verweigert";
?>
</body></html>
```

Listing 1.19 Datei »ifelse_zugang.php«

Gibt der Benutzer das Passwort aus Abbildung 1.25 ein ...

Abbildung 1.25 Eingabe des Passworts

... erhält er Zugang (siehe Abbildung 1.26), ...

Abbildung 1.26 Auswertung der Verzweigung

... andernfalls nicht.

Übung »u_ifelse1«

Erstellen Sie ein Eingabeformular (Datei *u_ifelse1.htm*) und ein dazu passendes PHP-Programm (Datei *u_ifelse1.php*). Es soll der Preis für eine Tankfüllung an einer Tankstelle berechnet werden. Es gibt zwei Sorten Benzin: Normal (Preis: 1,35 €) und Super (Preis: 1,40 €).

Der Benutzer gibt im ersten Eingabefeld die getankte Menge in Litern und im zweiten entweder ein großes N oder ein großes S ein. Das PHP-Programm ermittelt in Abhängigkeit von der Sorte und der getankten Menge den zu zahlenden Betrag. Es wird davon ausgegangen, dass der Benutzer keine Fehleingaben macht.

Gibt der Benutzer also beispielsweise ein, dass er 15,5 Liter Super-Benzin tankt (siehe Abbildung 1.27), …

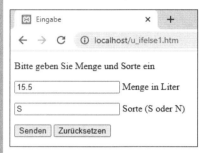

Abbildung 1.27 Eingabe des Tankvorgangs

… sollte die Ausgabe des Programms so aussehen wie in Abbildung 1.28.

Abbildung 1.28 Ergebnis des Tankvorgangs

Übung »u_ifelse2«

Erweitern Sie die vorherige Übung. Großkunden, die 100 Liter oder mehr tanken, erhalten unabhängig von der Sorte an dieser Tankstelle 2 % Rabatt. Gibt der Benutzer beispielsweise ein, dass er 120 Liter Normal-Benzin tankt (siehe Abbildung 1.29), …

Abbildung 1.29 Eingabe der Übung »u_ifelse2«

... sollte die Ausgabe des Programms so aussehen wie in Abbildung 1.30.

Abbildung 1.30 Ergebnis der Übung »u_ifelse2«

1.4.3 Verknüpfung mit »oder«

Logische Operatoren dienen zur Verknüpfung mehrerer Bedingungen. Zunächst wird das *logische Oder* vorgestellt. Es wird mithilfe der Zeichenfolge || gebildet. Es wird verwendet, falls nur eine von mehreren Bedingungen zutreffen muss. Das Zeichen | finden Sie auf einer Windows-Tastatur links unten bei den Kleiner/Größer-Zeichen. Sie müssen zusätzlich die Sondertaste [Alt Gr] betätigen.

Logisches Oder

Zur Verdeutlichung erweitern wir nun das Beispiel mit der Passworteingabe, das Sie in den Dateien *ifelse_zugang.htm* und *ifelse_zugang.php* finden. Es gibt nun zwei Passwörter, die zum erfolgreichen Zugang führen. Das Eingabeformular in der Datei *oder.htm* entspricht demjenigen in der Datei *ifelse_zugang.htm*; das Auswertungsprogramm sieht wie folgt aus:

```
<!DOCTYPE html>...<body>
<?php
   $passwort = htmlentities($_POST["passwort"]);
   if($passwort == "bingo" || $passwort == "kuckuck")
      echo "Zugang gestattet";
   else
      echo "Zugang verweigert";
?>
</body></html>
```

Listing 1.20 Datei »oder.php«

Mindestens eine der beiden Bedingungen muss zutreffen, damit der Zugang gestattet wird. Jede Bedingung muss vollständig formuliert werden. Der Ausdruck `$passwort == "bingo" || "kuckuck"` würde zu einer Fehlermeldung führen, da die zweite Bedingung unvollständig ist.

Vollständige Bedingungen

1 PHP-Programmierkurs

Rangordnung Die Vergleichsoperatoren, die zur Auswertung der Bedingungen benötigt werden, stehen in der Rangordnung der Operatoren höher als der logische Operator ||. Daher werden zunächst die einzelnen Bedingungen geprüft. Erst anschließend wird der logische Operator zur Verknüpfung der Ergebnisse der Bedingungen eingesetzt. Daher ist es nicht notwendig, die einzelnen Bedingungen in Klammern zu setzen.

1.4.4 Verknüpfung mit »und«

Logisches Und Das *logische Und* (Zeichenfolge &&) wird verwendet, wenn alle Bedingungen zutreffen müssen. Dies wird wiederum an einem erweiterten Beispiel der Passworteingabe verdeutlicht. Der Benutzer muss nun seinen Namen und sein Zugangspasswort eingeben. Der Zugang wird nur gestattet, wenn beide Angaben korrekt sind, es sich also um einen sowohl berechtigten als auch bekannten Benutzer handelt. Hier sehen Sie zunächst das geänderte Eingabeformular:

```
<!DOCTYPE html>...<body>
<p>Bitte tragen Sie Name und Zugangspasswort ein</p>
<form action = "und.php" method = "post">
    <p><input name = "benutzer"> Name des Benutzers</p>
    <p><input name = "passwort"> Passwort</p>
    <p><input type = "submit">
    <input type = "reset"></p>
</form>
</body></html>
```

Listing 1.21 Datei »und.htm«

Das Auswertungsprogramm sieht wie folgt aus:

```
<!DOCTYPE html>...<body>
<?php
    $benutzer = htmlentities($_POST["benutzer"]);
    $passwort = htmlentities($_POST["passwort"]);
    if ($benutzer == "Maier" && $passwort == "kuckuck")
        echo "Zugang gestattet";
    else
        echo "Zugang verweigert";
```

```
?>
</body></html>
```

Listing 1.22 Datei »und.php«

Gibt der Benutzer zwar den Namen Maier, aber ein falsches Passwort ein, wird der Zugang verweigert, da beide Angaben stimmen müssen. Das Gleiche trifft zu, wenn der Benutzer den Namen Meier (mit e statt mit a) und das richtige Passwort kuckuck eingibt, da in diesem Fall nur die zweite Bedingung zutrifft (siehe das Formular in Abbildung 1.31 und die Ausgabe in Abbildung 1.32).

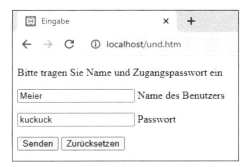

Abbildung 1.31 Eingabe des Namens und des Passworts

Abbildung 1.32 Richtiges Passwort, falscher Name

Auch hier gilt, dass die Vergleichsoperatoren in der Rangordnung der Operatoren höher stehen als der logische Operator (hier: &&) und daher die Bedingungen nicht in Klammern gesetzt werden müssen.

Rangordnung

Übung »u_oder_und«

Testen Sie die Beispiele in den Dateien *oder.htm* und *oder.php* beziehungsweise *und.htm* und *und.php* mit verschiedenen Passwörtern sowie Name-Passwort-Kombinationen.

1.4.5 Umkehrung mit »nicht«

Logisches Nicht Mithilfe des *logischen Nicht* (Operator !) wird der Wahrheitswert einer Bedingung umgekehrt. Damit ist es möglich, eine Bedingung oder eine logische Verknüpfung anders zu formulieren und sie damit eventuell lesbarer zu machen. Ein Beispiel:

```
<!DOCTYPE html>...<body>
<?php
   $zahl = 16;

   if ($zahl < 20)
      echo "Zahl ist kleiner als 20<br>";
   if (!($zahl >= 20))
      echo "Zahl ist kleiner als 20<br>";

   if ($zahl < 20 || $zahl > 30)
      echo "Zahl liegt nicht zwischen 20 und 30<br>";
   if (!($zahl >= 20 && $zahl <= 30))
      echo "Zahl liegt nicht zwischen 20 und 30<br>";
?>
</body></html>
```

Listing 1.23 Datei »nicht.php«

Rangordnung In beiden Fällen liefern beide Verzweigungen dasselbe Ergebnis. Der Operator ! steht in der Rangordnung höher als die Vergleichsoperatoren. Daher muss die Bedingung beziehungsweise die logische Verknüpfung in Klammern gesetzt werden. Die Ausgabe sehen Sie in Abbildung 1.33.

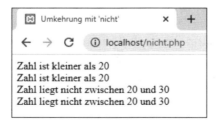

Abbildung 1.33 Umkehrung des Wahrheitswerts

1.4.6 Rangordnung der Operatoren

Ausdrücke mit mehreren Operatoren werden von links nach rechts aufgelöst – unter Beachtung der Rangordnung. In Tabelle 1.3 sehen Sie die Rangordnung der bisher verwendeten Operatoren. Die Tabelle beginnt mit der höchsten Stelle der Rangordnung.

Höchste Stelle der Rangordnung oben

Operator	Bedeutung
( )	Klammern
! -	logisches Nicht, negatives Vorzeichen
* / %	Multiplikation, Division, Modulo-Operation
+ -	Addition, Subtraktion
< <= > >=	kleiner, kleiner oder gleich, größer, größer oder gleich
== !=	gleich, ungleich
&&	logisches Und
||	logisches Oder
=	Zuweisung

Tabelle 1.3 Rangordnung der Operatoren

Klammern stehen in der Rangordnung an erster Stelle. Mit ihrer Hilfe können Sie Ausdrücke in der gewünschten Reihenfolge bearbeiten lassen.

> **Übung »u_logisch«**
> Erweitern Sie das Beispielprogramm aus dem vorherigen Abschnitt. Nur die beiden Benutzer Marten (Passwort Hamburg) und Schmitz (Passwort Berlin) sollen Zugang haben. Verwenden Sie die Dateien *u_logisch.htm* und *u_logisch.php*.

1.4.7 Mehrfache Verzweigung mit »if« und »else«

Verzweigungen mit if und else lassen sich verschachteln, sodass eine mehrfache Verzweigung möglich wird. Eine solche Verzweigung kann für drei oder noch mehr Fälle verwendet werden. Ein Beispiel hierzu:

Mehrfache Verzweigung

```
<!DOCTYPE html>...<body>
<?php
   $x = 8;
   $y = 12;

   if ($x < $y)
   {
      echo "$x ist kleiner als $y<br>";
      echo "$y ist größer als $x";
   }
   else
   {
      if ($x > $y)
      {
         echo "$x ist größer als $y<br>";
         echo "$y ist kleiner als $x";
      }
      else
         echo "Beide sind gleich";
   }
?>
</body></html>
```

Listing 1.24 Datei »if_mehrfach.php«

Falls $x kleiner als $y ist, trifft die erste Bedingung zu. Die restlichen Bedingungen müssen in diesem Fall nicht mehr geprüft werden. Andernfalls kann $x nur noch größer oder gleich $y sein, und es wird die nächste Bedingung ($x > $y) geprüft. Trifft diese ebenfalls nicht zu, kann $x nur noch gleich $y sein. Die Ausgabe sehen Sie in Abbildung 1.34.

Abbildung 1.34 Ergebnis mehrfacher Verzweigung

Übung »u_if_mehrfach«

Erweitern Sie das Programm aus der Übung *u_ifelse1*. Nun soll der Preis für eine Tankfüllung ohne Rabatt für Großkunden berechnet werden. Es gibt drei Sorten Benzin: Normal (Preis: 1,35 €), Super (Preis: 1,40 €) und Diesel (Preis: 1,10 €).

Der Benutzer gibt im ersten Eingabefeld die getankte Menge in Litern und im zweiten Eingabefeld entweder ein großes N, ein großes S oder ein großes D ein. Das PHP-Programm ermittelt in Abhängigkeit von der Sorte und der getankten Menge den zu zahlenden Betrag. Es wird davon ausgegangen, dass der Benutzer keine Fehleingaben macht.

Tankt der Benutzer 35 Liter Diesel (siehe Abbildung 1.35), ...

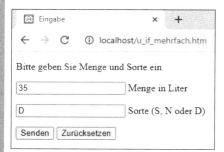

Abbildung 1.35 Eingabe der Übung »u_if_mehrfach«

... sollte die Ausgabe so wie in Abbildung 1.36 aussehen.

Abbildung 1.36 Ergebnis der Übung »u_if_mehrfach«

1.4.8 Mehrfache Verzweigung mit »switch«

Die `switch`-Anweisung bietet eine alternative Schreibweise für einen bestimmten Typ von mehrfachen Verzweigungen. Sie kann eingesetzt werden, wenn eine Variable mit mehreren bestimmten Werten verglichen werden soll. Diese Form der mehrfachen Verzweigung kann übersichtlicher sein als eine verschachtelte Verzweigung, falls viele unterschiedliche Fälle vorliegen.

Es folgt ein Programm, das aus zwei Teilen besteht:

```
<!DOCTYPE html>...<body>
<?php
   $wuerfel = 3;

   /* Einzelne Fälle */
   switch($wuerfel)
   {
      case 1:
         $ausgabe = "Eins";
         break;
      case 2:
         $ausgabe = "Zwei";
         break;
      case 3:
         $ausgabe = "Drei";
         break;
      case 4:
         $ausgabe = "Vier";
         break;
      case 5:
         $ausgabe = "Fünf";
         break;
      case 6:
         $ausgabe = "Sechs";
         break;
      default:
         $ausgabe = "Kein Würfelwert";
   }
   echo $ausgabe . "<br>";

   /* Zusammengefasste Fälle */
   switch($wuerfel)
   {
      case 1:
      case 3:
      case 5:
         $ausgabe = "Ungerade Zahl";
         break;
```

```
        case 2:
        case 4:
        case 6:
            $ausgabe = "Gerade Zahl";
            break;
        default:
            $ausgabe = "Kein Würfelwert";
    }
    echo $ausgabe . "<br>";
?>
</body></html>
```

Listing 1.25 Datei »switch.php«

Nehmen wir an, die Variable $wuerfel beinhaltet einen zufällig ermittelten Würfelwert.

Im ersten Teil des Programms wird der Wert der Variablen mithilfe eines switch-Blocks untersucht. Die einzelnen vorhandenen Fälle (englisch: *cases*) werden der Reihe nach durchlaufen. Sobald einer der Fälle zutrifft, die Variable also den Wert nach dem Schlüsselwort case besitzt, werden die zugehörigen Anweisungen bis zum nächsten Auftreten des Schlüsselworts break bearbeitet. Anschließend wird der switch-Block unmittelbar verlassen.

case, break

Optional kann es einen default-Fall geben. Er wird verwendet, falls keiner der genannten Fälle zutrifft, die Variable im vorliegenden Beispiel also keinen Würfelwert beinhaltet.

default

Im zweiten Teil des Programms werden einige Fälle zusammengefasst. Beim Würfelwert 2 und beim Würfelwert 6 passiert dasselbe, da das nächste break erst anschließend folgt.

Fälle zusammenfassen

Die Ausgabe des Programms sehen Sie in Abbildung 1.37.

Abbildung 1.37 Mehrfache Verzweigung mit »switch«

1.4.9 Mehrfache Verzweigung mit »match«

match Mit PHP 8.0 wird der match-Ausdruck eingeführt. Er bietet eine weitere Möglichkeit für eine mehrfache Verzweigung. Zum Vergleich folgt ein Programm, das denselben Ablauf wie das Programm aus dem vorherigen Abschnitt besitzt:

```php
<!DOCTYPE html>...<body>
<?php
   $wuerfel = 3;

   /* Einzelne Fälle */
   echo match($wuerfel)
   {
      1 => "Eins",
      2 => "Zwei",
      3 => "Drei",
      4 => "Vier",
      5 => "Fünf",
      6 => "Sechs",
      default => "Kein Würfelwert"
   };
   echo "<br>";

   /* Zusammengefasste Fälle */
   echo match($wuerfel)
   {
      1, 3, 5 => "Ungerade Zahl",
      2, 4, 6 => "Gerade Zahl",
      default => "Kein Würfelwert"
   };
   echo "<br>";
?>
</body></html>
```

Listing 1.26 Datei »match.php«

Operator => Ein match-Ausdruck liefert ein Ergebnis zurück, ähnlich wie eine Funktion. Dieses Ergebnis kann gespeichert oder mithilfe von echo ausgegeben werden. Die verschiedenen Fälle werden ohne das Schlüsselwort case gebildet.

Nach dem Operator => folgt ein Wert als Wert des gesamten match-Ausdrucks, gefolgt von einem Komma.

Es sollte immer einen default-Fall geben. Trifft keiner der vorherigen Fälle zu, wird dieser Fall genutzt. Gäbe es keinen default-Fall, würde ein Fehler auftreten. Nach der schließenden Klammer des match-Ausdrucks folgt ein Semikolon.

default

Auch in einem match-Ausdruck können mehrere Fälle zusammengefasst werden. Sie werden durch Kommata voneinander getrennt. Die Ausgabe sehen Sie in Abbildung 1.38.

Fälle zusammenfassen

Abbildung 1.38 Mehrfache Verzweigung mit »match«

Weitere Unterschiede zwischen switch und match:

- In einem switch-Block können mehrere Anweisungen ausgeführt werden. In einem match-Ausdruck wird nur ein einzelner Wert zugewiesen.

Zuweisung

- In einem switch-Block werden nur die Werte verglichen. In einem match-Ausdruck werden sowohl die Werte als auch die Datentypen verglichen (siehe auch Abschnitt 1.5.1).

Werte und Datentypen

- Ein match-Ausdruck beinhaltet automatisch ein break. Es ist also nicht nötig, break einzugeben wie bei der Nutzung von switch (vgl. Listing 1.25).

1.5 Mehr über Verzweigungen

Nachdem Sie die Grundlagen zum Thema »Verzweigungen« kennengelernt haben, erläutere ich in diesem Abschnitt einige weitergehende Möglichkeiten. Sie könnten diesen Abschnitt auch zunächst überspringen und unmittelbar mit Abschnitt 1.6 über das Thema »Schleifen« fortfahren.

1.5.1 Wahrheitswerte

boolean In diesem Abschnitt wird das Wissen über Wahrheitswerte vertieft, die zum Beispiel innerhalb von Bedingungen benötigt werden. Diese Wahrheitswerte können in eigenen Variablen zwischengespeichert werden, um sie später zu nutzen. Dazu dient der Datentyp boolean. In den Variablen dieses Datentyps wird entweder true (wahr) oder false (falsch) gespeichert. Sie werden auch *boolesche Variablen* genannt.

boolval() Zahlen, Zeichenketten und Variablen besitzen ebenfalls einen Wahrheitswert, den sie in Ihren Programmen nutzen können. Diese Nutzung kann implizit erfolgen, also durch eine automatische Umwandlung; sie kann aber auch explizit mithilfe der Funktion boolval() erfolgen, die Ihnen seit PHP 5.5 zur Verfügung steht.

Operatoren === und !== Mithilfe der »strengen« Vergleichsoperatoren === und !== ermitteln Sie, ob zwei Werte übereinstimmen *und* denselben Datentyp haben.

Hier folgen einige Wahrheitswerte, Umwandlungen und Vergleiche:

```
<!DOCTYPE html>...<body>
<?php
    $ww = 5>3;
    echo "Wahrheitswert: $ww<br>";
    if($ww) echo "Dieser Wert ist wahr<br><br>";

    echo "Implizit: 5>3: " . (5>3) . ", 5<3: " . (5<3) . "<br>";
    echo "Explizit: boolval(5>3): " . boolval(5>3) .
        ", boolval(5<3): " . boolval(5<3) . "<br><br>";

    echo "TRUE: " . TRUE . ", true: " . true . "<br>";
    echo "FALSE: " . FALSE . ", false: " . false . "<br><br>";

    echo "boolval(1): " . boolval(1) . ", boolval(0): " . boolval(0)
        . ", boolval(-1): " . boolval(-1) . "<br>";
    echo "boolval(0.0): " . boolval(0.0)
        . ", boolval(0.000000001): "
        . boolval(0.000000001) . "<br>";
    echo "boolval(''): " . boolval('')
        . ", boolval(' '): " . boolval(' ')
        . ", boolval('0'): " . boolval('0') . "<br><br>";
```

```
    $zahl = 42;
    $text = "42";
    if($zahl == $text) echo "==<br>";
    if($zahl != $text) echo "!=<br>";
    if($zahl === $text) echo "===<br>";
    if($zahl !== $text) echo "!==<br>";
?>
</body></html>
```

Listing 1.27 Datei »wahrheitswert.php«

In der Variablen $ww wird der Wahrheitswert einer Bedingung gespeichert und ausgegeben. Der Wahrheitswert true erscheint als 1. Er kann innerhalb einer Verzweigung genutzt werden, zum Beispiel anstelle einer Bedingung oder verknüpft mit einer weiteren Bedingung.

Es wird sowohl der Wahrheitswert einer wahren als auch einer falschen Bedingung direkt ausgegeben, einmal nach impliziter Umwandlung, einmal nach expliziter Umwandlung mithilfe von boolval(). Für den Wahrheitswert false wird kein sichtbares Zeichen ausgegeben.

Sie können die Wahrheitswerte true und false auch direkt zuweisen. Dabei ist es egal, ob Sie Groß- oder Kleinschreibung anwenden.

true, false

Die Zahlenwerte 0 und 0.0, die leere Zeichenkette und die Zeichenkette "0" beziehungsweise '0' entsprechen dem Wahrheitswert false. Alle anderen Zahlen und Zeichenketten entsprechen true.

Bei einem Vergleich mit einem der beiden Operatoren == oder != ist es nicht wichtig, ob die beiden Werte denselben Datentyp besitzen. Die Zahl 42 entspricht also einer Zeichenkette, die nach Umwandlung den Zahlenwert 42 liefert, also zum Beispiel "42" oder "42abc".

Ist jedoch für den Wahrheitswert einer Bedingung auch der Datentyp entscheidend, müssen Sie einen der beiden strengen Vergleichsoperatoren === oder !== verwenden.

Strenge Vergleichsoperatoren

Es gibt Funktionen, die im Fehlerfall den Wahrheitswert false zurückliefern. Ein Teil dieser Funktionen kann im Erfolgsfall einen Wert zurückliefern, der ebenfalls als false ausgewertet werden kann. Den Erfolg des Aufrufs einer solchen Funktion müssen Sie daher ebenfalls mit einem strengen Vergleichsoperator prüfen.

Die Ausgabe des Programms sehen Sie in Abbildung 1.39.

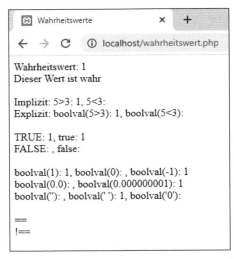

Abbildung 1.39 Wahrheitswerte, Umwandlungen und Vergleiche

1.5.2 Ternärer Operator ?:

Abkürzung Der *ternäre Operator* ?: kann in vielen Fällen als kompakte Abkürzung einer Verzweigung dienen. Er kombiniert eine Verzweigung mit einer Zuweisung, ähnlich wie der match-Ausdruck.

Ein Beispiel sehen Sie im nachfolgenden Programm:

```
<!DOCTYPE html>...<body>
<?php
    $x = 8;
    $y = 12;

    $z = $x < $y ? $x : $y;
    echo "Kleinere Zahl: $z<br>";

    echo "Kleinere Zahl: " . ($x < $y ? $x : $y) . "<br>";

    $f = $x < $y ? "1" : ($x > $y ? "2" : "3");
    echo "Fall $f<br>";
?>
</body></html>
```

Listing 1.28 Datei »ternaer.php«

Viele Operatoren arbeiten mit zwei Operanden. Das gilt zum Beispiel für den Additionsoperator + im Ausdruck 3+5. Vor und hinter dem Operator stehen die beiden Operanden, die addiert werden, hier 3 und 5.

Zwei Operanden

Ein ternärer Operator arbeitet dagegen immer mit drei Operanden. Beim ternären Operator ?: steht vor dem Zeichen ? eine Bedingung (hier $x < $y). Trifft sie zu (wie beim if), wird als Ergebnis der Wert geliefert, der zwischen dem Zeichen ? und dem Zeichen : steht. Trifft sie nicht zu (wie beim else), wird als Ergebnis der Wert geliefert, der nach dem Zeichen : steht.

Drei Operanden

Beim ersten Einsatz des ternären Operators wird das Ergebnis in der Variablen $z gespeichert. Wird das Ergebnis des ternären Operators direkt ausgegeben, wie beim zweiten Einsatz, sollte die gesamte Verzweigung in Klammern stehen. Ansonsten wird die Anweisung in der falschen Reihenfolge bearbeitet.

Klammern

Wie bei einer mehrfachen Verzweigung mit if kann der ternäre Operator ebenfalls für drei oder mehr Fälle genutzt werden. Der Variablen $f wird eines von drei möglichen Ergebnissen zugewiesen. Ist $x kleiner als $y, lautet das Ergebnis "1". Ansonsten wird mithilfe eines weiteren ternären Operators geprüft, ob $x größer als $y ist. In diesem Fall ist das Ergebnis "2", ansonsten "3".

Mehrfache Verzweigung

Die Ausgabe sehen Sie in Abbildung 1.40.

Abbildung 1.40 Verzweigungen mit dem ternären Operator »?:«

1.5.3 Spaceship-Operator <=>

Der *Spaceship-Operator* <=> wurde mit PHP 7.0 eingeführt. Er zählt zu den Vergleichsoperatoren und steht in der Rangordnung der Operatoren auf gleicher Höhe mit den Operatoren == und !=.

Vergleichsoperator

Ein Vergleich mit dem Operator <=> ergibt

- den Wert 1, falls der erste Wert größer ist,
- oder den Wert -1, falls der zweite Wert größer ist,
- oder den Wert 0, falls beide Werte übereinstimmen.

Ein Beispiel:

```
<!DOCTYPE html>...<body>
<?php
   echo "Erster Wert: " . (12 <=> 5) . "<br>";
   echo "Zweiter Wert: " . (5 <=> 12) . "<br>";
   echo "Werte sind gleich: " . (5 <=> 5) . "<br>";
?>
</body></html>
```

Listing 1.29 Datei »spaceship.php«

Klammern Die Ausgabe sehen Sie in Abbildung 1.41. Würden Sie die runden Klammern um den Vergleich mit dem Spaceship-Operator weglassen, würden die beiden Zeichenketten davor beziehungsweise dahinter in den Vergleich mit einbezogen. Das führt zu falschen Ergebnissen.

Abbildung 1.41 Auswertung mithilfe des Spaceship-Operators <=>

Der Spaceship-Operator trägt seinen Namen in Anlehnung an frühere textbasierte Computerspiele, in denen ein Raumschiff mithilfe der Zeichenfolge <=> angezeigt wurde.

1.5.4 Existenz von Variablen

isset() Sie können die Existenz einer Variablen mithilfe der Funktion isset() prüfen. Auf diese Weise können Sie zum Beispiel feststellen, ob ein Kontrollkästchen in einem Formular vor dem Absenden markiert wurde oder nicht, siehe Abschnitt 2.2.3. Die Funktion isset() liefert einen Wahrheitswert, daher wird sie meist innerhalb einer Verzweigung eingesetzt und auch deshalb an dieser Stelle erläutert.

unset(), null In engem Zusammenhang mit der Funktion isset() steht die Funktion unset(). Sie dient zum Löschen einer Variablen. Eine Variable kann ebenso gelöscht werden, indem man ihr den Wert null zuweist. Nachfolgend ein Beispiel:

```
<!DOCTYPE html>...<body>
<?php
   if (isset($x)) echo "1: $x<br>";
   else           echo "1: Nicht vorhanden<br>";

   $x = 42;
   if (isset($x)) echo "2: $x<br>";
   else           echo "2: Nicht vorhanden<br>";

   unset($x);
   if (isset($x)) echo "3: $x<br>";
   else           echo "3: Nicht vorhanden<br>";

   $x = 42;
   if (isset($x)) echo "4: $x<br>";
   else           echo "4: Nicht vorhanden<br>";

   $x = null;
   if (isset($x)) echo "5: $x<br>";
   else           echo "5: Nicht vorhanden<br>";
?>
</body></html>
```

Listing 1.30 Datei »existenz.php«

Die Existenz der Variablen $x wird innerhalb des Programms mehrfach mithilfe der Funktion isset() geprüft. Die Verzweigung wird hier etwas kompakter innerhalb von zwei statt vier Zeilen notiert. Wenn die Variable $x existiert, wird ihr Wert ausgegeben. Wenn sie noch nicht existiert oder gelöscht wurde, wird eine entsprechende Information ausgegeben.

Abbildung 1.42 Die Existenz einer Variablen prüfen

Die Ausgabe des Programms inklusive Nummerierung sehen Sie in Abbildung 1.42. Zu den einzelnen nummerierten Ausgaben:

1. Vor der Zuweisung eines Werts existiert die Variable nicht.
2. Nach der Zuweisung eines Werts existiert die Variable.
3. Nach der Löschung mithilfe von unset() existiert sie nicht mehr.
4. Nach erneuter Zuweisung existiert sie wieder.
5. Nach der Löschung durch die Zuweisung von null existiert sie nicht mehr.

> **Hinweis**
> Viele vordefinierte Funktionen liefern entweder den ermittelten Rückgabewert zurück oder den Wert null als Information dafür, dass innerhalb der Funktion ein Fehler aufgetreten ist.

1.5.5 Typ prüfen

Prüffunktionen Es gibt eine Reihe von Prüffunktionen, mit deren Hilfe Sie den Typ einer Variablen oder eines Werts feststellen können:

- is_int() prüft, ob es sich um eine ganze Zahl handelt.
- is_float() prüft, ob es sich um eine Fließkommazahl handelt.
- is_string() prüft, ob es sich um eine Zeichenkette handelt.
- is_numeric() prüft, ob es sich um eine Zahl handelt.
- is_bool() prüft, ob es sich um einen Wahrheitswert handelt.

Nachfolgend ein Programm mit einigen typischen Prüfungen:

```
<!DOCTYPE html>...<body>
<?php
    if(is_int(42))       echo "42 ist eine ganze Zahl<br>";
    if(!is_int(42.0))    echo "42.0 ist keine ganze Zahl<br>";
    if(is_float(42.0))   echo "42.0 ist eine Fliesskommazahl<br>";
    if(!is_float(42))    echo "42 ist keine Fliesskommazahl<br><br>";

    if(is_string("42"))  echo "\"42\" ist eine Zeichenkette<br>";
    if(is_string('42'))  echo "'42' ist eine Zeichenkette<br>";
    if(!is_string(42))   echo "42 ist keine Zeichenkette<br><br>";
```

```
    if(is_numeric("42"))      echo "\"42\" ist numerisch<br>";
    if(is_numeric("42.0"))    echo "\"42.0\" ist numerisch<br>";
    if(is_numeric("-4.2e-3")) echo "\"-4.2e-3\" ist numerisch<br>";
    if(!is_numeric("42a"))
        echo "\"42a\" ist nicht numerisch<br><br>";

    if(is_bool(true))       echo "true ist boolean<br>";
    if(is_bool(5>3 && 7<12)) echo "5>3 && 7<12 ist boolean<br>";
    if(!is_bool("true")) echo "\"true\" ist nicht boolean<br><br>";
?>
</body></html>
```

Listing 1.31 Datei »typ_pruefen.php«

In Abbildung 1.43 sehen Sie die Ausgabe des Programms.

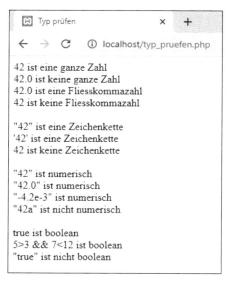

Abbildung 1.43 Das Ergebnis einiger Typprüfungen

Sobald eine Zahl einen Dezimalpunkt mit einer Nachkommastelle hat, wird sie von der Funktion is_int() nicht mehr als ganze Zahl erkannt. Sie wird aber von der Funktion is_float() als Fließkommazahl erkannt, selbst wenn die Nachkommastelle den Wert 0 hat.

is_int(), is_float()

is_string()	Alles innerhalb von einfachen oder doppelten Hochkommata wird von der Funktion is_string() als Zeichenkette erkannt.
is_numeric()	Ganze Zahlen, Fließkommazahlen oder Exponentialzahlen werden auch innerhalb einer Zeichenkette von der Funktion is_numeric() als gültige Zahlenwerte erkannt. Ebenso trifft das zu, wenn sie ein negatives Vorzeichen oder einen negativen Exponenten besitzen. Sobald innerhalb der Zeichenkette ein ungültiges Zeichen vorkommt, werden sie nicht mehr als gültige Zahlenwerte erkannt.
is_bool()	Die Werte true und false werden von der Funktion is_bool() als Wahrheitswerte erkannt. Das trifft auch für Bedingungen zu, die mithilfe von Vergleichsoperatoren und logischen Operatoren gebildet werden. Inhalte von Zeichenketten werden nicht als Wahrheitswerte erkannt.

Weitere Funktionen zur Typprüfung finden Sie in Abschnitt 4.8 und in Abschnitt 8.6.

1.5.6 Koaleszenzoperatoren ?? und ??=

isset ternary Der Koaleszenzoperator ?? wurde mit PHP 7.0 eingeführt. Er verschmilzt die Arbeitsweise der Funktion isset() mit der Arbeitsweise des ternären Operators ?: und wird daher auch *isset ternary*-Operator genannt. Damit kann die Ermittlung eines Werts verkürzt werden.

Seit PHP 7.4 gibt es auch den kombinierten Zuweisungsoperator ??=. Er verbindet den Koaleszenzoperator mit einer Zuweisung. Damit wird die Ermittlung des Werts, der zugewiesen werden soll, verkürzt.

Einige Beispiele:

```
<!DOCTYPE html>...<body>
<?php
    echo $temperatur ?? "Temperatur nicht vorhanden";
    echo "<br>";
    $temperatur = 36.5;
    echo $temperatur ?? "Temperatur nicht vorhanden";
    echo "<br>";

    $luftdruck ??= "Luftdruck nicht vorhanden";
    echo $luftdruck;
    echo "<br>";
```

```
    $luftdruck = 1013.25;
    $luftdruck ??= "Luftdruck nicht vorhanden";
    echo $luftdruck;
?>
</body></html>
```
Listing 1.32 Datei »koaleszenz.php«

Existiert eine Variable, wird ihr Wert ausgegeben beziehungsweise zugewiesen. Existiert sie noch nicht oder wurde sie bereits wieder gelöscht, wird eine entsprechende Information ausgegeben beziehungsweise zugewiesen.

Die Ausgabe des Programms sehen Sie in Abbildung 1.44.

Abbildung 1.44 Koaleszenzoperatoren

> **Hinweis**
> Die Koaleszenzoperatoren tragen ihren Namen in Anlehnung an die Verschmelzung (englisch: *coalescence*) unterschiedlicher Flüssigkeiten.

1.6 Schleifen

Wiederholen sich innerhalb eines Programms einzelne Anweisungen oder Blöcke von Anweisungen, sollten Schleifen verwendet werden. In PHP gibt es unter anderem die for-Schleife, die while-Schleife und die do-while-Schleife. Welche Variante bei der Lösung eines aktuellen Problems die richtige ist, lässt sich leicht entscheiden:

▶ Sie verwenden die for-Schleife, wenn Ihnen die Anzahl der Wiederholungen bekannt ist oder sich diese bereits eindeutig vor Beginn der Schleife ergeben hat.

Bedingungs-gesteuerte Schleife

▶ Sie verwenden die while-Schleife oder die do-while-Schleife, wenn Ihnen die Anzahl der Wiederholungen nicht bekannt ist beziehungsweise wenn sich der Ablauf der Schleife erst zur Laufzeit des Programms ergibt (bedingungsgesteuerte Schleife).

1.6.1 Schleife mit »for«

for

Die for-Schleife wird verwendet, um eine feste Anzahl an Wiederholungen zu erzeugen. Entweder ist die Anzahl vorher bekannt oder Start und Ende der Wiederholung sind bekannt beziehungsweise können errechnet werden. Ein Beispiel:

```
<!DOCTYPE html>...<body>
<?php
    for ($i=1; $i<=5; $i++)
    {
        echo "Zeile $i<br>";
    }
?>
</body></html>
```

Listing 1.33 Datei »for.php«

Mithilfe des Programms werden fünf Zeilen in das Dokument geschrieben, jeweils mit dem Inhalt Zeile: <Nummer>. Die Ausgabe sehen Sie in Abbildung 1.45.

Abbildung 1.45 Schleife mit »for«

Kopf und Rumpf

Die for-Schleife besteht aus Kopf und Rumpf. Der Kopf der for-Schleife steht in Klammern. Beachten Sie, dass nach den Klammern kein Semikolon folgt. Innerhalb der Klammern stehen drei Elemente, die durch Semikola voneinander getrennt sind:

- Startwert
- Bedingung zur Wiederholung
- Veränderung der Schleifenvariablen

In diesem Beispiel wird die Variable $i als sogenannte *Schleifenvariable* verwendet. Das heißt, mithilfe von $i wird die Schleife gesteuert.

Schleifenvariable

Die Variable $i bekommt zunächst den Wert 1. Es wird geprüft, ob die Bedingung zum Durchlaufen der Schleife erfüllt ist. Ist das der Fall, wird mit dem Anfangswert der Rumpf der Schleife durchlaufen. Dies liefert die Ausgabe Zeile 1. Danach wird die Variable $i mithilfe des Inkrement-Operators ++ (siehe auch Abschnitt 1.2.5) auf 2 erhöht.

Anschließend wird geprüft, ob die Bedingung zur Wiederholung zum erneuten Durchlaufen der Schleife erfüllt ist. Ist das der Fall, wird der Rumpf der Schleife mit dem aktuellen Wert von $i (Ausgabe: Zeile 2) durchlaufen usw. Nach dem fünften Durchlauf wird $i auf 6 erhöht. Damit trifft die Bedingung zur Wiederholung nicht mehr zu; das Programm beendet die Schleife und läuft hinter der Schleife weiter.

> **Hinweis**
> Auch bei Schleifen gilt: Bezieht sich die Schleife auf mehrere Anweisungen, müssen diese in geschweifte Klammern gesetzt werden. Streng genommen wäre das also beim oben genannten Beispiel nicht notwendig gewesen; aber es schadet auch nicht.

[«]

1.6.2 Beispiele für Schleifen mit »for«

Einige Beispiele für Schleifensteuerungen sind in Tabelle 1.4 aufgeführt. Abläufe mit regelmäßigen Zahlenfolgen lassen sich meist mit for-Schleifen umsetzen. Beachten Sie bei Schleifen, die von einer größeren Zahl zu einer kleineren Zahl laufen, dass die Bedingung zur Wiederholung mithilfe des Operators > (oder >=) gebildet werden muss.

Regelmäßige Zahlenfolgen

Kopf der for-Schleife	Zur Verfügung stehende Werte
for ($i=10; $i<=15; $i++)	10, 11, 12, 13, 14, 15
for ($i=10; $i<15; $i++)	10, 11, 12, 13, 14

Tabelle 1.4 Beispiele für Schleifensteuerungen

Kopf der for-Schleife	Zur Verfügung stehende Werte
for ($i=10; $i>=5; $i--)	10, 9, 8, 7, 6, 5
for ($i=10; $i>5; $i--)	10, 9, 8, 7, 6
for ($i=3; $i<=22; $i=$i+3)	3, 6, 9, 12, 15, 18, 21
for ($i=32; $i>12; $i=$i-4)	32, 28, 24, 20, 16
for ($i=12; $i<12.9; $i=$i+0.2)	12.0, 12.2, 12.4, 12.6, 12.8
$a=6, $b=16, $c=2; for ($i=$a; $i<$b; $i=$i+$c)	6, 8, 10, 12, 14

Tabelle 1.4 Beispiele für Schleifensteuerungen (Forts.)

Speicherung von Fließkommazahlen

Fließkommazahlen werden nicht mathematisch exakt gespeichert. Aus diesem Grund wird im vorletzten Beispiel für die Bedingung zur Wiederholung der Wert 12.9 statt 13.0 gewählt. Das ist ein Wert, der auf »halbem Weg« zwischen dem letzten erlaubten Wert und dem ersten nicht mehr erlaubten Wert steht. Die fortlaufende Addition von 0.2 könnte statt des Werts 13.0 den Wert 12.99999 ergeben. In diesem Fall würde dieser Wert ebenfalls noch zur Verfügung stehen.

Endlosschleife

Sie sollten immer darauf achten, dass Sie nicht aus Versehen eine Endlosschleife erzeugen. Dies könnten Sie zum Beispiel mit dem folgenden Schleifenkopf erreichen: for ($i=3; $i>2; $i=$i+3). Die Bedingung $i>2 ist für alle Zahlen, die erzeugt werden, erfüllt. Demnach wird diese Schleife niemals beendet, und das Programm »hängt sich auf«.

[🖉] **Übung »u_for«**

Schreiben Sie ein Programm (Datei *u_for.php*), in dem mithilfe verschiedener for-Schleifen die in Abbildung 1.46 angegebenen Zeilen ausgegeben werden. Ein Tipp: Versuchen Sie nicht, die gesamte Übung auf einmal zu entwickeln. Schreiben Sie zunächst die erste for-Schleife, die die Ausgabe in der ersten Zeile erzeugt. Testen Sie anschließend das Programm. Fahren Sie erst mit der Entwicklung des nächsten Programmteils fort, falls der vorherige Programmteil fehlerfrei läuft. Für die letzte Zahlenreihe wird eine zusätzliche Verzweigung mit if benötigt.

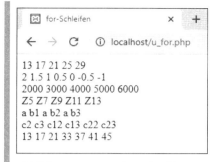

Abbildung 1.46 Ergebnis der Übung »u_for«

1.6.3 Verschachtelte Schleife mit »for«

Schleifen können verschachtelt werden. Dabei befindet sich eine Schleife innerhalb einer anderen Schleife (Schachtelung). Dadurch wird später die Bearbeitung einer zweidimensionalen Struktur möglich, zum Beispiel einer Tabelle oder eines zweidimensionalen Feldes (siehe Abschnitt 8.10). Ein Beispiel:

Zweidimensionale Struktur

```
<!DOCTYPE html>...<body>
<?php
    for ($z=1; $z<=5; $z=$z+1)
    {
        for ($s=1; $s<=3; $s=$s+1)
            echo "Ze$z/Sp$s ";
        echo "<br>";
    }
?>
</body></html>
```

Listing 1.34 Datei »for_schachtel.php«

Die erste (äußere) Schleife wird fünfmal durchlaufen. Innerhalb dieser Schleife befindet sich wiederum eine (innere) Schleife, die bei jedem Durchlauf der äußeren Schleife dreimal durchlaufen wird. Anschließend wird ein Umbruch erzeugt. Es ergeben sich insgesamt 5 × 3 = 15 Wiederholungen. Abbildung 1.47 zeigt die Programmausgabe.

Schleife in Schleife

Abbildung 1.47 Verschachtelte Schleife

[✎] **Übung »u_for_schachtel«**

Schreiben Sie ein Programm (Datei *u_for_schachtel.php*), in dem mithilfe zweier verschachtelter for-Schleifen das »kleine Einmaleins« ausgegeben wird. Die Ausgabe soll so aussehen wie in Abbildung 1.48.

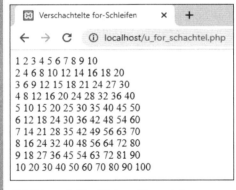

Abbildung 1.48 »Kleines Einmaleins«

1.6.4 Schleifen und Tabellen

HTML-Tabelle   Schleifen werden häufig im Zusammenhang mit HTML-Tabellen eingesetzt. Das erweiterte Beispiel aus der Datei *for.php* kann innerhalb einer Tabellenstruktur zum Beispiel wie folgt angegeben werden:

```
<!DOCTYPE html>...<head>
<style>table,td {border:1px solid black;}</style></head><body>
<table>
<?php
    for ($i=8; $i<=13; $i++)
    {
```

```
        echo "<tr>";
        echo "<td>Zeile</td>";
        echo "<td style='text-align:right;'>$i</td>";
        echo "</tr>";
    }
?>
</table>
</body></html>
```

Listing 1.35 Datei »tabelle.php«

Im Dokumentkopf wird mithilfe der CSS-Style-Angabe `border` ein Rahmen mit der Dicke `1px`, mit dem Typ »durchgezogene Linie« und der Farbe »Schwarz« für die Tabelle und ihre Zellen gesetzt.

Rahmenlinie

Der Anfang und das Ende der Tabelle werden hier im HTML-Bereich angegeben. Die veränderlichen Bestandteile (Anzahl der Zeilen und Inhalt der zweiten Spalte) werden im PHP-Bereich angegeben. Bei jedem Durchlauf der Schleife wird eine Tabellenzeile mit jeweils zwei Zellen ausgegeben.

Die Ausgabe sehen Sie in Abbildung 1.49.

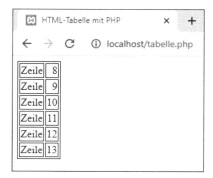

Abbildung 1.49 Schleife und Tabelle

> **Hinweis**
>
> Die CSS-Style-Angabe muss innerhalb der Zeichenkette (die zwischen doppelten Hochkommata steht) in einfachen Hochkommata angegeben werden, da in PHP ansonsten die Zeichenkette zu früh beendet würde.

Das erweiterte Beispiel aus der Datei *for_schachtel.php* mit einer verschachtelten Schleife in einer Tabellenstruktur sieht wie folgt aus:

Zweidimensionale Tabelle

```
<!DOCTYPE html>...<head>
<style>table,td {border:1px solid black;}</style></head><body>
<table>
<?php
   for ($z=8; $z<=13; $z=$z+1)
   {
      echo "<tr>";
      for ($s=1; $s<=5; $s=$s+1)
         echo "<td style='text-align:right;'>$z/$s</td>";
      echo "</tr>";
   }
?>
</table>
</body></html>
```

Listing 1.36 Datei »tabelle_schachtel.php«

Schleife in Schleife   Der Anfang und das Ende der Tabelle werden hier wiederum im HTML-Bereich angegeben. Die äußere Schleife sorgt für das Erzeugen der Tabellenzeilen, die innere Schleife für das Erzeugen und Füllen der Zellen. Abbildung 1.50 zeigt die Ausgabe.

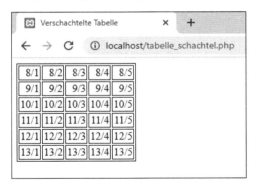

Abbildung 1.50 Verschachtelte Schleife und Tabelle

Übung »u_tabelle«

Erweitern Sie das Programm aus der Übung *u_for_schachtel*. Betten Sie das »kleine Einmaleins« in eine Tabelle ein (*u_tabelle.php*). Die Ausgabe soll so aussehen wie in Abbildung 1.51.

Abbildung 1.51 »Kleines Einmaleins« in einer Tabelle

1.6.5 Schleife mit »while«

Die while-Schleife wird dazu benutzt, eine unbestimmte Anzahl an Wiederholungen zu erzeugen. Das Ende der Wiederholungen wird bei einem der Schleifendurchläufe erreicht. while-Schleifen werden häufig bei Datenbankabfragen eingesetzt (siehe Abschnitt 3.3).

while

Im folgenden Beispiel wird gewürfelt. Die gewürfelten Zahlen werden addiert. Dies wird so lange wiederholt, bis die Summe der gewürfelten Zahlen 25 beträgt oder darüber liegt.

Würfel

Zum Erzeugen der »zufälligen« Würfelergebnisse wird die Funktion random_int() verwendet, die mit PHP 7.0 eingeführt wurde. Sie liefert eine pseudo-zufällige ganze Zahl aus einem Zahlenbereich. Der erste Parameter kennzeichnet den Beginn des Zahlenbereichs, der zweite Parameter das Ende des Zahlenbereichs. Der Zufallszahlengenerator der Funktion random_int() ist auch zur Verschlüsselung geeignet.

Zufallszahlengenerator

Die Anzahl der Durchläufe ist sowohl dem Entwickler als auch dem Benutzer unbekannt. Daher kann keine for-Schleife verwendet werden. Das Programm sieht wie folgt aus:

```
<!DOCTYPE html>...<body>
<?php
   $summe = 0;
```

```
    while ($summe < 25)
    {
        $zufallszahl = random_int(1,6);
        $summe += $zufallszahl;
        echo "Zahl $zufallszahl, Summe $summe<br>";
    }
?>
</body></html>
```

Listing 1.37 Datei »while.php«

Ohne Semikolon Nach dem Schlüsselwort while folgt eine Bedingung, die wie bei einer Verzweigung in Klammern stehen muss. Beachten Sie, dass nach den Klammern kein Semikolon folgt.

Erste Prüfung Bei der ersten Prüfung der Bedingung hat $summe noch den Wert 0, deshalb darf die Schleife durchlaufen werden. Innerhalb der Schleife wird der Würfelwert mithilfe des kombinierten Zuweisungsoperators (siehe Abschnitt 1.2.5) zur Variablen $summe addiert. Der Würfelwert und die aktuelle Zwischensumme werden ausgegeben.

Wiederholte Prüfung Es wird wiederum zu Beginn der Schleife überprüft, ob die Summe kleiner als 25 ist. Ist das der Fall, wird die Schleife erneut durchlaufen. Andernfalls wird mit der Anweisung hinter dem Schleifenende fortgefahren. Steht dort keine Anweisung mehr, ist das Programm zu Ende. Es wird also so lange eine Zahl addiert, bis die Bedingung für die Wiederholung nicht mehr erfüllt ist. Die Seite könnte, abhängig von den zufällig ermittelten Werten, so wie in Abbildung 1.52 aussehen.

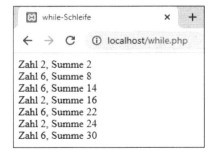

Abbildung 1.52 »while«-Schleife mit Zufallszahlen

Übung »u_while« [✎]

Erstellen Sie ein kleines Computerspiel. Zwei Spieler würfeln mithilfe des Zufallszahlengenerators gegeneinander. Die Würfe jedes Spielers sollen addiert werden. Sobald einer der beiden Spieler oder beide Spieler nach einer Spielrunde den Wert 25 erreicht oder überschritten haben, ist das Spiel zu Ende (Datei *u_while.php*).

Der Gewinner ist der Spieler mit der höheren Punktzahl. Seine Nummer soll anschließend ausgegeben werden. Die Ausgabe könnte so wie in Abbildung 1.53 aussehen.

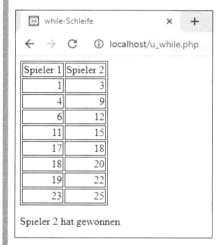

Abbildung 1.53 Übung »u_while«, Spiel

1.6.6 Schleife mit »do-while«

Die do-while-Schleife arbeitet wie die while-Schleife, es gibt aber einen wichtigen Unterschied: Die Prüfung für die Wiederholung wird erst am Ende der Schleife durchgeführt. Die Schleife wird also mindestens einmal ausgeführt. Das Würfelprogramm sieht daher wie folgt aus:

Prüfung am Ende

```
<!DOCTYPE html>...<body>
<?php
    $summe = 0;

    do
    {
```

```
         $zufallszahl = random_int(1,6);
         $summe += $zufallszahl;
         echo "Zahl $zufallszahl, Summe $summe<br>";
      }
      while ($summe < 25);
?>
</body></html>
```

Listing 1.38 Datei »dowhile.php«

Im Unterschied zur while-Schleife folgt nach der Bedingung der do-while-Schleife ein Semikolon. Die Schleife wird selbst für den Fall ausgeführt, dass die Variable $summe bereits vor der Schleife den Wert 25 oder mehr hat.

1.6.7 Abbruch einer Schleife mit »break«

Vorzeitiges Ende Mithilfe der Anweisung break, die Ihnen bereits aus der switch-Verzweigung bekannt ist, kann eine Schleife vorzeitig beendet werden. Damit wird eine zusätzliche Möglichkeit für eine Schleifensteuerung geschaffen, mit deren Hilfe Sie ein Programm lesbarer machen können.

[»] **Hinweis**
Eine break-Anweisung in einer Schleife tritt immer gemeinsam mit einer Bedingung auf, da der vorzeitige Abbruch einer Schleife nur in einem »Sonderfall« erfolgen sollte.

Im folgenden Beispiel wird wiederum gewürfelt, solange die Summe kleiner als 25 ist. Allerdings soll höchstens sechsmal gewürfelt und gegebenenfalls abgebrochen werden.

```
<!DOCTYPE html>...<body>
<?php
   $summe = 0;
   $zaehler = 0;

   while ($summe < 25)
   {
      $zufallszahl = random_int(1,6);
      $summe += $zufallszahl;
      $zaehler++;
```

```
        echo "Nr. $zaehler, Zahl $zufallszahl,";
        echo " Summe $summe<br>";
        if ($zaehler >= 6)          // Sonderfall
            break;
    }?>
</body></html>
```

Listing 1.39 Datei »break.php«

Es wird ein zusätzlicher Zähler (Variable $zaehler) verwendet. Diese Variable wird zunächst auf 0 gesetzt. Innerhalb der Schleife wird ihr Wert stets um 1 erhöht. Sie zählt also die Anzahl der Schleifendurchläufe.

Zähler

Wird dabei die Zahl 6 erreicht beziehungsweise überschritten, bricht die Schleife unmittelbar ab. Dies geschieht auch, falls die Summe noch kleiner als 25 ist. Die Seite sieht, abhängig von den zufällig ermittelten Werten, so aus wie in Abbildung 1.54.

Abbildung 1.54 Beispiel zu »break«

> **Hinweis**
> Der Vergleich if ($zaehler == 6) hätte auch zu einem Abbruch geführt, allerdings nur bei einer Erhöhung um 1. Würde man zum Beispiel den Zähler stets um 2 erhöhen, könnte der Wert 6 nicht genau erreicht werden. Die Schleife würde über die vorgesehene Abbruchstelle hinausgehen. Daher arbeitet man in diesen Fällen gewöhnlich mit Bereichsangaben (>= oder <=).

1.6.8 Fortsetzung einer Schleife mit »continue«

Die Anweisung continue sorgt für den Abbruch des aktuellen Schleifendurchlaufs. Die Schleife wird anschließend unmittelbar mit dem nächsten Durchlauf fortgesetzt. Ein mögliches Programm sieht wie folgt aus:

Vorzeitiges Ende des aktuellen Durchlaufs

```php
<!DOCTYPE html>...<body>
<?php
   for ($i=1; $i<=15; $i++)
   {
      if($i>=5 && $i<=12)
         continue;
      echo "Zeile $i<br>";
   }
?>
</body></html>
```

Listing 1.40 Datei »continue.php«

Für die Werte 5 bis 12 wird keine Ausgabe vorgenommen; dies zeigt Abbildung 1.55.

Abbildung 1.55 Beispiel zu »continue«

1.7 Funktionen

Modularisierung

Es gibt in PHP zahlreiche vordefinierte Funktionen, die vom Entwickler eingesetzt werden können. Darüber hinaus hat der Entwickler die Möglichkeit, eigene Funktionen zu schreiben, sogenannte *benutzerdefinierte Funktionen*. Diese haben die folgenden Vorteile:

- Gleiche oder ähnliche Vorgänge müssen nur einmal beschrieben und können beliebig oft ausgeführt werden.
- Programme können modularisiert werden. Dies bedeutet, dass sie in kleinere Bestandteile zerlegt werden können, die übersichtlicher sind und einfacher gewartet werden können.

1.7.1 Ein erstes Beispiel

Ein Beispiel für eine einfache benutzerdefinierte Funktion:

```
<!DOCTYPE html>...<head>...
<?php
   function trennstrich()
   {
      echo "<br>";
      for ($i=1; $i<=40; $i=$i+1)
         echo "-";
      echo "<br>";
   }
?>
</head><body>
<?php
   trennstrich();
   echo "Dies ist ein Programm,";
   trennstrich();
   echo "in dem mehrmals";
   trennstrich();
   echo "eine Funktion verwendet wird,";
   trennstrich();
   echo "die zu Beginn definiert wurde";
   trennstrich();
?>
</body></html>
```

Listing 1.41 Datei »funktion_einfach.php«

Eigene Funktionen werden mithilfe von function ... () { ... } definiert. Der Name der Funktion folgt nach dem Schlüsselwort function, und in runden Klammern folgen die Parameter, sofern welche vorhanden sind. Anschließend folgt in geschweiften Klammern der eigentliche Funktionsrumpf. Häufig wird die Funktion im Kopf eines HTML-Dokuments definiert, wie hier bei der Funktion trennstrich(). — **function**

Die Aufgabe der Funktion trennstrich() ist die Darstellung eines Zeilenumbruchs, von 40 Bindestrichen und eines weiteren Zeilenumbruchs. Jedes Mal, wenn sie vom eigentlichen Programm im Rumpf des Dokuments (mit trennstrich()) aufgerufen wird, führt sie die genannte Aufgabe aus. Die Ausgabe sehen Sie in Abbildung 1.56.

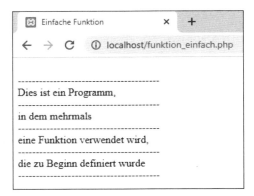

Abbildung 1.56 Mehrere Aufrufe einer Funktion

[✎] Übung »u_funktion_einfach«

Erstellen Sie eine Funktion vermerk(), die einen Entwicklervermerk erzeugt: Jedes Mal, wenn die Funktion aufgerufen wird, erscheint der Name des Entwicklers in einer Tabellenzelle mit Rahmen. Testen Sie Ihre Funktion mit einem geeigneten Programm, in dem die Funktion mehrmals aufgerufen wird (Datei *u_funktion_einfach.php*). Das Ergebnis könnte aussehen wie in Abbildung 1.57.

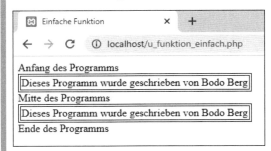

Abbildung 1.57 Ergebnis der Übung »u_funktion_einfach«

1.7.2 Definition, Aufruf und Funktionstypen

Aufruf   Der Aufruf einer eigenen oder einer vordefinierten Funktion erfolgt

- entweder aus dem Rumpf des Dokuments heraus (im zuvor angegebenen Beispiel mit trennstrich()) oder
- aus anderen Funktionen heraus.

Dabei ist der Ort der Funktionsdefinition wichtig. Sie können nur Funktionen aufrufen, die dem Programm bekannt sind. Diese müssen also

Definition

- entweder zu den vordefinierten Funktionen gehören oder
- als eigene Funktion in der Datei definiert werden (wie im oben angegebenen Beispiel) oder
- als eigene Funktion aus einer externen Datei stammen, die in dieser Datei verfügbar ist (siehe Abschnitt 1.10.7).

Für Funktionen mit Parametern bzw. Rückgabewert gilt Folgendes:

Parameter

- Eine Funktion ohne Parameter führt bei jedem Aufruf immer genau die gleiche Aufgabe aus (wie im oben angegebenen Beispiel).
- Eine Funktion mit einem oder mehreren Parametern führt bei jedem Aufruf in Abhängigkeit von den Parametern ähnliche Aufgaben aus.
- Eine Funktion mit einem Rückgabewert führt gleiche oder ähnliche Aufgaben aus und liefert ein Ergebnis an die aufrufende Stelle zurück.

Für den Namen einer Funktion gelten die gleichen Regeln wie für den Namen einer Variablen (siehe Abschnitt 1.2.2). Der einzige Unterschied besteht darin, dass Namen von Funktionen nicht mit dem Dollarzeichen $ beginnen.

Namensregeln

Der Name einer Funktion muss innerhalb eines Programms eindeutig sein. Sie können also eine bereits vordefinierte oder eine eigene Funktion nicht noch einmal definieren.

1.7.3 Funktionen mit einem Parameter

Eine Funktion mit einem Parameter führt bei jedem Aufruf in Abhängigkeit vom Parameterwert ähnliche Aufgaben aus. Das vorherige Beispiel wird nun ein wenig erweitert. Die Funktion erzeugt unterschiedlich lange Trennstriche, wie Sie nachfolgend erkennen können:

Ähnliche Aufgaben

```
<!DOCTYPE html>...<head>...
<?php
   function trennstrich($anzahl)
   {
      echo "<br>";
      for ($i=1; $i<=$anzahl; $i=$i+1)
         echo "-";
      echo "<br>";
   }
```

```php
    ?>
    </head><body>
    <?php
      trennstrich(30);
      echo "In diesem Programm";
      trennstrich(40);
      echo "sind die Trennstriche";
      $x = 20;
      trennstrich($x);
      echo "unterschiedlich lang";
      trennstrich($x * 3);
    ?>
    </body></html>
```

Listing 1.42 Datei »funktion_parameter.php«

Die Funktion `trennstrich()` wird insgesamt viermal aufgerufen, jedes Mal mit einem anderen Wert innerhalb der Klammern hinter dem Namen der Funktion. Dies ist der Parameter. Es kann sich dabei um eine Zahl, eine Variable oder das Ergebnis einer Berechnung handeln.

Der Parameter wird an die Funktion übergeben. Dort wird dieser Wert in der Variablen `$anzahl` gespeichert. Der Wert von `$anzahl` steuert die Ausführung der `for`-Schleife mit dem Ergebnis, dass die Trennstriche unterschiedlich lang sind. Es wird also bei jedem Aufruf beinahe die gleiche Aktion durchgeführt, jeweils in Abhängigkeit vom Wert des Parameters. Abbildung 1.58 zeigt die Ausgabe.

Kontrolle der Datentypen

Bei dem Parameter, der an die Variable `$anzahl` übergeben wird, sollte es sich um eine ganze Zahl handeln. Fließkommazahlen, Zeichenketten oder andere Typen von Variablen sind hier nicht sinnvoll. Seit PHP 7.0 gibt es die Möglichkeit, die Datentypen von Parametern beim Aufruf einer Funktion mithilfe von Typhinweisen strenger zu kontrollieren (siehe Abschnitt 1.10.9). Dies trägt zur Verbesserung Ihrer Programme bei.

Fehlermeldung

Übergeben Sie einer Funktion beim Aufruf zu wenige Parameter, erhalten Sie seit PHP 7.1 die Fehlermeldung `Uncaught ArgumentCountError: Too few arguments ...`. Übergeben Sie zu viele Parameter, werden die überzähligen Parameter ignoriert.

Abbildung 1.58 Aufrufe mit unterschiedlichen Parametern

Übung »u_funktion_parameter1«

Erweitern Sie die Funktion vermerk() aus der Übung *u_funktion_einfach*. Sie soll von verschiedenen Entwicklern genutzt werden können. Der Name des Entwicklers wird als Parameter an die Funktion übergeben. Jedes Mal, wenn die Funktion aufgerufen wird, erscheint der betreffende Name in einer Tabellenzelle mit Rahmen und fester Größe, wie es in Abbildung 1.59 dargestellt ist (Datei *u_funktion_parameter1.php*).

Testen Sie Ihre Funktion mit einem geeigneten Programm, in dem die Funktion mehrmals mit verschiedenen Namen aufgerufen wird.

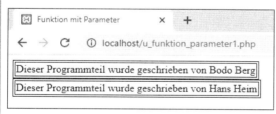

Abbildung 1.59 Ergebnis der Übung »u_funktion_parameter1«

Übung »u_funktion_parameter2«

Erstellen Sie eine Funktion quadrat(), die das Quadrat einer Zahl berechnet und ausgibt. Die betreffende Zahl wird als Parameter an die Funktion übergeben. Testen Sie Ihre Funktion mit einem geeigneten Programm, in dem die Funktion mehrmals mit verschiedenen Zahlen aufgerufen wird (Datei *u_funktion_parameter2.php*). In Abbildung 1.60 sehen Sie ein Beispiel.

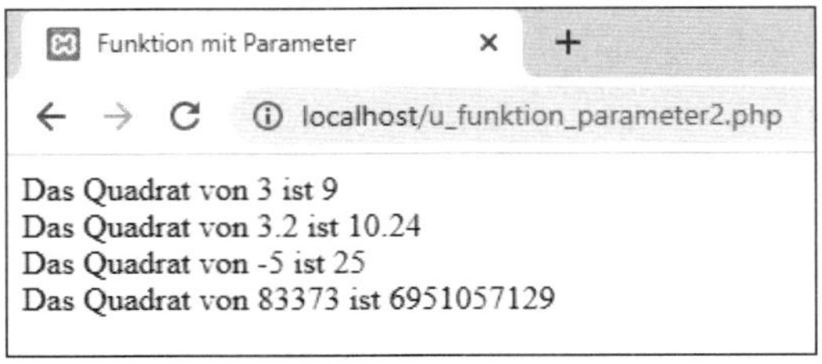

Abbildung 1.60 Ergebnis der Übung »u_funktion_parameter2«

1.7.4 Funktionen mit mehreren Parametern

Mehrere Parameter

Werden einer Funktion mehrere Parameter übergeben, sind die Anzahl, der Datentyp (Zahl oder Zeichenkette) und die Reihenfolge der Parameter wichtig. Der erste Wert wird an den ersten Parameter übergeben, der zweite Wert an den zweiten Parameter usw. Hier sehen Sie ein Beispiel für eine eigene Funktion mit mehreren Parametern:

```
<!DOCTYPE html>...<head>...
<?php
    function flexloop($von, $bis, $schritt)
    {
        echo "Eine Schleife von $von bis $bis mit"
            ." der Schrittweite $schritt<br>";
        for ($i = $von; $i <= $bis; $i = $i + $schritt)
            echo "$i ";
    }
?>
</head><body>
<?php
    echo "<p>Nummer 1:<br>";
    flexloop(5,27,3);

    echo "<p>Nummer 2:<br>";
    flexloop(-10,10,4);

    echo "<p>Nummer 3:<br>";
    $x = 100;
    $y = 200;
    $z = 10;
```

```
    flexloop($x,$y,$z);

    echo "<p>Nummer 4:<br>";
    flexloop($x,$y,($y-$x)/8);
?>
</body></html>
```

Listing 1.43 Datei »funktion_mehrere.php«

Beim Aufruf der Funktion flexloop() müssen jeweils drei Parameter übergeben werden, und zwar durch Kommata voneinander getrennt. Diese werden in der vorliegenden Reihenfolge den Variablen $von, $bis und $schritt zugeordnet.

Reihenfolge der Parameter

Die Variablen werden zur Steuerung der for-Schleife in der Funktion verwendet. Es wird also bei jedem Aufruf eine ähnliche Aktion durchgeführt, beeinflusst von den Werten der Parameter. Die Ausgabe sieht so aus wie in Abbildung 1.61.

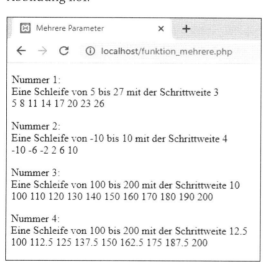

Abbildung 1.61 Funktion mit mehreren Parametern

Übung »u_funktion_mehrere1«

Schreiben Sie ein Programm (Datei *u_funktion_mehrere1.php*), in dem eine Funktion mittel() definiert und benutzt wird, die den arithmetischen Mittelwert von drei Zahlen berechnet und ausgibt. Zur Berechnung bilden Sie die Summe der drei Zahlen und teilen diese anschließend durch 3.

Die drei Zahlen werden der Funktion jeweils als Parameter übergeben. Testen Sie die Funktion mit mehreren verschiedenen Aufrufen innerhalb des Programms. Die Ausgabe könnte so aussehen wie Abbildung 1.62.

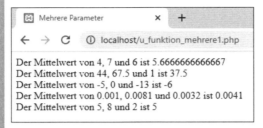

Abbildung 1.62 Ergebnis der Übung »u_funktion_mehrere1«

Übung »u_funktion_mehrere2«

Erweitern Sie die Funktion `vermerk()` aus der Übung *u_funktion_parameter1*. Sie soll von verschiedenen Entwicklern genutzt werden können. Vorname, Nachname und Abteilung werden als Parameter an die Funktion übergeben. Jedes Mal, wenn die Funktion aufgerufen wird, erscheint eine Ausgabezeile mit diesen Informationen und der E-Mail-Adresse.

Die E-Mail-Adresse setzt sich gemäß der folgenden Regel zusammen: *vorname.nachname@abteilung.phpdevel.de*. Testen Sie Ihre Funktion mit einem geeigneten Programm, in dem die Funktion mehrmals mit verschiedenen Informationen aufgerufen wird (Datei *u_funktion_mehrere2.php*). Eine mögliche Ausgabe sehen Sie in Abbildung 1.63.

Abbildung 1.63 Ergebnis der Übung »u_funktion_mehrere2«

1.7.5 Rückgabewert einer Funktion

Speichern oder ausgeben — Viele eigene und vordefinierte Funktionen arbeiten auf die folgende Weise: Innerhalb der Funktion wird ein Ergebnis ermittelt und mithilfe eines sogenannten Rückgabewerts an die aufrufende Stelle zurückgeliefert. Dieser Wert muss entweder in einer Variablen gespeichert oder direkt ausgegeben werden, andernfalls geht er verloren. Hier sehen Sie ein Beispiel für eine Funktion mit einem Rückgabewert:

```php
<!DOCTYPE html>...<head>...
<?php
   function add($z1, $z2)
   {
      $summe = $z1 + $z2;
      return $summe;
   }
?>
</head><body>
<?php
   $c = add(3,4);       /* Aufruf und Zuweisung */
   echo "Summe: $c<br>";

   $x = 5;
   $c = add($x,12);     /* Aufruf und Zuweisung */
   echo "Summe: $c<br>";

   /* Aufruf innerhalb der Ausgabe */
   echo "Summe: " . add(13,2) . "<br>";

   /* Aufruf in Zeichenkette, falsch! */
   echo "Summe: add(13,2)";
?>
</body></html>
```

Listing 1.44 Datei »funktion_rueckgabewert.php«

Die Funktion `add()` besitzt die beiden Parameter `$z1` und `$z2`. Innerhalb der Funktion werden diese Parameter addiert und in der Variablen `$summe` gespeichert.

Mithilfe der Anweisung `return` wird der Wert an die aufrufende Stelle zurückgeliefert und kann dort weiterverarbeitet werden. In den ersten beiden Fällen wird der Wert in der Variablen `$c` gespeichert, und im dritten Fall wird er ohne Zwischenspeicherung direkt ausgegeben. Die Ausgabe sehen Sie in Abbildung 1.64.

return

Abbildung 1.64 Funktion mit Rückgabewert

Der Aufruf einer Funktion darf nicht innerhalb einer Zeichenkette stehen. Die letzte Zeile der Ausgabe zeigt, dass in diesem Fall nur der Name der Funktion und ihre Parameter genannt werden, die Funktion selbst aber nicht aufgerufen wird.

Vorzeitig verlassen

Mithilfe der Anweisung `return` kann eine Funktion auch vorzeitig verlassen werden und nicht erst am Ende. Dies gilt unabhängig davon, ob sie einen Wert zurückliefert oder nicht.

Kontrolle des Datentyps

Bei dem Rückgabewert, den die Funktion `add()` liefert, sollte es sich um eine Zahl handeln. Eine Zeichenkette oder ein anderer Typ von Variablen ist hier nicht sinnvoll. Seit PHP 7.0 gibt es die Möglichkeit, die Datentypen von Rückgabewerten mithilfe von Typhinweisen strenger zu kontrollieren (siehe Abschnitt 1.10.9). Dies trägt zur Verbesserung Ihrer Programme bei.

[✏]
Übung »u_funktion_rueckgabewert«

Schreiben Sie ein Programm (Datei *u_funktion_rueckgabewert.php*), in dem eine Funktion `bigger()` definiert und aufgerufen wird. Diese Funktion ermittelt die größere von zwei übergebenen Zahlen und liefert diese Zahl zurück. Testen Sie die Funktion mit mehreren verschiedenen Aufrufen innerhalb des Programms, und geben Sie das Ergebnis zur Kontrolle aus.

Ein Aufruf der Funktion könnte lauten:

`$c = bigger(3,4);`

Die Ausgabe des Programms wäre in diesem Fall:

`Maximum: 4`

1.7.6 Kopie und Referenz

Bei der Übergabe von Parametern an eine Funktion müssen Sie sich noch die folgende Frage stellen: Was passiert, wenn ich in der Funktion einen der soeben übergebenen Parameter verändere?

PHP bietet hier zwei Möglichkeiten an:

- Übergabe der Parameter an eine Kopie (*Call-by-Value*): Eine Veränderung der Kopie hat *keine* Rückwirkung auf das Original. Diese Methode wird zum Beispiel angewendet, wenn die Daten nur in eine Richtung fließen, also nur Werte an die Funktion übergeben werden. So wird es bei den bisherigen Programmen für Funktionen in diesem Buch gemacht.

    Call-by-Value

- Übergabe der Parameter an eine Referenz (*Call-by-Reference*): Eine Veränderung hat eine Rückwirkung auf das Original. Diese Methode wird angewendet, wenn die Funktion mehr als einen Wert ermitteln und liefern soll. Über einen Rückgabewert (siehe Abschnitt 1.7.5) könnte nur ein einziger Wert zurückgeliefert werden.

    Call-by-Reference

Beide Methoden sollen zum Vergleich am selben Beispiel dargestellt werden. Den beiden Funktionen `rtauschen()` und `vtauschen()` werden jeweils zwei Parameter übergeben. Innerhalb der Funktionen sollen die beiden übergebenen Parameter miteinander vertauscht werden.

In Abhängigkeit von den verschiedenen angewendeten Methoden wird dieser Tauschvorgang Rückwirkungen auf die Originalvariablen im Hauptprogramm haben. Die Werte werden jeweils vor und nach dem Tauschvorgang angezeigt:

```php
<!DOCTYPE html>...<head>...
<?php
   function vtauschen($a, $b)
   {
      $temp = $a;
      $a = $b;
      $b = $temp;
   }

   function rtauschen(&$a, &$b)
   {
      $temp = $a;
```

```
        $a = $b;
        $b = $temp;
    }
?>
</head><body>
<?php
    $x = 12;    $y = 18;
    echo "<p>Per Kopie, vorher: $x, $y<br>";
    vtauschen($x,$y);
    echo "Per Kopie, nachher: $x, $y</p>";

    $x = 12;    $y = 18;
    echo "<p>Per Referenz, vorher: $x, $y<br>";
    rtauschen($x,$y);
    echo "Per Referenz, nachher: $x, $y</p>";
?>
</body></html>
```

Listing 1.45 Datei »funktion_referenz.php«

Die Anwendung der beiden Methoden ergibt Folgendes:

Wert
- *Per Kopie*: Der Wert der Variablen $x wird beim Aufruf der Funktion vtauschen() an die Variable $a übergeben. Der Wert der Variablen $y wird an die Variable $b übergeben. $a und $b sind Kopien von $x und $y. Innerhalb der Funktion vtauschen() werden die Werte von $a und $b getauscht. Da eben nur die Werte der Kopien getauscht werden, hat dies keine Auswirkungen auf die Werte der Originale $x und $y.

Referenz
- *Per Referenz*: Den Unterschied sehen Sie im Funktionskopf function rtauschen(&$a, &$b). Die Variable $x wird beim Aufruf der Funktion rtauschen() an die Referenz $a übergeben (siehe auch Abschnitt 1.2.9). Die Variable $y wird an die Referenz $b übergeben. Über die beiden Referenzen kann jederzeit direkt auf die beiden Originale $x und $y zugegriffen werden. Innerhalb der Funktion werden die Werte der Referenzen vertauscht. Dadurch werden auch die Werte der Originale $x und $y vertauscht.

Die Ausgabe, jeweils mit den Werten vor und nach der Vertauschung, sieht so aus wie in Abbildung 1.65.

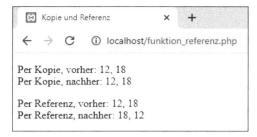

Abbildung 1.65 Kopie und Referenz

Übung »u_funktion_referenz«

Schreiben Sie ein PHP-Programm (Datei *u_funktion_referenz.php*) mit einer Funktion `rechne()`. Dieser Funktion werden zwei Zahlen übergeben. Sie soll zwei Ergebnisse über die Parameterliste zurückliefern: zum einen die Summe der beiden übergebenen Zahlen und zum anderen das Produkt der beiden übergebenen Zahlen.

Alle beteiligten Zahlen sollen im Hauptteil des Programms, also außerhalb der Funktion, ausgegeben werden. Verwenden Sie zur Übergabe die zweite Methode (Call-by-Reference). Nach einem Funktionsaufruf mit den Parametern 5 und 7 und der anschließenden Ausgabe erscheint eine Ausgabe wie in Abbildung 1.66.

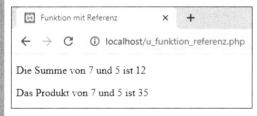

Abbildung 1.66 Ergebnis der Übung »u_funktion_referenz«

1.7.7 Gültigkeitsbereich von Variablen

Variablen werden auch nach ihrem Gültigkeitsbereich unterschieden. Dies ist der Bereich, in dem die betreffende Variable mit ihrem Wert bekannt ist. Man unterscheidet:

- *Lokale Variablen*: Diese werden innerhalb einer Funktion definiert und stehen nur innerhalb dieser Funktion zur Verfügung.

Lokal

Global
- *Globale Variablen*: Diese werden außerhalb einer Funktion definiert. Sie gelten nur außerhalb von Funktionen, außer wenn sie innerhalb einer Funktion nochmals mit dem Schlüsselwort `global` deklariert werden. Dies ist ein Unterschied zu vielen anderen Programmiersprachen.

Superglobal
- *Superglobale Variablen*: Bei diesen Variablen handelt es sich um PHP-Systemvariablen. Sie stehen sowohl innerhalb als auch außerhalb von Funktionen zur Verfügung. Zu ihnen zählt das assoziative Feld `$_POST`, das die Namen und Werte von Formularfeldern zur Verfügung stellt.

Regeln
Im Zusammenhang mit dem Gültigkeitsbereich von Variablen gelten folgende Regeln:

- Ein Parameter, der als Kopie an eine Funktion übergeben wird, ist dort lokal.
- Lokale Variablen gleichen Namens in unterschiedlichen Funktionen haben nichts miteinander und auch nichts mit einer globalen Variablen gleichen Namens zu tun.

Schlüsselwort global
- Möchten Sie eine globale Variable innerhalb einer Funktion benutzen, muss sie dort entweder mit dem Schlüsselwort `global` bekannt gemacht oder als Parameter übergeben werden.

[»] **Hinweis**

Die Variablen eines Programms sollten immer »so lokal wie möglich« und »so wenig global wie möglich« sein. Das bietet folgende Vorteile:

- Die Modularisierung des Programms wird verbessert, das heißt die Zerlegung eines Programms in übersichtliche Programmteile mit klar definierten Schnittstellen zwischen den Teilen.
- Die Wiederverwendbarkeit der Funktionen für andere Programme wird erleichtert.
- Die Variablen können nicht so leicht aus Versehen an weit voneinander entfernten Stellen verändert werden.

Hier sehen Sie ein Beispiel mit lokalen und globalen Variablen sowie dem Schlüsselwort `global`:

```
<!DOCTYPE html>...<head>...
<?php
    function summiere()
    {
```

```
        echo "Variable z: $z<br>";
        global $x;
        $y = 35;
        $z = $x + $y;
        echo "Variable z: $z<br>";
    }
?>
</head><body>
<?php
    $x = 6;
    $y = 52;
    $z = $x + $y;
    summiere();
    echo "Variable z: $z";
?>
</body></html>
```

Listing 1.46 Datei »funktion_global.php«

In diesem Programm existieren fünf unterschiedliche Variablen.

Betrachten wir zunächst die beiden lokalen Variablen $y und $z, die nur innerhalb der Funktion summiere() bekannt sind: Zum Zeitpunkt des ersten Ausgabebefehls in der Funktion existiert $z noch nicht. Daher kann für $z kein Wert ausgegeben werden. Anschließend erhalten $y und $z innerhalb der Funktion einen Wert. $z kann nun ausgegeben werden. Nach dem Verlassen der Funktion summiere() sind beide Werte nicht mehr verfügbar.

Im Hauptprogramm gibt es insgesamt drei globale Variablen: $x, $y und $z. Das Schlüsselwort global sorgt dafür, dass $x auch in der Funktion summiere() mit seinem Wert bekannt ist. $y und $z sind nur außerhalb von Funktionen bekannt. Sie haben hier auch andere Werte als beispielsweise innerhalb der Funktion summiere().

Die Ausgabe des Programms sehen Sie in Abbildung 1.67.

> **Hinweis**
> Der Umfang der Warnungen und Fehlermeldungen, die vom System angezeigt werden, hängt von den Einstellungen in der Konfigurationsdatei *php.ini* ab. Mehr dazu folgt in Abschnitt 5.1. Bei mir ist XAMPP im Verzeichnis *D:\xampp* installiert.

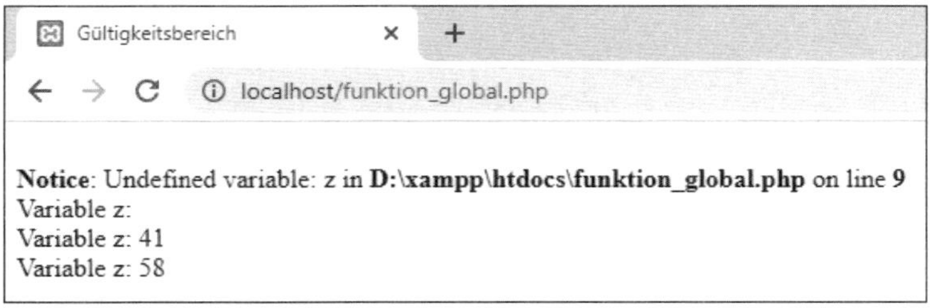

Abbildung 1.67 Lokale und globale Variablen

1.8 Behandlung von Fehlern

Exception Handling

Bei der Behandlung von Fehlern kommt das Konzept des *Exception Handlings* (deutsch: *Ausnahmebehandlung*) zum Einsatz. Es bietet die Möglichkeit, bestimmte Fehler abzufangen. Damit wird es einem Programm ermöglicht, weiterzulaufen, obwohl ein Fehler aufgetreten ist. Sie werden lediglich über den Fehler informiert, sodass Sie die Fehlerursache abstellen können.

try, throw

Beim Exception Handling wird der Codebereich, in dem ein Fehler auftreten kann, in einen sogenannten try-Block eingeschlossen. Es wird »versucht«, den Code auszuführen. Tritt ein definierter Fehler auf, wird ein Objekt der Klasse Exception durch die Anweisung throw erzeugt. (Zum Thema »Klassen und Objekte« finden Sie in Kapitel 4 eine ausführliche Beschreibung.)

catch

Anschließend wird statt des restlichen Codes im try-Block der Code im zugehörigen catch-Block ausgeführt; der Fehler wird somit »abgefangen«. Dies erläutere ich nachfolgend am Beispiel eines Programms, das drei Fehler beinhaltet.

1.8.1 Ohne Ausnahmebehandlung

Zunächst betrachten wir die Version des Programms ohne Ausnahmebehandlung. Es werden Warnungen und Fehlermeldungen angezeigt. Zudem kommt es zu einem Programmabbruch:

```
<!DOCTYPE html>...<body>
<?php
    /* Variable unbekannt */
    echo "Variable: $x<br>";
```

```
    /* Division durch 0 */
    $x = 42;
    $y = 0;
    $z = $x / $y;
    echo "Division: $x / $y = $z<br>";

    /* Zugriff auf Funktion */
    testFunktion();

    echo "Ende des Programms";
?>
</body></html>
```

Listing 1.47 Datei »exception_ohne.php«

Als Erstes wird eine Variable verwendet, die bis zu diesem Zeitpunkt noch unbekannt ist. Sie wird nicht ausgegeben, aber es erfolgt noch kein vorzeitiges Ende des Programms.

Variable unbekannt

Anschließend wird eine Division durch 0 durchgeführt. Das ist mathematisch nicht erlaubt und führt in PHP zur Ausgabe von INF. Das steht abkürzend für *infinity* (deutsch: *unendlich*).

Division durch 0

Als Letztes wird eine unbekannte Funktion aufgerufen. Dies führt zu einem Abbruch des Programms. Daher ist die letzte Ausgabe mit dem Text »Ende des Programms« nicht mehr zu sehen (siehe auch Abbildung 1.68).

Funktion unbekannt

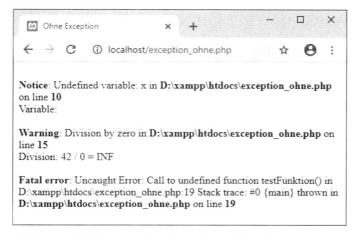

Abbildung 1.68 Ausgabe ohne Ausnahmebehandlung

> **Hinweis**
> Auch hier gilt wieder: Der Umfang der Warnungen und Fehlermeldungen, die vom System angezeigt werden, hängt von den Einstellungen in der Konfigurationsdatei *php.ini* ab.

1.8.2 Mit Ausnahmebehandlung

Nun folgt die Version des Programms mit Ausnahmebehandlung:

```php
<!DOCTYPE html>...<body>
<?php
   /* Variable unbekannt */
   try
   {
      if(!isset($x))
         throw new Exception("Variable unbekannt");
      echo "Variable: $x<br>";
   }
   catch(Exception $e)
   {
      echo $e->getMessage() . "<br>";
   }
   finally
   {
      echo "Ende, Variable unbekannt<br>";
   }

   /* Division durch 0 */
   $x = 42;
   $y = 0;
   try
   {
      if($y == 0)
         throw new Exception("Division durch 0");
      $z = $x / $y;
      echo "Division: $x / $y = $z<br>";
   }
   catch(Exception $e)
   {
```

```php
        echo $e->getMessage() . "<br>";
    }

    /* Zugriff auf Funktion */
    try
    {
        if(!function_exists("testFunktion"))
            throw new Exception("Funktion unbekannt");
        testFunktion();
    }
    catch(Exception $e)
    {
        echo $e->getMessage() . "<br>";
    }

    echo "Ende des Programms";
?>
</body></html>
```

Listing 1.48 Datei »exception_mit.php«

Es beginnt mit der Nutzung der unbekannten Variablen:

- Vor ihrer Nutzung wird mithilfe der Funktion `isset()` geprüft, ob die Variable existiert. Das Ganze findet in einem `try`-Block statt. Es ist also ein »Versuch«, die Variable zu nutzen. — **try**

- Wird festgestellt, dass die Variable nicht existiert, wird zunächst mithilfe des Schlüsselworts `new` ein Objekt der Klasse `Exception` mit einem passenden Text erzeugt. Dieses `Exception`-Objekt (kurz: diese Exception) wird mithilfe des Schlüsselworts `throw` »geworfen«. Mehr zu Objekten und Klassen finden Sie in Kapitel 4. — **throw**

- Die Exception wird in demjenigen `catch`-Block »gefangen«, der dem `try`-Block zugeordnet ist. Bei der Erzeugung der Exception wird ihr eine Meldung mitgegeben. Diese Fehlermeldung wird mithilfe der Methode `getMessage()` ausgegeben (siehe Abbildung 1.69). Der Rest des `try`-Blocks wird in diesem Fall nicht mehr bearbeitet. — **catch**

- Seit PHP 5.5 ist es möglich, einen `finally`-Block anzufügen. Die darin beinhalteten Anweisungen werden in jedem Fall durchgeführt, unabhängig davon, ob eine Ausnahme aufgetreten ist oder nicht. — **finally**

Ohne Variable
- Wird das Exception-Objekt selbst nicht benötigt, kann der Name der Variablen im catch-Block seit PHP 8.0 weggelassen werden. Der catch-Block würde dann nur noch wie folgt eingeleitet werden: catch(Exception) { ... }

Abbildung 1.69 Ausgabe mit Ausnahmebehandlung

Es folgt die Division durch 0:

- Es wird geprüft, ob durch 0 geteilt werden soll. Ist dies der Fall, wird eine entsprechende Meldung ausgegeben.

Als Letztes geht es um die unbekannte Funktion:

function_exists()
- Mithilfe der Funktion function_exists() wird geprüft, ob die Funktion existiert. Ist das nicht der Fall, wird eine entsprechende Meldung ausgegeben.

Es erfolgt kein Programmabbruch. Das Programm läuft bis zum Ende.

1.9 Felder

Um eine größere Menge von zusammengehörigen Daten zu speichern, können Sie ein Feld von Variablen mit einem einheitlichen Namen nutzen. Felder bieten eine schnelle und komfortable Verarbeitung. Im Sprachgebrauch von Entwicklern wird ein Feld auch häufig *Array* genannt. PHP unterstützt zwei Typen von Feldern:

Numerisch indizierte Felder
- *Numerisch indizierte Felder*: Die einzelnen Variablen in einem numerisch indizierten Feld werden über eine laufende Nummer innerhalb des Felds angesprochen.

▶ *Assoziative Felder* (auch *Hash-Tabellen* genannt): Die einzelnen Variablen in einem assoziativen Feld werden über eine eindeutige Bezeichnung innerhalb des Felds angesprochen.

Assoziative Felder

Die genannten Feldtypen werden in diesem Abschnitt angesprochen. Mehr zu Feldern finden Sie in Kapitel 8.

Ein eindimensionales Feld können Sie sich als Liste von zusammengehörigen Zahlen vorstellen. Das kann zum Beispiel eine Reihe von Temperaturwerten sein. Es kann sich aber auch um eine Reihe von zusammengehörigen Zeichenketten handeln, zum Beispiel um die Namen der Mitglieder einer Gruppe.

Modell

1.9.1 Numerisch indizierte Felder

Nehmen wir an, es wird eine Woche lang jeden Tag an einem bestimmten Ort eine Temperatur gemessen. Es stehen somit sieben Temperaturwerte zur weiteren Betrachtung und Untersuchung zur Verfügung. Diese Werte werden zunächst in einem numerisch indizierten Feld gespeichert und ausgegeben:

```php
<!DOCTYPE html>...<body>
<?php
   $tp = array(17.5, 19.2, 21.8, 21.6, 17.5);
   $tp[5] = 20.2;
   $tp[6] = 16.6;

   for($i=0; $i<=6; $i = $i+1)
      echo "Temperatur $i: $tp[$i]<br>";
?>
</body></html>
```

Listing 1.49 Datei »feld_numerisch.php«

In diesem Programm werden zwei häufig eingesetzte Techniken zur Erzeugung beziehungsweise Vergrößerung von Feldern gezeigt:

▶ Mithilfe der Funktion array() wird die Variable $tp zu einem Feld mit fünf Elementen. Diese Elemente werden automatisch durchnummeriert, beginnend bei 0.

array()

▶ Felder können auch einfach durch die Zuweisung einzelner Elemente erzeugt oder vergrößert werden. Das ist hier mit den beiden Zuweisungen

Elemente zuweisen

$tp[5] = 20.2;$ und $tp[6] = 16.6;$ geschehen. Dabei ist die bisherige Nummerierung zu beachten, andernfalls könnten vorhandene Elemente überschrieben werden.

Feldindex Ein einzelnes Feldelement sprechen Sie an, indem Sie nach dem Namen des Felds in rechteckigen Klammern die laufende Nummer des Elements angeben. Diese laufende Nummer wird auch *Index* genannt.

Elemente von eindimensionalen Feldern können wie einzelne Variablen direkt in Zeichenketten eingebettet werden. Gespeichert beziehungsweise ausgegeben wird der Wert des Elements.

Insgesamt hat das Feld nun sieben Elemente. Die Struktur erkennen Sie in Tabelle 1.5.

Name des Elements	Nummer (= Index) des Elements	Wert des Elements
$tp[0]	0	17.5
$tp[1]	1	19.2
$tp[2]	2	21.8
$tp[3]	3	21.6
$tp[4]	4	17.5
$tp[5]	5	20.2
$tp[6]	6	16.6

Tabelle 1.5 Numerisch indiziertes Feld

Schleife mit for Diese Elemente werden anschließend mithilfe einer for-Schleife untereinander ausgegeben. Dabei nimmt die Schleifenvariable $i nacheinander die verwendeten Indexwerte an (0 bis 6). Abbildung 1.70 zeigt die Ausgabe.

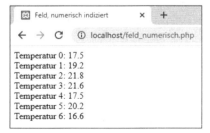

Abbildung 1.70 Numerisch indiziertes Feld

Übung »u_feld_numerisch«

Nun sollen der Vorname und das Alter von sechs Personen in zwei Feldern gespeichert werden. Das erste Feld soll die Vornamen enthalten und das zweite Feld die dazugehörigen Altersangaben. Die Elemente der beiden Felder sollen paarweise als Tabelle auf dem Bildschirm ausgegeben werden (Datei *u_feld_numerisch.php*, siehe Abbildung 1.71).

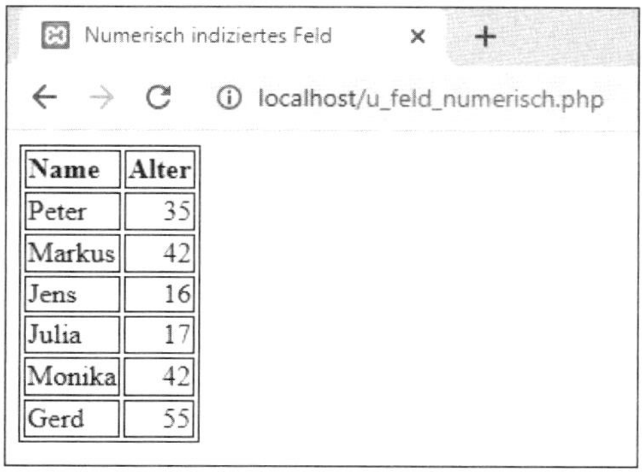

Abbildung 1.71 Ergebnis der Übung »u_feld_numerisch«

Es gibt eine alternative Schreibweise zur Erzeugung eines numerisch indizierten Feldes. Die erste Zeile des oben angegebenen Programms *numerisch.php* hätte auch so lauten können:

Alternative Schreibweise

```
$tp = [17.5, 19.2, 21.8, 21.6, 17.5];
```

Die Werte werden innerhalb von rechteckigen Klammern aufgelistet und der Variablen $tp zugewiesen. Auch damit wird $tp, mit derselben Indizierung, zu einem Feld.

1.9.2 Assoziative Felder

Die Temperaturwerte aus dem vorherigen Abschnitt sollen nun in einem assoziativen Feld angeordnet werden. Die Elemente eines solchen Felds werden nicht über eine laufende Nummer, sondern über einen Schlüssel (englisch: *key*) identifiziert. Dadurch wird es möglich, den Feldelementen eindeutige Begriffe zuzuordnen. Zunächst sollen die Werte wiederum gespeichert und ausgegeben werden.

```
<!DOCTYPE html>...<body>
<?php
```

```
    $tp = array("Montag"=>17.5, "Dienstag"=>19.2, "Mittwoch"=>21.8);
    $tp["Donnerstag"] = 21.6;
    $tp["Freitag"] = 17.5;
    $tp["Samstag"] = 20.2;
    $tp["Sonntag"] = 16.6;

    // Ein bestimmtes Element
    echo "<p>" . $tp["Montag"] . "</p>";

    // Alle Keys und Values aus dem Feld
    echo "<p>";
    foreach($tp as $name=>$wert)
        echo "$name, $wert<br>";
    echo "</p>";

    // Nur alle Values aus dem Feld zum Berechnen des Mittelwerts
    $summe = 0;
    foreach($tp as $wert)
        $summe = $summe + $wert;
    $mittelwert = $summe / 7;
    echo "<p>Mittelwert: $mittelwert</p>";
?>
</body></html>
```

Listing 1.50 Datei »feld_assoziativ.php«

Abbildung 1.72 zeigt die Ausgabe des Programms.

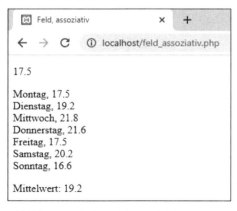

Abbildung 1.72 Assoziatives Feld

Die Verwendung assoziativer Felder erscheint zunächst etwas unübersichtlich. Wenn Sie sich aber mit der Vorgehensweise vertraut gemacht haben, können assoziative Felder einige Vorteile mit sich bringen. Es gibt zwei Techniken zur Erzeugung eines Felds:

- Mithilfe der Funktion `array()` wird die Variable `$tp` zu einem Feld mit drei Elementen. Diese Elemente haben eindeutige Schlüsselbezeichnungen (*Keys*) und dazugehörige Werte (*Values*). Diese Paare werden einander mit dem Operator `=>` zugeordnet. Der Key muss dabei zwischen doppelte Hochkommata geschrieben werden.
- Felder können auch einfach durch die Zuweisung einzelner Elemente erzeugt oder vergrößert werden. Dies ist hier mit den Zuweisungen in der Form `$tp["Samstag"] = 20.2;` usw. geschehen.

Key, Value

Insgesamt hat das Feld nun sieben Elemente (siehe Tabelle 1.6).

Name	Schlüsselbezeichnung (Key)	Wert (Value)
`$tp["Montag"]`	Montag	17.5
`$tp["Dienstag"]`	Dienstag	19.2
`$tp["Mittwoch"]`	Mittwoch	21.8
`$tp["Donnerstag"]`	Donnerstag	21.6
`$tp["Freitag"]`	Freitag	17.5
`$tp["Samstag"]`	Samstag	20.2
`$tp["Sonntag"]`	Sonntag	16.6

Tabelle 1.6 Assoziatives Feld

Anders als bei numerisch indizierten Feldern sollten Sie die Ausgabe von einzelnen Elementen assoziativer Felder nicht innerhalb von Zeichenketten vornehmen. Das ist zwar möglich, führt aber häufig zu Fehlinterpretationen und zu Fehlern. Empfohlen wird daher die folgende Schreibweise:

Schreibweise

```
echo "<p>" . $tp["Montag"] . "</p>";
```

Die `foreach`-Schleife bietet eine Möglichkeit, alle Elemente eines assoziativen Felds auszugeben:

- In der ersten Schleife sorgt `foreach($tp as $name=>$wert)` dafür, dass bei jedem Schleifendurchlauf jeweils ein einzelnes Key-Value-Paar in den

Variablen $name und $wert bereitgestellt wird. Beide Variablen werden ausgegeben.

foreach, as
- In der zweiten Schleife sorgt foreach($tp as $wert) dafür, dass bei jedem Schleifendurchlauf jeweils nur der Value jedes Elements in der Variablen $wert bereitgestellt wird. Dieser Wert wird zur Berechnung des Mittelwerts aller Feldelemente genutzt.

- Wie bei allen Verzweigungen und Schleifen gilt: Sollen mehrere Anweisungen ausgeführt werden, müssen sie innerhalb von geschweiften Klammern in einem Anweisungsblock notiert werden.

Kopie
- Innerhalb einer foreach-Schleife wird jeweils nur mit einer Kopie eines Feldelements gearbeitet. Eine Veränderung dieser Kopie hat keine Auswirkung auf die Inhalte des Felds. Mehr dazu lesen Sie in Abschnitt 8.7.

[»] **Hinweis**

Ordnen Sie einem bestimmten Schlüssel bei der Erzeugung des Felds oder später einen neuen Wert zu, wird nicht etwa ein neues Element hinzugefügt, sondern der erste Wert überschrieben. Die folgende Anweisung erzeugt also nur die beiden Feldelemente mit den Keys Montag und Dienstag und den Values 21.8 und 19.2:

```
$tp = array("Montag"=>17.5, "Dienstag"=>19.2, "Montag"=>21.8);
```

[✐] **Übung »u_feld_assoziativ«**

Es sollen der Vorname und das Alter von sechs Personen in einem assoziativen Feld gespeichert werden. Die Vornamen sollen die Keys und die Altersangaben die Values darstellen. Key und Value der Elemente des Felds sollen paarweise als Tabelle auf dem Bildschirm ausgegeben werden (Datei *u_feld_assoziativ.php*, siehe Abbildung 1.73).

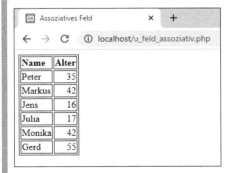

Abbildung 1.73 Ergebnis der Übung »u_feld_assoziativ«

Auch für die Erzeugung von assoziativen Feldern gibt es eine alternative Schreibweise. Die erste Zeile des oben angegebenen Programms *feld_assoziativ.php* hätte wie folgt lauten können:

Alternative Schreibweise

```
$tp = ["Montag"=>17.5, "Dienstag"=>19.2, "Mittwoch"=>21.8];
```

Die Werte werden innerhalb von rechteckigen Klammern aufgelistet und der Variablen $tp zugewiesen. Auch damit wird $tp, mit derselben Indizierung, zu einem Feld.

1.10 Mehr über Funktionen

Nachdem Sie die Grundlagen zum Thema »Funktionen« kennengelernt haben, erläutere ich in diesem Abschnitt einige weitergehende Möglichkeiten. Sie können diesen Abschnitt zunächst auch überspringen und unmittelbar mit Abschnitt 1.11 fortfahren.

1.10.1 Variable Parameteranzahl

Es gibt vorgefertigte Funktionen, die es Ihnen ermöglichen, eine eigene Funktion mit unterschiedlichen Anzahlen von Parametern aufzurufen. Das erhöht die Flexibilität der eigenen Funktion, allerdings auch den Programmieraufwand.

Zu diesem Zweck stehen zur Verfügung:

- die Funktion `func_num_args()`, die die Anzahl der übergebenen Parameter ermittelt

func_num_args()

- die Funktion `func_get_arg()`, die einen bestimmten Parameter aus der Parameterliste liefert

func_get_arg()

- die Funktion `func_get_args()`, die ein numerisch indiziertes Feld mit allen übergebenen Parametern liefert

func_get_args()

Das folgende Programm verdeutlicht den Einsatz der beiden erstgenannten Funktionen:

```
<!DOCTYPE html>...<body>
<?php
   function addiere()
   {
      $anz = func_num_args();
```

```
            echo "<p>Anzahl der Werte: $anz<br>";
            echo "Werte: ";

            $sum = 0;
            for($i=0; $i<$anz; $i++)
            {
                $sum = $sum + func_get_arg($i);
                echo func_get_arg($i) . " ";
            }
            echo "<br>Summe der Werte: $sum</p>";
        }
        addiere(2,3,6);
        addiere(13,26);
        addiere(65,-3,88,31,12.5,7);
    ?>
</body></html>
```

Listing 1.51 Datei »funktion_get_arg.php«

Die Funktion addiere() wird insgesamt dreimal aufgerufen, jedes Mal mit einer anderen Anzahl an Parametern. Diese Anzahl wird mithilfe von func_num_args() ermittelt. Sie wird zur Steuerung einer for-Schleife verwendet.

Innerhalb der for-Schleife werden alle gelieferten Parameter mithilfe von func_get_arg() ausgegeben und addiert. Nach Beendigung der Schleife wird die Summe der Werte wie in Abbildung 1.74 ausgegeben.

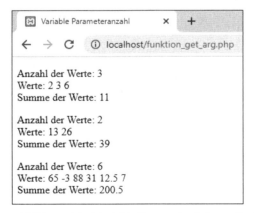

Abbildung 1.74 Variable Parameterlisten mit »func_get_arg()«

Eine alternative Lösung mithilfe der Funktion func_get_args() bietet das folgende Programm. Die Ausgabe entspricht der des vorherigen Beispiels:

```php
<!DOCTYPE html>...<body>
<?php
   function addiere()
   {
      $param = func_get_args();
      $anz = func_num_args();
      echo "<p>Anzahl der Werte: $anz<br>";
      echo "Werte: ";

      $sum = 0;
      for($i=0; $i<$anz; $i++)
      {
         $sum = $sum + $param[$i];
         echo "$param[$i] ";
      }
      echo "<br>Summe der Werte: $sum</p>";
   }
   addiere(2,3,6);
   addiere(13,26);
   addiere(65,-3,88,31,12.5,7);
?>
</body></html>
```

Listing 1.52 Datei »funktion_get_args.php«

Mithilfe der Anweisung $param = func_get_args(); werden alle Parameter im Feld $param gespeichert. Die Funktion func_num_args() ermittelt wiederum die Anzahl der Parameter. Innerhalb der for-Schleife werden alle gelieferten Parameter aus dem Feld $param ausgegeben und addiert.

1.10.2 Variadische Funktionen

Seit PHP 5.6 bieten *variadische Funktionen* eine weitere Möglichkeit, eine Funktion mit unterschiedlichen Anzahlen von Parametern aufzurufen. Das nachfolgende Programm zeigt ein Beispiel. Die Ausgabe sieht genauso aus wie die Ausgabe der beiden Programme in Abschnitt 1.10.1:

Unterschiedliche Anzahl von Parametern

```
<!DOCTYPE html>...<body>
<?php
   function addiere($eins, $zwei, ...$rest)
   {
      $anz = count($rest);
      echo "<p>Anzahl der Werte: " . (2 + $anz) . "<br>";
      echo "Werte: ";

      $sum = $eins + $zwei;
      $ausgabe = "$eins $zwei ";
      for($i=0; $i<$anz; $i++)
      {
         $sum = $sum + $rest[$i];
         $ausgabe .= "$rest[$i] ";
      }
      echo "$ausgabe<br>Summe der Werte: $sum</p>";
   }

   addiere(2,3,6);
   addiere(13,26);
   addiere(65,-3,88,31,12.5,7);
?>
</body></html>
```

Listing 1.53 Datei »funktion_variadisch.php«

Spread-Operator ...

Als Erstes folgt ein wichtiger Unterschied zu den beiden vorherigen Beispielen: Die Funktion addiere() muss diesmal mit mindestens zwei Parametern aufgerufen werden. Diese werden an die beiden Variablen $eins und $zwei übergeben. Weitere Parameter werden im Feld $rest gespeichert und mithilfe der for-Schleife in die Rechnung einbezogen. Der Name des Felds muss dabei nach dem *Spread-Operator* notiert werden. Dieser besteht aus drei Punkten ....

count()

Die Funktion count() wird häufig eingesetzt. Sie ermittelt die Anzahl der Elemente eines Felds. Allgemein ist die Funktion in der Lage, etwas in einem Objekt, hier in einem Feld, zu zählen. Sie kann auf alle Objekte angewendet werden, die das Interface Countable umsetzen. Mithilfe der Funktion is_countable(), die es seit PHP 7.3 gibt, können Sie feststellen, ob ein Objekt diese Schnittstelle umsetzt. Mehr zu Schnittstellen finden Sie in Abschnitt 4.11.

Für die Anzahl der Mindestparameter gibt es keine Vorgabe. Sie könnten also auch eine Funktion ohne Mindestparameter wie folgt definieren:

function addiere(...$rest) { *[Code der Funktion]* }

1.10.3 Parameter entpacken

Seit PHP 5.6 können Sie Parameter einer Funktion auch »verpackt« übergeben. Anschließend werden sie in der Funktion »entpackt«. Betrachten Sie dazu das folgende Beispiel:

```
<!DOCTYPE html>...<body>
<?php
   function mittelwert($a, $b, $c, $d, $e)
   {
      return ($a + $b + $c + $d + $e) / 5;
   }

   echo mittelwert(3.2, 14.5, 5.7, 4.2, 0.2) . "<br>";
   $feld = array(5.7, 4.2, 0.2);
   echo mittelwert(3.2, 14.5, ...$feld);
?>
</body></html>
```

Listing 1.54 Datei »funktion_entpacken.php«

Die Funktion mittelwert() berechnet den arithmetischen Mittelwert von fünf Werten, die ihr übergeben werden:

- Der erste Aufruf der Funktion erfolgt auf herkömmliche Art und Weise mithilfe von fünf einzelnen Zahlenwerten.
- Beim zweiten Aufruf werden zwei Einzelwerte und ein Feld mit drei Elementen übergeben. Vor dem Feldnamen steht der *Spread-Operator*. Dank des Operators wird das Feld innerhalb der Funktion entpackt und die Elemente werden den Parametern übergeben.
- Beim dritten Aufruf wird ein Feld mit zwei Elementen und ein Feld mit drei Elementen übergeben. Vor den Feldnamen steht jeweils der Spread-Operator. Beide Felder werden innerhalb der Funktion entpackt und die Elemente werden den Parametern übergeben.

Spread-Operator ...

Das Ergebnis für die Aufrufe sehen Sie in Abbildung 1.75.

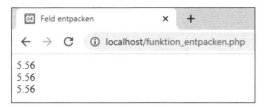

Abbildung 1.75 Verarbeitung von entpackten Werten

Reihenfolge Beim Aufruf dürfen nach einem Feld, das entpackt wird, keine einzelnen Parameter mehr stehen. Beinhalten die Felder beim Aufruf der Funktion mehr Elemente als notwendig, werden die überzähligen Elemente ignoriert. Beinhalten sie weniger Elemente als notwendig, tritt ein Fehler auf, da die Funktion mit zu wenigen Parametern aufgerufen wird.

Seit PHP 7.4 können Felder auch zum Erzeugen neuer Felder entpackt werden (siehe Abschnitt 8.1).

1.10.4 Optionale Parameter

Vorgabewerte Sie können auch mit optionalen Parametern arbeiten. Für diese Parameter geben Sie Werte vor. Werden beim Aufruf der Funktion für diese Parameter keine Werte übergeben, werden die Vorgabewerte genommen. Dazu ein Beispiel:

```
<!DOCTYPE html>...<body>
<?php
    function volumen($laenge, $breite=1, $hoehe=1)
    {
        return $laenge * $breite * $hoehe;
    }

    echo "Volumen: " . volumen(2, 4, 0.6) . "<br>";
    echo "Volumen: " . volumen(3.5, 2) . "<br>";
    echo "Volumen: " . volumen(5);
?>
</body></html>
```

Listing 1.55 Datei »funktion_optional.php«

Die Funktion volumen() berechnet das Volumen eines Quaders gemäß der Formel *Länge x Breite x Höhe*. Die Länge muss beim Aufruf in jedem Fall übergeben werden, da dieser Parameter nicht optional ist. Die beiden Parameter $breite und $hoehe sind dagegen optional: Sollte die Höhe beim Aufruf nicht angegeben werden, wird gemäß dem Vorgabewert eine Höhe von 1 angenommen. Dasselbe gilt für die Breite.

Optionale Parameter können nur von rechts her angegeben werden. Bei der angegebenen Reihenfolge ist es also nicht möglich, nur mit einem optionalen Parameter für die Länge zu arbeiten oder nur mit zwei optionalen Parametern für die Länge und die Breite. Die Ausgabe des Programms sehen Sie in Abbildung 1.76.

Reihenfolge

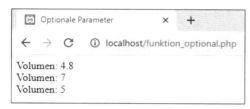

Abbildung 1.76 Nutzung von optionalen Parametern

Optionale Parameter können auch bei der Definition und dem Aufruf des Konstruktors oder anderer Methoden einer Klasse genutzt werden (siehe Abschnitt 4.5).

1.10.5 Benannte Parameter

Die Parameter einer Funktion werden normalerweise in der Reihenfolge aufgerufen, in der sie bei der Definition der Funktion notiert wurden. Diese Parameter werden auch als *positionale Parameter* bezeichnet.

Positional

Seit PHP 8.0 bietet PHP die Möglichkeit, mit *benannten Parametern* zu arbeiten. Das ergibt folgende Vorteile:

Benannt

- ▶ Der Aufruf einer Funktion ist leichter lesbar, da die Namen der Parameter genannt werden.
- ▶ Sie können die Parameter in einer beliebigen Reihenfolge aufrufen.
- ▶ *Optionale Parameter* (siehe Abschnitt 1.10.4) können beim Aufruf übersprungen werden.

Im nachfolgenden Programm werden zwei Funktionen zur Berechnung des Volumens eines Quaders auf unterschiedliche Arten aufgerufen:

```
<!DOCTYPE html>...<body>
<?php
   function volEins($lg, $br, $ho)
   {
      return $lg * $br * $ho;
   }
   echo "Volumen: " . volEins(3, 1.6, 4) . "<br>";
   echo "Volumen: " . volEins(br: 1.6, ho: 4, lg: 3) . "<br>";
   echo "Volumen: " . volEins(3, ho: 4, br: 1.6) . "<br><br>";

   function volZwei($lg, $br=1, $ho=1)
   {
      return $lg * $br * $ho;
   }
   echo "Volumen: " . volZwei(3, ho: 0.5) . "<br>";
   echo "Volumen: " . volZwei(ho: 0.5, lg: 3) . "<br>";
?>
</body></html>
```

Listing 1.56 Datei »funktion_benannt.php«

Bei einem Aufruf der Funktion volEins() müssen alle drei Parameter aufgeführt werden:

Positional
- Beim ersten Aufruf werden alle drei Parameter »klassisch« positional verwendet.

Benannt
- Beim zweiten Aufruf erfolgt die Zuordnung ausschließlich über benannte Parameter. Der Name eines benannten Parameters wird ohne das vorangehende Zeichen $ notiert, anschließend folgt das Zeichen : (Doppelpunkt), gefolgt vom Wert. Die Reihenfolge der benannten Parameter ist beliebig.

Gemischt
- Beim dritten Aufruf werden sowohl positionale als auch benannte Parameter genutzt.

Die Funktion volZwei() besitzt zwei optionale Parameter. Beim ersten Aufruf werden sowohl positionale als auch benannte Parameter genutzt, beim zweiten Aufruf nur benannte Parameter.

Regeln
Achten Sie beim Aufruf einer Funktion mithilfe von benannten Parametern auf folgende Regeln:

- Nach einem benannten Parameter darf kein positionaler Parameter mehr folgen.
- Ein Parameter darf nur einmal erscheinen. Sie können also keinen der Parameter sowohl positional als auch benannt notieren.

Die Ausgabe des Programms sehen Sie in Abbildung 1.77.

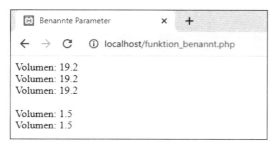

Abbildung 1.77 Einsatz von benannten Parametern

Benannte Parameter können auch bei der Definition und dem Aufruf des Konstruktors oder anderer Methoden einer Klasse genutzt werden (siehe Abschnitt 4.5).

1.10.6 Rekursive Funktionen

Funktionen können jederzeit andere Funktionen aufrufen. Man spricht hier von verschachtelten Aufrufen. Das Programm kehrt jeweils – aus einer beliebigen *Schachtelungstiefe* – zur aufrufenden Stelle zurück.

Funktionen können sich auch selbst aufrufen. Dieser Vorgang wird als Rekursion bezeichnet. Eine rekursive Funktion muss eine Verzweigung beinhalten, die die Rekursion wieder beendet, da es sonst zu einer endlosen Kette von Selbstaufrufen kommt. Bestimmte Problemstellungen lösen Sie programmiertechnisch am elegantesten durch eine Rekursion.

Rekursion

Im folgenden Programm wird eine Zahl so lange halbiert, bis ein bestimmter Grenzwert erreicht oder unterschritten wird. Zur Verdeutlichung wird der Halbierungsvorgang einmal mithilfe einer Schleife und einmal mithilfe einer Rekursion durchgeführt. Die Ausgabe des Programms sehen Sie in Abbildung 1.78.

Zwei Varianten

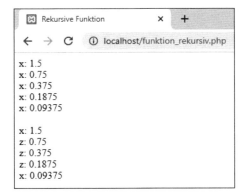

Abbildung 1.78 Halbierung mit Schleife bzw. mit Rekursion

Das Programm:

```php
<!DOCTYPE html>...<body>
<?php
    /* Schleife */
    $x = 1.5;
    echo "x: $x<br>";
    while($x > 0.1)
    {
        $x = $x / 2;
        echo "x: $x<br>";
    }
    echo "<br>";

    /* Rekursion */
    function halbieren(&$z)
    {
        $z = $z / 2;
        if($z > 0.1)
        {
            echo "z: $z<br>";
            halbieren($z);
        }
    }

    $x = 1.5;
    echo "x: $x<br>";
    halbieren($x);
```

```
    echo "x: $x<br>";
?>
</body></html>
```

Listing 1.57 Datei »funktion_rekursiv.php«

Im ersten Teil des Programms wird die Variable $x in einer while-Schleife so lange halbiert, bis sie den Wert 0,1 erreicht oder unterschritten hat. Bei jedem Durchlauf der Schleife wird der aktuelle Wert angezeigt, sodass Sie die fortlaufende Halbierung verfolgen können. — *Variante mit Schleife*

Im zweiten Teil des Programms wird die Variable $x mithilfe der Funktion halbieren() halbiert. Anschließend wird geprüft, ob der Grenzwert erreicht oder unterschritten wird: — *Variante mit Rekursion*

- Ist der Grenzwert noch nicht erreicht, ruft sich die Methode halbieren() selbst wieder auf. Dieser Vorgang kann sich mehrmals wiederholen.
- Ist der Grenzwert erreicht oder unterschritten, endet die Methode halbieren(). Gegebenenfalls endet sie damit mehrmals nacheinander. Das Programm endet mit der Ausgabe des Ergebnisses.

Die Variable $x (innerhalb der Methode heißt sie $z) wird jeweils per Referenz übergeben, daher wird immer die Originalvariable $x halbiert. Das können Sie an der letzten Ausgabe erkennen. — *Per Referenz*

Ein weiteres Beispiel für eine rekursive Funktion steht in Abschnitt 7.8.

1.10.7 Auslagern von Funktionen

PHP-Code, den Sie in mehreren Programmen nutzen möchten, können Sie in externe Dateien auslagern. Dabei handelt es sich meist um eigene Funktionen. Es können aber auch einzelne Anweisungen ausgelagert werden. — *Auslagern*

Mithilfe der Anweisung include wird der Inhalt einer externen Datei in dasjenige Programm eingebunden, das ihn benötigt. Beachten Sie, dass der Code — *Mehrfach verwenden*

- in der externen Datei in PHP-Markierungen sein muss,
- aber nicht in einem HTML-Dokument eingeschlossen sein sollte.

Geben Sie der externen Datei die Endung *.inc.php*. Am Kürzel *inc* erkennen Sie, dass der Inhalt in andere Dateien eingebunden wird. Mithilfe der Endung *php* sorgen Sie dafür, dass der Code nicht im Browser des Benutzers — *Endung, Kodierung* gelesen werden kann. Achten Sie auch bei dieser Datei darauf, dass sie UTF-8-kodiert ist (siehe Abschnitt 1.10.9).

Im folgenden Beispiel wird zunächst eine Funktion `maxi()` in der externen Datei *funktion_einbinden.inc.php* definiert. Die Funktion ermittelt aus den beiden übergebenen Parametern das Maximum, speichert diesen Wert in die Variable `$erg` und liefert ihn mithilfe der `return`-Anweisung zurück.

Die `return`-Anweisung steht im vorliegenden Fall innerhalb des `if`-Blocks beziehungsweise innerhalb des `else`-Blocks. Damit wird die Bearbeitung der Funktion unmittelbar unterbrochen, und der Programmablauf kehrt zur Aufrufstelle zurück:

```php
<?php
   function maxi($x, $y)
   {
      if ($x > $y)
      {
         $erg = $x;
         return $erg;
      }
      else
      {
         $erg = $y;
         return $erg;
      }
   }
?>
```

Listing 1.58 Datei »funktion_einbinden.inc.php«

Die Funktion wird vom folgenden Programm aufgerufen. Dort wird zunächst die Datei *funktion_einbinden.inc.php* mithilfe der `include`-Anweisung eingebunden. Damit sind alle Funktionen aus der Datei *funktion_einbinden.inc.php* im aktuellen Programm bekannt und können verwendet werden.

```php
<!DOCTYPE html>...<body>
<?php
   include "funktion_einbinden.inc.php";
   $a = 2;
   $b = 6;
```

```
    $c = maxi($a, $b);
    echo "Das Maximum von $a und $b ist $c";
?>
</body></html>
```

Listing 1.59 Datei »funktion_einbinden.php«

Die Ausgabe des Programms sehen Sie in Abbildung 1.79.

Abbildung 1.79 Nutzung einer eingebundenen Datei

> **Übung »u_funktion_einbinden«**
>
> Erstellen Sie eine kleine Funktionsbibliothek mit zwei Funktionen (Datei *u_funktion_einbinden.inc.php*). Beide Funktionen sollen mit variablen Parameterlisten arbeiten.
>
> Die erste Funktion mit dem Namen `mittelwert()` soll den arithmetischen Mittelwert einer beliebigen Menge von Zahlen berechnen und per Rückgabewert zurückliefern. Es muss also die Summe dieser Zahlen durch ihre Anzahl geteilt werden.
>
> Die zweite Funktion mit dem Namen `maximum()` soll die größte Zahl aus einer beliebigen Menge von Zahlen berechnen und per Rückgabewert zurückliefern. Dazu ist die nachfolgend beschriebene Vorgehensweise notwendig. Zunächst wird die erste übergebene Zahl einer lokalen Variablen (zum Beispiel $mx) der Funktion zugewiesen. Anschließend werden alle anderen übergebenen Zahlen mit $mx verglichen. Sollte eine der Zahlen größer als $mx sein, haben Sie ein neues Maximum gefunden, und dieser Wert wird $mx zugewiesen. Am Ende der Funktion wird $mx zurückgeliefert.
>
> Testen Sie Ihre Bibliothek durch einige Aufrufe der beiden Funktionen mit unterschiedlich vielen Zahlen (Datei *u_funktion_einbinden.php*). Diese Bibliothek können Sie später erweitern und auch für andere Programme nutzen.

Externe Dateien lassen sich auch mit der Anweisung `require` statt mit der Anweisung `include` einbinden. Wird eine einzubindende Datei nicht gefunden, beendet `require` das Programm mit einem Fehler. Bei `include` wird lediglich eine Warnung ausgegeben, und das Programm läuft weiter.

include_once, require_once

Es gibt auch noch die Anweisungen `include_once` und `require_once`. Diese binden ebenfalls externe Dateien ein, wobei darauf geachtet wird, dass eine einmal eingebundene Datei nicht ein zweites Mal eingebunden wird. In einem größeren Projekt, das aus vielen Dateien besteht, ist es manchmal nicht leicht zu sehen, ob eine bestimmte Datei bereits eingebunden wird.

1.10.8 Generatoren

Mehrere Werte liefern

Generatoren gibt es seit PHP 5.5. Sie stellen einen besonderen Typ von Funktionen dar, da sie nicht nur einen einzelnen Wert liefern, sondern eine ganze Reihe von Werten.

yield

Dabei steht zu jedem Zeitpunkt nur ein Wert im Arbeitsspeicher. Es müssen nicht alle Werte der Reihe gleichzeitig im Arbeitsspeicher aufbewahrt werden. Auf diese Weise wird die Nutzung des Arbeitsspeichers optimiert. Als Generator wird eine Funktion definiert, aus der die Werte mithilfe des Schlüsselworts `yield` geliefert werden.

foreach

Im Unterschied zu einer normalen Funktion, die nur einen Wert liefern kann, liefert eine Generatorfunktion mehrere Werte. Wird sie innerhalb einer `foreach`-Schleife aufgerufen, endet die Generatorfunktion nicht nach einem Aufruf, sondern wird beim nächsten Aufruf fortgesetzt. Auf diese Weise werden alle generierten Werte nacheinander geliefert.

Im folgenden Beispiel wird ein Generator definiert, der eine Reihe von Würfelwerten bereitstellt:

```
<!DOCTYPE html>...<body>
<?php
   function wuerfelwertGenerator()
   {
      for($i=1; $i<=10; $i++)
         yield random_int(1,6);
   }
   foreach(wuerfelwertGenerator() as $wert)
      echo "$wert ";
?>
</body></html>
```

Listing 1.60 Datei »funktion_generator.php«

Der Generator `wuerfelwertGenerator()` generiert insgesamt zehn zufällige Werte zwischen 1 und 6. Die folgende `foreach`-Schleife wird mit diesem Generator aufgerufen. Bei jedem Durchlauf der `foreach`-Schleife wird mithilfe von `yield` ein einzelner, zufälliger Wert bereitgestellt. Die Ausgabe des Programms sehen Sie in Abbildung 1.80.

Abbildung 1.80 Generator für Würfelwerte

1.10.9 Typhinweise

Seit PHP 7.0 wird Ihnen mithilfe von Typhinweisen die Möglichkeit geboten, Datentypen stärker zu kontrollieren. Diese Kontrolle bezieht sich auf die Parameter und den Rückgabewert von Funktionen. Dabei kann es sich um eigene Funktionen oder auch um vordefinierte Funktionen handeln.

Kontrolle der Datentypen

Zunächst ein Beispiel:

```
<?php declare(strict_types=1); ?>
<!DOCTYPE html>...<body>
<?php
   echo "Typ int:<br>";
   function addiere(int $a, int $b):int
   {
      $c = $a + $b;
      return $c;
      // return $c * 1.0;
   }
   echo addiere(1, 2) . "<br>";
   // echo addiere(1.9, 2.9) . "<br>";
   echo "Ende des Programms";
?>
</body></html>
```

Listing 1.61 Datei »funktion_typhinweise.php«

Soll sich die Kontrolle der Datentypen innerhalb einer Datei auswirken, muss die Anweisung `declare(strict_types=1);` als allererste Anweisung der Datei notiert werden, wie es im Beispiel zu sehen ist.

declare

Kodierung

Beinhaltet eine PHP-Datei zu Beginn eine declare-Anweisung, müssen Sie darauf achten, dass die Kodierung der Datei auf dem Wert *UTF-8* steht. Sie können sie im Menü KODIERUNG des Editors Notepad++ überprüfen und bei Bedarf korrigieren, und zwar über den Menüpunkt KONVERTIERE ZU UTF-8.

Im Programm wird die Funktion addiere() definiert. Sie dient zur Addition von zwei Zahlenwerten und zur Rückgabe des Ergebnisses an die aufrufende Stelle. Die Ausgabe des Programms sehen Sie in Abbildung 1.81.

Abbildung 1.81 Typhinweise für »int«

int

Das Neue an diesem Programm ist:

- Die beiden Parameter der Funktion müssen ganzzahlig sein. Zu diesem Zweck wird der Typhinweis int vor jedem Parameter notiert.
- Der Rückgabewert der Funktion muss ebenfalls ganzzahlig sein. Dazu werden nach den Parameterklammern ein Doppelpunkt und wiederum der Typhinweis int notiert.

Der Funktionsaufruf addiere(1, 2); erfüllt die genannten Bedingungen und kann daher durchgeführt werden. Der Funktionsaufruf addiere(1.9, 2.9); erfüllt die Bedingungen nicht, weil die Parameter nicht ganzzahlig sind. Die Anweisung return $c * 1.0; erfüllt die Bedingungen ebenfalls nicht, weil der Rückgabewert nicht ganzzahlig ist. Sind die Bedingungen nicht erfüllt, folgt eine Fehlermeldung und die letzte Ausgabe mit dem Text »Ende des Programms« ist nicht mehr zu sehen.

int, float, string, bool

Eine Kontrolle dieser Art trägt zur Verbesserung der Lesbarkeit, des Ablaufs und der Pflege Ihrer Programme bei. Zunächst arbeiten Sie mit den folgenden Typhinweisen:

- int: für ganze Zahlen
- float: für Fließkommazahlen
- string: für Zeichenketten
- bool: für Wahrheitswerte

Es gibt noch weitere Typhinweise, zum Beispiel für Objekte (siehe Abschnitt 4.8) und Felder (siehe Abschnitt 8.6).

Die Kontrolle mithilfe der declare-Anweisung gilt bei Parametern für die Datei, in der die Funktion aufgerufen wird. Bezüglich des Rückgabewerts gilt sie für die Datei, in der die Funktion definiert wird.

Ort der Kontrolle

Es findet keine automatische Umwandlung statt. Ein Beispiel: Fließkommazahlen oder Zeichenketten, die Zahlen enthalten, werden nicht einfach in ganze Zahlen konvertiert. Es gibt aber keine Regel ohne Ausnahme: Bei einem float-Parameter oder bei einem Rückgabewert des Typs float werden auch ganze Zahlen akzeptiert.

Programme mit Typhinweisen und der declare-Anweisung können nicht in Versionen vor PHP 7.0 genutzt werden.

Nicht vor PHP 7.0

Ein weiteres Beispiel:

```php
<?php declare(strict_types=1); ?>
<!DOCTYPE html>...<body>
<?php
   echo "Typ float: <br>";
   function addiereFloat(float $a, float $b):float
   {
      $c = $a + $b;
      return $c;
   }
   echo addiereFloat(1.9, 2.9) . "<br>";
   echo addiereFloat(1, 2) . "<br>";
   // echo addiereFloat("1.9", 2.9) . "<br>";

   echo "Typ bool: ";
   function oder(bool $a, bool $b):bool
   {
      $c = $a || $b;
      return $c;
   }
   echo oder(true, false) . "<br>";
   // echo cder(1, "abc") . "<br>";

   echo "Typ string: ";
   function verkette(string $a, string $b):string
   {
```

```
            $c = $a . $b;
            return $c;
      }
      echo verkette("Hallo", "Welt") . "<br>";
      // echo verkette(5, 8.2) . "<br>";

      echo "Vordefinierte Funktionen: ";
      echo mb_strlen("Hallo") . "<br>";
      // echo mb_strlen(123) . "<br>";
      echo "Ende des Programms";
?>
</body></html>
```

Listing 1.62 Datei »funktion_typhinweise_weitere.php«

Die Ausgabe des Programms sehen Sie in Abbildung 1.82.

Abbildung 1.82 Typhinweise für weitere Datentypen

Typ »float«
: Die Funktion addiereFloat() erwartet zwei float-Werte, addiert sie und liefert einen float-Wert zurück. Die ersten beiden Aufrufe der Funktion erfüllen die Bedingungen. Im zweiten Fall werden die beiden ganzen Zahlen zu float-Werten erweitert. Der dritte Aufruf erfüllt die Bedingungen nicht.

Typ »bool«
: Die Funktion oder() erwartet zwei bool-Werte, ermittelt einen bool-Wert als Ergebnis und liefert diesen zurück. Nur der erste Aufruf der Funktion erfüllt die Bedingungen.

Typ »string«
: Die Funktion verkette() erwartet zwei string-Werte, ermittelt einen string-Wert als Ergebnis und liefert diesen zurück. Auch hier erfüllt nur der erste Aufruf der Funktion die Bedingungen.

Vordefinierte Funktion
: Die vordefinierte Funktion mb_strlen() ermittelt die Anzahl der Zeichen einer Zeichenkette. Sie erwartet einen string-Wert. Auch hier erfüllt nur

der erste Aufruf der Funktion die Bedingungen. Mehr zu den vordefinierten Funktionen für Zeichenketten finden Sie in Kapitel 6.

In den vorliegenden Beispielen sind die Datentypen der Parameter und der Datentyp des Rückgabewerts stets gleich. Sie können aber auch unterschiedlich sein. Die genannte Kontrolle kann sich also zum Beispiel auf eine Funktion beziehen, die zwei `int`-Parameter, einen `float`-Parameter und einen `string`-Parameter erwartet und einen `bool`-Wert oder auch gar keinen Wert als Ergebnis zurückliefert.

1.10.10 Nullbare Typen

Mit PHP 7.1 wurden die *nullbaren Typen* (englisch: *nullables*) eingeführt. Zur Erzeugung eines nullbaren Typs können Sie dem Typhinweis einer Variablen das Zeichen `?` voranstellen. In diesem Fall darf die Variable

nullable

- entweder einen Wert haben, der zum betreffenden Typhinweis passt,
- oder den Wert `null` haben.

Viele vordefinierte Funktionen liefern:

- entweder den ermittelten Rückgabewert zurück
- oder den Wert `null` als Information dafür, dass innerhalb der Funktion ein Fehler aufgetreten ist.

Arbeitet man ohne Typhinweise, lässt sich dieses Verhalten auch für eigene Funktionen erzeugen, da der Typ des Rückgabewerts beliebig ist.

Möchte man allerdings die Vorteile von Typhinweisen nutzen, so lässt sich dieses Verhalten für eigene Funktionen nur mithilfe von nullbaren Typen erzeugen. Es folgt ein Beispiel:

Vorteile von Typhinweisen

```
<?php declare(strict_types=1); ?>
<!DOCTYPE html>...<body>
<?php
   echo "Nullable-Typ:<br>";
   function dividiere(float $a, float $b):?float
   {
      if ($b == 0)
         return null;
      else
         return $a / $b;
   }
```

```
        $ergebnis = dividiere(8, 5);
        // $ergebnis = dividiere(8, 0);
        if(isset($ergebnis))
           echo $ergebnis . "<br>";
        else
           echo "Fehler in Funktion<br>";
        echo "Ende des Programms";
    ?>
</body></html>
```

Listing 1.63 Datei »funktion_rueckgabewert_nullbar.php«

?float Die eigene Funktion dividiere() soll entweder das Ergebnis der Division als einen Wert des Typs float liefern (siehe Abbildung 1.83) oder den Wert null als Information dafür, dass versucht wurde, eine Division durch 0 durchzuführen (siehe Abbildung 1.84). Zu diesem Zweck hat der Rückgabewert der Funktion den Typhinweis ?float.

isset() Der Rückgabewert wird in der Variablen $ergebnis gespeichert. Im Programm kann mithilfe der Funktion isset() geprüft werden, ob bei der Funktion ein Fehler aufgetreten ist.

Abbildung 1.83 Rückgabe eines »float«-Werts

Abbildung 1.84 Rückgabe von »null«

1.11 Beispiele

In diesem Abschnitt finden Sie einige umfangreichere Beispiele. Sie beinhalten keine neuen Programmierelemente, sondern dienen zur Darstellung des Zusammenspiels der verschiedenen Elemente.

Zunächst folgt ein kleiner Abschnitt über die sinnvolle Arbeitsweise zur Entwicklung eines größeren Programms.

1.11.1 Entwicklung eines Programms

Bei der Entwicklung Ihrer eigenen Programme sollten Sie Schritt für Schritt vorgehen. Stellen Sie zuerst einige Überlegungen darüber an, wie das gesamte Programm aufgebaut sein sollte, und zwar auf Papier. Aus welchen Teilen sollte es nacheinander bestehen? Versuchen Sie *nicht*, das gesamte Programm mit all seinen komplexen Bestandteilen auf einmal zu schreiben! Dies ist der größte Fehler, den Einsteiger (und manchmal auch Fortgeschrittene) machen können.
Teile eines Programms

Schreiben Sie zunächst eine einfache Version des ersten Programmteils. Anschließend testen Sie sie. Erst nach einem erfolgreichen Test fügen Sie den folgenden Programmteil hinzu. Nach jeder Änderung testen Sie wiederum. Sollte sich ein Fehler zeigen, wissen Sie, dass er aufgrund der letzten Änderung aufgetreten ist. Nach dem letzten Hinzufügen haben Sie eine einfache Version Ihres gesamten Programms.
Einfache Version

Nun ändern Sie einen Teil Ihres Programms in eine komplexere Version ab. Auf diese Weise machen Sie Ihr Programm Schritt für Schritt komplexer, bis Sie schließlich das gesamte Programm so erstellt haben, wie es Ihren anfänglichen Überlegungen auf Papier entspricht.
Komplexe Version

Manchmal ergibt sich während der praktischen Programmierung noch die eine oder andere Änderung gegenüber Ihrem Entwurf. Das ist kein Problem, solange sich nicht der gesamte Aufbau ändert. Sollte das allerdings der Fall sein, kehren Sie noch einmal kurz zum Papier zurück und überdenken den Aufbau. Das bedeutet nicht, dass Sie die bisherigen Programmzeilen löschen müssen, aber möglicherweise müssen Sie sie ein wenig ändern und anders anordnen.
Änderungen

Schreiben Sie Ihre Programme übersichtlich. Falls Sie gerade überlegen, wie Sie drei, vier bestimmte Schritte Ihres Programms auf einmal machen können: Erstellen Sie daraus einfach einzelne Anweisungen, die der Reihe
Einzelne Schritte

nach ausgeführt werden. Dies vereinfacht eine eventuelle Fehlersuche. Möchten Sie (oder andere Personen) Ihr Programm später einmal ändern oder erweitern, gelingt der Einstieg in den Aufbau des Programms wesentlich schneller.

Eine typische Frage, die Sie sich besonders im Zusammenhang mit Verzweigungen und Schleifen immer wieder stellen sollten, lautet: Haben Sie alle Klammern, die Sie geöffnet haben, auch wieder geschlossen?

Sie können die Anweisung echo auch zur Kontrolle von Werten und zur Suche von logischen Fehlern einsetzen. Außerdem können Sie einzelne Teile Ihres Programms in Kommentarklammern setzen, um festzustellen, welcher Teil des Programms fehlerfrei läuft und welcher Teil demnach fehlerbehaftet ist.

1.11.2 Geldanlage

Ein Benutzer besucht die Website einer Bank, die verschiedene Möglichkeiten zur Geldanlage bietet. Eine dieser Möglichkeiten ist die Anlage eines bestimmten Betrags über eine festgelegte Laufzeit. Je länger das Geld angelegt wird, desto höher ist der Zinssatz. Der Benutzer gibt den angelegten Betrag sowie die Laufzeit ein und erhält als Antwort eine Tabelle, in der die Entwicklung seiner Geldanlage von Jahr zu Jahr dargestellt wird.

Zunächst das Eingabeformular:

```
<!DOCTYPE html>...<body>
<h2>Geldanlage</h2>
<p>Geben Sie bitte die folgenden Werte ein:</p>
<form action="geldanlage.php" method="post">
    <p><input name="grundbetrag"> Grundbetrag (in €)</p>
    <p><input name="laufzeit"> Laufzeit (in Jahren)</p>
    <p><input type="submit"> <input type="reset"></p>
</form>
</body></html>
```

Listing 1.64 Datei »geldanlage.htm«

Das Formular sehen Sie in Abbildung 1.85 (mit Beispieldaten).

floatval()   Im PHP-Auswertungsprogramm werden zunächst die Eingabewerte mithilfe der Funktion floatval() in Fließkommazahlen umgewandelt und zur

Kontrolle wieder ausgegeben. Der Zinssatz wird mithilfe einer mehrfachen Verzweigung aus der Laufzeit bestimmt und ausgegeben.

Abbildung 1.85 Eingabeformular »Geldanlage«

Danach wird eine Schleife durchlaufen. Für jedes Jahr der Geldanlage gibt es einen Durchlauf der Schleife. Jedes Mal wird der aktuelle Gesamtbetrag berechnet, formatiert und ausgegeben.

Das Programm dazu sieht so aus:

```
<!DOCTYPE html>...<head>
<style>table,td {border:1px solid black;}</style></head><body>
<h2>Geldanlage</h2>
<?php
   $betrag = floatval($_POST["grundbetrag"]);
   $laufzeit = floatval($_POST["laufzeit"]);
   echo "<p>Grundbetrag: $betrag €<br>";
   echo "Laufzeit: $laufzeit Jahre<br>";

   /* Zinssatz in Abhängigkeit von der Laufzeit */
   if ($laufzeit <= 3)         $zinssatz = 3;
   else if ($laufzeit <= 5)    $zinssatz = 4;
   else if ($laufzeit <= 10)   $zinssatz = 5;
   else                        $zinssatz = 6;
   echo "Zinssatz: $zinssatz %</p>";
?>
```

```
<table>
<tr>
  <td style="text-align:right;"><b>nach Jahr</b></td>
  <td style="text-align:right;"><b>Betrag</b></td>
</tr>
<?php
   /* Anlageberechnung und Ausgabe */
   for($i=1; $i<=$laufzeit; $i++)
   {
      echo "<tr>";
      echo "<td style='text-align:right;'>$i</td>";
      $betrag += $betrag * $zinssatz / 100;
      $ausgabe = number_format($betrag,2,",",".");
      echo "<td style='text-align:right;'>$ausgabe €</td>";
      echo "</tr>";
   }
?>
</table>
</body></html>
```

Listing 1.65 Datei »geldanlage.php«

Die Ausgabe zu den Beispieldaten sehen Sie in Abbildung 1.86.

Abbildung 1.86 Ausgabe »Geldanlage«

1.11.3 Steuertabelle

Es soll eine (stark vereinfachte) Berechnung und Ausgabe von Steuersätzen und Steuerbeträgen vorgenommen werden. Der Steuersatz wird abhängig vom Einkommen nach Tabelle 1.7 berechnet.

Der Benutzer kann die folgenden Daten eingeben:

- Startwert für das Einkommen: erster Wert, für den das Ergebnis berechnet wird
- Endwert für das Einkommen: letzter Wert, für den das Ergebnis berechnet wird
- Intervall: Abstand der einzelnen Werte voneinander

Einkommen	Steuersatz
<= 12000	12 %
> 12000 und <= 20000	15 %
> 20000 und <= 30000	20 %
> 30000	25 %

Tabelle 1.7 Einkommen und Steuersätze

Der Programmcode des Eingabeformulars:

```
<!DOCTYPE html>...<body>
<h2>Steuertabelle</h2>
<p>Geben Sie bitte die folgenden Werte ein:</p>
<form action="steuertabelle.php" method="post">
   <p><input name="start"> Startwert (in €)</p>
   <p><input name="ende"> Endwert (in €)</p>
   <p><input name="intervall"> Intervall (in €)</p>
   <p><input type="submit">
   <input type="reset"></p>
</form>
</body></html>
```

Listing 1.66 Datei »steuertabelle.htm«

Das Formular sehen Sie in Abbildung 1.87 (mit Beispieleingaben).

1   PHP-Programmierkurs

Abbildung 1.87 Eingabeformular »Steuertabelle«

floatval()   Im PHP-Auswertungsprogramm werden die Eingaben mithilfe der Funktion floatval() in Fließkommazahlen umgewandelt. Anschließend wird eine Schleife durchlaufen. Für jeden Wert des Einkommens gibt es einen Durchlauf. Innerhalb der Schleife wird zunächst mit einer mehrfachen Verzweigung aus dem Einkommen der Steuersatz bestimmt. In Abhängigkeit vom Steuersatz werden der Steuerbetrag und das Einkommen nach Abzug der Steuer berechnet. Alle vier Informationen werden formatiert und ausgegeben. Die Ausgabe erfolgt in einer Tabelle mit vier Spalten:

- Einkommen in €
- Steuersatz in Prozent
- Steuerbetrag in €
- Einkommen nach Steuer in €

Das Programm:

```
<!DOCTYPE html>...<body>
<h2>Steuertabelle</h2>

<table>
<tr>
    <td><b>Einkommen</b></td>
    <td><b>Steuersatz</b></td>
```

```php
   <td><b>Steuerbetrag</b></td>
   <td><b>Einkommen nach Steuer</b></td>
</tr>
<?php
$start    = floatval($_POST["start"]);
$ende     = floatval($_POST["ende"]);
$intervall = floatval($_POST["intervall"]);

for($einkommen = $start; $einkommen <= $ende;
   $einkommen = $einkommen + $intervall)
{
   /* Berechnung des Steuersatzes */
   if($einkommen <= 12000)        $satz = 12;
   else if($einkommen <= 20000)   $satz = 15;
   else if($einkommen <= 30000)   $satz = 20;
   else                           $satz = 25;

   $steuerbetrag = $einkommen * $satz / 100;
   $nachSteuer = $einkommen - $steuerbetrag;
   echo "<tr>";
   echo "<td style='text-align:right;'>"
      . number_format($einkommen,2,",",".") . " €</td>";
   echo "<td style='text-align:right;'>"
      . number_format($satz,1,",",".") . " %</td>";
   echo "<td style='text-align:right;'>"
      . number_format($steuerbetrag,2,",",".") . " €</td>";
   echo "<td style='text-align:right;'>"
      . number_format($nachSteuer,2,",",".") . " €</td>";
   echo "</tr>";
}
?>
</table>
</body></html>
```

Listing 1.67 Datei »steuertabelle.php«

Die Ausgabe zu den Beispieldaten sehen Sie in Abbildung 1.88.

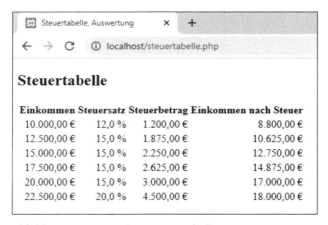

Abbildung 1.88 Ausgabe »Steuertabelle«

1.11.4 Bestimmung des Ostersonntags

Ostersonntag

In diesem Abschnitt soll eine Funktion ostersonntag() zur Bestimmung des Termins des Ostersonntags in einem vorgegebenen Jahr entwickelt werden. Auf Basis des Ostersonntags können alle beweglichen Feiertage eines Bundeslandes berechnet werden. Eine Liste der (beweglichen und festen) Feiertage wird zum Beispiel im Zusammenhang mit einer Terminplanung benötigt (siehe auch Abschnitt 9.9).

Die Funktion ostersonntag() wird in die Datei *ostersonntag.inc.php* ausgelagert. Sie wird mithilfe eines Formulars (Datei *ostersonntag.htm*) und eines PHP-Programms (Datei *ostersonntag.php*) getestet.

Im Formular werden vom Benutzer zwei Jahreszahlen angegeben. Das Programm liefert eine Tabelle, in der zu jedem Jahr im angegebenen Jahresbereich der jeweilige Termin des Ostersonntags ausgegeben wird. Nimmt der Benutzer eine Eingabe vor wie in Abbildung 1.89, ...

1.11 Beispiele

Abbildung 1.89 Eingabe eines Jahresbereichs

... wird die Tabelle aus Abbildung 1.90 geliefert.

Abbildung 1.90 Ostersonntage im eingegebenen Bereich

Ostern ist stets am ersten Sonntag nach dem ersten Vollmond des Frühlings. So hat es das erste Kirchenkonzil im Jahr 325 n. Chr. festgelegt, und dies gilt bis heute. Im Jahr 1800 entwickelte der deutsche Mathematiker Carl Friedrich Gauß (1777–1855) eine Formel zur Berechnung des Ostersonntags. Sie ist so genau, dass erst für das Jahr 8202 ein Fehler auftritt.

C. F. Gauß

Seine Formel: Ostern fällt im Jahr J auf den (e+D+1)-ten Tag nach dem 21. März, wobei gilt:

- d = ((15 + J/100 − J/400 − (8 * J/100 + 13) / 25) mod 30 + 19 * (J mod 19)) mod 30
  - Falls d = 29, ist D = 28.
  - Falls d = 28 und J mod 17 >= 11, ist D = 27.
  - Falls d weder 28 noch 29, ist D = d.
- e = (2 * (J mod 4) + 4 * (J mod 7) + 6 * D + (6 + J/100 − J/400 − 2) mod 7) mod 7

Zur Umsetzung in einem Programm müssen Sie Folgendes wissen:

Modulo
- mod entspricht dem Operator Modulo (%) aus PHP. Dies ist also der ganzzahlige Rest einer Division.

Ganzzahldivision
- Alle vorkommenden Divisionen (zum Beispiel J/100) sind Ganzzahldivisionen; die Stellen hinter dem Komma werden abgeschnitten. Dazu können Sie seit PHP 7.0 die Funktion intdiv() benutzen. Der Ausdruck 1952/100 ergibt den Wert 19.52 (mit Nachkommastellen). Der Aufruf intdiv(1952/100) ergibt den Wert 19 ohne Nachkommastellen, also eine Ganzzahldivision.

Die Funktion ostersonntag() in der Bibliothek ergibt sich wie folgt:

```
<?php
function ostersonntag($j, &$t, &$m)
{
    // Berechnung des kleinen d
    $d = ((15 + intdiv($j, 100) - intdiv($j, 400)
        - intdiv((8 * intdiv($j, 100) + 13) , 25)) % 30
        + 19 * ($j % 19)) % 30;

    // Berechnung des großen D
    if ($d==29)                              $D = 28;
    else if ($d == 28 && $j%17 >= 11)        $D = 27;
    else                                     $D = $d;

    // Berechnung des kleinen e
    $e = (2 * ($j%4) + 4 * ($j%7) + 6 * $D
        + (6 + intdiv($j, 100) - intdiv($j, 400) - 2) % 7) % 7;
```

```
   // Berechnung von Tag und Monat
   // Rückgabe der Werte per Referenz
   $m = "03";
   $t = 21 + $e + $D + 1;
   if ($t > 31)
   {
      $m = "04";
      $t = $t - 31;
   }
   if($t < 10)
      $t = "0" . $t;
}
?>
```

Listing 1.68 Datei »ostersonntag.inc.php«

Das Jahr wird über den Parameter $j an die Funktion geliefert. $t und $m sind Referenzen für die Variablen für Tag und Monat. Die Werte stehen nach dem Aufruf der Funktion an der Aufrufstelle zur Verfügung. Innerhalb der Funktion wird das Ergebnis in einzelnen Schritten bestimmt:

Referenz

- Der Wert von $d wird gemäß der Formel errechnet.
- Der Wert von $D ergibt sich nach einer Verzweigung aus $d.
- Der Wert von $e wird gemäß der Formel errechnet.
- Liegt der errechnete Tag nicht mehr im Monat März, müssen Tag und Monat auf den entsprechenden Tag im Monat April umgerechnet werden. Beispiel: Aus dem 36.03. wird der 05.04.
- Die Zahlen werden in Text umgewandelt. Bei einstelligen Zahlen wird eine Null vorangestellt.

Das Eingabeformular für den Benutzer:

Formular

```
<!DOCTYPE html>...<body>
<h2>Ostersonntag</h2>
<p>Bitte geben Sie zwei Jahreszahlen ein<br>
und senden Sie das Formular ab:</p>
<form action="ostersonntag.php" method="post">
   <p><input name="anfang"> Erste Jahreszahl</p>
   <p><input name="ende"> Zweite Jahreszahl</p>
   <p><input type="submit">
```

```
            <input type="reset"></p>
        </form>
    </body></html>
```

Listing 1.69 Datei »ostersonntag.htm«

Auswertung Die beiden Jahreszahlen werden in die Felder anfang und ende eingegeben. Das PHP-Programm zur Erzeugung der Tabelle sieht so aus:

```
<!DOCTYPE html>...<head>
<style>table,td {border:1px solid black;}</style></head><body>
<h2>Ostersonntag</h2>
<?php
    // Einbinden der Funktionsbibliothek
    include "ostersonntag.inc.php";

    // Größere Jahreszahl zuerst? Tauschen!
    $anfang = intval($_POST["anfang"]);
    $ende = intval($_POST["ende"]);
    if ($anfang > $ende)
    {
       $temp = $anfang;
       $anfang = $ende;
       $ende = $temp;
    }

    echo "<table>";
    echo "<tr><td><b>Jahr</b></td><td><b>Datum</b></td></tr>";

    // Schleife über alle Jahreszahlen
    for ($jahr=$anfang; $jahr<=$ende; $jahr++)
    {
       ostersonntag($jahr, $tag, $monat);
       echo "<tr><td>$jahr</td><td>$tag.$monat.$jahr</td></tr>";
    }
    echo "</table>";
?>
</body></html>
```

Listing 1.70 Datei »ostersonntag.php«

Die Datei wird eingebunden; somit steht die Funktion ostersonntag() zur Verfügung. Hat der Benutzer die beiden Jahreszahlen in der falschen Reihenfolge eingegeben, werden sie getauscht. In einer Schleife wird die Funktion ostersonntag() für jeden Wert von anfang bis ende aufgerufen. In den beiden Variablen $tag und $monat sind per Referenz nach jedem Aufruf die Werte für den Tag und den Monat des betreffenden Jahres gespeichert. Diese beiden Werte werden ausgegeben.

Kapitel 2
Daten senden und auswerten

Dieses Kapitel zeigt Ihnen, auf welch vielfältige und komfortable Weise Sie es dem Programmbenutzer ermöglichen können, Informationen an den Webserver zu übermitteln. Zudem erläutere ich die Auswertung dieser Informationen und zeige Ihnen, wie Sie Ihre Programme im Internet veröffentlichen können.

Informationen zum Webserver

Im Programmierkurs aus Kapitel 1 habe ich bereits einfache Formulare angesprochen. Durch die Eingabe von Daten in ein Eingabefeld und das anschließende Absenden des Formulars werden sie an den Webserver übermittelt. Neben dem dabei verwendeten einzeiligen Texteingabefeld gibt es eine Reihe weiterer Formularelemente, die eine sichere und fehlerfreie Benutzung beziehungsweise Übermittlung der Daten stark vereinfachen. Sie lassen sich in drei große Gruppen unterteilen:

Weitere Formularelemente

- Textelemente
- Auswahlelemente
- Aktionselemente

Diese drei Gruppen sehen wir uns zunächst an. Danach stelle ich in diesem Kapitel weitere Möglichkeiten vor, wie Sie Formulare einsetzen können, zeige Beispiele und erkläre, wie Sie PHP-Programme publizieren.

2.1 Textelemente

Zu den Textelementen gehören die Ihnen bereits bekannten *einzeiligen Texteingabefelder*, die *mehrzeiligen Texteingabefelder*, die *Passworteingabefelder* sowie die *versteckten Elemente*.

Sie können alle Textelemente mit Werten vorbelegen. Dies kann die Benutzung vereinfachen, falls in einem Feld ein bestimmter Wert besonders häufig vorkommt. Beim Zurücksetzen eines Formulars wird dieser Wert eingesetzt.

Vorbelegung

Sicherheit Bei den ersten drei Elementen sollte die Funktion `htmlentities()` zur Erhöhung der Sicherheit zum Einsatz kommen.

2.1.1 Einzeilige Texteingabefelder

type Ein einzeiliges Texteingabefeld (`<input type="text">` oder einfach `<input>`) dient zur Übermittlung kleinerer Textinformationen (zum Beispiel des Namens oder der Adresse) oder einzelner Zahlenwerte. Es kann über die folgenden Eigenschaften verfügen:

name ▶ `name`: zur eindeutigen Kennzeichnung bei der Auswertung in einem PHP-Programm

size ▶ `size`: zur Darstellung in einer bestimmten Breite innerhalb des Eingabeformulars

maxlength ▶ `maxlength`: zur Begrenzung der Menge der Zeichen, die eingegeben werden können

value ▶ `value`: zur Vorbelegung des Eingabefelds

readonly ▶ `readonly`: zum Verhindern der Eingabe; im Zusammenhang mit PHP selten benötigt

Hier sehen Sie ein Beispiel mit unterschiedlichen einzeiligen Texteingabefeldern:

```
<!DOCTYPE html>...<body>
<h2>Einzeilige Texteingabefelder</h2>
<form action = "form_text.php" method = "post">
   <p><input name="eins" size="40"> Feld Eins</p>
   <p><input name="zwei" size="10" maxlength="5"> Feld Zwei</p>
   <p><input name="drei" value="Inhalt Drei"> Feld Drei</p>
   <p><input name="vier" value="Inhalt Vier"
      readonly="readonly"> Feld Vier</p>
   <p><input type="submit"> <input type="reset"></p>
</form>
</body></html>
```

Listing 2.1 Datei »form_text.htm«

Feld `Eins` dient zur Eingabe eines Textes mit maximal 40 Zeichen. Feld `Zwei` dient zur Eingabe von maximal 5 Zeichen und wird in der Darstellungsgröße auf den Wert 10 beschränkt.

Feld Drei ist mit dem Text Inhalt Drei vorbelegt. Ändert der Benutzer nichts, wird dieser Text als Wert gesendet. Feld Vier ist mit dem Text Inhalt Vier vorbelegt. Der Benutzer kann allerdings nichts ändern. Dieser Text wird als Wert gesendet.

Das Formular mit einer Beispieleingabe sehen Sie in Abbildung 2.1.

Abbildung 2.1 Verschiedene Texteingabefelder

Das PHP-Auswertungsprogramm sieht so aus:

```
<!DOCTYPE html>...<body>
<?php
   $eins = htmlentities($_POST["eins"]);
   $zwei = htmlentities($_POST["zwei"]);
   $drei = htmlentities($_POST["drei"]);
   $vier = htmlentities($_POST["vier"]);

   echo "Eins: $eins<br>";
   echo "Zwei: $zwei<br>";
   echo "Drei: $drei<br>";
   echo "Vier: $vier";
?>
</body></html>
```

Listing 2.2 Datei »form_text.php«

Die Auswertung sehen Sie in Abbildung 2.2.

2 Daten senden und auswerten

Abbildung 2.2 Auswertung der verschiedenen Texteingabefelder

2.1.2 Mehrzeilige Texteingabefelder

textarea Ein mehrzeiliges Texteingabefeld (`<textarea> ... </textarea>`) dient zur Übermittlung umfangreicher Textinformationen (zum Beispiel von Kommentaren oder Diskussionsbeiträgen), die aus mehreren Zeilen bestehen können. Es sollte über die folgenden Eigenschaften verfügen:

name
- `name`: als Bezeichnung für die Auswertung in einem PHP-Programm

cols
- `cols`: zur Festlegung der Breite innerhalb des Eingabeformulars

rows
- `rows`: zur Festlegung der Höhe innerhalb des Eingabeformulars

Ein mehrzeiliges Texteingabefeld kann mit einem Text vorbelegt werden. Außerdem ist die Eigenschaft `readonly` verfügbar. Eine Textarea wird in verschiedenen Browsern unterschiedlich angezeigt. In manchen Browsern wird ein fester Scrollbalken angezeigt, in anderen Browsern nur bei Bedarf.

Vergrößern In einigen Browsern können die Benutzer die Textarea über die vorgegebene Anzahl an Zeilen und Spalten hinaus vergrößern. Dazu muss an der gekennzeichneten Stelle unten rechts in der Textarea (siehe Abbildung 2.3) mit der Maus gezogen werden.

Hier sehen Sie ein Beispiel mit unterschiedlichen mehrzeiligen Texteingabefeldern:

```
<!DOCTYPE html>...<body>
<h2>Mehrzeilige Texteingabefelder</h2>
<form action = "form_textarea.php" method = "post">
   <p><textarea name="eins" cols="10" rows="3"></textarea>
      Feld Eins</p>
   <p><textarea name="zwei" cols="30"
      rows="5">Hier steht schon etwas</textarea> Feld Zwei</p>
```

```
    <p><input type="submit"> <input type="reset"></p>
</form>
</body></html>
```

Listing 2.3 Datei »form_textarea.htm«

Im Unterschied zum input-Element handelt es sich bei textarea um einen Container mit Anfangs- und Endmarkierung. Daher findet sich der Wert des Formularelements (und eine eventuell vorhandene Vorbelegung) zwischen den beiden Markierungen und nicht als Attributwert.

Achten Sie darauf, dass alle Zeilenumbrüche im HTML-Quellcode, die sich zwischen den beiden Markierungen befinden, in die textarea übernommen werden. Daher habe ich im Beispielprogramm den Zeilenumbruch zwischen die Attribute cols und rows gesetzt. Das Formular sehen Sie in Abbildung 2.3.

Zeilenumbruch

Abbildung 2.3 Zwei Textareas

Das PHP-Auswertungsprogramm sieht wie folgt aus:

```
<!DOCTYPE html>...<body>
<?php
   $einsOhneUmbruch = htmlentities($_POST["eins"]);
   $eins = nl2br($einsOhneUmbruch);
   $zwei = nl2br(htmlentities($_POST["zwei"]));
   echo "Eins:<br>$eins<br><br>";
   echo "Zwei:<br>$zwei";
```

```
?>
</body></html>
```

Listing 2.4 Datei »form_textarea.php«

nl2br() — Die Zeilenumbrüche in der Eingabe entsprechen intern der Zeichenfolge \n für *new line*. Diese Zeichenfolge wird in HTML-Dokumenten nicht sichtbar dargestellt. Möchten Sie sie auch in der Ausgabe sehen, können Sie die Funktion nl2br() verwenden. Sie wandelt jedes Vorkommen der Zeichenfolge in die HTML-Markierung <br> um.

Verschachtelter Aufruf — Bei der ersten Textarea wird das Ergebnis der Funktion htmlentities() in einer Variablen gespeichert. Erst anschließend wird die Funktion nl2br() mit dieser Variablen aufgerufen. Es geht auch kürzer. Bei der zweiten Textarea wird die Funktion nl2br() unmittelbar für das Ergebnis der Funktion htmlentities() aufgerufen. Achten Sie bei einer solchen Verschachtelung von Funktionsaufrufen besonders auf die Klammern.

Abbildung 2.4 zeigt die Auswertung.

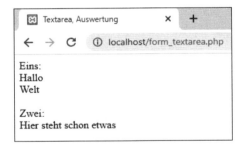

Abbildung 2.4 Auswertung der Textareas

2.1.3 Passworteingabefeld und versteckte Elemente

password — Ein Passworteingabefeld (`<input type="password">`) ist ein spezialisiertes einzeiliges Texteingabefeld. Es verfügt zusätzlich über die Eigenschaft, den eingegebenen Text unlesbar darzustellen. Wie der Name bereits sagt, dient es meist zur Eingabe eines Passworts oder anderer Informationen, die nicht sichtbar sein sollen.

hidden — Ein verstecktes Element (`<input type="hidden">`) erscheint nur im Code und nicht auf dem Bildschirm. Es kann vom Benutzer nicht bearbeitet werden und dient nur zur versteckten Übertragung zusätzlicher Daten an den Webserver.

Ein Beispiel: Ein Benutzer meldet sich auf einer Website mit seinem Namen an. Der Name wird aus dem Anmeldeformular an ein erstes PHP-Programm übertragen. Von diesem PHP-Programm aus soll ein zweites PHP-Programm aufgerufen werden, das ebenfalls den Namen des Benutzers benötigt. Mithilfe eines versteckten Elements kann dieser Name vom ersten PHP-Programm zum zweiten PHP-Programm übertragen werden, ohne dass eine weitere Eingabe notwendig ist.

Programm ruft Programm

Dieses Beispiel soll nun zusammen mit einer Passworteingabe umgesetzt werden. Hier sehen Sie zunächst das Anmeldeformular:

```
<!DOCTYPE html>...<body>
<h2>Anmeldung</h2>
<form action = "form_versteckt_a.php" method = "post">
   <p><input name="benutzer" maxlength="10">
      Benutzername (max. 10 Zeichen)</p>
   <p><input type="password" name="passwort" maxlength="10">
      Passwort (max. 10 Zeichen)</p>
   <p><input type="submit"> <input type="reset"></p>
</form>
</body></html>
```

Listing 2.5 Datei »form_versteckt.htm«

Sowohl der Benutzername als auch das Passwort darf maximal 10 Zeichen umfassen. Das Formular (mit einem Beispieleintrag) sehen Sie in Abbildung 2.5.

Abbildung 2.5 Passworteingabe

Das erste PHP-Programm sieht so aus:

```php
<!DOCTYPE html>...<body>
<h2>Seite 1</h2>
<?php
    $benutzer = htmlentities($_POST["benutzer"]);
    $passwort = htmlentities($_POST["passwort"]);

    if($benutzer == "Maier" && $passwort == "kuckuck")
    {
        echo "<form action='form_versteckt_b.php' method='post'>";
        echo "<p>Zugang erlaubt</p>";
        echo "<input type='hidden' name='benutzer' value='$benutzer'>";
        echo "<p><input type='submit'></p>";
        echo "</form>";
    }
    else
        echo "<p>Zugang nur über erfolgreiche
            <a href='form_versteckt.htm'>Eingabe</a></p>";
?>
</body></html>
```

Listing 2.6 Datei »form_versteckt_a.php«

Versteckte Übertragung   Nach einer erfolgreichen Anmeldung wird ein Formular erstellt, von dem aus es zur Seite 2 geht. Der Name des Benutzers wird als Wert des versteckten Elements mit dem Namen benutzer eingetragen. Die Ausgabe sehen Sie in Abbildung 2.6.

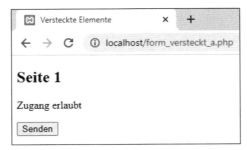

Abbildung 2.6 Nach der erfolgreichen Anmeldung

War die Anmeldung nicht erfolgreich, gibt es kein Formular, sondern nur einen Hyperlink zurück zur Anmeldung. Wurde die Seite nicht von der

Anmeldung, sondern direkt aufgerufen, gibt es zusätzlich zum Hyperlink eine Fehlermeldung.

Das Absenden dieses Formulars überträgt den Namen und den Wert des versteckten Elements an das nächste PHP-Programm:

```
<!DOCTYPE html>...<body>
<h2>Seite 2</h2>
<?php
   if(isset($_POST["benutzer"]))
      echo "Name: " . $_POST["benutzer"];
   else
      echo "<p>Zugang nur über erfolgreiche
            <a href='form_versteckt.htm'>Eingabe</a></p>";
?>
</body></html>
```

Listing 2.7 Datei »form_versteckt_b.php«

Hier steht der Benutzername ohne einen weiteren Eintrag des Benutzers zur Verfügung. Wurde die Seite nicht von der Anmeldung, sondern direkt aufgerufen, gibt es nur einen Hyperlink zurück zur Anmeldung.

Abbildung 2.7 zeigt die Ausgabe von Seite 2.

Abbildung 2.7 Nach der Weitergabe des Benutzernamens

> **Hinweis**
>
> Die meisten Browser bieten über das Kontextmenü die Möglichkeit, den HTML-Quelltext einer Seite zu betrachten. Im ersten PHP-Programm ist darin das hidden-Element mit dem Namen des Benutzers lesbar. Daher sollten Sie das Passwort nicht in einem hidden-Element eintragen.
>
> Man kann nie sicher sein, ob ein angemeldeter Benutzer nicht zwischendurch seinen Arbeitsplatz verlässt und damit anderen Personen die Möglichkeit eröffnet, den HTML-Quelltext zu betrachten.

2.2 Auswahlelemente

Höhere Sicherheit, Fehlervermeidung

Auswahlelemente erleichtern dem Benutzer die Bedienung. Sie sind sicherer als Texteingabefelder und verhindern Fehler bei der Eingabe. Der Mehraufwand im PHP-Programm für das Abfangen einer fehlerhaften Eingabe steht in keinem Verhältnis zum Mehraufwand der HTML-Kodierung der Auswahlfelder. Man unterscheidet:

Einfach
- einfache Auswahlelemente wie Radiobutton-Gruppen oder das einfache Auswahlmenü, bei denen der Benutzer genau einen Eintrag auswählen kann

Mehrfach
- mehrfache Auswahlelemente wie Kontrollkästchen oder das mehrfache Auswahlmenü, bei denen der Benutzer mehrere Einträge auswählen kann

Einfache Auswahlelemente sollten Sie vorbelegen. Auf diese Weise können Sie verhindern, dass ein Formularelement ohne Wert übertragen wird. Dies verringert gleichzeitig den Aufwand im PHP-Programm.

2.2.1 Radiobutton-Gruppe

radio Eine Auswahl kann über eine Gruppe von Radiobuttons getroffen werden (`<input type="radio">`):

```
<!DOCTYPE html>...<body>
<p>Bitte treffen Sie jeweils eine Auswahl<br>
   und senden Sie das Formular ab:</p>
<form action = "form_radio.php" method = "post">
   <h3>Reiseziel</h3>
   <p><input type="radio" name="rziel" value="Gomera"
      checked="checked"> Wandern auf Gomera<br>
   <input type="radio" name="rziel" value="Lanzarote">
      Sonnen auf Lanzarote<br>
   <input type="radio" name="rziel" value="Fuerteventura">
      Surfen auf Fuerteventura</p>

   <h3>Hotel-Typ</h3>
   <p><input type="radio" name="htyp" value="3"
      checked="checked"> Drei-Sterne-Hotel<br>
   <input type="radio" name="htyp" value="4">
      Vier-Sterne-Hotel</p>
```

```
    <p><input type="submit"> <input type="reset"></p>
</form>
</body></html>
```

Listing 2.8 Datei »form_radio.htm«

In diesem Formular werden zwei Gruppen von Radiobuttons dargestellt. Die Elemente einer Gruppe haben denselben Namen; damit wird die Zusammengehörigkeit für das auswertende PHP-Programm hergestellt. Optisch werden die beiden Gruppen durch Überschriften voneinander getrennt.

Gruppe

Innerhalb der ersten Gruppe kann der Betrachter ein Reiseziel und innerhalb der zweiten Gruppe einen Hotel-Typ auswählen. In jeder Gruppe sollte ein Element vorbelegt sein, mithilfe der Eigenschaft checked, die den gleichnamigen Wert hat.

checked

Nach dem Absenden des Formulars erhält der Benutzer eine Antwort vom Webserver mit der Anzahl der Angebote für die von ihm gewählten Kriterien. In Abbildung 2.8 sehen Sie, wie das Formular ausschaut, nachdem der Benutzer eine Auswahl getroffen hat.

Die Antwort wird durch das folgende Programm geliefert:

```
<!DOCTYPE html>...<body>
<?php
   $rziel = $_POST["rziel"];
   $htyp = $_POST["htyp"];

   echo "Nach $rziel in ein $htyp-Sterne-Hotel<br>";
   switch($rziel)
   {
      case "Gomera":
         $angebote = $htyp == 3 ? 7 : 1;
         break;
      case "Lanzarote":
         $argebote = $htyp == 3 ? 12 : 2;
         break;
      case "Fuerteventura":
         $angebote = $htyp == 3 ? 5 : 4;
   }
```

```
          echo "Dazu haben wir $angebote Angebote";
    ?>
</body></html>
```

Listing 2.9 Datei »form_radio.php«

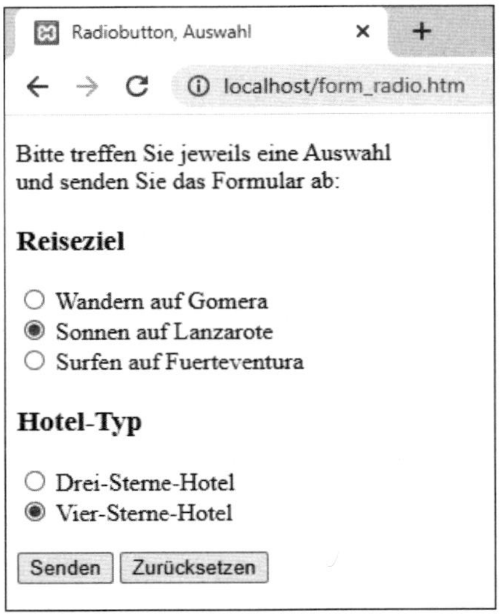

Abbildung 2.8 Radiobuttons

Gemeinsamer Name
: Der gemeinsame Name (Eigenschaft `name`) der ersten Optionsgruppe ist `rziel`. Nach dem Absenden des Formulars steht dadurch die Variable `$_POST["rziel"]` mit dem Wert (`value`) des vom Benutzer ausgewählten Eintrags im PHP-Programm zur Verfügung. Wählt er zum Beispiel Wandern auf Gomera aus, wird `$_POST["rziel"]` der Wert `"Gomera"` zugewiesen.

Der gemeinsame Name der zweiten Optionsgruppe ist `htyp`. Wählt der Benutzer beispielsweise Drei-Sterne-Hotel aus, wird der Variablen `$_POST["htyp"]` der Wert `3` zugewiesen.

Verzweigung
: Aus den Informationen in den Variablen wird im PHP-Programm mithilfe eines `switch`-Blocks und des ternären Operators `?:` die Anzahl der vorliegenden Angebote ermittelt und in der Variablen `$angebote` gespeichert. Der Wert dieser Variablen wird dem Betrachter zusammen mit einer Bestätigung seiner Eingabedaten zurückgesandt. Abbildung 2.9 zeigt die Antwort auf die obige Auswahl.

Abbildung 2.9 Nach der Auswertung der Radiobuttons

2.2.2 Einfaches Auswahlmenü

Einfache Auswahlmenüs (select-Menüs) erfüllen den gleichen Zweck wie Gruppen von Radiobuttons. Besonders bei zahlreichen Auswahlmöglichkeiten zeichnen sie sich durch ihren geringeren Platzbedarf innerhalb eines Formulars aus. Zum Vergleich soll daher nun das oben genannte Beispiel mithilfe von Auswahlmenüs dargestellt werden. In beiden Fällen kann das gleiche PHP-Programm angefordert werden.

Geringerer Platzbedarf

```html
<!DOCTYPE html>...<body>
<p>Bitte treffen Sie jeweils eine Auswahl<br>
   und senden Sie das Formular ab:</p>
<form action = "form_radio.php" method = "post">
   <p><select name="rziel">
      <option value="Gomera"> Wandern auf Gomera </option>
      <option value="Lanzarote" selected="selected">
         Sonnen auf Lanzarote </option>
      <option value="Fuerteventura">
         Surfen auf Fuerteventura </option>
   </select> Reiseziel</p>

   <p><select name="htyp">
      <option value="3" selected="selected">
         Drei-Sterne-Hotel </option>
      <option value="4"> Vier-Sterne-Hotel </option>
   </select> Hotel-Typ</p>

   <p><input type="submit"> <input type="reset"></p>
</form>
</body></html>
```

Listing 2.10 Datei »form_select.htm«

select, selected   Zu den Unterschieden: Im Dokument erscheinen zwei aufklappbare Menüs (`<select> </select>`), in denen jeweils bereits eine Auswahlmöglichkeit voreingestellt sein sollte (Eigenschaft `selected` mit dem Wert `selected`). Die Namen der beiden Auswahlmenüs sind `rziel` und `htyp`, und der Wert (Eigenschaft `value`) wird über die jeweils vom Benutzer ausgewählte Option eingestellt. Das PHP-Programm *form_radio.php* verarbeitet diese Informationen auf dieselbe Weise wie bei den Radiobuttons.

Das Formular sieht im Startzustand so wie in Abbildung 2.10 aus.

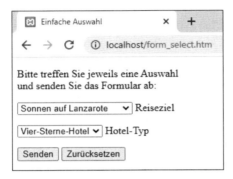

Abbildung 2.10 Zwei »select«-Menüs

2.2.3 Kontrollkästchen

checkbox   Mithilfe eines Kontrollkästchens (`<input type="checkbox">`) kann der Benutzer eine einfache Ja/Nein-Auswahl treffen. Soll ein Kontrollkästchen bereits vorbelegt sein, wird die Eigenschaft `checked` mit dem Wert `checked` hinzugefügt. Werden mehrere Kontrollkästchen zusammen verwendet, hat der Benutzer die Möglichkeit, keinen, einen oder mehrere Einträge auszuwählen. Ein Beispiel:

```
<!DOCTYPE html>...<body>
<p>Ihr Zimmer soll bieten:</p>
<form action = "form_check.php" method = "post">
   <p><input type="checkbox" name="cb" checked="checked">
           Bad, Aufpreis 10 €/Tag</p>
   <p><input type="checkbox" name="cm">
           Meeresblick, Aufpreis 15 €/Tag</p>
   <p><input type="checkbox" name="ct">
           Tresor, Aufpreis 5 €/Tag</p>
```

```
    <p><input type="submit"> <input type="reset"></p>
</form>
</body></html>
```

Listing 2.11 Datei »form_check.htm«

In diesem Formular kann der Betrachter drei voneinander unabhängige Eigenschaften seines Hotelzimmers auswählen. Nach dem Absenden des Formulars bekommt er eine Antwort vom Webserver mit einer Bestätigung seiner Auswahl. Abbildung 2.11 zeigt das Formular nach einer Beispielauswahl.

Unabhängig

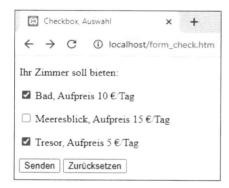

Abbildung 2.11 Kontrollkästchen

Das folgende Programm liefert die Antwort:

```
<!DOCTYPE html>...<body>
<?php
   echo "<p>Wir reservieren:</p>";
   if (isset($_POST["cb"]))
      echo "Zimmer mit Bad, Aufpreis 10 €/Tag<br>";
   if (isset($_POST["cm"]))
      echo "Zimmer mit Meeresblick, Aufpreis 15 €/Tag<br>";
   if (isset($_POST["ct"]))
      echo "Zimmer mit Tresor, Aufpreis 5 €/Tag";
?>
</body></html>
```

Listing 2.12 Datei »form_check.php«

isset() Die Namen der drei Kontrollkästchen werden zu Elementen des assoziativen Felds $_POST. Mithilfe der Funktion isset() wird überprüft, ob das jeweilige Kontrollkästchen vom Benutzer ausgewählt ist. Trifft das zu, ist das Ergebnis der Abfrage wahr, und die darauffolgende Anweisung wird ausgeführt. Nach der obigen Beispielauswahl sieht die Antwort so wie in Abbildung 2.12 aus.

Abbildung 2.12 Auswertung der Kontrollkästchen

2.2.4 Mehrfaches Auswahlmenü

multiple   Den gleichen Zweck wie Gruppen von Kontrollkästchen erfüllen mehrfache Auswahlmenüs (<select multiple="multiple"> ... </select>). Auch hier gilt: Besonders bei zahlreichen Auswahlmöglichkeiten zeichnen sie sich durch ihren geringeren Platzbedarf innerhalb eines Formulars aus. Zum Vergleich soll das oben gezeigte Beispiel nun mithilfe eines mehrfachen Auswahlmenüs dargestellt werden:

```
<!DOCTYPE html>...<body>
<p>Ihr Zimmer soll bieten:</p>
<form action = "form_select_mehrfach.php" method = "post">
    <p><select multiple="multiple" name="zusatz[]">
        <option value="Bad, Aufpreis 10 €/Tag">
            Bad, Aufpreis 10 €/Tag</option>
        <option value="Meeresblick, Aufpreis 15 €/Tag"
            selected="selected">
            Meeresblick, Aufpreis 15 €/Tag</option>
        <option value="Tresor, Aufpreis 5 €/Tag"
            selected="selected">
            Tresor, Aufpreis 5 €/Tag</option>
    </select></p>
```

```
    <p><input type="submit"> <input type="reset"></p>
</form>
</body></html>
```

Listing 2.13 Datei »form_select_mehrfach.htm«

Bei einem mehrfachen Auswahlmenü kann der Benutzer mithilfe der [Strg]-Taste (getrennte Einträge) beziehungsweise mit der [⇧]-Taste (benachbarte Einträge) seine Wahl treffen. Damit eine Auswertung durch PHP möglich ist, muss das Formularelement mit `name="zusatz[]"` als Feld notiert werden. Das Formular sehen Sie in Abbildung 2.13 und die Antwort dazu in Abbildung 2.14.

Feld von Formularelementen

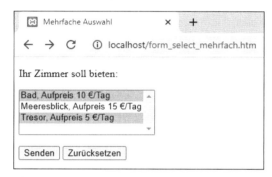

Abbildung 2.13 »select«-Menü für eine Mehrfachauswahl

Abbildung 2.14 Auswertung bei Mehrfachauswahl

Die Auswertung durch ein PHP-Programm sieht so aus:

```
<!DOCTYPE html>...<body>
<?php
   if(isset($_POST["zusatz"]))
   {
      echo "<p>Wir reservieren:</p>";
```

```
            for($i=0; $i<count($_POST["zusatz"]); $i++)
               if (isset($_POST["zusatz"][$i]))
                  echo "Zimmer mit " . $_POST["zusatz"][$i] . "<br>";
         }
         else
            echo "Keine Zusatzausstattung";
         ?>
         </body></html>
```

Listing 2.14 Datei »form_select_mehrfach.php«

Feld in Feld   Auch hier wird die Funktion `isset()` verwendet, um die Existenz einer Variablen zu prüfen. Bei `$_POST` handelt es sich bekanntlich um ein assoziatives Feld. Die Daten des Formularelements zusatz werden in einem numerisch indizierten Feld geliefert. Daher ist das Feldelement `$_POST["zusatz"]` wiederum ein Feld.

Zwei Indizes   Jedes Element dieses Felds ist nur über die Angabe von zwei Indizes erreichbar: Zunächst muss der Name des assoziativen Feldelements (zusatz) und anschließend der Index des numerisch indizierten Feldes (0, 1, 2 ...) angegeben werden.

count()   Wird ein Eintrag oder werden mehrere Einträge ausgewählt, existiert für PHP das Feldelement `$_POST["zusatz"]`. Dessen aktuelle Größe kann mit der Funktion `count()` ermittelt werden:

▶ Wird genau ein Eintrag ausgewählt, existiert für PHP nur das Feldelement `$_POST["zusatz"][0]`. Es beinhaltet den Wert des ausgewählten Eintrags.

▶ Werden mehrere Einträge ausgewählt, existieren für PHP die Feldelemente `$_POST["zusatz"][0]`, `$_POST["zusatz"][1]` usw. – entsprechend der Anzahl der ausgewählten Einträge. Sie beinhalten die Werte der ausgewählten Einträge.

2.3 Aktionselemente

Zu den Aktionselementen gehören die bereits bekannten Schaltflächen zum Absenden und Zurücksetzen sowie die allgemeinen Schaltflächen.

JavaScript   Allgemeine Schaltflächen (`<input type="button">`) werden meist zum Auslösen von Code in der Skriptsprache JavaScript verwendet. In diesem PHP-

Buch können die umfangreichen Möglichkeiten von JavaScript nur angedeutet werden. Mehr zum Thema finden Sie zum Beispiel in folgendem Buch: »Einstieg in JavaScript«, ISBN 978-3-8362-6370-2, *www.rheinwerk-verlag.de/4665*.

2.3.1 Absenden und Zurücksetzen

Die Schaltfläche zum Absenden (englisch: *to submit*) dient zum Übermitteln von Namen und Werten der Formularelemente sowie zum Aufruf des dazugehörigen PHP-Auswertungsprogramms. — submit

Wurden beispielsweise fehlerhafte Einträge gemacht, kann der Benutzer die Schaltfläche zum Zurücksetzen (englisch: *to reset*) betätigen. Damit wird wieder der Ursprungszustand des Formulars mit den Vorbelegungen der Elemente angezeigt. — reset

Die Beschriftung der beiden Schaltflächen unterscheidet sich je nach Browser und Sprache des Benutzers. Alle Browser weisen für die verschiedenen Sprachen jeweils Vorbelegungen für die Beschriftungen auf. Dies hat den Vorteil, dass sich die Beschriftungen an die Umgebung des Benutzers anpassen.

Möchten Sie Ihre Schaltflächen einheitlich beschriften, können Sie der Eigenschaft `value` einen Wert zuweisen. Dies könnten zum Beispiel die Beschriftungen ANMELDUNG, LOGIN, DATEN SENDEN oder ähnliche Begriffe sein, die dem Benutzer verdeutlichen, welche Aktion er auslöst. — Beschriftung

Die Schaltflächen können auch einen eigenen Namen haben. Diese Technik wird verwendet, wenn Sie das Formular und das PHP-Programm innerhalb einer Datei unterbringen möchten. Nähere Informationen hierzu finden Sie in Abschnitt 2.4.2.

Weitere Möglichkeiten ergeben sich durch den Einsatz von JavaScript zur Prüfung der Formularinhalte. Dabei werden die Daten auf dem Rechner des Benutzers auf Fehler geprüft, bevor sie über das Internet versendet werden. Diese Aktion sollte spätestens bei der Betätigung der Absende-Schaltfläche ausgelöst werden. Der Benutzer wird dabei durch möglichst genaue Meldungen auf seine fehlerhaften oder unvollständigen Einträge aufmerksam gemacht. Dadurch wird er beim Ausfüllen unterstützt. Außerdem wird die Übertragung der Daten über das Internet (und damit unnötiger Netzverkehr) verhindert, solange diese für das auswertende PHP-Programm noch nicht vollständig sind. — Formular kontrollieren

Ein Beispiel soll den Einsatz von JavaScript verdeutlichen. In ihm werden beschriftete Schaltflächen zum Absenden und Zurücksetzen verwendet:

```
<!DOCTYPE html>...<head>...
<script type="text/javascript">
function fcheck()
{
   if (document.anmeldung.benutzer.value.length < 4)
   {
      alert("Der Benutzername muss 4-10 Zeichen haben!");
      return(false);
   }
   else if (document.anmeldung.passwort.value.length < 8)
   {
      alert("Das Passwort muss 8-10 Zeichen haben!");
      return(false);
   }
   return true;
}
</script>
</head><body>
<h2>Anmeldung</h2>
<form name="anmeldung" action="form_submit_reset.php"
      method="post" onsubmit="return fcheck();">
   <p><input name="benutzer" maxlength="10">
      Benutzername (4-10 Zeichen)</p>
   <p><input name="passwort" type="password" maxlength="10">
      Passwort (8-10 Zeichen)</p>
   <p><input type="submit" value="Login">
      <input type="reset"></p>
</form>
</body></html>
```

Listing 2.15 Datei »form_submit_reset.htm«

In das Formular soll ein Benutzername (mindestens 4 Zeichen, höchstens 10 Zeichen) und ein Passwort (mindestens 8 Zeichen, höchstens 10 Zeichen) eingetragen werden. Die maximale Länge wird durch die Eigenschaft maxlength kontrolliert, die minimale Länge durch eine JavaScript-Funktion.

Event-Handler Das Formular hat einen Namen (anmeldung). Dieser Name wird von der JavaScript-Funktion zur Identifikation benötigt. Außerdem benutzt das Formular einen sogenannten *Event-Handler* (onsubmit). Ein Event-Handler dient dazu, ein Ereignis zu behandeln. Der Event-Handler onsubmit behandelt das Ereignis »Absenden«. Sendet der Benutzer das Formular ab, wird zunächst die JavaScript-Funktion fcheck() aufgerufen. Abbildung 2.15 zeigt das Formular.

Abbildung 2.15 Formular mit Kontrolle der Eingabewerte

Die Funktion fcheck() wird im Kopf des Dokuments definiert. Innerhalb der Funktion wird überprüft, ob der vom Benutzer eingetragene Wert (englisch: *value*) des Formularelements benutzer (mit vollem Namen: document.anmeldung.benutzer) eine Länge von weniger als 8 Zeichen hat. Trifft das zu, erscheint eine entsprechende Meldung auf dem Bildschirm. Anschließend gibt die Funktion den Wert false (logisch falsch) an die aufrufende Stelle zurück. Die Überprüfung des Passworts geschieht analog. Die beiden möglichen Fehlermeldungen sehen Sie in Abbildung 2.16 und in Abbildung 2.17.

Länge des Eintrags

Abbildung 2.16 Kontrolle der Länge des Benutzernamens

Abbildung 2.17 Kontrolle der Länge des Passworts

Nur gültige Daten Liefert eine der beiden Überprüfungen den Wert `false` als Rückgabewert der Funktion `fcheck()`, sorgt der Ausdruck `return fcheck()` dafür, dass das Formular nicht abgesendet wird. Es werden also keine unvollständigen Daten über das Netz übertragen. Waren beide Einträge lang genug, wird die Funktion `fcheck()` bis zum Ende bearbeitet und liefert `true` zurück. Dies sorgt dafür, dass das Formular mit seinen Einträgen gesendet wird. Das PHP-Auswertungsprogramm gibt hier zur Kontrolle den eingetragenen Benutzernamen aus:

```
<!DOCTYPE html>...<body>
<?php
    $benutzer = htmlentities($_POST["benutzer"]);
    echo "Name: $benutzer";
?>
</body></html>
```

Listing 2.16 Datei »form_submit_reset.php«

2.4 Weitere Möglichkeiten

CSS In diesem Abschnitt stelle ich über die reinen Formularelemente hinaus weitere Möglichkeiten zum Senden und Empfangen von Daten vor. Ich zeige Ihnen ebenfalls wieder Einsatzmöglichkeiten für JavaScript und zusätzlich einige Formatierungen mithilfe von *Cascading Style Sheets* (CSS).

2.4.1 Felder von Formularelementen

Beim mehrfachen Auswahlmenü haben wir bereits mit einem Feld als Namen für ein Formularelement gearbeitet; dies ermöglicht die Auswertung mehrerer Einträge.

Ähnliche Elemente Felder können generell zur Auswertung größerer Mengen von Formularelementen eingesetzt werden. Dies lohnt sich vor allem, wenn die Formularelemente ähnlich sind und eine ähnliche Auswertung verlangen. Bei der Bearbeitung großer Datenmengen (zum Beispiel innerhalb einer Datenbank) stößt man häufig auf dieses Problem.

Im folgenden Beispiel geht es um das Ausfüllen einer Anwesenheitsliste. Zunächst wird eine Liste der Personen auf dem Bildschirm ausgegeben, die zu einem bestimmten Termin erscheinen sollen. Diese Liste wird hier aus einem Feld erzeugt; in der Praxis könnte sie aus einer Datenbank stammen.

In der Liste kann angekreuzt werden, wer tatsächlich anwesend ist. Anschließend wird das Ergebnis zum Webserver zurückgesandt; die tatsächliche Anwesenheit wird in der Datenbank gespeichert (hier wird sie nur zur Kontrolle ausgegeben). Zunächst sehen Sie hier die in beide Programmteile eingebundene Datenquelle:

```php
<?php
   /* Ergebnis einer Datenbankabfrage */
   $person = array("287"=>"P. Mertens",
                   "836"=>"A. Schuster",
                   "886"=>"T. Steger",
                   "527"=>"U. Baumann",
                   "952"=>"U. Petersen",
                   "663"=>"S. Maier");
?>
```

Listing 2.17 Datei »form_feld.inc.php«

Die Datenquelle könnte mithilfe einer Datenbankabfrage ermittelt und in einem assoziativen Feld gespeichert werden. Im vorliegenden Fall wird das Feld künstlich generiert. Nun folgt das Eingabeformular:

```php
<!DOCTYPE html>...<head>
<style>table,td {border:1px solid black;}</style></head><body>
<h2>Kontrolle der Anwesenheit</h2>
<form action="form_feld_b.php" method="post">
<?php
   include "form_feld.inc.php";
   echo "<table>";
   echo "<tr><td><b>ID</b></td><td><b>Name</b></td>";
   echo "<td><b>Anwesend</b></td></tr>";

   /* Bearbeitung des ganzen Felds */
   foreach($person as $id=>$name)
   {
      echo "<tr>";
      echo "<td>$id</td>";
      echo "<td>$name</td>";
      echo "<td><input type='checkbox' name='pe[$id]'></td>";
```

```
            echo "</tr>";
        }
        echo "</table>";
    ?>
    <p><input type="submit" value="Anwesenheit speichern"></p>
    </form>
    </body></html>
```

Listing 2.18 Datei »form_feld_a.php«

Elemente mit [ ] Es wird eine Tabelle mit den Identifikationsnummern (ID) und den Namen der Personen ausgegeben. Hinter jedem Namen erscheint ein Kontrollkästchen, in dem angekreuzt werden kann, ob die betreffende Person anwesend ist. Die Namen dieser Kontrollkästchen sind Elemente des Felds pe, zum Beispiel pe[287], pe[836]. Das Formular sehen Sie in Abbildung 2.18.

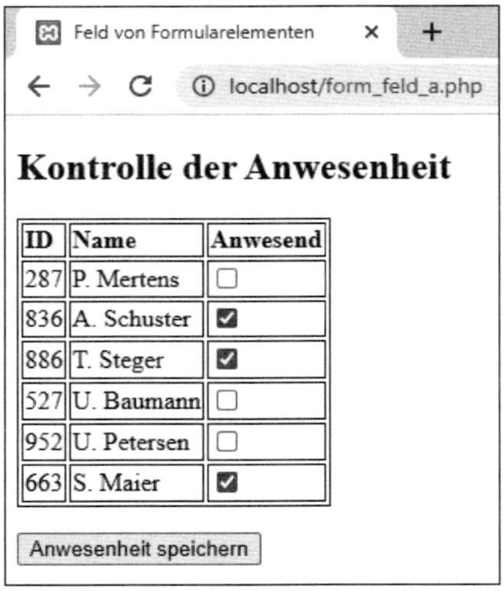

Abbildung 2.18 Ein Feld von Formularelementen

Das PHP-Auswertungsprogramm sieht wie folgt aus:

```
<!DOCTYPE html>...<head>
<style>table,td {border:1px solid black;}</style></head><body>
<h2>Kontrolle der Anwesenheit</h2>
<?php
    include "form_feld.inc.php";
    echo "<table>";
    echo "<tr><td><b>ID</b></td><td><b>Name</b></td>
```

```
         <td><b>Aktion</b></td></tr>";

   /* Bearbeitung des ganzen Felds */
   foreach($person as $id=>$name)
   {
      echo "<tr><td>$id</td><td>$name</td>";
      if (isset($_POST["pe"][$id]))
         echo "<td>wurde gespeichert</td></tr>";
      else
         echo "<td> </td></tr>";
   }
   echo "</table>";
?>
</body></html>
```

Listing 2.19 Datei »form_feld_b.php«

Zunächst wird wiederum die Datenquelle eingebunden. Bei jedem Element des Feldes wird geprüft, ob das zugehörige Element des Feldes $_POST["pe"] existiert, also ob das betreffende Kontrollkästchen angekreuzt ist. Trifft das zu, wird diese Information gespeichert (hier nur ausgegeben). Trifft das nicht zu, wird die Tabellenzelle hier mit einem expliziten HTML-Leerzeichen gefüllt ( ). Die Ausgabe ist in Abbildung 2.19 dargestellt.

Elemente prüfen

Abbildung 2.19 Auswertung eines Feldes von Formularelementen

Sie können dasselbe auch ohne ein Feld realisieren. Das ermöglicht Ihnen bei Bedarf eine Auswertung der Formularelemente mithilfe von JavaScript.

Vereinfacht

Dazu finden Sie in den beiden Dateien *form_nummer_a.php* und *form_nummer_b.php* eine Version des obigen Programms.

Hier sind die geänderten Codezeilen:

```
...
echo "<td><input type='checkbox' name='pe$id'></td>";
...
```

Listing 2.20 Datei »form_nummer_a.php« (Ausschnitt)

```
...
if (isset($_POST["pe$id"]))
...
```

Listing 2.21 Datei »form_nummer_b.php« (Ausschnitt)

Anhängen Die Nummern zur Identifikation werden direkt an den Namen des Formularelements angehängt. Er lautet nun zum Beispiel `pe287` statt `pe[287]`. Diese Formularelemente können sowohl in JavaScript als auch in PHP ausgewertet werden.

2.4.2 Formular und Programm in einer Datei

Bisher werden das Formular und das PHP-Programm in getrennten Dateien gespeichert. Zunächst wird dem Benutzer das Formular präsentiert. Er füllt es aus und sendet es ab. Anschließend wird ihm durch ein PHP-Programm in einer anderen Datei eine Antwort geliefert.

In vielen Fällen erweist es sich als günstiger, sowohl das Formular als auch das bearbeitende PHP-Programm innerhalb der gleichen Datei unterzubringen. Ein Programm kann sich auf diese Weise selbst Daten zusenden.

Mehrmals nacheinander verwenden Dieses Verfahren kommt zum Beispiel bei einer Eingabemaske für eine Datenbank zum Einsatz. Der Benutzer trägt einen Datensatz ein, sendet ihn an die Datenbank und erhält als Antwort eine Bestätigung des Eintrags sowie das gleiche Formular zurück. Er kann sofort den nächsten Datensatz eingeben. Dazu müssen Sie nur als Ziel des Formulars den Namen der gleichen Datei eintragen. Im folgenden Beispiel demonstriere ich diese nützliche Technik:

```
<!DOCTYPE html>...<body>
<form action = "form_einedatei.php" method = "post">
```

```php
<?php
   if (isset($_POST["gesendet"]))
   {
      $vorname = htmlentities($_POST["vorname"]);
      $nachname = htmlentities($_POST["nachname"]);
      echo "<p>Ihre Eingabe: $vorname $nachname</p><hr>";
   }
?>
<p>Bitte geben Sie einen Namen ein<br>
und senden Sie das Formular ab:</p>
   <p><input name = "vorname"> Vorname</p>
   <p><input name = "nachname"> Nachname</p>
   <p><input type = "submit" name = "gesendet">
      <input type = "reset"></p>
</form>
</body></html>
```

Listing 2.22 Datei »form_einedatei.php«

Zu Beginn des Programms wird mithilfe der Abfrage if (isset($_POST["gesendet"])) festgestellt, ob es sich um den ersten Aufruf (die Variable $_POST["gesendet"] existiert nicht) oder um den Aufruf nach einer Eingabe (die Variable $_POST["gesendet"] existiert) handelt.

isset()

Bei einem Aufruf nach einer Eingabe existiert die Variable, denn mit den Daten aus den Eingabefeldern wird auch der Name der Absende-Schaltfläche gesendet. Als Folge dieser Namensvergabe existiert ab dem zweiten Aufruf des Programms die Variable $_POST["gesendet"]. Daher erhält der Benutzer eine Bestätigung seiner Eingabe.

> **Hinweis**
>
> Während der Testphase möchten Sie deutlich sehen, wie sich der erste Aufruf und weitere Aufrufe voneinander unterscheiden. Das Aktualisieren der Datei im Browser führt nicht zu einem neuen ersten Aufruf, sondern zur Wiederholung des letzten Aufrufs. Betätigen Sie stattdessen hinter der URL in der Adresszeile des Browsers die Taste ⏎.

[«]

Der erste Aufruf führt zu der Ausgabe in Abbildung 2.20, hier bereits mit einem Beispieleintrag. Nach dem Absenden des Formulars ergibt sich eine Ausgabe wie in Abbildung 2.21.

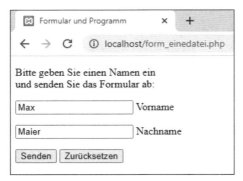

Abbildung 2.20 Erster Aufruf

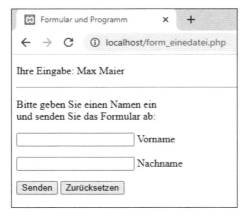

Abbildung 2.21 Zweiter Aufruf

2.4.3 Absenden über Hyperlink mit CSS

Cascading Style Sheets — Häufig passen die etwas einfach gestalteten Absende-Schaltflächen nicht zum restlichen Aussehen einer professionell aufbereiteten Website. Die Umleitung der Sendefunktion über einen Hyperlink gibt Ihnen die Möglichkeit, den Hyperlinktext in Schriftart, Größe, Farbe usw. individuell zu gestalten. Durch die Formatierung des Textes mithilfe von *Cascading Style Sheets* (*CSS*) erweitern sich Ihre Möglichkeiten. In diesem PHP-Buch können die umfangreichen Möglichkeiten von CSS nur angedeutet werden. Hier sehen Sie ein Beispiel dazu:

```
<!DOCTYPE html>...<head>...
   <link rel="stylesheet" type="text/css" href="linkcss.css">
</head><body>
```

```
<form name="zahlen" action="form_linkcss.php" method="post">
    <p><input name="zahl1"> Zahl 1</p>
    <p><input name="zahl2"> Zahl 2</p>
</form>
<a href="javascript:document.zahlen.submit();">Addieren</a>
</body></html>
```

Listing 2.23 Datei »form_linkcss.htm«

Im Kopf des Dokuments ist ein Verweis zu einer externen CSS-Datei mit Formatierungsangaben notiert. Diese Formatierungsangaben werden auf das gesamte Dokument angewendet.

Das Formular besitzt keine Absende-Schaltfläche. Stattdessen gibt es im Dokument (nicht notwendigerweise innerhalb des Formulars) einen Hyperlink. Wird dieser angeklickt, wird mithilfe von JavaScript die submit-Funktion für das Formular aufgerufen. Hierzu ist es notwendig, dem Formular einen Namen (hier zahlen) zu geben.

Hyperlink statt Schaltfläche

Nun folgt die Definition der Formatvorlagen in einer externen CSS-Datei:

CSS-Definition

```
body {font-family:Verdana; font-size:10pt;
      color:#636363; background-color:#d3d3d3}
a:link      {color:#636363}
a:visited   {color:#636363}
a:hover     {color:#636363; background-color:#a3a3a3}
```

Listing 2.24 Datei »linkcss.css«

Zunächst werden einige Formate für das Dokument insgesamt festgelegt:

Dokument formatieren

- **Schriftart:** Verdana
- **Schriftgröße:** 10 Punkt
- **Textfarbe:** #636363 (Dunkelgrau)
- **Hintergrundfarbe:** #d3d3d3 (Hellgrau)

Die Hyperlinks werden speziell formatiert:

Hyperlink formatieren

- Farbe für normale Hyperlinks: #636363 (Dunkelgrau, wie normaler Text)
- Farbe für bereits besuchte Hyperlinks: #636363 (Dunkelgrau, wie normaler Text)
- Farbe für Hyperlinks, über die der Nutzer mit dem Mauszeiger fährt (Hover-Effekt): #a3a3a3 (Mittelgrau)

Das formatierte Formular sehen Sie in Abbildung 2.22.

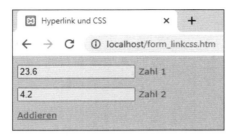

Abbildung 2.22 Formular mit CSS und JavaScript

Einheitliches Aussehen
Das PHP-Auswertungsprogramm verwendet die gleiche CSS-Datei, sodass der Website ein einheitliches Aussehen verliehen wird. Die Ausgabe erfolgt somit wiederum in Dunkelgrau auf Hellgrau. Auch der Hyperlink ZUR ERNEUTEN EINGABE entspricht in seinem Verhalten (Hover-Effekt) und seinem Aussehen dem Absende-Hyperlink.

```
<!DOCTYPE html>...<head>...
    <link rel="stylesheet" type="text/css" href="linkcss.css">
</head><body>
<?php
    $zahl1 = floatval($_POST["zahl1"]);
    $zahl2 = floatval($_POST["zahl2"]);
    $summe = $zahl1 + $zahl2;
    echo "<p>Summe aus $zahl1 und $zahl2: $summe</p>";
?>
<a href="form_linkcss.htm">Zur erneuten Eingabe</a>
</body></html>
```

Listing 2.25 Datei »form_linkcss.php«

Das Ergebnis sehen Sie in Abbildung 2.23.

Abbildung 2.23 Ergebnis mit CSS

2.4.4 Daten an Formularziel anhängen

Sie können Daten auch mithilfe der URL an ein PHP-Programm senden. Dort stehen sie als Elemente des Felds $_GET zur Verfügung. Der Nachteil: Die übermittelten Daten stehen offen sichtbar in der Adresszeile, da sie in der folgenden Form an die URL angehängt werden:

$_GET

localhost/dateiname.php?variable1=wert1&variable2=wert2&...

Ein Beispiel: Ein Benutzer meldet sich auf einer Website mit seinem Namen und seiner Benutzergruppe an; Name und Benutzergruppe werden aus dem Anmeldeformular an ein erstes PHP-Programm übertragen.

Von diesem PHP-Programm aus soll ein zweites PHP-Programm aufgerufen werden, das ebenfalls beide Informationen benötigt. Mithilfe der URL können diese Informationen vom ersten PHP-Programm zum zweiten PHP-Programm übertragen werden, ohne dass eine weitere Eingabe notwendig ist, ähnlich wie mit einem versteckten Element.

Weitere Übertragung

Das Anmeldeformular (siehe Abbildung 2.24) ist wie folgt aufgebaut:

```
<!DOCTYPE html>...<body>
<h2>Anmeldung</h2>
<form action = "form_get_a.php" method = "post">
   <p><input name="benutzer" maxlength="10">
      Benutzername (max. 10 Zeichen)</p>
   <p><select name="gruppe">
      <option value="Einkauf">Einkauf</option>
      <option value="Vertrieb"
              selected="selected">Vertrieb</option>
      <option value="Marketing">Marketing</option>
      <option value="Management">Management</option>
   </select> Gruppe</p>
   <p><input type="submit"> <input type="reset"></p>
</form>
</body></html>
```

Listing 2.26 Datei »form_get.htm«

Das erste PHP-Auswertungsprogramm sieht so aus:

```
<!DOCTYPE html>...<body>
<h2>Seite 1</h2>
<?php
```

```
        $benutzer = htmlentities($_POST["benutzer"]);
        $gruppe = $_POST["gruppe"];

        if($benutzer != "")
        {
           echo "<form method='post'
              action='form_get_b.php?b=$benutzer&g=$gruppe'>";
           echo "<p>Zugang möglich</p>";
           echo "<p><input type='submit'></p>";
           echo "</form>";
        }
        else
           echo "<p><a href='form_get.htm'>Zugang</a>
              nur mit Name</p>";
     ?>
  </body></html>
```

Listing 2.27 Datei »form_get_a.php«

Abbildung 2.24 Anmeldeformular

Anhängen an Formularziel — Nach einer Anmeldung mit einem Namen wird ein Formular erstellt, von dem aus es zur Seite 2 geht. Der Name und die Gruppe des Benutzers werden zusammen mit den beiden Variablen b und g mithilfe der beiden Zeichen ? und & an die URL des Formularziels angehängt.

Die Ausgabe sehen Sie in Abbildung 2.25.

Fehler bei Aufruf — Wurde kein Name eingegeben, gibt es kein Formular, sondern nur einen Hyperlink zurück zur Anmeldung. Wurde die Seite nicht von der Anmeldung, sondern direkt aufgerufen, gibt es zusätzlich zum Hyperlink eine Fehlermeldung.

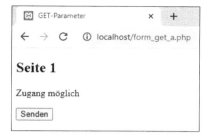

Abbildung 2.25 Seite 1 der Ausgabe

Das zweite PHP-Auswertungsprogramm sieht so aus:

```
<!DOCTYPE html>...<body>
<h2>Seite 2</h2>
<?php
   if(isset($_GET["b"]) && isset($_GET["g"]))
      echo "Name: " . $_GET["b"] . ", Gruppe: " . $_GET["g"];
   else
      echo "<p><a href='form_get.htm'>Zugang</a>
           nur mit Name</p>";
?>
</body></html>
```

Listing 2.28 Datei »form_get_b.php«

Hier stehen der Name und die Gruppe des Benutzers ohne einen weiteren Eintrag zur Verfügung. Wird die Seite nicht von der Anmeldung, sondern direkt aufgerufen, gibt es nur einen Hyperlink zurück zur Anmeldung.

Der Nachteil: Wird die Seite mit angehängten Daten, zum Beispiel mit *localhost/form_get_b.php&b=Schmitz?g=Empfang* direkt aufgerufen, führt dies allerdings ebenfalls zum Erfolg.

Abbildung 2.26 zeigt die zweite Ausgabeseite.

Abbildung 2.26 Seite 2 der Ausgabe, Weitergabe über die URL

2.4.5 Daten an Hyperlinkziel anhängen

Anhängen an Hyperlinkziel

Daten können auch an die URL eines Hyperlinkziels angehängt werden. In Verbindung mit den zusätzlichen Gestaltungsmöglichkeiten für Text-Hyperlinks ergeben sich Alternativen. Hier sehen Sie das Beispiel aus dem letzten Abschnitt, diesmal mit Hyperlinks (siehe Abbildung 2.27):

```
<!DOCTYPE html>...<head>...
    <link rel="stylesheet" type="text/css" href="linkcss.css">
</head><body>
<h2>Anmeldung</h2>
<form name="login" action="form_link_get_a.php" method="post">
    <p><input name="benutzer" maxlength="10">
        Benutzername (max. 10 Zeichen)</p>
    <p><select name="gruppe">
        <option value="Einkauf">Einkauf</option>
        <option value="Vertrieb"
                selected="selected">Vertrieb</option>
        <option value="Marketing">Marketing</option>
        <option value="Management">Management</option>
    </select> Gruppe</p>
</form>
<a href="javascript:document.login.submit();">Anmelden</a>
</body></html>
```

Listing 2.29 Datei »form_link_get.htm«

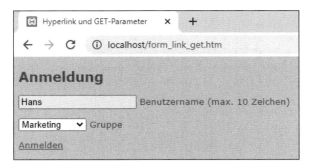

Abbildung 2.27 Anmeldeformular

Hyperlink statt Schaltfläche

Es wird die bereits bekannte CSS-Datei zur Formatierung eingebunden. Das Formular besitzt keine Absende-Schaltfläche. Stattdessen gibt es im Dokument den Hyperlink ANMELDEN. Wird dieser betätigt, wird das Formular mithilfe von JavaScript gesendet. Dazu ist es notwendig, ihm einen Namen zu geben (in Listing 2.29 lautet er `login`). Das erste PHP-Auswertungsprogramm sieht so aus:

```
<!DOCTYPE html>...<body>
<h2>Seite 1</h2>
<?php
    $benutzer = htmlentities($_POST["benutzer"]);
    $gruppe = $_POST["gruppe"];

    if($benutzer != "")
    {
        echo "<p>Zugang möglich</p>";
        echo "<p><a href='form_link_get_b.php?b=$benutzer"
            . "&g=$gruppe'>Weiter</a></p>";
    }
    else
        echo "<p><a href='form_get.htm'>Zugang</a>
            nur mit Name</p>";
?>
</body></html>
```

Listing 2.30 Datei »form_link_get_a.php«

Die URL des Hyperlinkziels wird im PHP-Programmteil dynamisch aus den Eingabedaten zusammengesetzt. Der Name und die Gruppe des Benutzers werden zusammen mit den beiden Variablen b und g mithilfe der beiden Zeichen ? und & angehängt. Diese Daten werden beim Anklicken des Hyperlinks an das zweite PHP-Programm übermittelt. Die erste Ausgabeseite sehen Sie in Abbildung 2.28.

Anhängen an Hyperlinkziel

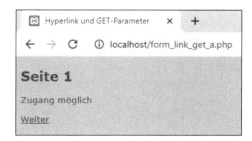

Abbildung 2.28 Seite 1 der Ausgabe

Das zweite PHP-Auswertungsprogramm sieht so aus:

```
<!DOCTYPE html>...<body>
<h2>Seite 2</h2>
<?php
   if(isset($_GET["b"]) && isset($_GET["g"]))
      echo "Name: " . $_GET["b"] . ", Gruppe: " . $_GET["g"];
   else
      echo "<p><a href='form_link_get.htm'>Zugang</a>
           nur mit Name</p>";
?>
</body></html>
```

Listing 2.31 Datei »form_link_get_b.php«

Abbildung 2.29 zeigt die zweite Ausgabeseite.

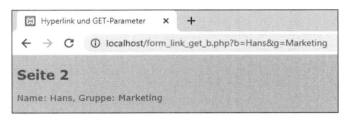

Abbildung 2.29 Seite 2 der Ausgabe, Weitergabe über den Hyperlink

2.4.6 Dateien auf den Server hochladen

Upload

Beim Hochladen von Dateien (englisch: *to upload*) auf einen Server sollte aus Gründen der Sicherheit zumindest eine Kontrolle stattfinden, ob die geladene Datei dem gewünschten Typ entspricht und eine bestimmte Maximalgröße nicht überschreitet:

```
<!DOCTYPE html>...<body>
<form enctype="multipart/form-data"
      action="form_upload.php" method="post">
   <p>Datei: <input name="upfile" type="file" size="25"></p>
   <p><input type="submit" value="Senden"></p>
</form>
</body></html>
```

Listing 2.32 Datei »form_upload.htm«

Das Attribut enctype der Markierung form dient als Kodierungsangabe für die Formulardaten. Beim Hochladen von Dateien ist hier die Angabe multipart/form-data notwendig.

enctype

Mithilfe von `<input type="file">` werden ein Textfeld zur Eingabe eines Dateinamens und eine Schaltfläche zum Durchsuchen der eigenen Daten nach der hochzuladenden Datei eingeblendet. Den Namen des Elements (hier: upfile) können Sie frei wählen.

file

Nach der Auswahl einer Datei zum Hochladen über die Schaltfläche sieht das Formular so aus wie in Abbildung 2.30.

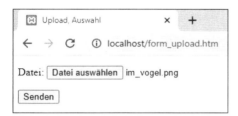

Abbildung 2.30 Datei hochladen

Nach dem Senden wird die Datei zunächst unter einem temporären Namen in einem Serververzeichnis abgelegt. Mithilfe einiger vorgegebener Variablen können Sie sich Informationen über die Datei beschaffen, um zu entscheiden, ob die Datei endgültig und an der gewünschten Stelle gespeichert werden soll. Nun folgt ein PHP-Auswertungsprogramm mit einigen Kontrollausgaben:

Temporäre Datei

```
<!DOCTYPE html>...<body>
<?php
   /* Kontrolldaten */
   echo "<p>Zur Kontrolle:<br>";
   echo "Dateiname im Original: "
      . $_FILES["upfile"]["name"] . "<br>";
   echo "Anzahl Byte: "
      . $_FILES["upfile"]["size"] . "<br>";
   echo "Dateityp: "
      . $_FILES["upfile"]["type"] . "<br>";

   /* Dateiendung extrahieren */
   $dname = mb_split("\.", $_FILES["upfile"]["name"]);
   $ext = $dname[count($dname)-1];
```

```
        echo "Dateiendung: $ext<br>";

        /* Temporäre Datei dauerhaft an gewünschten Ort kopieren,
           falls sie vorhanden ist und die richtige Endung besitzt */
        if($_FILES["upfile"]["size"]>0 && $ext=="png")
        {
            copy($_FILES["upfile"]["tmp_name"],"im_upload.png");
            echo "<p>Datei wurde kopiert in im_upload.png</p>";
            echo "<p><img src='im_upload.png' alt='[Bild]'"
                . " style='border:1px solid black;'></p>";
        }
        else
            echo "<p>Kopierfehler, Endung png erforderlich</p>";
    ?>
    </body></html>
```

Listing 2.33 Datei »form_upload.php«

$_FILES Nach dem Senden werden automatisch Elemente für das superglobale Feld $_FILES erzeugt. Haben Sie (wie im vorliegenden Beispiel) das Formularelement upfile genannt, liefert

- $_FILES["upfile"]["name"] den Originaldateinamen,
- $_FILES["upfile"]["size"] die Dateigröße,
- $_FILES["upfile"]["type"] den Dateityp und
- $_FILES["upfile"]["tmp_name"] den temporären Dateinamen auf dem Server.

Endung der Datei Mithilfe der Funktionen mb_split() (siehe auch Abschnitt 6.4) und count() wird außerdem noch die Dateiendung extrahiert.

Größe der Datei Beträgt die Größe der Datei mehr als 0 Byte und hat sie die Dateiendung *.png*, wird sie mithilfe der Funktion copy() endgültig an die gewünschte Stelle kopiert. An dieser Stelle könnte auch eine Kontrolle hinsichtlich der maximalen Dateigröße stattfinden. Beim Kopieren wird der temporäre Dateiname benötigt.

Temporäre Datei kopieren Abbildung 2.31 zeigt die Auswertung (mit Kontrollausgaben). Nach dem Hochladen steht die Datei unter dem Namen *im_upload.png* im selben Verzeichnis wie die PHP-Datei zur Verfügung. Im vorliegenden Beispiel wird sie dargestellt, zur Hervorhebung mit einem Rahmen. Würde die temporäre Datei nicht herüberkopiert, stünde sie nach der Sitzung nicht mehr zur Verfügung.

Abbildung 2.31 Ausgabe nach dem Hochladen

2.5 Beispiele

In diesem Abschnitt finden Sie einige Anwendungsbeispiele für das Senden und Auswerten von Daten.

2.5.1 Grundrechenarten

In diesem Beispiel wird ein Formular erstellt, in das zwei Zahlen in zwei Eingabefelder eingetragen werden können. Diese beiden Zahlen können wahlweise addiert, voneinander subtrahiert, miteinander multipliziert oder durcheinander dividiert werden. Mithilfe von vier Radiobuttons kann der Benutzer auswählen, welche dieser vier Grundrechenarten ausgeführt wird (Datei *grundrechenarten.htm*).

Eingabefelder und Radiobuttons

Nach dem Absenden des Formulars wird das Ergebnis von einem PHP-Programm (Datei *grundrechenarten.php*) ermittelt und ausgegeben.

Das Eingabeformular ist wie folgt aufgebaut:

```
<!DOCTYPE html>...<body>
<p>Bitte geben Sie zwei Werte ein, treffen Sie eine<br>
Auswahl bei der Rechenoperation und senden Sie ab:</p>
```

```
<form action = "grundrechenarten.php" method = "post">
   <p><input name="x"> Wert 1<p>
   <p><input name="y"> Wert 2<p>
   <p><input type="radio" name="oper" value="+"
      checked="checked"> Addition</p>
   <p><input type="radio" name="oper" value="-"> Subtraktion</p>
   <p><input type="radio" name="oper" value="*">
      Multiplikation</p>
   <p><input type="radio" name="oper" value="/"> Division</p>
   <p><input type = "submit">
      <input type = "reset"></p>
</form>
</body></html>
```

Listing 2.34 Datei »grundrechenarten.htm«

Das Formular sehen Sie in Abbildung 2.32.

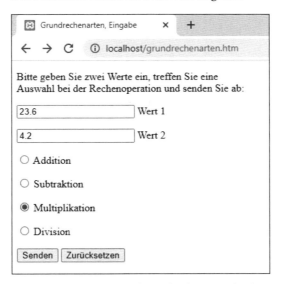

Abbildung 2.32 Eingabeformular für Grundrechenarten

Die beiden Werte werden in die Eingabefelder x und y eingegeben. Die Rechenoperation wird durch die Auswahl eines der Radiobuttons der Gruppe oper bestimmt.

```
<!DOCTYPE html>...<body>
<?php
   $x = floatval($_POST["x"]);
   $y = floatval($_POST["y"]);
   $oper = $_POST["oper"];

   if($oper == "/" && $y == 0)
      echo "Division durch 0 nicht erlaubt";
   else
      echo "$x $oper $y = " . match($oper)
      {
         "+" => $x + $y,
         "-" => $x - $y,
         "*" => $x * $y,
         "/" => $x / $y,
         default => "Unbekannter Operator"
      };
?>
</body></html>
```

Listing 2.35 Datei »grundrechenarten.php«

Im Hauptprogramm wird geprüft, ob es sich um eine mathematisch nicht erlaubte Division durch 0 handelt. Trifft das nicht zu, wird mithilfe eines match-Ausdrucks die zugehörige Rechenoperation durchgeführt und das Ergebnis in die Ausgabe eingefügt. Das Ergebnis des obigen Beispiels sehen Sie in Abbildung 2.33.

match-Ausdruck

Abbildung 2.33 Ergebnis der Berechnung

2.5.2 Pizzabestellung

In diesem Beispiel wird ein Formular für eine Pizzabestellung erzeugt (Datei *pizza.htm*). Es enthält ein einzeiliges und ein mehrzeiliges Eingabefeld für Text, eine Gruppe mit zwei Radiobuttons, ein einfaches Auswahlmenü mit fünf Einträgen sowie zwei Kontrollkästchen (siehe Abbildung 2.34):

Eingabefelder
- In die beiden Eingabefelder kann der Benutzer seinen Namen beziehungsweise seine Adresse eintragen.

Radiobuttons
- Mithilfe der beiden Radiobuttons kann er zwischen den Anreden *Herr* und *Frau* auswählen.

Auswahlmenü
- Das Menü ermöglicht ihm die Auswahl zwischen fünf Sorten Pizza (mit unterschiedlichen Preisen).

Kontrollkästchen
- Möchte der Benutzer zusätzlich *Extra Thunfisch* oder *Extra Salami* auf seiner Pizza haben, kann er die beiden Kontrollkästchen ankreuzen. Dadurch erhöht sich der Preis dementsprechend.

Abbildung 2.34 Eingabe der Pizzabestellung

Bestellformular

Das Eingabeformular ist wie folgt aufgebaut:

```
<!DOCTYPE html>...<body>
<p>Bitte geben Sie Ihren Namen und Ihre Adresse ein,<br>
treffen Sie Ihre Auswahl und senden Sie das Formular ab:</p>
<form action = "pizza.php" method = "post">
    <p><input name="besteller"> Name</p>
    <p><textarea name="adresse" cols="20"
        rows="3"></textarea> Adresse</p>
```

```
   <p><input type="radio" name="anrede" value="Herr"
      checked="checked"> Herr <br>
   <input type="radio" name="anrede" value="Frau"> Frau</p>
   <p><select name="pizzatyp">
      <option value="Napoli" selected="selected">
         Napoli (5,70 €)</option>
      <option value="Italia">Italia (6,30 €)</option>
      <option value="Con Tutto">Con Tutto (7,10 €)</option>
      <option value="4 Stagioni">4 Stagioni (6,60 €)</option>
      <option value="Mozzarella">Mozzarella (7,80 €)</option>
   </select></p>
   <p><input type="checkbox" name="thunfisch">
      Extra Thunfisch (Aufpreis 0,60 €)<br>
   <input type="checkbox" name="salami">
      Extra Salami (Aufpreis 1,10 €)</p>
   <p><input type="submit"> <input type="reset"></p>
</form>
</body></html>
```

Listing 2.36 Datei »pizza.htm«

Name und Adresse werden in die beiden Felder besteller und adresse eingegeben. Die Anrede wird über die Radiobutton-Gruppe anrede ausgewählt. Das einfache Auswahlmenü pizzatyp ermöglicht in Verbindung mit den beiden Kontrollkästchen thunfisch und salami die Wahl der gewünschten Pizza.

Das PHP-Auswertungsprogramm sieht so aus:

```
<!DOCTYPE html>...<body>
<?php
   /* Auswahl der Pizza */
   $preis = match($_POST["pizzatyp"])
   {
      "Napoli" => 5.7,
      "Italia" => 6.3,
      "Con Tutto" => 7.1,
      "4 Stagioni" => 6.6,
      "Mozzarella" => 7.8,
      default => 0.0
   };
```

```php
/* Anrede und Beginn der Ausgabe */
$besteller = htmlentities($_POST["besteller"]);
if ($_POST["anrede"] == "Herr")
   echo "<p>Sehr geehrter Herr $besteller</p>";
else
   echo "<p>Sehr geehrte Frau $besteller</p>";
echo "<p>Wir liefern Ihre Pizza " . $_POST["pizzatyp"];

/* Zusätze */
if (isset($_POST["thunfisch"]))
{
   echo ", mit extra Thunfisch";
   $preis = $preis + 0.6;
}
if (isset($_POST["salami"]))
{
   echo ", mit extra Salami";
   $preis = $preis + 1.1;
}

echo "<br>in 20 Minuten an die folgende Adresse:<br>";
echo nl2br(htmlentities($_POST["adresse"])) . "</p>";
echo "<p>Preis: "
   . number_format($preis,2,",",".") . " €</p>";
echo "<p>Ihr Pizza-Team</p>";
?>
</body></html>
```

Listing 2.37 Datei »pizza.php«

match-Ausdruck

Zunächst wird aus dem Typ der Pizza der Grundpreis mithilfe eines match-Ausdrucks ermittelt. Es folgt die Ausgabe der Anrede, abhängig von der Auswahl in der Radiobutton-Gruppe. Die gewählte Pizza wird bestätigt. Ist einer der Zusätze gewählt, wird dies ebenfalls bestätigt. Außerdem erhöht sich der Preis. Der Gesamtpreis wird zusammen mit den abschließenden Informationen ausgegeben.

Das Ergebnis des obigen Beispiels sehen Sie in Abbildung 2.35.

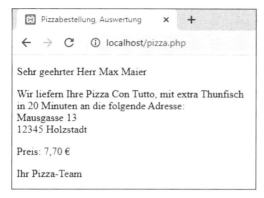

Abbildung 2.35 Auswertung der Pizzabestellung

2.5.3 Kopfrechnen

In diesem Abschnitt wird eine Anwendung erstellt, mit deren Hilfe das Kopfrechnen trainiert werden kann. In einem Formular gibt der Spieler zunächst seinen Namen ein (siehe Abbildung 2.36).

Training

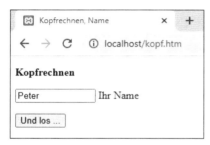

Abbildung 2.36 Startformular

Nach der Betätigung der Schaltfläche UND LOS ... startet das Kopfrechnen. Der Spieler wird mit seinem Namen begrüßt, und anschließend werden ihm fünf Aufgaben gestellt. Er berechnet die Lösungen, trägt sie ein (siehe Abbildung 2.37) und betätigt die Schaltfläche FERTIG. Anschließend werden die Lösungen des Spielers ausgewertet (siehe Abbildung 2.38).

Aufgaben, Bewertung der Lösungen

Abbildung 2.37 Aufgabenformular

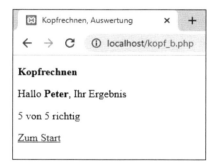

Abbildung 2.38 Auswertung

Hier sehen Sie zunächst das Eingabeformular:

```
<!DOCTYPE html>...<body>
<p><b>Kopfrechnen</b></p>

<form action="kopf_a.php" method="post">
    <p><input name="spielername" size="12"> Ihr Name</p>
    <p><input type="submit" value="Und los ..."></p>
</form>
</body></html>
```

Listing 2.38 Datei »kopf.htm«

2.5 Beispiele

Der Spielername wird zum ersten PHP-Programm in der Datei *kopf_a.php* übertragen. Nun folgt das Formular mit den Aufgaben:

```php
<!DOCTYPE html>...<head>...
<style>td {padding-right:20px;}</style></head><body>
<?php
/* Dokumentbeginn */
echo "<p><b>Kopfrechnen</b></p>";

/* Falls kein Name eingetragen */
$spielername = htmlentities($_POST["spielername"]);
if($spielername == "")
{
   echo "<p>Kein Name, kein Spiel</p>";
   echo "<a href='kopf.htm'>Zum Start</a>";
   echo "</body>";
   echo "</html>";
   exit;
}

/* Formularbeginn */
echo "<form action='kopf_b.php' method='post'>";

/* Spielername */
echo "<p>Hallo <b>$spielername</b>, Ihre Aufgaben</p>";
echo "<input name='spielername' type='hidden'
      value='$spielername'>";

/* Tabellenbeginn */
echo "<table>";

/* 5 Aufgaben */
for($i=0; $i<5; $i++)
{
   /* Operatorauswahl */
   $opzahl = random_int(1,5);

   /* Operandenauswahl */
   switch($opzahl)
   {
```

```php
        case 1:
            $a = random_int(-10,30);
            $b = random_int(-10,30);
            $op = "+";
            $c = $a + $b;
            break;
        case 2:
            $a = random_int(1,30);
            $b = random_int(1,30);
            $op = "-";
            $c = $a - $b;
            break;
        case 3:
            $a = random_int(1,10);
            $b = random_int(1,10);
            $op = "*";
            $c = $a * $b;
            break;

        /* Sonderfall Division */
        case 4:
            $c = random_int(1,10);
            $b = random_int(1,10);
            $op = "/";
            $a = $c * $b;
            break;
        case 5:
            $a = random_int(1,30);
            $b = random_int(1,30);
            $op = "%";
            $c = $a % $b;
            break;
    }

    /* Tabellenzeile */
    echo "<tr>";
    echo "<td>" . ($i+1) . ":</td>";
    echo "<td> $a $op $b = </td>";
    echo "<td><input name='ein[$i]' size='12'></td>";
    echo "</tr>";
```

```
    /* Richtiges Ergebnis senden */
    echo "<input name='erg[$i]' type='hidden'
        value='$c'>";
}
?>
</table>
<p><input type="submit" value="Fertig"></p>
</form>
</body></html>
```

Listing 2.39 Datei »kopf_a.php«

Im Dokumentkopf wird mithilfe der CSS-Style-Angabe `padding-right` der Abstand zwischen dem Inhalt und dem rechten Rand von Tabellenzellen eingestellt. Damit wird die Darstellung übersichtlicher. — CSS

Wird kein Spielername eingegeben, wird sowohl das Dokument vervollständigt als auch das PHP-Programm mithilfe von `exit()` sofort ordnungsgemäß beendet. Ansonsten wird der Spieler mit seinem Namen begrüßt. Der Name wird zusätzlich in einem versteckten Formularelement an das nächste Programm weitergegeben. Es folgen fünf Aufgaben. — exit

Bei jeder Aufgabe wird ein zufälliger Operator ausgewählt. Anschließend werden die beiden Operanden ermittelt. Die Bereiche für die Zufallszahlen sind dabei abhängig vom Operator. Zum Beispiel können für eine Additionsaufgabe größere Zahlen erscheinen als für eine Multiplikationsaufgabe. — Zufallswerte

Einen Sonderfall stellt die Division dar. Das Ergebnis soll ganzzahlig sein. Daher wird zunächst eine Multiplikation durchgeführt. Anschließend werden das Ergebnis und ein Operand miteinander getauscht, sodass sich eine Division ohne Rest ergibt. — Sonderfall Division

Die Aufgabe wird zusammen mit einer laufenden Nummer und einem Eingabefeld ausgegeben. Das richtige Ergebnis wird in einem versteckten Formularelement an das nächste Programm weitergegeben.

Da es sich um insgesamt fünf Aufgaben handelt, werden Felder von Formularelementen benutzt: eines für die Eingaben des Benutzers und eines für die richtigen Ergebnisse. So haben Sie später die Möglichkeit, die Lösungen mithilfe einer Schleife zu kontrollieren. — Felder von Formularelementen

Als Letztes wird eine Schaltfläche zum Senden mit der Aufschrift FERTIG ausgegeben. Sie führt zur Auswertung.

Das Auswertungsprogramm ist wie folgt aufgebaut:

```php
<!DOCTYPE html>...<body>
<?php
/* Dokumentbeginn */
echo "<p><b>Kopfrechnen</b></p>";

/* Spielername */
echo "<p>Hallo <b>" . $_POST["spielername"]
    . "</b>, Ihr Ergebnis</p>";

/* Auswertung */
$richtig = 0;
for($i=0; $i<5; $i++)
   if(floatval($_POST["ein"][$i]) == $_POST["erg"][$i])
      $richtig ++;

/* Ausgabe */
echo "<p>$richtig von 5 richtig</p>";

?>
<!-- Hyperlink zum Anfang -->
<p><a href="kopf.htm">Zum Start</a></p>

</body></html>
```

Listing 2.40 Datei »kopf_b.php«

Auswertung Auch hier wird der Spieler zunächst mit seinem Namen begrüßt. Anschließend werden in einer Schleife die fünf Eingaben in Zahlen umgewandelt und mit den fünf richtigen Ergebnissen verglichen. Dabei wird die Anzahl der richtigen Eingaben mitgezählt. Diese Anzahl wird ausgegeben. Ein Hyperlink führt wieder zum ersten Formular, damit der Spieler weitermachen kann.

2.6 PHP-Programme publizieren

Bisher haben wir uns mit der Sprache PHP sowie mit dem Senden und Auswerten von Daten beschäftigt. Alle Beispiele werden in den Verzeichnissen des lokal installierten Webservers gespeichert und getestet. Nun möchten

Sie aber Ihre PHP-Programme im Internet den Benutzern zur Verfügung stellen (publizieren).

Zunächst benötigen Sie eine eigene Domain sowie Speicherplatz auf einem Internet-Server. Beides können Sie über einen Internet-Service-Provider (kurz: ISP) buchen. Bereits einfache und preisgünstige Pakete bei den ISPs bieten die Möglichkeit, PHP-Programme zu veröffentlichen, die auf eine oder zwei eigene MySQL-Datenbanken zur dynamischen Generierung datenbankbasierter Seiten zugreifen können. Als Beispiele seien genannt: *https://www.strato.de* oder *https://www.ionos.de*.

Preisgünstige Pakete

Nachdem Sie eines der Pakete gebucht haben, stellt Ihnen der ISP die Zugangsdaten für sein Konfigurationsmenü und für seinen FTP-Zugang zur Verfügung. Der FTP-Zugang wird benötigt, um die Dateien mithilfe eines FTP-Programms ins Internet hochzuladen. Die FTP-Zugangsdaten umfassen den Namen des FTP-Servers (Host Name), die Benutzerkennung (User ID) und das Passwort.

FTP-Server

In Abschnitt A.1.2 erläutere ich die Installation und die Bedienung des verbreiteten FTP-Programms FileZilla.

FTP-Programm

Kapitel 3
Datenbanken mit MySQL

In diesem Kapitel beschreibe ich die Grundlagen des Aufbaus und der Struktur von Datenbanken im Zusammenhang mit dem *MySQL-Datenbankserver*. Sie lernen die Datenbanksprache *SQL*, die Benutzeroberfläche *phpMyAdmin* und das Zusammenspiel von *PHP-Programmen* mit MySQL kennen. Sie erfahren außerdem, wie Sie Ihre Datenbanken auf einen Datenbankserver im Internet stellen.

PHP und MySQL

Zum Betrachten und Bearbeiten der Inhalte von Datenbanken stellen Sie als PHP-Entwickler dem Benutzer eine eigene Benutzeroberfläche zur Verfügung. Dabei handelt es sich um Webseiten mit PHP-Programmen, in denen SQL-Befehle ausgeführt werden.

3.1 Einführung

In dieser Einführung werden einige wichtige Begriffe erläutert, wie zum Beispiel Datenbank, Tabelle, Struktur, Feld, Datensatz, SQL, MySQL, MariaDB und phpMyAdmin.

3.1.1 Was ist eine Datenbank?

Eine Datenbank dient zur Speicherung größerer Datenmengen, zur übersichtlichen Darstellung und auch zur Veränderung bestimmter Daten aus diesen Datenmengen. Innerhalb einer Datenbank befinden sich verschiedene Tabellen. Ein Beispiel sehen Sie in Tabelle 3.1.

Datenbank, Tabelle

Name	Vorname	Personalnummer	Gehalt	Geburtstag
Maier	Hans	6714	3500,00	15.03.1962
Schmitz	Peter	81343	3750,00	12.04.1958
Mertens	Julia	2297	3621,50	30.12.1959

Tabelle 3.1 Beispieldaten für eine Datenbank

Feld, Datensatz	Die Begriffe in der ersten Zeile nennt man die *Felder* der Tabelle. Es folgen die einzelnen *Datensätze* der Tabelle, in diesem Fall drei.
Datentyp	Niemand legt für drei Datensätze eine Datenbank mit einer Tabelle an, aber die vorliegende Struktur kann auch für mehrere Tausend Datensätze verwendet werden. Die Felder haben jeweils einen Datentyp. Hier sind es Datentypen für Texte, Zahlen und Datumsangaben. Sie erzeugen eine Datenbank wie folgt:

- Anlegen der Datenbank
- Anlegen von Tabellen durch Angabe der Struktur
- Einfügen der Datensätze in die Tabellen

Struktur, Daten	Die Struktur einer existierenden Datenbank beziehungsweise einer Tabelle können Sie auch noch verändern, falls sich bereits Daten darin befinden. Allerdings ist es empfehlenswert, sich vorher ausführlich Gedanken über die Struktur einer Datenbank zu machen, da bei einer nachträglichen Änderung leicht Datenverluste auftreten können.

3.1.2 Was bedeuten SQL und MySQL?

SQL	SQL ist eine sehr verbreitete Datenbanksprache. Sie bietet Anweisungen zum Erzeugen der Struktur von Datenbanken und Tabellen sowie zum Bearbeiten von Datensätzen. Das umfasst das Anlegen, Anzeigen, Ändern und Löschen.
Großschreibung	Innerhalb einer SQL-Anweisung können große und kleine Buchstaben verwendet werden; es macht keinen Unterschied. Innerhalb dieses Buches werden die Befehle und Schlüsselwörter der Sprache SQL einheitlich großgeschrieben, damit sie sich deutlich vom Rest der Anweisung unterscheiden.
MariaDB	Im Zusammenhang mit der Programmiersprache PHP wird häufig mit MySQL-Datenbanken gearbeitet. *MySQL* ist die Open-Source-Datenbank mit der größten Verbreitung. Es handelt sich dabei um einen SQL-basierten Datenbankserver. In dem Installationspaket *XAMPP*, das ich in Anhang A beschreibe, ist MariaDB enthalten. Dabei handelt es sich um eine Abspaltung von MySQL. Für die Beispiele dieses Buches ist es unerheblich, ob Sie MySQL oder MariaDB nutzen.

3.1.3 Was ist phpMyAdmin?

In der PHP-Welt wird zur komfortablen Erzeugung der Struktur von MySQL-Datenbanken und Tabellen häufig die (frei verfügbare) Bedienoberfläche *phpMyAdmin* verwendet. Diese ist ebenfalls Bestandteil des Installationspakets *XAMPP*. phpMyAdmin wird auch von vielen Internet-Service-Providern zur Verwaltung der MySQL-Datenbanken angeboten und kann zudem für den Transfer der eigenen Datenbanken ins Internet genutzt werden.

Weit verbreitet

Die gesamte Bedienung von phpMyAdmin läuft komfortabel über das Browserfenster ab. Mit phpMyAdmin können Sie unter anderem Datenbanken, Tabellen, Felder und eindeutige Indizes anlegen, verwalten und löschen.

Bedienung im Browser

Ich zeige Ihnen die wichtigsten Möglichkeiten, die phpMyAdmin bietet. Ähnlich wie in der Einführung erkläre ich Ihnen nicht jede Einzelheit und Komponente, sondern biete für verschiedene Anwendungsfälle Lösungen an, ohne Sie durch viele verschiedene Lösungen für ein und dasselbe Problem zu verwirren.

3.2 Verwaltung mit phpMyAdmin

Der Start des MySQL-Datenbankservers wird für das Installationspaket *XAMPP* in Anhang A beschrieben. Dort finden Sie auch die Adresse für den Aufruf von phpMyAdmin: *localhost/phpmyadmin*. Nach dem Aufruf erscheint die Startansicht von phpMyAdmin wie in Abbildung 3.1:

Startansicht

- Auf der linken Seite sehen Sie alle auf dem Datenbankserver gespeicherten Datenbanken mit ihren jeweiligen Tabellen innerhalb eines aufklappbaren Baums.

Linke Seite

- Auf der rechten Seite wird die Struktur beziehungsweise die Inhalte der auf der linken Seite ausgewählten Datenbanken oder Tabellen dargestellt. Oben sehen Sie jeweils das zugehörige Bedienungsmenü.

Rechte Seite

- Ich empfehle Ihnen, in der Liste ZEICHENSATZ ... den Eintrag UTF8_GENERAL_CI auszuwählen. Das führt dazu, dass bei Ihren Datenbanken der Zeichensatz UTF-8 für diejenigen Datenbankfelder verwendet wird, die Zeichenketten enthalten. Dadurch werden zum Beispiel die deutschen Umlaute richtig gespeichert.

3 Datenbanken mit MySQL

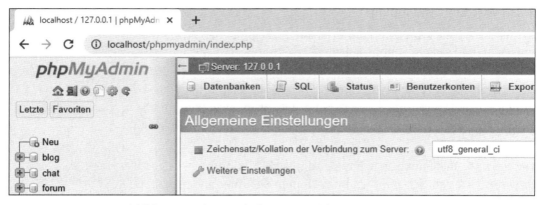

Abbildung 3.1 phpMyAdmin, Startansicht

3.2.1 Planung

Datenbank

Für die Daten aus Tabelle 3.1 soll eine Datenbank `firma` mit einer Datenbanktabelle `personen` erzeugt werden, siehe Tabelle 3.2.

Feldname	Datentyp
name	VARCHAR(30)
vorname	VARCHAR(25)
personalnummer	INT
gehalt	DOUBLE
geburtstag	DATE

Tabelle 3.2 Aufbau der Datenbanktabelle »personen«

In dieser Datenbanktabelle sollen die Daten zu einzelnen Personen gespeichert werden:

VARCHAR
- In den Feldern `name` und `vorname` vom Typ VARCHAR können Zeichenketten bis zu einer Länge von 30 beziehungsweise 25 Zeichen gespeichert werden.

INT
- Das Feld `personalnummer` vom Typ INT dient zur Aufnahme einer ganzen Zahl, die zur eindeutigen Identifizierung der verschiedenen Personen benötigt wird.

- Im Feld `gehalt` vom Typ DOUBLE wird eine Fließkommazahl gespeichert. | DOUBLE
- Das Feld `geburtstag` ist vom Typ DATE. | DATE

In diesem Beispiel werden einige häufig verwendete Datentypen eingesetzt, die für viele Anwendungen bereits ausreichen. Dabei werden die Daten aus der oben angegebenen Beispieltabelle verwendet.

3.2.2 Datenbank erzeugen

Zunächst wechseln Sie auf die Registerkarte DATENBANKEN (siehe Abbildung 3.1) und legen die Datenbank `firma` mit der Kollation UTF8_GENERAL_CI an. Die Auswahl einer Kollation legt fest, nach welchem Zeichensatz sich die Reihenfolge beim Sortieren von Daten richtet. | Kollation

Bei den Namen von Datenbanken, Tabellen und Feldern sollten Sie darauf achten, keine deutschen Umlaute, kein ß (»scharfes S«) sowie weder Leerzeichen noch Sonderzeichen zu verwenden. | Namensregel

Nach dem Anlegen oder Ändern einer Datenbank oder einer Tabelle müssen Sie gegebenenfalls die Anzeige aktualisieren, indem Sie auf das entsprechende grüne Pfeilsymbol links oben unterhalb des großen Schriftzugs phpMyAdmin klicken. | Aktualisieren

3.2.3 Tabelle erzeugen

Nachdem Sie die Datenbank angelegt haben, ist es möglich, eine neue Tabelle zu erzeugen. Dies soll hier die Tabelle `personen` mit insgesamt fünf Feldern sein. Hierzu klicken Sie auf den Namen der neu erzeugten Datenbank in der Baumstruktur auf der linken Seite von Abbildung 3.1.

Existiert noch keine Tabelle, wie in diesem Fall, erscheint auf der rechten Seite daraufhin ein Bereich mit der Überschrift ERZEUGE TABELLE. Geben Sie den Namen der Tabelle ein und die Anzahl der Spalten an (5). Nun erscheint eine Seite, in der Sie eine Tabelle mit fünf Spalten (sprich Datenbankfeldern) anlegen können. | Name der Tabelle, Anzahl der Spalten

Sie tragen die Namen und Datentypen der fünf Felder wie in Abbildung 3.2 ein und betätigen anschließend die Schaltfläche SPEICHERN. Diese Schaltfläche steht weiter unten und ist im Bild nicht sichtbar. Wählen Sie für die Felder des Typs VARCHAR in der Liste KOLLATION ebenfalls den Eintrag UTF8_GENERAL_CI aus. | Name, Datentyp, Kollation

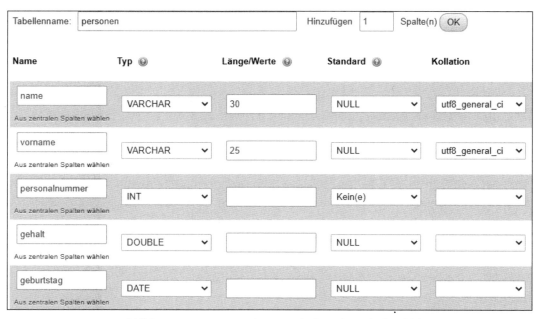

Abbildung 3.2 Namen und Eigenschaften der Tabellenfelder

Speichern   Wenn Sie auf die Schaltfläche SPEICHERN klicken, wird die Tabelle erzeugt. Sie sehen sie anschließend in der Baumstruktur auf der linken Seite, wie hier in Abbildung 3.3.

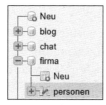

Abbildung 3.3 Datenbank »firma«, Tabelle »personen«

Struktur prüfen   Nachdem Sie auf den Bild-Hyperlink mit der Bezeichnung STRUKTUR links neben dem Namen der neuen Tabelle personen geklickt haben (siehe Abbildung 3.3), erscheint die Tabellenstrukturansicht, die Sie in Abbildung 3.4 sehen.

#	Name	Typ	Kollation	Attribute	Null	Standard	Kommentare	Extra	Aktion
1	name	varchar(30)	utf8_general_ci		Ja	NULL			Bearbeiten Löschen Mehr
2	vorname	varchar(25)	utf8_general_ci		Ja	NULL			Bearbeiten Löschen Mehr
3	personalnummer	int(11)			Nein	kein(e)			Bearbeiten Löschen Mehr
4	gehalt	double			Ja	NULL			Bearbeiten Löschen Mehr
5	geburtstag	date			Ja	NULL			Bearbeiten Löschen Mehr

Abbildung 3.4 Struktur der Tabelle »personen«

Sollten Sie einzelne Felder versehentlich falsch angelegt haben, können Sie das über den Link BEARBEITEN in der Zeile des betreffenden Felds korrigieren. Über den Link LÖSCHEN können Sie das betreffende Feld entfernen. Unterhalb der Strukturansicht (hier nicht sichtbar) bietet phpMyAdmin die Möglichkeit, neue Felder an beliebiger Stelle innerhalb der Reihenfolge der Felder hinzuzufügen. Prüfen Sie Ihre Struktur sorgfältig, bevor Sie mit der Eingabe von Datensätzen beginnen.

Struktur ändern

3.2.4 Primärschlüssel erzeugen

Einzelne Datensätze innerhalb einer Tabelle sollten eindeutig identifiziert werden können. Dies wird mithilfe eines Primärschlüssels realisiert.

Im vorliegenden Beispiel soll das Feld personalnummer eindeutig sein, das heißt, keine Personalnummer darf doppelt vorhanden sein. Damit die Eindeutigkeit automatisch kontrolliert wird, wird das Feld personalnummer mit einem Primärschlüssel versehen. Betätigen Sie dazu in der Tabellenstrukturansicht aus Abbildung 3.4 in der Zeile des Felds personalnummer den Link PRIMÄRSCHLÜSSEL. Sie finden ihn in einer Liste, die aufklappt, wenn sich die Maus über dem Link MEHR im rechten Teil der Zeile des Felds personalnummer befindet. Nach dem Hinzufügen des Primärschlüssels wird die Tabellenstruktur neu angezeigt.

Keine doppelten Einträge

Neben dem Namen des Felds personalnummer sehen Sie nun das Symbol eines Schlüssels. Es können nur noch Einträge in diese Tabelle aufgenommen werden, die einen Eintrag im Feld personalnummer haben, der nicht bereits in einem anderen Datensatz existiert, da ansonsten die Eindeutigkeit verletzt würde. Alle Datensätze können anhand des Werts im Feld personalnummer eindeutig voneinander unterschieden werden. Dies ist besonders beim Ändern und Löschen von Datensätzen wichtig.

Eindeutige Identifizierung

Bereich »Indizes« Sollten Sie den Primärschlüssel versehentlich falsch angelegt haben, können Sie ihn im Bereich INDIZES unterhalb der Strukturansicht wieder löschen. Er hat dort den Schlüsselnamen PRIMARY.

3.2.5 Datensätze eintragen

Auf der Registerkarte EINFÜGEN (siehe Abbildung 3.5) haben Sie die Möglichkeit, Datensätze einzutragen.

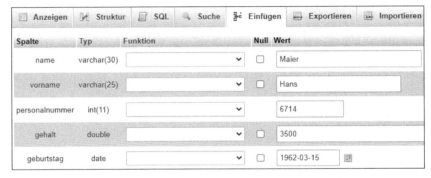

Abbildung 3.5 Eingabe eines Datensatzes

Beim Eintragen von Datensätzen müssen Sie Folgendes beachten:

Punkt statt Komma
- Bei Fließkommazahlen wird der Punkt anstelle des Kommas verwendet.

Datum auswählen
- Bei Datumsangaben gilt das amerikanische Eingabeformat JJJJ-MM-TT. Nach einem Klick auf das Kalendersymbol neben dem Eingabefeld können Sie das Datum auch auswählen.

Datensätze prüfen
Nach Betätigung der Schaltfläche OK wird der Datensatz eingefügt. Geben Sie auf diese Weise alle drei Datensätze der Tabelle 3.1 ein. Anschließend können Sie den Hyperlink mit der Bezeichnung ANZEIGEN betätigen, der genau auf dem Namen der Tabelle personen liegt (siehe Abbildung 3.3). Sie sehen dann alle Datensätze so wie in Abbildung 3.6.

name	vorname	personalnummer	gehalt	geburtstag
Mertens	Julia	2297	3621.5	1959-12-30
Maier	Hans	6714	3500	1962-03-15
Schmitz	Peter	81343	3750	1958-04-12

Abbildung 3.6 Datensätze der Tabelle »personen«

Sollten Sie einzelne Datensätze versehentlich falsch eingegeben haben, können Sie Ihre Eingabe über einen der beiden Links BEARBEITEN oder LÖSCHEN jederzeit korrigieren.

Datensätze ändern

Übung »u_db_anlegen«

Legen Sie eine zweite Datenbank mit dem Namen hardware an. Sie soll eine Tabelle fp mit der Struktur aus Abbildung 3.7 und den Daten aus Abbildung 3.8 enthalten. Die Datenbank umfasst Hardwareinformationen. Die Tabelle fp enthält Daten zu Festplatten. Im Feld artnummer wird die eindeutige Artikelnummer der Festplatte gespeichert, im Feld gb die Größe in GByte und im Feld prod das erste Produktionsdatum. Die restlichen Informationen können Sie den Abbildungen entnehmen.

Name	Typ	Kollation	Attribute	Null	Standard
hersteller	varchar(25)	utf8_general_ci		Ja	NULL
typ	varchar(25)	utf8_general_ci		Ja	NULL
gb	int(11)			Ja	NULL
preis	double			Ja	NULL
artnummer	varchar(15)	utf8_general_ci		Nein	kein(e)
prod	date			Ja	NULL

Abbildung 3.7 Tabelle »fp«, Struktur

hersteller	typ	gb	preis	artnummer	prod
IBM Corporation	DJNA 372200	240	230	HDA-140	2008-06-15
Seagate	310232A	60	122	HDA-144	2008-11-15
Quantum	Fireball Plus	80	128	HDA-163	2008-03-15
Fujitsu	MPE 3136	160	149	HDA-171	2008-09-01
Quantum	Fireball CX	40	112	HDA-208	2008-10-01

Abbildung 3.8 Tabelle »fp«, Daten

3.3 Datensätze anzeigen

Im Folgenden erfahren Sie, wie die dynamische Schnittstelle zwischen dem Betrachter einer Internetseite und dem Inhalt einer MySQL-Datenbank erzeugt wird.

Dynamische Schnittstelle

3 Datenbanken mit MySQL

Sie stellen dem Benutzer mithilfe von PHP-Programmen eine komfortable Schnittstelle zum Erzeugen, Anzeigen, Ändern und Löschen von Datensätzen aus einer MySQL-Datenbank zur Verfügung. Die Datenbank mit ihren Tabellen und Datensätzen erzeugen Sie vorher mithilfe von phpMyAdmin.

Zwei Arten von Abfragen

In diesem Kapitel werden zwei Arten von Abfragen vorgestellt:

- *direkte Abfragen* durch den Einsatz der Methode `query()`
- vorbereitete Abfragen (*Prepared Statements*) durch den Einsatz der Methode `prepare()` (siehe Abschnitt 3.7)

3.3.1 Aufbau des Programms

Zunächst betrachten wir ein Programm zur Anzeige aller Datensätze aus der Tabelle personen in der Datenbank firma:

```
<!DOCTYPE html>...<body>
<?php
    $con = @new mysqli("", "root", "", "firma");
    if($con->connect_error)
        exit("Fehler bei Verbindung");

    $sql = "SELECT * FROM personen";
    if($res = $con->query($sql))
    {
        if($res->num_rows == 0)
            echo "Keine Ergebnisse";

        while ($dsatz = $res->fetch_assoc())
            echo $dsatz["name"] . ", "
                . $dsatz["vorname"] . ", "
                . $dsatz["personalnummer"] . ", "
                . $dsatz["gehalt"] . ", "
                . $dsatz["geburtstag"] . "<br>";

        $res->close();
    }
    else
        exit("Fehler bei Abfrage");
```

```
    $con->close();
?>
</body></html>
```

Listing 3.1 Datei »db_anzeigen.php«

Das Programm und seine Erläuterung in den nachfolgenden Abschnitten erscheinen zunächst recht umfangreich. Sie werden allerdings feststellen, dass viele Programmschritte typisch für Datenbankprogramme sind.

> **Hinweis**
> Sollte Ihnen die Originaldatenbank inklusive der Tabelle nicht zur Verfügung stehen, können Sie zur Erzeugung auch einfach das PHP-Programm *db_neu.php* nutzen.

Abbildung 3.9 zeigt die Ausgabe des Programms *db_anzeigen.php*.

Abbildung 3.9 Ausgabe aller Datensätze

3.3.2 Klasse »mysqli« für das Verbindungsobjekt

In diesem Kapitel lernen Sie die Vorteile der objektorientierten Programmierung kennen. Sie können in PHP sowohl mit Objekten vieler vordefinierter Klassen als auch mit Objekten selbst definierter Klassen arbeiten. In obigem Programm wird ein Objekt der vordefinierten Klasse mysqli erstellt. In Kapitel 4 lernen Sie, eigene Klassen zu definieren und mit Objekten dieser Klassen arbeiten. Die Arbeit mit den vordefinierten Klassen in diesem Kapitel erleichtert es Ihnen, die objektorientierte Programmierung zu verstehen.

Objektorientierte Programmierung

Mit dem Schlüsselwort new erzeugen wir ein neues Objekt einer Klasse. Klassen stellen normalerweise sogenannte Konstruktoren (auch: Konstruktor-Methoden) zum Erzeugen von Objekten zur Verfügung. Der Rückgabewert eines Konstruktors ist eine Referenz auf das neu erzeugte Objekt.

new, Konstruktor

Referenz auf Objekt	Hier wird der Konstruktor der Klasse mysqli aufgerufen. Die gelieferte Referenz wird hier in der Variablen $con gespeichert. Über diese Referenz werden im weiteren Verlauf des Programms Methoden für das Objekt aufgerufen.
Silence-Operator	Das Zeichen @ (der sogenannte *Silence-Operator*) vor dem Namen einer Funktion dient dazu, Fehlermeldungen von Funktionen zu unterdrücken. Auf diese Weise kann ein potenzieller Angreifer bei einem eventuell auftretenden Fehler keine Rückschlüsse auf die Inhalte Ihrer Programme oder Datenbanken ziehen.
XAMPP-Standard	Bei der Erzeugung eines Objekts der Klasse mysqli wird versucht, eine Verbindung zu einer Datenbank auf einem MySQL-Datenbankserver aufzunehmen. Der Konstruktor der Klasse mysqli erwartet bis zu vier Parameter: Hostname, Benutzername, Kennwort und Datenbankname. In den Beispielprogrammen meines Buchs gelten die Standardeinstellungen nach der Installation von XAMPP: Als Hostname und Kennwort geben Sie eine leere Zeichenkette an, der Benutzername ist root und der Datenbankname ist hier firma.
Eigenschaften und Methoden	Bei der Definition einer Klasse werden Eigenschaften und Methoden definiert. Methoden sind Funktionen, die nur für Objekte der betreffenden Klasse ausgeführt werden können. Jedes Objekt einer Klasse besitzt die definierten Eigenschaften. Die einzelnen Objekte einer Klasse unterscheiden sich in den Werten ihrer Eigenschaften.
connect_error	Nach dem Versuch, eine Verbindung zu einer MySQL-Datenbank aufzunehmen, beinhaltet die Eigenschaft connect_error des Objekts einen Wert:

- Ist der Versuch erfolgreich, ist das der Wert null.
- Ist der Versuch nicht erfolgreich, ist das eine Zeichenkette mit der zugehörigen Fehlermeldung.

exit()	Nach einem nicht erfolgreichen Versuch soll der Rest des Programms nicht mehr ausgeführt werden. Daher wird das Programm mithilfe der Funktion exit() unmittelbar ordnungsgemäß beendet. Als Letztes wird die Fehlermeldung ausgegeben, die der Funktion übergeben wird.

3.3.3 Klasse »mysqli_result« für das Ergebnisobjekt

Auswahlabfrage	Nach einem erfolgreichen Versuch zur Verbindungsaufnahme läuft das Programm weiter. Als Nächstes erfolgt eine Auswahlabfrage an die Daten-

bank mithilfe einer SQL-Anweisung. Eine Auswahlabfrage liefert ausgewählte Inhalte aus einer Datenbank.

Hier liefert sie alle Datensätze der Tabelle personen. Dank des Platzhalters * zwischen SELECT und FROM werden für jeden Datensatz die Inhalte aller Felder geliefert. Sowohl die Auswahl der Felder als auch die Auswahl der Datensätze kann eingeschränkt werden, dazu später mehr. Die SQL-Anweisung wird hier in der Variablen $sql gespeichert.
SELECT

Die Methode query() der Klasse mysqli sendet eine SQL-Anweisung über die zuvor erstellte Verbindung an eine Datenbank. Handelt es sich bei der SQL-Anweisung um eine Auswahlabfrage, liefert die Methode einen der beiden folgenden Rückgabewerte:
query()

- Ist die Auswahlabfrage richtig formuliert, liefert die Methode eine Referenz auf ein Objekt der Klasse mysqli_result. Dieses Objekt beinhaltet das Ergebnis der Abfrage mit den ausgewählten Datensätzen und Feldern. Sie wird hier in der Variablen $res gespeichert. Über diese Referenz können im weiteren Verlauf des Programms Eigenschaften des Objekts ermittelt werden und Methoden für das Objekt aufgerufen werden.
mysqli_result

- Beinhaltet die SQL-Anweisung allerdings einen Fehler, zum Beispiel bei der Nutzung der Sprache SQL oder beim Namen einer Tabelle oder eines Felds, liefert die Methode den Wert false. Er wird hier genutzt, um das Programm stark zu verkürzen. Nach Ausgabe einer Fehlermeldung erfolgt nur noch das Beenden des Programms mit dem Aufruf der Methode close() für das Verbindungsobjekt.
Fehler in SQL

Die Methode close() der Klasse mysqli dient zum Schließen der Verbindung zur Datenbank und zur Freigabe der Ressourcen und des Speichers, die von dem Verbindungsobjekt genutzt wurden.
Verbindung schließen

3.3.4 Schleife über alle Ergebnisse

Nach einer richtig formulierten Auswahlabfrage läuft das Programm weiter. Die Eigenschaft num_rows der Klasse mysqli_result beinhaltet die Anzahl der Datensätze eines Ergebnisses.
num_rows

Die Methode fetch_assoc() der Klasse mysqli_result greift auf einzelne Datensätze eines Ergebnisses zu und liefert einen Rückgabewert. Der erste Aufruf der Methode liefert den ersten Datensatz eines Ergebnisses. Die Inhalte des Datensatzes stehen in einem assoziativen Feld. Die Feldelemente beinhalten jeweils den Datenbankfeldnamen als Schlüssel und den Daten-
fetch_assoc()

bankfeldwert des betreffenden Datensatzes als Wert. Weitere Aufrufe der Methode liefern den jeweils nächsten Datensatz. Steht kein weiterer Datensatz mehr zur Verfügung, wird der Wert null geliefert.

Schleife über Datensätze Dieses Verhalten wird dazu genutzt, eine while-Schleife zu steuern. Bei jedem Durchlauf der Schleife findet in den runden Klammern nach dem Schlüsselwort while eine Zuweisung an die Variablen $dsatz statt. Auf diese Weise werden alle Datensätze des Ergebnisses durchlaufen. Mithilfe von echo werden die Inhalte der Datensätze Zeile für Zeile ausgegeben.

Ergebnis schließen Nach dem Ende der Schleife wird die Methode close() der Klasse mysqli_result aufgerufen. Sie dient zum Schließen des Ergebnisses der Abfrage und zur Freigabe der Ressourcen und des Speichers, die von dem Ergebnisobjekt genutzt wurden.

Verbindung schließen Zuletzt erfolgt noch das Beenden des Programms mit dem Aufruf der Methode close() für das Verbindungsobjekt.

Im weiteren Verlauf dieses Kapitels erläutere ich noch Möglichkeiten zur übersichtlicheren Ausgabe der Daten, wie zum Beispiel die Ausgabe in Form einer HTML-Tabelle.

3.4 Datensätze auswählen

Mithilfe von SQL-Anweisungen können Sie Datensätze auswählen.

3.4.1 SQL-Operatoren

Bei der Auswahl beziehungsweise Filterung mithilfe der WHERE-Klausel innerhalb der SELECT-Anweisung können Sie, wie in PHP, Vergleichsoperatoren anwenden (siehe Tabelle 3.3).

Operator	Bedeutung
=	gleich
<>	ungleich
>	größer als
>=	größer als oder gleich

Tabelle 3.3 Vergleichsoperatoren in SQL

Operator	Bedeutung
<	kleiner als
<=	kleiner als oder gleich
LIKE	Vergleich von Zeichenketten

Tabelle 3.3 Vergleichsoperatoren in SQL (Forts.)

Auch in SQL lassen sich mehrere Auswahlbedingungen miteinander verknüpfen, und zwar mithilfe der logischen Operatoren aus Tabelle 3.4.

Logische Operatoren

Operator	Bedeutung
NOT	Der Wahrheitswert einer Bedingung wird umgekehrt.
AND	Alle Bedingungen müssen zutreffen.
OR	Mindestens eine Bedingung muss zutreffen.

Tabelle 3.4 Logische Operatoren in SQL

Der Operator LIKE ist besonders nützlich, wenn man nach Teilen von Zeichenketten sucht. Dabei können auch Platzhalter (Wildcards) eingesetzt werden. Ein % (Prozentzeichen) steht für eine beliebige Anzahl unbekannter Zeichen, ein _ (Unterstrich) für genau ein unbekanntes Zeichen. Die untersuchte Zeichenkette muss dabei weiterhin in einfache Hochkommata gesetzt werden.

LIKE

Die Reihenfolge der Datensätze im Abfrageergebnis lässt sich mithilfe von ORDER BY beeinflussen. Der Zusatz DESC steht für *descending* (deutsch: *absteigend*). Im Normalfall wird aufsteigend sortiert, den Zusatz ASC für *ascending* (deutsch: *aufsteigend*) müssen Sie daher nicht gesondert angeben.

ORDER BY

3.4.2 Vergleich von Zahlen

Hier folgt ein Beispiel mit ausgewählten Feldern, einer WHERE-Klausel, einem Vergleich von Zahlen, einem logischen Operator und einer sortierten Ausgabe:

```
<!DOCTYPE html>...<body>
<?php
   $con = new mysqli("", "root", "", "firma");
```

```
        $sql = "SELECT name, gehalt FROM personen"
            . " WHERE gehalt >= 3000 AND gehalt <= 3700"
            . " ORDER BY gehalt DESC";
        $res = $con->query($sql);
        if($res->num_rows == 0)
            echo "Keine Ergebnisse";
        while ($dsatz = $res->fetch_assoc())
            echo $dsatz["name"] . ", " . $dsatz["gehalt"] . "<br>";
        $res->close();
        $con->close();
    ?>
    </body></html>
```

Listing 3.2 Datei »db_zahl.php«

Die Ausgabe des Programms sieht so wie in Abbildung 3.10 aus.

Abbildung 3.10 Auswahl einzelner Felder und Datensätze

> **Hinweis**
>
> In diesem Programm und in den nachfolgenden Datenbankprogrammen dieses Buchs gehe ich vereinfacht davon aus, dass die Verbindung zur Datenbank erfolgreich erstellt wird und die SQL-Anweisung für die Methode query() richtig formuliert ist. Daher werden die betreffenden Prüfungen nicht ausgeführt.

Längere SQL-Anweisung Es werden alle Personen angezeigt, deren Gehalt zwischen 3.000 € und 3.700 € liegt, sortiert nach absteigendem Gehalt. Die Abfrage besteht aus einer längeren SQL-Anweisung, die sich über mehrere Zeilen erstreckt. Achten Sie bei der Erstellung solcher Anweisungen besonders auf die notwendigen Leerzeichen, hier vor WHERE und vor ORDER BY.

Einzelne Felder Die SQL-Anweisung beinhaltet nicht mehr alle Felder der Tabelle, sondern nur noch einzelne Felder. Im Ergebnis der Abfrage stehen auch nur noch die Inhalte aus diesen Feldern zur Verfügung.

> **Hinweis**
>
> SQL-Anweisungen können sich aufgrund ihrer Länge über mehrere Zeilen erstrecken. Achten Sie darauf, dass die notwendigen Leerzeichen zwischen den einzelnen Teilen der Anweisung vorhanden sind, zum Beispiel vor WHERE oder vor ORDER.
>
> SQL-Anweisungen können aufgrund ihrer Länge und der eventuell beinhalteten Sonderzeichen schnell unübersichtlich werden. Sie stellen sich daher häufig als Quelle eines länger gesuchten Fehlers heraus. Sie sollten sie möglichst in einer Variablen speichern, um diese bei Bedarf zur Prüfung ausgeben zu können.

3.4.3 Vergleich von Zeichenketten

Nun folgt ein Beispiel mit dem LIKE-Operator und einem Platzhalter:

```php
<!DOCTYPE html>...<body>
<?php
   $con = new mysqli("", "root", "", "firma");
   $sql = "SELECT name, vorname FROM personen"
       . " WHERE name LIKE 'M%' ORDER BY name";
   $res = $con->query($sql);
   if($res->num_rows == 0)
      echo "Keine Ergebnisse";
   while ($dsatz = $res->fetch_assoc())
      echo $dsatz["name"] . ", " . $dsatz["vorname"] . "<br>";
   $res->close();
   $con->close();
?>
</body></html>
```

Listing 3.3 Datei »db_like.php«

Die Ausgabe des Programms sehen Sie in Abbildung 3.11.

Abbildung 3.11 Auswahl mit »LIKE« und Platzhalter

Einfache Hochkommata Es werden alle Personen angezeigt, deren Name mit dem Buchstaben M beginnt. Dabei ist besonders auf die einfachen Hochkommata (bei name LIKE 'M%') zu achten, da es sich bei dem Namen um eine Zeichenkette handelt.

Übung »u_db_anzeigen«

Schreiben Sie ein PHP-Programm zur Anzeige aller Datensätze aus der Tabelle fp der Datenbank hardware (Datei *u_db_anzeigen.php*). Es soll die Ausgabe aus Abbildung 3.12 haben. Sollte Ihnen die Originaldatenbank inklusive der Tabelle nicht zur Verfügung stehen, können Sie zur Erzeugung das PHP-Programm *u_db_neu.php* nutzen.

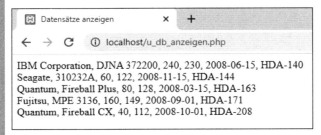

Abbildung 3.12 Ergebnis der Übung »u_db_anzeigen«

Übung »u_db_zahl«

Zeigen Sie mit einem PHP-Programm aus der oben angegebenen Tabelle nur noch bestimmte Datensätze (Datei *u_db_zahl.php*) an. Es sollen alle Festplatten mit allen Angaben angezeigt werden, die einen maximalen Speicherplatz von mehr als 60 GB haben und weniger als 150 € kosten, und zwar nach maximalem Speicherplatz absteigend sortiert. Das Programm soll die Ausgabe aus Abbildung 3.13 erzeugen.

Abbildung 3.13 Ergebnis der Übung »u_db_zahl«

Übung »u_db_datum«

Zeigen Sie mit einem PHP-Programm aus der oben angegebenen Tabelle nur noch bestimmte Informationen an (Datei *u_db_datum.php*). Jetzt sollen alle Festplatten mit den Angaben zu Hersteller, Typ, Artikelnummer und erstem Produktionsdatum angezeigt werden, die im ersten Halbjahr 2008 erstmalig produziert wurden, und zwar aufsteigend sortiert nach Datum (siehe Abbildung 3.14). Datumsangaben müssen in SQL-Ausdrücken genauso wie Zeichenketten in Hochkommata notiert werden.

Abbildung 3.14 Ergebnis der Übung »u_db_datum«

3.5 Ausgabe in Tabellenform

Eine Ausgabe wird in Tabellenform wesentlich übersichtlicher. Dazu müssen Sie nur die HTML-Markierungen, mit denen Sie eine Tabelle erzeugen, an geeigneter Stelle in das PHP-Programm integrieren. Mit dem folgenden Beispiel werden alle Datensätze der Tabelle personen aus der Datenbank firma in Form einer Tabelle mit Überschrift angezeigt:

HTML integrieren

```
<!DOCTYPE html>...<head>
<style>table,td {border:1px solid black;}</style></head><body>
<table>
<tr> <td>Lfd. Nr.</td> <td>Name</td>
<td>Vorname</td> <td>Personalnummer</td>
<td>Gehalt</td> <td>Geburtstag</td> </tr>
<?php
   $con = new mysqli("", "root", "", "firma");
   $sql = "SELECT * FROM personen";
   $res = $con->query($sql);

   $lf = 1;
   while ($dsatz = $res->fetch_assoc())
   {
      echo "<tr>";
      echo "<td>$lf</td>";
      echo "<td>" . $dsatz["name"] . "</td>";
```

```
            echo "<td>" . $dsatz["vorname"] . "</td>";
            echo "<td>" . $dsatz["personalnummer"] . "</td>";
            echo "<td>" . $dsatz["gehalt"] . "</td>";
            echo "<td>" . $dsatz["geburtstag"] . "</td>";
            echo "</tr>";
            $lf++;
        }
        $res->close();
        $con->close();
    ?>

</table>
</body></html>
```

Listing 3.4 Datei »db_tabelle.php«

Laufende Nummer   Zunächst wird der Tabellenbeginn mit der Überschrift ausgegeben. Beim anschließend ausgegebenen Abfrageergebnis wird davon ausgegangen, dass das Ergebnis mindestens einen Datensatz beinhaltet. Innerhalb der Schleife wird zusätzlich zu den Feldinhalten eine laufende Nummer geführt. Sie wird gemeinsam mit den Feldinhalten Zeile für Zeile ausgegeben. Am Ende wird die Tabelle wieder geschlossen.

Die Ausgabe sehen Sie in Abbildung 3.15.

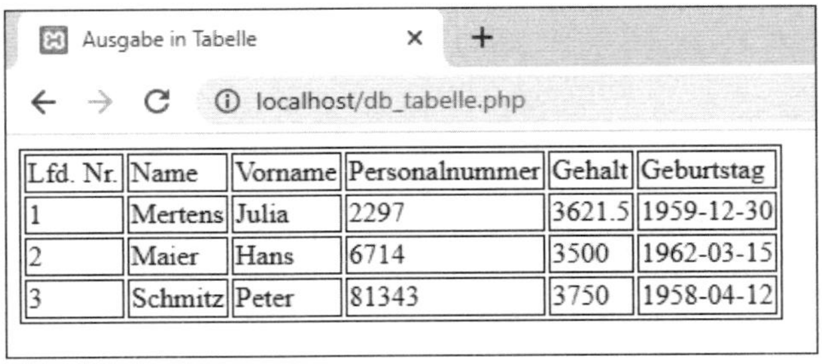

Lfd. Nr.	Name	Vorname	Personalnummer	Gehalt	Geburtstag
1	Mertens	Julia	2297	3621.5	1959-12-30
2	Maier	Hans	6714	3500	1962-03-15
3	Schmitz	Peter	81343	3750	1958-04-12

Abbildung 3.15 Ausgabe in einer HTML-Tabelle

3.6 Auswahl über Formulare

Suchformular   Ein Benutzer möchte nicht immer die gleichen Daten sehen, sondern selbst eine Auswahl vornehmen. Dies wird ihm durch die Eingabe beziehungsweise Auswahl von Werten in Formularen ermöglicht.

3.6.1 Ablauf

Die nachfolgenden Schritte beschreiben den typischen Ablauf:

- Der Benutzer gibt eine Anfrage ein, indem er ein Formular ausfüllt und es an den Webserver sendet. — **Zum Webserver**
- Beim Webserver werden die Daten von einem PHP-Programm ausgewertet und mithilfe einer Auswahlabfrage in einer SQL-Anweisung an den Datenbankserver gesendet. — **Zum Datenbankserver**
- Der Datenbankserver ermittelt ein Ergebnis zu der Auswahlabfrage und sendet dieses an den Webserver zurück. — **Vom Datenbankserver**
- Das PHP-Programm verarbeitet das Ergebnis, kleidet es in ein HTML-Dokument und sendet dem Benutzer eine Antwort. — **Vom Webserver**

Der Benutzer sieht nicht, welche Programme, Sprachen oder Dienste im Hintergrund für ihn tätig sind. Er kann ohne Kenntnisse des Formularaufbaus, des PHP-Programms und der Datenbank seine Auswahl vornehmen und das Ergebnis erhalten.

3.6.2 Formular

Mithilfe des folgenden Programms kann sich der Benutzer Personen aus bestimmten Gehaltsgruppen anzeigen lassen. Jede der Gruppen ist mit einem Radiobutton verknüpft. Hier sehen Sie zunächst das Formular:

```
<!DOCTYPE html>...<body>
<p>Anzeige der Personen aus der Gehaltsgruppe:</p>
<form action = "db_radio.php" method = "post">
   <p><input type="radio" name="gehalt" value="1"
      checked="checked"> bis 3000 € einschl.<br>
   <input type="radio" name="gehalt" value="2">
      ab 3000 € ausschl. bis 3500 € einschl.<br>
   <input type="radio" name="gehalt" value="3">
      ab 3500 € ausschl. bis 5000 € einschl.<br>
   <input type="radio" name="gehalt" value="4">
      ab 5000 € ausschl.</p>
   <p><input type="submit"> <input type="reset"></p>
</form>
</body></html>
```

Listing 3.5 Datei »db_radio.htm«

Radiobuttons Die verwendeten Radiobuttons haben alle den gleichen Namen (gehalt). Dadurch bilden sie eine Gruppe. Die vom Benutzer ausgewählte Schaltfläche ist mit dem Wert 1, 2, 3 oder 4 verbunden. Dieser Wert wird dem PHP-Programm beim Absenden übermittelt. Das Formular mit der Auswahl eines Bereichs sehen Sie in Abbildung 3.16.

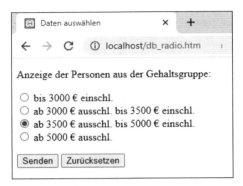

Abbildung 3.16 Eingabeformular mit Radiobuttons

3.6.3 Auswertung

Die Auswahl des Benutzers wird übermittelt. Das auswertende PHP-Programm sieht wie folgt aus:

```
<!DOCTYPE html>...<body>
<?php
   $con = new mysqli("", "root", "", "firma");
   $sql = "SELECT name, gehalt FROM personen";

   $sql .= match(intval($_POST["gehalt"]))
   {
      1 => " WHERE gehalt <= 3000",
      2 => " WHERE gehalt > 3000 AND gehalt <= 3500",
      3 => " WHERE gehalt > 3500 AND gehalt <= 5000",
      4 => " WHERE gehalt > 5000",
      default => ""
   };

   $res = $con->query($sql);
   if($res->num_rows == 0)
      echo "Keine Ergebnisse";
   while ($dsatz = $res->fetch_assoc())
```

```
        echo $dsatz["name"] . ", " . $dsatz["gehalt"] . "<br>";
    $res->close();
    $con->close();
?>
</body></html>
```

Listing 3.6 Datei »db_radio.php«

Das übermittelte Feldelement $_POST["gehalt"] könnte mithilfe einer if-else-Verzweigung oder einer switch-case-Verzweigung untersucht werden (siehe Abschnitt 1.4.7 und Abschnitt 1.4.8). Im vorliegenden Programm erfolgt die Untersuchung mithilfe des match-Ausdrucks, der mit PHP 8.0 eingeführt wurde (siehe Abschnitt 1.4.9).

Auswertung mit Verzweigung

Je nach Wert des Feldelements wird eine von mehreren möglichen SQL-Anweisungen gebildet. Diese wird ausgeführt und liefert die gewünschten Daten. Abbildung 3.17 zeigt die Ausgabe zur oben angegebenen Option.

Abbildung 3.17 Ausgabe zur Beispieleingabe

Übung »u_db_radio«

Zeigen Sie aus der Tabelle fp der Datenbank hardware nur noch Festplatten aus bestimmten Preisgruppen an (Dateien *u_db_radio.htm* und *u_db_radio.php*). Wie in obigem Beispiel soll mit Radiobuttons und dem match-Ausdruck gearbeitet werden.

Es gelten die folgenden Preisgruppen:

- bis 120 € einschließlich
- ab 120 € ausschließlich und bis 140 € einschließlich
- ab 140 € ausschließlich

Es sollen nur die Angaben zu Hersteller, Typ und Preis geliefert werden. Zusätzlich soll mithilfe eines Kontrollkästchens entschieden werden können, ob eine Sortierung der Ausgabe nach absteigendem Preis gewünscht ist. Das Formular soll so aussehen wie in Abbildung 3.18.

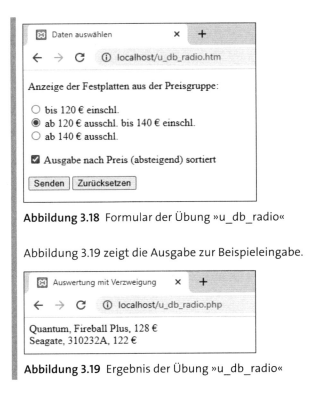

Abbildung 3.18 Formular der Übung »u_db_radio«

Abbildung 3.19 zeigt die Ausgabe zur Beispieleingabe.

Abbildung 3.19 Ergebnis der Übung »u_db_radio«

3.7 Prepared Statements

Performance

SQL-Anweisungen können auch mithilfe von *Prepared Statements* (deutsch: *vorbereitete Anweisungen*) übermittelt werden. Eine solche Anweisung kann mehrmals verwendet werden und die Performance eines PHP-Programms verbessern.

Schutz vor
SQL-Injection

Der große Vorteil von Prepared Statements besteht darin, dass sie bei richtiger Anwendung einen Schutz vor *SQL-Injection* bieten. Dabei handelt es sich um einen Angriff auf einen Server mithilfe einer schädlichen SQL-Anweisung. Diese kann von einem potenziellen Angreifer in das Eingabefeld eines Formulars eingegeben werden. Durch das Absenden gelangt sie auf den Server, wird dort ausgeführt und könnte zum Beispiel Daten veröffentlichen, ändern oder löschen.

3.7.1 Einbindung von Zahlen

Das Formular aus Abschnitt 3.6 umfasst nur Radiobuttons, die mit fest vorgegebenen Werten verbunden sind. Auf diese Weise hat der Benutzer keine Möglichkeit, Werte frei einzugeben.

Im folgenden Formular kann der Benutzer zwei Zahlenwerte eingeben. Sie dienen bei der Abfrage als frei eingebbare Untergrenze beziehungsweise Obergrenze eines Zahlenbereichs für das Feld gehalt.

Freie Eingabe

Die Eingaben könnten durch eine Umwandlung in eine Fließkommazahl »unschädlich« gemacht werden. Dennoch soll Listing 3.8 als anschauliches Beispiel für die Verwendung von Prepared Statements dienen.

```
<!DOCTYPE html>...<body>
<p>Anzeige der Personen mit einem Gehalt zwischen:</p>
<form action = "db_eingabe.php" method = "post">
   <p><input name="ug"> Untergrenze</p><p>und</p>
   <p><input name="og"> Obergrenze</p>
   <p><input type="submit"> <input type="reset"></p>
</form>
</body></html>
```

Listing 3.7 Datei »db_eingabe.htm«

Innerhalb des Formulars werden die beiden Werte in die Eingabefelder ug und og aufgenommen. Das Formular sehen Sie in Abbildung 3.20.

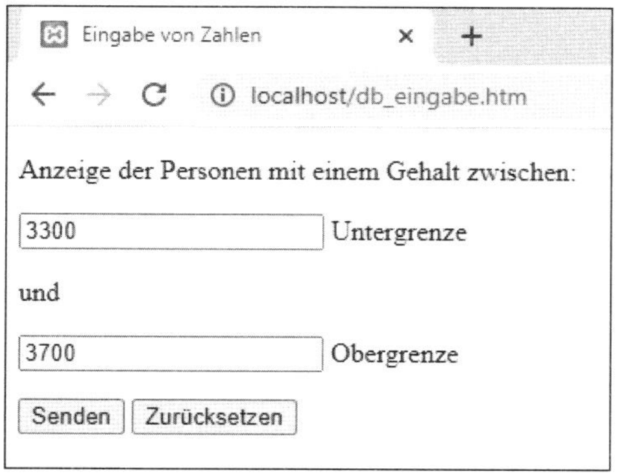

Abbildung 3.20 Eingabeformular für den Gehaltsbereich

Die Inhalte der beiden Eingabefelder stehen dem PHP-Programm nach dem Absenden zur Verfügung. Das Programm sieht folgendermaßen aus:

```
<!DOCTYPE html>...<body>
<?php
   $con = @new mysqli("", "root", "", "firma");
   if($con->connect_error)
      exit("Fehler bei Verbindung");

   if(@$ps = $con->prepare("SELECT name, gehalt FROM personen"
      . " WHERE gehalt >= ? AND gehalt <= ? ORDER BY gehalt"))
   {
      if(@$ps->bind_param("dd", $_POST["ug"], $_POST["og"]))
      {
         $ps->execute();
         if(@$ps->bind_result($name, $gehalt))
         {
            $ps->store_result();
            if($ps->num_rows == 0)
               echo "Keine Ergebnisse";

            while ($ps->fetch())
               echo "$name, $gehalt<br>";
         }
         else
            echo "Fehler bei Ergebnisbindung";
      }
      else
         echo "Fehler bei Parameterbindung";
      $ps->close();
   }
   else
      echo "Fehler bei Vorbereitung";

   $con->close();
?>
</body></html>
```

Listing 3.8 Datei »db_eingabe.php«

prepare() — Die Methode prepare() der Klasse mysqli dient zum Erstellen eines Prepared Statements. Innerhalb der SQL-Anweisung können ein oder mehrere

Fragezeichen als Platzhalter für bestimmte Werte dienen. In diesem Fall stehen sie für die Werte, die der Benutzer eingibt.

- Tritt beim Aufruf der Methode prepare() kein Fehler auf, wird als Rückgabewert eine Referenz auf ein Objekt der Klasse mysqli_stmt geliefert. Über diese Referenz werden im weiteren Verlauf des Programms Methoden für das Statement-Objekt aufgerufen.   *mysqli_stmt*

- Tritt beim Aufruf der Methode prepare() dagegen ein Fehler auf, wird der Rückgabewert false geliefert. Er dient hier zum vorzeitigen Beenden des Programms.

Die Methode bind_param() der Klasse mysqli_stmt verbindet die zuvor genannten Platzhalter nach einer internen Prüfung mit einzelnen Variablen des Programms.   *bind_param()*

- Der erste Parameter der Methode bind_param() ist eine Zeichenkette. Sie beinhaltet für jede der nachfolgenden Variablen einen Buchstaben, der den Datentyp angibt, mit folgender Bedeutung: *Datentyp*
    - i steht für Integer, also eine ganze Zahl
    - d steht für Double, also eine Fließkommazahl
    - s steht für String, also eine Zeichenkette

- Nach dem ersten Parameter folgen die Variablen. Die Anzahl der Fragezeichen im Statement, die Anzahl der Buchstaben für die Datentypen und die Anzahl der Variablen müssen übereinstimmen. Im vorliegenden Fall gibt es zwei Fragezeichen im Statement, zweimal den Datentyp Double und zwei Elemente des Felds $_POST, die die übermittelten Zahlenwerte aus den Eingabefeldern beinhalten. Damit ist die SQL-Anweisung vollständig. Durch das Prüfen der Variablen und ihr nachträgliches Einfügen in die SQL-Anweisung wird das Einschleusen von schädlichem SQL-Code verhindert.   *Anzahl muss übereinstimmen*

- Als Rückgabewert der Methode bind_param() wird im Erfolgsfall true und im Fehlerfall false geliefert. Bei false wird hier das Programm vorzeitig beendet.

Die Methode execute() der Klasse mysqli_stmt führt das vorbereitete Statement aus.   *execute()*

Im vorliegenden Fall handelt es sich um eine Auswahlabfrage, die ein Ergebnis zurückliefert. Die Felder des Ergebnisses müssen mithilfe der Methode   *bind_result()*

bind_result() der Klasse mysqli_stmt an Variablen gebunden werden. Für jedes Feld der Auswahlabfrage muss eine Variable zur Verfügung stehen. Eine Abfrage mithilfe des Zeichens * (für alle Felder) ist nicht möglich, da die Felder des Ergebnisses in diesem Fall nicht gebunden werden können.

Als Rückgabewert der Methode bind_result() wird ebenfalls im Erfolgsfall true und im Fehlerfall false geliefert. Bei false wird auch hier das Programm vorzeitig beendet.

store_result() Möchten Sie die Anzahl der Datensätze im Ergebnis wissen, müssen Sie zunächst die Methode store_result() der Klasse mysqli_stmt zur Zwischenspeicherung des Ergebnisses aufrufen. Die Eigenschaft num_rows der Klasse mysqli_stmt liefert anschließend die gewünschte Anzahl.

fetch() Die Methode fetch() der Klasse mysqli_stmt arbeitet ähnlich wie die Methode fetch_assoc() aus Abschnitt 3.3.4. Sie liefert bei jedem Aufruf die Werte eines Datensatzes aus dem Ergebnis für die gebundenen Variablen. Zudem steuert sie die while-Schleife, in der die Werte ausgegeben werden. Steht kein Datensatz mehr zur Verfügung, wird die Schleife beendet.

Statement schließen Wird das Prepared Statement nicht mehr benötigt, sollte es mithilfe der Methode close() der Klasse mysqli_stmt geschlossen werden. Dabei werden die Ressourcen und der Speicher, die von dem Objekt genutzt wurden, wieder freigegeben.

Abbildung 3.21 zeigt die Ausgabe zum oben angegebenen Beispiel.

Abbildung 3.21 Ausgabe, passend zur Beispieleingabe

[»] **Hinweis**
Lassen Sie ein Eingabefeld leer, beinhaltet das zugehörige Element des Felds $_POST und damit die gebundene Variable des Prepared Statements keinen Wert. In diesem Fall wird der Wert 0 für eine Zahlenvariable und eine leere Zeichenkette für eine Zeichenkettenvariable eingesetzt.

3.7.2 Einbindung von Zeichenketten

Mithilfe des Formulars aus dem folgenden Beispiel kann der Benutzer nach allen Personen suchen, deren Namen mit den eingegebenen Anfangsbuchstaben beginnen. Hier sehen Sie zunächst das Formular:

Textsuche

```
<!DOCTYPE html>...<body>
<p>Anzeige der Personen mit folgendem Namensanfang:</p>
<form action = "db_platzhalter.php" method = "post">
   <p><input name="anfang"></p>
   <p><input type="submit"> <input type="reset"></p>
</form>
</body></html>
```

Listing 3.9 Datei »db_platzhalter.htm«

Innerhalb des Formulars werden die Anfangsbuchstaben in das Eingabefeld anfang aufgenommen. Das Eingabeformular ist in Abbildung 3.22 dargestellt.

Abbildung 3.22 Eingabe des Namensanfangs

Das PHP-Programm sieht wie folgt aus:

```
<!DOCTYPE html>...<body>
<?php
   $con = new mysqli("", "root", "", "firma");
   $ps = $con->prepare("SELECT name, vorname"
       . " FROM personen WHERE name LIKE ?");
   $anfang = $_POST["anfang"] . "%";
   $ps->bind_param("s", $anfang);
   $ps->execute();
   $ps->bind_result($name, $vorname);
```

```
    $ps->store_result();
    if($ps->num_rows == 0)
        echo "Keine Ergebnisse<br>";

    while ($ps->fetch())
        echo "$name, $vorname<br>";

    $ps->close();
    $con->close();
?>
</body></html>
```

Listing 3.10 Datei »db_platzhalter.php«

> **Hinweis**
>
> In diesem Programm und in den nachfolgenden Datenbankprogrammen dieses Buchs gehe ich vereinfacht davon aus, dass die Verbindung zur Datenbank sowie das Prepared Statement erfolgreich erstellt werden und die Methoden für das Statement-Objekt richtig aufgerufen werden. Daher werden die betreffenden Prüfungen nicht ausgeführt.

Platzhalter Ein Fragezeichen in einem Prepared Statement wird nie in Hochkommata gesetzt – egal ob es als Platzhalter für eine Zahl oder für eine Zeichenkette steht.

Bindung an Variable Die Bindung des Platzhalters muss an eine Variable erfolgen. Diese Variable (hier: $anfang) wird zuvor erstellt. Sie besteht aus dem übermittelten Wortanfang und dem SQL-Platzhalter %. Auch der SQL-Platzhalter _ wäre einsetzbar.

Abbildung 3.23 zeigt die Ausgabe für das oben angegebene Beispiel.

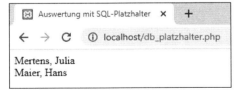

Abbildung 3.23 Ausgabe zur Beispieleingabe

Übung »u_db_eingabe«

Lassen Sie aus der Tabelle fp der Datenbank hardware nur noch die Festplatten eines bestimmten Herstellers anzeigen (Dateien *u_db_eingabe.htm* und *u_db_eingabe.php*). Der Benutzer soll den Namen des gewünschten Herstellers eingeben. Arbeiten Sie mit einem Prepared Statement. Die Daten sollen in Form einer HTML-Tabelle mit einer Überschrift angezeigt werden. Das Formular sehen Sie in Abbildung 3.24, und Abbildung 3.25 zeigt die zugehörige Ausgabe.

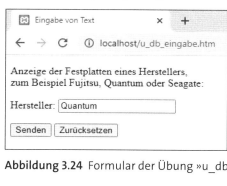

Abbildung 3.24 Formular der Übung »u_db_eingabe«

Abbildung 3.25 Ergebnis der Übung »u_db_eingabe«

3.8   Datensätze erzeugen

Bestimmten Benutzern kann es gestattet werden, weitere Datensätze zu erzeugen. Die Berechtigung hierzu lässt sich über den Benutzernamen und das Kennwort beim Aufbau der Datenbankverbindung oder über eine zusätzliche Passworteingabe festlegen. Wie bei allen Programmen, bei denen Eingabedaten zur Datenbank gelangen können, wird mit Prepared Statements gearbeitet.

Datensätze hinzufügen

Nehmen wir der Einfachheit halber an, dass jeder Benutzer Datensätze hinzufügen (und in den nachfolgenden Abschnitten auch ändern und löschen) kann. Es folgt ein Beispiel für eine Eingabeseite, die sich selbst aufruft (siehe auch Abschnitt 2.4.2). Das Formular und der PHP-Programmcode werden in einer Datei zusammengefasst:

```
<!DOCTYPE html>...<head>...
<?php
   if (isset($_POST["gesendet"]))
   {
      $con = new mysqli("", "root", "", "firma");
      $ps = $con->prepare("INSERT INTO personen"
         . "(name, vorname, personalnummer, gehalt, geburtstag)"
         . "VALUES(?, ?, ?, ?, ?)");
      $ps->bind_param("ssids", $_POST["na"],
         $_POST["vn"], $_POST["pn"], $_POST["ge"], $_POST["gt"]);
      $ps->execute();

      if ($ps->affected_rows > 0)
         echo "Datensatz hinzugekommen<br>";
      else
         echo "Fehler, kein Datensatz hinzugekommen<br>";

      $ps->close();
      $con->close();
   }
?>
</head><body>
<p>Geben Sie bitte einen Datensatz ein<br>
und senden Sie das Formular ab:</p>
<form action = "db_erzeugen.php" method = "post">
   <p><input name="na"> Name</p>
   <p><input name="vn"> Vorname</p>
   <p><input name="pn"> Personalnummer (eine ganze Zahl)</p>
   <p><input name="ge"> Gehalt (Nachkommastellen mit Punkt)</p>
   <p><input name="gt"> Geburtsdatum (in JJJJ-MM-TT)</p>
   <p><input type="submit" name="gesendet">
   <input type="reset"></p>
</form>
```

```
<p>Alle <a href="db_tabelle.php">anzeigen</a></p>
</body></html>
```

Listing 3.11 Datei »db_erzeugen.php«

Innerhalb des Programms wird zunächst festgestellt, ob es sich um den ersten Aufruf handelt oder um eine weitere Eingabe. Dazu wird der Absende-Schaltfläche ein Name gegeben (hier `gesendet`). Als Folge hiervon existiert ab dem zweiten Aufruf des Programms das Feldelement `$_POST["gesendet"]`. Seine Existenz wird mithilfe der Abfrage `if (isset($_POST["gesendet"]))` festgestellt.

isset()

Beim ersten Aufruf der Datei trifft dies noch nicht zu, daher wird der PHP-Teil der Datei nicht weiter ausgeführt. Bei einem späteren Aufruf der Datei existiert das Feldelement, daher wird der PHP-Teil der Datei weiter ausgeführt.

Das Prepared Statement wird mithilfe der Methode `prepare()` erzeugt. Die SQL-Anweisung `INSERT` dient zum Erzeugen von Datensätzen. Nach dem Tabellennamen folgen in Klammern die Namen der fünf Felder, in die Werte eingefügt werden. Nach dem Schlüsselwort `VALUES` folgen die fünf Werte. Da es sich um ein Prepared Statement mit fünf Eingabewerten handelt, stehen hier fünf Fragezeichen.

INSERT

Mithilfe der Methode `bind_param()` werden die zugehörigen fünf Elemente des Felds `$_POST` mit den übermittelten Eingabewerten an das Statement gebunden. Sie stehen in derselben Reihenfolge wie zuvor die fünf Feldnamen.

Eingaben an Statement binden

Das Prepared Statement wird mithilfe der Methode `execute()` ausgeführt. Es handelt sich allerdings nicht um eine Auswahlabfrage, die Daten ermittelt. Daher werden auch keine Datensätze zurückgeliefert.

Stattdessen handelt es sich um eine *Aktionsabfrage*. Unter diesen Begriff fallen alle Abfragen zum Erzeugen, Ändern und Löschen von Datensätzen. Bei Bedarf können Sie anhand des Werts der Eigenschaft `affected_rows` der Klasse `mysqli_stmt` feststellen, wie viele Datensätze von der Änderung betroffen sind.

Aktionsabfrage

Im vorliegenden Programm muss lediglich geprüft werden, ob diese Anzahl größer als 0 ist. Ist das der Fall, ist die Aktion erfolgreich, und der Benutzer wird über den Erfolg informiert. Unvollständige oder falsche Daten,

Erfolg prüfen

zum Beispiel eine bereits vorhandene Personalnummer, können dazu führen, dass der Datensatz nicht hinzugefügt wird.

Innerhalb des Formulars gibt es fünf Eingabefelder für die Inhalte der fünf Felder der Tabelle. Nach dem Formular folgt ein Hyperlink auf das PHP-Programm, das zur Auflistung aller Datensätze führt. Auf diese Weise kann man sich bei Bedarf schnell über die neu eingetragenen Werte informieren.

Rückmeldung bei Erfolg Abbildung 3.26 zeigt das Formular beim ersten Aufruf und mit einem zu speichernden Datensatz. Nach dem Absenden und dem erfolgreichen Eintragen des Datensatzes in die Datenbank sieht der obere Teil der Seite wie in Abbildung 3.27 aus.

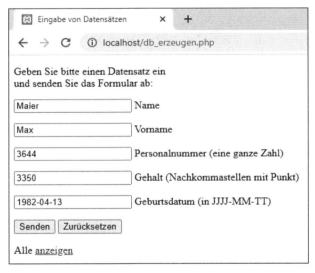

Abbildung 3.26 Erster Aufruf

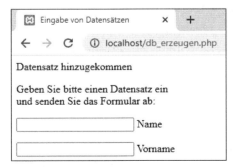

Abbildung 3.27 Nach dem Eintragen (Ausschnitt)

3.8 Datensätze erzeugen

Hinweis

Beim Testen des Programms möchten Sie deutlich sehen, wie sich der erste Aufruf und weitere Aufrufe voneinander unterscheiden. Ein Aktualisieren der Datei im Browser führt allerdings nicht zu einem neuen ersten Aufruf, sondern zur Wiederholung des letzten Aufrufs. Dabei wird versucht, den gleichen Datensatz noch einmal einzutragen! Dies kann nicht gelingen, da die Personalnummer in diesem Fall doppelt vorhanden wäre.

Betätigen Sie daher hinter der URL in der Adresszeile des Browsers die Taste ⏎. Dies erzeugt einen neuen ersten Aufruf.

Übung »u_db_erzeugen«

Ermöglichen Sie das Hinzufügen von Datensätzen zur Tabelle fp der Datenbank hardware (Datei *u_db_erzeugen.php*). Benutzen Sie auch hier ein Prepared Statement.

Das Formular soll so aussehen wie in Abbildung 3.28.

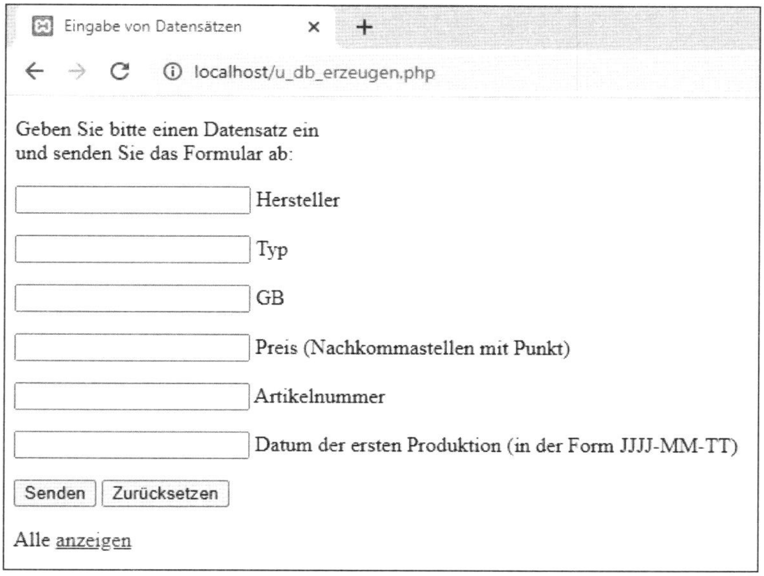

Abbildung 3.28 Formular der Übung »u_db_erzeugen«

3.9 Datensätze ändern

Auswahl der Datensätze

Beim Ändern von Datensätzen sollten Sie genau überlegen, welche Änderungen Sie bei welchen Datensätzen vornehmen wollen. Handelt es sich um eine Änderung bei einem einzelnen Datensatz, der eventuell einen falschen Eintrag hat, oder soll eine Gruppe von Datensätzen durch eine Änderung aktualisiert werden? Beide Vorgänge zeige ich Ihnen anhand von Beispielen.

3.9.1 Mehrere Datensätze

Nehmen wir an, dass aufgrund eines günstigen Geschäftsverlaufs die Gehälter aller Mitarbeiter um 5 % erhöht werden sollen. Beim Aufruf des folgenden PHP-Programms wird diese Änderung *jedes Mal* durchgeführt:

```
<!DOCTYPE html>...<body>
<?php
    $con = new mysqli("", "root", "", "firma");
    $sql = "UPDATE personen SET gehalt = gehalt * 1.05";
    $con->query($sql);
    echo "Betroffen: $con->affected_rows<br>";
    $con->close();
?>
<p>Alle <a href="db_tabelle.php">anzeigen</a></p>
</body></html>
```

Listing 3.12 Datei »db_aendern_alle.php«

UPDATE

Die SQL-Anweisung UPDATE dient zum Ändern von Datensätzen. Nach dem Tabellennamen folgt das Schlüsselwort SET, gefolgt von einer Zuweisung in der Form Feldname = Neuer Wert. Sollen mehrere Werte geändert werden, dann werden nach SET mehrere Zuweisungen notiert, getrennt durch Kommata.

Hier wird der Inhalt des Felds gehalt bei allen Datensätzen verändert. Der alte Wert wird mit dem Faktor 1.05 multipliziert, und das Ergebnis wird als neuer Wert in die Datenbank geschrieben.

Möchten Sie diese Änderung rückgängig machen, müssen Sie den Anweisungsteil nach SET ändern, und zwar in gehalt = gehalt / 1.05, und das Programm erneut ausführen.

Bei Bedarf können Sie anhand des Werts der Eigenschaft affected_rows der Klasse mysqli feststellen, wie viele Datensätze von der Änderung betroffen sind. Nach dem Hinzufügen des neuen Datensatzes im vorherigen Abschnitt sind das vier Datensätze (siehe Abbildung 3.29).

Betroffene Anzahl

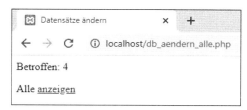

Abbildung 3.29 Die Anzahl der betroffenen Datensätze anzeigen lassen

3.9.2 Einzelner Datensatz

Damit die Benutzer einen einzelnen Datensatz ändern können, muss dieser zuvor identifiziert werden. Das wird stark erleichtert, falls auf einem Feld der Tabelle ein Primärschlüssel liegt. Ich empfehle die folgende Vorgehensweise für eine komfortable Benutzerführung bei einer Änderung:

Datensatz auswählen und ändern

- Dem Benutzer werden alle Datensätze angezeigt.
- Der Benutzer wählt den Datensatz aus, den er ändern möchte.
- Der gewählte Datensatz wird in einem Formular angezeigt.
- Der Benutzer gibt die Änderungen ein und führt sie aus.

In der Tabelle personen liegt der eindeutige Index auf dem Feld personalnummer. Die beschriebene Vorgehensweise wird in einem Beispiel in den folgenden Dateien realisiert:

Eindeutiger Index

- Datei *db_einzel_a.php* zur Anzeige aller Datensätze und zur Auswahl eines Datensatzes
- Datei *db_einzel_b.php* zur Anzeige des ausgewählten Datensatzes und zur Eingabe der Änderungen
- Datei *db_einzel_c.php* zur Durchführung der Änderungen mithilfe eines Prepared Statements

Anzeige und Auswahl

Zunächst zeigt Abbildung 3.30 die Anzeige aller Datensätze in Tabellenform mit Radiobuttons zur Auswahl eines Datensatzes.

Alle Datensätze

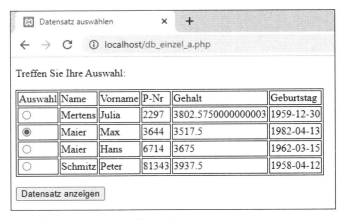

Abbildung 3.30 Auswahlformular

Der Programmcode lautet:

```
<!DOCTYPE html>...<head>...
<style>table,td {border:1px solid black;}</style></head><body>
<p>Treffen Sie Ihre Auswahl:</p>
<form action = "db_einzel_b.php" method = "post">
<table>
   <tr>
      <td>Auswahl</td> <td>Name</td>
      <td>Vorname</td> <td>P-Nr</td>
      <td>Gehalt</td> <td>Geburtstag</td>
   </tr>
<?php
   $con = new mysqli("", "root", "", "firma");
   $res = $con->query("SELECT * FROM personen");

   while ($dsatz = $res->fetch_assoc())
   {
      echo "<tr>";
      echo "<td><input type='radio' name='auswahl'";
      echo " value='" . $dsatz["personalnummer"] . "'></td>";
      echo "<td>" . $dsatz["name"] . "</td>";
      echo "<td>" . $dsatz["vorname"] . "</td>";
      echo "<td>" . $dsatz["personalnummer"] . "</td>";
      echo "<td>" . $dsatz["gehalt"] . "</td>";
      echo "<td>" . $dsatz["geburtstag"] . "</td>";
```

```
            echo "</tr>";
    }

    $res->close();
    $con->close();
?>
</table>
<p><input type="submit" value="Datensatz anzeigen"></p>
</form>
</body></html>
```

Listing 3.13 Datei »db_einzel_a.php«

Zusätzlich zur bisherigen Tabelle gibt es eine Spalte mit Radiobuttons. Diese Radiobuttons bilden eine zusammengehörige Gruppe, da sie alle denselben Namen (auswahl) haben. Als Wert der Radiobuttons wird die jeweilige Personalnummer verwendet. Der Benutzer wählt über den Radiobutton einen Datensatz aus; die Personalnummer des ausgewählten Datensatzes wird beim Absenden an die Datei *db_einzel_b.php* übermittelt.

Anzeigen eines Datensatzes

Der ausgewählte Datensatz wird mit allen Daten innerhalb eines Formulars angezeigt. Hier folgt der Programmcode:

Ausgewählter Datensatz

```
<!DOCTYPE html>...<body>
<?php
if (isset($_POST["auswahl"]))
{
    $con = new mysqli("", "root", "", "firma");
    $sql = "SELECT * FROM personen WHERE personalnummer = "
        . intval($_POST["auswahl"]);
    $res = $con->query($sql);
    $dsatz = $res->fetch_assoc();

    echo "<p>Bitte neue Inhalte eintragen und speichern:</p>";
    echo "<form action = 'db_einzel_c.php' method = 'post'>";

    echo "<p><input name='na' value='"
        . $dsatz["name"] . "'> Nachname</p>";
    echo "<p><input name='vn' value='"
        . $dsatz["vorname"] . "'> Vorname</p>";
```

```
    echo "<p><input name='pn' value='"
        . $_POST["auswahl"] . "'> Personalnummer</p>";
    echo "<p><input name='ge' value='"
        . $dsatz["gehalt"] . "'> Gehalt</p>";
    echo "<p><input name='gt' value='"
        . $dsatz["geburtstag"] . "'> Geburtstag</p>";
    echo "<input type='hidden' name='oripn' value='"
        . $_POST["auswahl"] . "'>";
    echo "<p><input type='submit' value='Speichern'>";
    echo " <input type='reset'></p>";
    echo "</form>";

    $res->close();
    $con->close();
}
else
    echo "<p>Keine Auswahl getroffen</p>";
?>
</body></html>
```

Listing 3.14 Datei »db_einzel_b.php«

Eingabefelder Die Auswahl eines Datensatzes erfolgt mithilfe des übermittelten Feldelements $_POST["auswahl"]. Das Ergebnis umfasst genau einen Datensatz. Die aktuellen Inhalte der Felder aus diesem Datensatz werden innerhalb der Eingabefelder des Formulars angezeigt (siehe Abbildung 3.31). Im Programmcode müssen Sie besonders auf die einfachen Hochkommata achten.

Der Benutzer kann die Inhalte teilweise oder insgesamt ändern, darunter auch die Personalnummer. Beim Absenden werden die geänderten Inhalte der Eingabefelder an die Datei *db_einzel_c.php* übermittelt.

Originalwert Gleichzeitig wird der Inhalt eines weiteren, versteckten Formularfelds (oripn) mit dem Originalwert der Personalnummer übermittelt, die zur Identifizierung des Datensatzes benötigt wird. Hat der Benutzer die Personalnummer geändert, stünde dieser Originalwert ansonsten nicht mehr zur Verfügung.

3.9 Datensätze ändern

Abbildung 3.31 Anzeige des Datensatzes (mit Änderung)

Durchführen der Änderung

Nach der Durchführung wird die Anzahl der betroffenen Datensätze angezeigt (siehe Abbildung 3.32).

Änderung

Abbildung 3.32 Bestätigung der Änderung

Der Programmcode sieht wie folgt aus:

```
<!DOCTYPE html>...<body>
<?php
    $oripn = $_POST["oripn"];
    $con = new mysqli("", "root", "", "firma");
    $ps = $con->prepare("UPDATE personen SET name = ?,"
        . " vorname = ?, personalnummer = ?, gehalt = ?,"
        . " geburtstag = ? WHERE personalnummer = $oripn");
    $ps->bind_param("ssids", $_POST["na"], $_POST["vn"],
        $_POST["pn"], $_POST["ge"], $_POST["gt"]);
    $ps->execute();
```

```
        if ($ps->affected_rows > 0)
            echo "Datensatz geändert<br>";
        else
            echo "Fehler, Datensatz nicht geändert<br>";

        $ps->close();
        $con->close();
    ?>
    <p>Zur <a href="db_einzel_a.php">Auswahl</a></p>
    </body></html>
```

Listing 3.15 Datei »db_einzel_c.php«

UPDATE	Die SQL-Anweisung UPDATE führt die Änderung mit den neuen Inhalten durch. Nach dem Schlüsselwort SET folgen fünf Zuweisungen, getrennt durch Kommata. Da es sich hier um ein Prepared Statement handelt, stehen in den Zuweisungen fünf Fragezeichen.
Originalwert	Die Identifizierung des zu ändernden Datensatzes geschieht anhand des Originalwerts der Personalnummer. Sie wird mithilfe einer Auswahl und nicht über eine Eingabe bestimmt. Daher kann ihr Wert direkt in die SQL-Anweisung eingefügt werden.
Betroffene Anzahl	Wird der Datensatz nicht geändert, wird ein Fehler angezeigt. Ursache können falsche oder unvollständige Daten sein, wie zum Beispiel eine doppelt vorhandene Personalnummer. Werden die Daten in den Eingabefeldern nicht verändert, erscheint die Fehlermeldung ebenfalls.

Über den Hyperlink kann der Benutzer zurück zur Auswahl der Datensätze wechseln, um weitere Datensätze zu ändern.

3.10 Datensätze löschen

Datensatz auswählen und löschen — Beim Löschen von Datensätzen sollten Sie noch genauer als beim Ändern aufpassen, welche Datensätze betroffen sind. Zum Löschen eines einzelnen Datensatzes sollte (wie beim Ändern) der betreffende Datensatz zuvor über das Feld ermittelt werden, auf dem der Primärschlüssel liegt. Ich empfehle die folgende Vorgehensweise für eine sichere Benutzerführung bei einer Löschung:

- Dem Benutzer werden alle Datensätze angezeigt.
- Er wählt den Datensatz aus, den er löschen möchte.
- Er führt die Löschung durch.

Die beschriebene Vorgehensweise wird an einem Beispiel in den folgenden Dateien realisiert:

- Datei *db_loeschen_a.php* zur Anzeige aller Datensätze und zur Auswahl (siehe Abbildung 3.33)

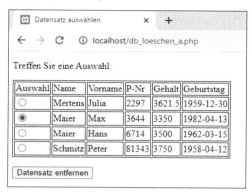

Abbildung 3.33 Auswahlformular

- Datei *db_loeschen_b.php* zur Durchführung der Änderungen

Die Datei *db_loeschen_a.php* wird hier nicht gezeigt. Sie unterscheidet sich nur an zwei Stellen von der Datei *db_einzel_a.php*:

Alle Datensätze

- Die Beschriftung der Submit-Schaltfläche wird von Datensatz anzeigen in Datensatz entfernen geändert.
- Bei dem Ziel des Formulars handelt es sich um die Datei *db_loeschen_b.php* anstelle der Datei *db_einzel_b.php*.

Nach der Durchführung wird die Löschung bestätigt (siehe Abbildung 3.34). Der Programmcode des Löschvorgangs sieht wie folgt aus:

Löschung

```
<!DOCTYPE html>...<body>
<?php
if (isset($_POST["auswahl"]))
{
   $con = new mysqli("", "root", "", "firma");
   $sql = "DELETE FROM personen WHERE"
      . " personalnummer = " . intval($_POST["auswahl"]);
```

```
        $con->query($sql);
        echo "Betroffen: $con->affected_rows<br>";
        $con->close();
   }
   else
        echo "<p>Keine Auswahl getroffen</p>";
?>
<p>Zur <a href="db_loeschen_a.php">Auswahl</a></p>
</body></html>
```

Listing 3.16 Datei »db_loeschen_b.php«

DELETE   Das Feldelement $_POST["auswahl"] beinhaltet die Personalnummer des ausgewählten Eintrags. Der mit DELETE zu löschende Datensatz kann damit eindeutig identifiziert werden.

Abbildung 3.34 Bestätigung der Löschung

Wird kein Datensatz ausgewählt, gibt es $_POST["auswahl"] nicht, und es wird eine entsprechende Meldung angezeigt.

[✎] **Übung »u_db_einzel«**

Ermöglichen Sie (ähnlich wie in den Dateien *db_einzel_a.php*, *db_einzel_b.php* und *db_einzel_c.php*) das Ändern von Datensätzen in der Tabelle fp der Datenbank hardware (Dateien *u_db_einzel_a.php* bis *u_db_einzel_c.php*). Achten Sie darauf, dass es sich bei der ausgewählten Original-Artikelnummer um eine Zeichenkette handelt. Sie muss bei der Erstellung des Prepared Statements in einfache Hochkommata gesetzt werden.

[✎] **Übung »u_db_loeschen«**

Ermöglichen Sie (ähnlich wie in den Dateien *db_loeschen_a.php* und *db_loeschen_b.php*) das Löschen von Datensätzen in der Tabelle fp der Datenbank hardware (Dateien *u_db_loeschen_a.php* und *u_db_loeschen_b.php*).

3.11 SQL-Funktionen für Zeichenketten

Die Sprache SQL stellt eine ganze Reihe von Funktionen zur Verfügung, mit denen Zeichenketten in Datenbanken bereits auf dem Datenbankserver untersucht werden können. Damit lässt sich die Performance von Programmen verbessern.

Performance verbessern

Im folgenden Programm werden als Beispiele genutzt:

- LENGTH(): zur Ermittlung der Länge einer Zeichenkette
- CONCAT(): zur Verkettung von mehreren Zeichenketten

LENGTH()
CONCAT()

Die Ergebnisse der Funktionen können mithilfe von AS einem frei gewählten Aliasnamen zugewiesen werden. Über diesen Alias können Sie die Ergebnisse wie die Inhalte von Datenbankfeldern ausgeben.

AS

Allerdings können die Ergebnisse von SQL-Funktionen nicht innerhalb derselben Anweisung für eine Filterung mithilfe von WHERE genutzt werden, da die Lieferung der Ergebnisse und die Filterung gleichzeitig stattfinden. In einem solchen Fall müssen Sie mit HAVING statt mit WHERE arbeiten. Dabei ist gewährleistet, dass die Filterung erst nach der Lieferung des Ergebnisses durchgeführt wird.

HAVING

Im nachfolgenden Programm sehen Sie dazu Beispiele:

```
<!DOCTYPE html>...<body>
<?php
   $con = new mysqli("", "root", "", "hardware");

   $sql = "SELECT hersteller, typ,"
      . " LENGTH(CONCAT(hersteller, typ)) AS laenge"
      . " FROM fp ORDER BY laenge DESC";
   $res = $con->query($sql);
   echo "<b>Länge:</b><br>";
   while($dsatz = $res->fetch_assoc())
      echo $dsatz["laenge"] . ": " . $dsatz["hersteller"]
         . " " . $dsatz["typ"] . "<br>";
   $res->close();
   echo "<br>";

   $sql = "SELECT hersteller, typ,"
      . " LENGTH(CONCAT(hersteller, typ)) AS laenge"
      . " FROM fp HAVING laenge >= 20 ORDER BY laenge DESC";
```

3 Datenbanken mit MySQL

```
        $res = $con->query($sql);
        echo "<b>Länge >= 20:</b><br>";
        while($dsatz = $res->fetch_assoc())
            echo $dsatz["hersteller"] . " " . $dsatz["typ"] . "<br>";
        $res->close();

        $con->close();
    ?>
    </body></html>
```

Listing 3.17 Datei »db_text.php«

In diesem und den beiden nächsten Abschnitten geht es um die Inhalte der Tabelle fp der Datenbank hardware, die Sie aus den verschiedenen Übungen kennen.

CONCAT(), LENGTH()   Im ersten Teil des Programms werden die Inhalte der beiden Felder hersteller und typ mithilfe von CONCAT() miteinander verkettet. Anschließend wird die Länge der gesamten Zeichenkette mithilfe von LENGTH() ermittelt.

AS   Das Ergebnis wird mithilfe von AS dem Aliasnamen laenge zugewiesen. Die Länge und die beiden Feldinhalte werden ausgegeben, sortiert nach absteigender Länge.

HAVING   Im zweiten Programmteil findet dasselbe statt. Zusätzlich wird nach dem Ergebnis der Funktion LENGTH() gefiltert, mithilfe von HAVING. Es werden nur noch diejenigen Datensätze angezeigt, deren Länge mindestens 20 Zeichen beträgt.

Die Ausgabe des Programms sehen Sie in Abbildung 3.35.

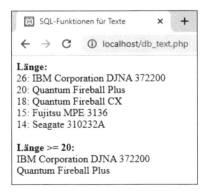

Abbildung 3.35 SQL-Funktionen für Zeichenketten

3.12 Aggregatfunktionen

Aggregatfunktionen liefern zusammengefasste Ergebnisse aus mehreren Datensätzen. Dabei kann es sich handeln um:

Zusammenfassung

- alle Datensätze aus einer Tabelle
- alle Datensätze aus einer Tabelle, die sich in einem bestimmten Feld unterscheiden
- Datensätze aus einer Tabelle, die nach einem bestimmten Feld gruppiert werden (siehe Abschnitt 3.13)
- Datensätze aus mehreren Tabellen, die miteinander in Beziehung stehen (siehe Abschnitt 3.15)

Eine Unterscheidung wird mithilfe von DISTINCT durchgeführt.

DISTINCT

Häufig genutzt werden die folgenden Aggregatfunktionen:

- COUNT(): zur Ermittlung der Anzahl der Datensätze

COUNT()

- MAX() und MIN(): zur Ermittlung des Datensatzes mit dem größten beziehungsweise kleinsten Wert, bezogen auf ein bestimmtes Feld

MAX(), MIN()

- SUM() und AVG(): zur Ermittlung der Summe beziehungsweise des arithmetischen Mittelwerts der Datensätze, bezogen auf ein bestimmtes Feld

SUM(), AVG()

Ein Beispielprogramm:

```
<!DOCTYPE html>...<body>
<?php
    $con = new mysqli("", "root", "", "hardware");

    $sql = "SELECT DISTINCT hersteller FROM fp"
        . " ORDER BY hersteller";
    $res = $con->query($sql);
    echo "<b>Unterscheidung:</b><br>";
    while($dsatz = $res->fetch_assoc())
        echo $dsatz["hersteller"] . "<br>";
    $res->close();
    echo "<br>";

    $sql = "SELECT"
        . " COUNT(artnummer) AS artikel,"
        . " COUNT(DISTINCT hersteller) AS hersteller,"
        . " MAX(preis) AS maximum,"
```

```php
            . " MIN(preis) AS minimum,"
            . " SUM(preis) AS summe,"
            . " AVG(preis) AS mittelwert"
            . " FROM fp";
        $res = $con->query($sql);
        $dsatz = $res->fetch_assoc();

        echo "<b>Aggregat-Funktionen:</b><br>";
        echo "Anzahl Artikel: " . $dsatz["artikel"] . "<br>";
        echo "Anzahl Hersteller: " . $dsatz["hersteller"] . "<br>";
        echo "Höchster Preis: " . $dsatz["maximum"] . " €<br>";
        echo "Niedrigster Preis: " . $dsatz["minimum"] . " €<br>";
        echo "Summe der Preise: " . $dsatz["summe"] . " €<br>";
        echo "Mittlerer Preis: "
            . number_format($dsatz["mittelwert"], 2) . " €<br>";
        $res->close();

        $con->close();
        ?>
        </body></html>
```

Listing 3.18 Datei »db_aggregat.php«

DISTINCT	Im ersten Teil des Programms werden die Datensätze mithilfe von DISTINCT nach dem Inhalt des Felds hersteller unterschieden. Mit anderen Worten: Jeder Hersteller wird nur einmal aufgeführt. Davon unabhängig ist die Ausgabe nach Herstellern sortiert.
AS	Im zweiten Programmteil werden die beschriebenen Aggregatfunktionen aufgerufen. Die Ergebnisse der Funktionen werden jeweils mithilfe von AS passenden Aliasnamen zugewiesen.
COUNT()	Die Funktion COUNT() wird zunächst auf das Feld artnummer bezogen. Da nur die Anzahl der Datensätze ermittelt wird, hätte man auch eines der anderen Felder nehmen können. Häufig wird wie hier das Feld genutzt, auf dem der Primärschlüssel liegt.
COUNT(DISTINCT)	Die Funktion COUNT() erlaubt auch die Unterscheidung mithilfe von DISTINCT. Die Anzahl der Hersteller wird dann wie folgt berechnet: Zunächst werden die unterschiedlichen Hersteller mithilfe von DISTINCT zusammengestellt. Anschließend wird die Anzahl mithilfe von COUNT() ermittelt.

Die anderen Aggregatfunktionen berechnen ihre Ergebnisse mithilfe der Feldinhalte. Daher müssen Sie sich im vorliegenden Beispiel auf das Feld `preis` beziehen.

Die Ausgabe des Programms sehen Sie in Abbildung 3.36.

Abbildung 3.36 Unterscheidung und Aggregatfunktionen

3.13 Gruppierung

Datensätze können innerhalb einer Tabelle nach bestimmten Feldern gruppiert werden. Häufig geschieht dies auch bei Datensätzen aus mehreren Tabellen, die miteinander in Beziehung stehen (siehe Abschnitt 3.15). Bezüglich der Gruppen können Aggregatfunktionen verwendet werden. Eine Gruppierung wird mithilfe von GROUP BY durchgeführt.

GROUP BY

Ein Beispielprogramm:

```
<!DOCTYPE html>...<body>
<?php
   $con = new mysqli("", "root", "", "hardware");

   $sql = "SELECT hersteller,"
      . " COUNT(artnummer) AS anzahl,"
      . " AVG(preis) AS mittelwert"
      . " FROM fp"
      . " GROUP BY hersteller"
      . " ORDER BY hersteller";
   $res = $con->query($sql);
```

```
            echo "<b>Gruppierung:</b><br>";
            while($dsatz = $res->fetch_assoc())
                echo $dsatz["hersteller"] . "("
                    . $dsatz["anzahl"] . "): "
                    . $dsatz["mittelwert"] . " €<br>";
            $res->close();

            $con->close();
        ?>
        </body></html>
```

Listing 3.19 Datei »db_gruppierung.php«

Die Datensätze werden mithilfe von GROUP BY nach dem Feld hersteller gruppiert. Mit anderen Worten: Jeder Hersteller bildet eine Gruppe. Auf die Gruppen können Aggregatfunktionen angewandt werden. Im vorliegenden Beispiel werden die Anzahl und der durchschnittliche Preis der Festplatten für jeden Hersteller ermittelt. Davon unabhängig ist die Ausgabe nach Herstellern sortiert.

Die Ausgabe des Programms sehen Sie in Abbildung 3.37.

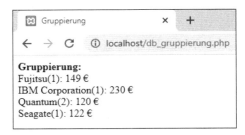

Abbildung 3.37 Gruppierung innerhalb einer Tabelle

3.14 Benutzeroberfläche mit JavaScript und CSS

GUI mit CSS Die in diesem Abschnitt vorgestellten SQL-Anweisungen zum Anzeigen, Erzeugen, Ändern und Löschen von Datensätzen sollen in einem Programm zu einer komfortabel zu bedienenden Benutzeroberfläche für eine Tabelle vereinigt werden.

Hyperlinks mit JavaScript Es werden Hyperlinks mit JavaScript-Code zum Erzeugen dynamischer Abfragen sowie CSS-Formatierungen zur optischen Verbesserung eingesetzt. Zudem gibt es die Möglichkeit, die Datensätze nach einem der fünf Felder aufsteigend zu sortieren. Dazu klickt der Benutzer auf den Hyperlink in der Überschrift der betreffenden Spalte. Abbildung 3.38 zeigt die Oberfläche.

Name	Vorname	P-Nr	Gehalt	Geburtstag	Aktion
					neu eintragen
Mertens	Julia	2297	3621.5	1959-12-30	speichern entfernen
Maier	Hans	6714	3500	1962-03-15	speichern entfernen
Schmitz	Peter	81343	3750	1958-04-12	speichern entfernen

Abbildung 3.38 Benutzeroberfläche mit JavaScript und CSS

In der ersten Zeile finden sich die Feldnamen.

In der zweiten Zeile stehen fünf leere Eingabefelder zum Eintragen der Daten eines neuen Datensatzes bereit. Nach dem Eintragen kann der Hyperlink NEU EINTRAGEN betätigt werden. Dieser führt zu einer INSERT-Anweisung zum Erzeugen des neuen Datensatzes. Anschließend werden alle Datensätze neu angezeigt.
Neu eintragen

In den darauffolgenden Zeilen stehen die Daten aller Datensätze in den Eingabefeldern zum Ändern bereit. Nach dem Ändern der Daten eines bestimmten Datensatzes kann der Hyperlink SPEICHERN betätigt werden. Dieser führt zu einer UPDATE-Anweisung zum Ändern des Datensatzes. Anschließend werden auch hier alle Datensätze neu angezeigt.
Ändern

Wird innerhalb einer Zeile der zugehörige Hyperlink ENTFERNEN betätigt, erscheint eine Rückfrage, ob der betreffende Datensatz tatsächlich gelöscht werden soll (siehe Abbildung 3.39). Wird die Rückfrage bestätigt, führt dies zu einer DELETE-Anweisung zum Löschen des Datensatzes und zur erneuten Anzeige aller verbliebenen Datensätze.
Löschen

Bei den Aktionsabfragen zum Neu-Eintragen, Ändern und Löschen von Datensätzen werden Prepared Statements verwendet.

Abbildung 3.39 Bestätigung zum Löschen eines Datensatzes

Dieses Programm (*db_linkcss.php*) ist etwas umfangreicher. Es soll daher in einzelnen Teilen dargestellt und erläutert werden.

CSS-Formatierung Innerhalb des Dokuments wird eine CSS-Formatierungsdatei benötigt:

```
body,td    {font-family:Verdana; font-size:10pt;
            color:#636363; background-color:#d3d3d3}
a:link     {color:#636363}
a:visited  {color:#636363}
a:hover    {color:#636363; background-color:#a3a3a3}
```

Listing 3.20 Datei »db_linkcss.css«

Für den Inhalt des Dokuments und für den Inhalt der Tabellenzellen werden Schriftart, Schriftgröße, Schriftfarbe und Hintergrundfarbe bestimmt. Anschließend wird das Verhalten der Hyperlinks eingestellt.

Kopf des Dokuments Hier folgt der erste Teil des PHP-Programms – der Kopf des Dokuments mit CSS und JavaScript:

```
<!DOCTYPE html>...<head>
<link rel="stylesheet" type="text/css" href="db_linkcss.css">
<script type="text/javascript">
function send(aktion,id)
{
   if(aktion==2)
      if (!confirm("Datensatz mit P-Nr " + id + " entfernen?"))
         return;

   document.f.aktion.value = aktion;
   document.f.id.value = id;
   document.f.submit();
}
</script>
</head>
```

Listing 3.21 Datei »db_linkcss.php« (Teil 1 von 4)

Zunächst wird die externe CSS-Formatierungsdatei *db_linkcss.css* eingebunden.

JavaScript Darauf folgt die JavaScript-Funktion send(), die zwei Parameter erwartet und über einen der Hyperlinks im Dokument aufgerufen wird. Sie dient zum Absenden der Daten, zur Übermittlung der gewünschten Aktion sowie gegebenenfalls zur Identifizierung des betroffenen Datensatzes.

Der Parameter `aktion` kann einen der folgenden Werte annehmen:

- Wert 0: Ein neuer Datensatz soll eingetragen werden.
- Wert 1: Ein Datensatz soll geändert werden.
- Wert 2: Ein Datensatz soll gelöscht werden.
- Wert 3 bis Wert 7: Die Datensätze sollen nach einem der fünf Felder sortiert werden.

Der betreffende Wert wird dem versteckten Formularfeld `aktion` zugewiesen.

Soll ein Datensatz gelöscht werden, wird als Rückfrage die vordefinierte JavaScript-Funktion `confirm()` aufgerufen. Wenn diese Rückfrage mit OK bestätigt wird, liefert die Funktion `confirm()` den Wert `true` zurück. Wird bei dieser Rückfrage die Schaltfläche ABBRECHEN betätigt, liefert die Funktion `confirm()` den Wert `false` zurück. Die Funktion `send()` wird daraufhin abgebrochen, und das Formular wird nicht gesendet.

confirm()

Der Parameter `id` dient zur Identifikation des Datensatzes, falls dieser geändert oder gelöscht werden soll. Sein Wert wird dem versteckten Formularelement `id` zugewiesen. Anschließend wird das Formular gesendet.

Verstecktes Formularelement

Nun folgt der zweite Teil – das Auslösen einer Aktion:

Aktion auslösen

```php
<body>
<?php
   $con = new mysqli("", "root", "", "firma");

   /* Sortierung, wird ggf. überschrieben */
   $od = " ORDER BY personalnummer";

   /* Aktion ausführen */
   if(isset($_POST["aktion"]))
   {
      /* neu eintragen */
      if($_POST["aktion"] == "0")
      {
         $ps = $con->prepare("INSERT INTO personen
            (name, vorname, personalnummer, gehalt, geburtstag)
            VALUES(?, ?, ?, ?, ?)");
```

```
            $ps->bind_param("ssids", $_POST["na"][0],
               $_POST["vo"][0], $_POST["pn"][0],
               $_POST["gh"][0], $_POST["gb"][0]);
            $ps->execute();
            $ps->close();
         }

         /* ändern */
         else if($_POST["aktion"] == "1")
         {
            $id = $_POST["id"];
            $ps = $con->prepare("UPDATE personen SET name=?,
               vorname=?, personalnummer=?, gehalt=?,
               geburtstag=? WHERE personalnummer=$id");
            $ps->bind_param("ssids", $_POST["na"][$id],
               $_POST["vo"][$id], $_POST["pn"][$id],
               $_POST["gh"][$id], $_POST["gb"][$id]);
            $ps->execute();
            $ps->close();
         }

         /* löschen */
         else if($_POST["aktion"] == "2")
         {
            $id = $_POST["id"];
            $ps = $con->prepare(
               "DELETE FROM personen WHERE personalnummer = $id");
            $ps->execute();
            $ps->close();
         }

         /* sortieren */
         else if($_POST["aktion"] == "3")
            $od = " ORDER BY name";
         else if($_POST["aktion"] == "4")
            $od = " ORDER BY vorname";
         else if($_POST["aktion"] == "5")
            $od = " ORDER BY personalnummer";
         else if($_POST["aktion"] == "6")
            $od = " ORDER BY gehalt";
```

3.14 Benutzeroberfläche mit JavaScript und CSS

```
      else if($_POST["aktion"] == "7")
         $od = " ORDER BY geburtstag";
   }
```

Listing 3.22 Datei »db_linkcss.php« (Teil 2 von 4)

Nach der Aufnahme der Verbindung und der Wahl der Datenbank wird der Teil der SQL-Anweisung, der zur Sortierung dient, standardmäßig vorbesetzt. Dieser Teil kann sich gegebenenfalls noch ändern.

Nun wird untersucht, ob das Feldelement $_POST["aktion"] existiert: **Aktion?**

- Beim ersten Aufruf des Dokuments ist das noch nicht der Fall. Daher wird der folgende Block übergangen.
- Wird das Dokument erneut aufgerufen, weil eine der Aktionen ausgelöst wird, existiert das Feldelement $_POST["aktion"] und sein Wert wird untersucht.

Soll ein neuer Datensatz eingetragen werden (Wert 0), wird die SQL-Anweisung INSERT zusammengesetzt. Dabei werden die Werte der Formularelemente aus der zweiten Zeile (direkt unter der Überschrift) genommen. Diese haben die Namen na[0], vo[0] usw.; sie werden also als Elemente eines zweidimensionalen Felds an das PHP-Programm übermittelt. **Neu eintragen**

Soll ein Datensatz geändert werden (Wert 1), wird die SQL-Anweisung UPDATE benutzt. Dabei werden die Werte der Formularelemente aus der betreffenden Zeile genommen. Bei einem Datensatz, dessen Personalnummer 4711 ist, haben diese Formularelemente die Namen na[4711], vo[4711] usw. Sie sind für PHP ebenso Elemente des zweidimensionalen Felds. Der Datensatz wird über den Wert des Feldelements $_POST["id"] identifiziert, der in dem versteckten Formularelement übermittelt wird. **Ändern**

Soll ein Datensatz gelöscht werden (Wert 2), wird die SQL-Anweisung DELETE verwendet. Der Datensatz wird ebenso über den Wert des Feldelements $_POST["id"] identifiziert. **Löschen**

Sollen die Datensätze sortiert werden (Werte 3 bis 7), wird derjenige Teil der SQL-Anweisung überschrieben, der zur Sortierung dient. **Sortieren**

Diese mehrfache Verzweigung mit insgesamt sieben möglichen Fällen könnte auch mithilfe eines switch-Blocks realisiert werden. Allerdings sieht man bei der vorliegenden Lösung mit if-else besser, welche Variable ($_POST["aktion"]) immer wieder geprüft wird. **Besser mit switch?**

Nun folgt der dritte Teil – der Beginn der Anzeige:

```
/* Formularbeginn */
echo "<form name='f' action='db_linkcss.php' method='post'>";
echo "<input name='aktion' type='hidden'>";
echo "<input name='id' type='hidden'>\n\n";

/* Tabellenbeginn */
echo "<table><tr>";
echo "<td><a href='javascript:send(3,0);'>Name</a></td>";
echo "<td><a href='javascript:send(4,0);'>Vorname</a></td>";
echo "<td><a href='javascript:send(5,0);'>P-Nr</a></td>";
echo "<td><a href='javascript:send(6,0);'>Gehalt</a></td>";
echo "<td><a href='javascript:send(7,0);'>Geburtstag</a></td>";
echo "<td>Aktion</td></tr>\n\n";

/* Neuer Eintrag */
echo "<tr>";
echo "<td><input name='na[0]' size='6'></td>";
echo "<td><input name='vo[0]' size='6'></td>";
echo "<td><input name='pn[0]' size='6'></td>";
echo "<td><input name='gh[0]' size='6'></td>";
echo "<td><input name='gb[0]' size='10'></td>";
echo "<td><a href='javascript:send(0,0);'>"
   . "neu eintragen</a></td>";
echo "</tr>\n\n";
```

Listing 3.23 Datei »db_linkcss.php« (Teil 3 von 4)

Versteckte Formularelemente — Das Formular ruft sich selbst auf. Es beinhaltet die beiden versteckten Formularelemente aktion und id, die ihre Werte von der genannten JavaScript-Funktion erhalten.

Hyperlinks — Dann folgt die Tabellenüberschrift inklusive der Hyperlinks zum Sortieren. Sie lösen jeweils den Aufruf der JavaScript-Funktion send() aus. Der erste Parameter hat einen der Werte von 3 bis 7. Damit wird der Wert des versteckten Formularelements aktion auf den entsprechenden Wert gesetzt. Der zweite Parameter ist für diesen Aufruf nicht wichtig, muss aber besetzt werden, da die Funktion zwei Parameter erwartet.

Eingabefelder — Die erste Zeile mit den Eingabefeldern für einen neuen Datensatz wird zusammengesetzt. Die Felder erhalten die Namen na[0], vo[0] usw. Die Feldinhalte werden für die SQL-Anweisung INSERT benötigt.

Der Hyperlink NEU EINTRAGEN ruft ebenfalls die JavaScript-Funktion send() auf, mit dem Wert 0. Auch hier ist der zweite Parameter nicht wichtig.

Hyperlink

Nach den versteckten Formularelementen, also vor Beginn der Tabelle und nach jeder Tabellenzeile, steht jeweils zweimal \n. Dieses Sonderzeichen wird im nächsten Hinweis erläutert.

Sonderzeichen \n

Nun folgt der vierte Teil – die Ausgabe der Datensätze:

```
    /* Anzeigen */
    $res = $con->query("SELECT * FROM personen $od");

    /* Alle vorhandenen Datensätze */
    while ($dsatz = $res->fetch_assoc())
    {
        $id = $dsatz["personalnummer"];
        $na = $dsatz["name"];
        $vo = $dsatz["vorname"];
        $pn = $dsatz["personalnummer"];
        $gh = $dsatz["gehalt"];
        $gb = $dsatz["geburtstag"];
        echo "<tr>"
            . "<td><input name='na[$id]' value='$na' size='6'></td>"
            . "<td><input name='vo[$id]' value='$vo' size='6'></td>"
            . "<td><input name='pn[$id]' value='$pn' size='6'></td>"
            . "<td><input name='gh[$id]' value='$gh' size='6'></td>"
            . "<td><input name='gb[$id]' value='$gb' size='10'></td>"
            . "<td><a href='javascript:send(1,$id);'>speichern</a>"
            . " <a href='javascript:send(2,$id);'>entfernen</a></td>"
            . "</tr>\n\n";
    }
    echo "</table>";
    echo "</form>";

    $res->close();
    $con->close();
?>
</body></html>
```

Listing 3.24 Datei »db_linkcss.php« (Teil 4 von 4)

Nach Ausführung der Aktion sollen alle aktuellen vorhandenen Datensätze angezeigt werden. Dies betrifft auch die neuen beziehungsweise geänderten, nicht aber die gelöschten Datensätze. Hierzu dient die SQL-Anweisung SELECT.

Eindeutige ID Innerhalb der Schleife, bei der jeweils ein Datensatz ausgegeben wird, erhält die Variable `$id` den Wert der Personalnummer des aktuellen Datensatzes. Diese Variable wird zur Indizierung der verschiedenen Felder von Formularelementen und für den Aufruf der JavaScript-Funktionen benötigt.

In der darauffolgenden Ausgabe der input-Elemente werden bei einem Datensatz, dessen Personalnummer 4711 ist, diese Formularelemente na[4711], vo[4711] usw. genannt. Für PHP werden sie damit zu Elementen eines numerisch indizierten Felds.

Einbettung in PHP Die aktuellen Werte jedes Datensatzes werden zunächst jeweils in einer eigenen Variablen gespeichert. Die Einbettung dieser Variablen statt der Einbettung der Elemente des Feldes `$dsatz` verbessert die Lesbarkeit der PHP-Anweisung.

Hyperlinks Auf jeden Datensatz folgen zwei Hyperlinks. Beide rufen die JavaScript-Funktion send() auf. Der erste Parameter hat den Wert 1 (für ändern) beziehungsweise 2 (für löschen). Der zweite Parameter hat den Wert der Personalnummer, im obigen Beispiel also 4711. Jeder Hyperlink SPEICHERN beziehungsweise ENTFERNEN ist also individuell.

[»] **Zwei Hinweise**

Sie können kontrollieren, ob die richtigen Ziele für die Hyperlinks SPEICHERN und ENTFERNEN eingetragen werden, indem Sie mit dem Mauszeiger über sie streichen. Bei vielen Browsern wird in diesem Fall das Ziel des Hyperlinks unten in der Statuszeile angezeigt.

Nach dem schließenden `</tr>` sehen Sie im Code das Sonderzeichen \n. Es führt zu einem Zeilenumbruch im HTML-Code. Zwei \n hintereinander erzeugen somit einen Zeilenumbruch und eine Leerzeile. Dies kann Ihnen zur besseren Orientierung dienen, falls Sie den von PHP generierten HTML-Code im Quelltext der Seite kontrollieren möchten, um einen möglichen Fehler zu finden. Bei vielen Browsern gelangen Sie über den Kontextmenüeintrag SEITENQUELLTEXT ANZEIGEN zu dieser Anzeige. Abbildung 3.40 zeigt ein Beispiel.

```
22  <body>
23  <form name='f' action='db_linkcss.php' method='post'><input name='aktion'
    type='hidden'><input name='id' type='hidden'>
24
25  <table><tr><td><a href='javascript:send(3,0);'>Name</a></td><td><a
    href='javascript:send(4,0);'>Vorname</a></td><td><a
    href='javascript:send(5,0);'>P-Nr</a></td><td><a
    href='javascript:send(6,0);'>Gehalt</a></td><td><a
    href='javascript:send(7,0);'>Geburtstag</a></td><td>Aktion</td></tr>
26
27  <tr><td><input name='na[0]' size='6'></td><td><input name='vo[0]' size='6'>
    </td><td><input name='pn[0]' size='6'></td><td><input name='gh[0]' size='6'>
    </td><td><input name='gb[0]' size='10'></td><td><a
    href='javascript:send(0,0);'>neu eintragen</a></td></tr>
28
29  <tr><td><input name='na[2297]' value='Mertens' size='6'></td><td><input
    name='vo[2297]' value='Julia' size='6'></td><td><input name='pn[2297]'
    value='2297' size='6'></td><td><input name='gh[2297]' value='3621.5' size='6'>
    </td><td><input name='gb[2297]' value='1959-12-30' size='10'></td><td><a
    href='javascript:send(1,2297);'>speichern</a> <a
    href='javascript:send(2,2297);'>entfernen</a></td></tr>
```

Abbildung 3.40 HTML-Seitenquelltext von »db_linkcss.php« (Auszug)

Übung »u_eventplanung«

In einem Verein wird eine Anwendung »Eventplanung« zur Planung von gemeinsamen Feierlichkeiten benötigt. Sie soll aus zwei Teilen bestehen:

- Der erste Teil wird in der Datei *u_eventplanung_eingabe.php* realisiert. Er ist nur für den Organisator zugänglich. Hier kann er eingeben, was für die Feier benötigt wird (siehe Abbildung 3.41).
- Der zweite Teil wird in der Datei *u_eventplanung.php* realisiert. Er ist öffentlich zugänglich. Hier können die Helfer eingeben, was sie jeweils zur Feier mitbringen (siehe Abbildung 3.42 und Abbildung 3.43).

Erstellen Sie beide Programme gemäß der nachfolgenden Anleitung.

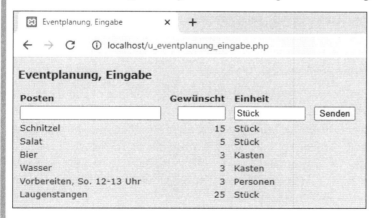

Abbildung 3.41 Teil 1, Eingabe der Wünsche

3 Datenbanken mit MySQL

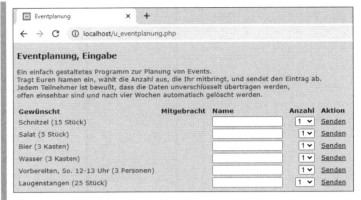

Abbildung 3.42 Teil 2, zu Beginn

Gewünscht	Mitgebracht	Name	Anzahl	Aktion
Schnitzel (15 Stück)	Bernd (5)		1 ⌄	Senden
Salat (5 Stück)	Monika (2), Peter (2)		1 ⌄	Senden
Bier (3 Kasten)			1 ⌄	Senden
Wasser (3 Kasten)	Ulf (3)			Alles da
Vorbereiten, So. 12-13 Uhr (3 Personen)	Klaus (1), Sylvia (1), Ben (1)			Alles da
Laugenstangen (25 Stück)			1 ⌄	Senden

Abbildung 3.43 Teil 2, nach einigen Einträgen

Der erste Teil ist recht einfach aufgebaut und sollte selbsterklärend sein. Im zweiten Teil trägt jeder Helfer seinen Namen ein, wählt im select-Menu die mitgebrachte Anzahl aus und betätigt den Link SENDEN. Anschließend erscheint sein Name, gefolgt von der gewählten Anzahl in Klammern in der Spalte MITGEBRACHT. Das select-Menu beinhaltet immer nur die aktuell verbleibende gewünschte Anzahl, also zum Beispiel 10 Schnitzel, einen Salat oder 3 Kasten Bier. Wurde bei einem Posten die gesamte Anzahl ausgewählt, können hier keine Einträge mehr vorgenommen werden, weil bereits ALLES DA ist.

Beginnen Sie nach Analyse der Beschreibung und der Abbildungen mit dem Entwurf der Datenbank eventplanung. Welche Felder mit welchen Datentypen sollte die Tabelle event haben? Erstellen Sie die Datenbank gemäß dem Entwurf mithilfe von phpMyAdmin. Entwickeln Sie zusätzlich ein Programm u_eventplanung_neu.php, mit dessen Hilfe die Datenbank, die Tabelle und die Beispieldatensätze erstellt werden können, damit ein Export der Anwendung leichter fällt.

Erstellen Sie das erste Programm *u_eventplanung_eingabe.php*. Zunächst sollen die Überschrift und die Tabelle dargestellt werden, die die Eingabezeile für neue Datensätze sowie die Daten der bereits vorhandenen Datensätze umfasst. Es folgen die CSS-Angaben zur Formatierung des Dokuments. Anschließend wird das Eintragen der neuen Datensätze nach der Betätigung der Schaltfläche SENDEN mithilfe eines Prepared Statements realisiert.

Erstellen Sie anschließend das zweite Programm *u_eventplanung.php* in derselben Reihenfolge. Zunächst sollen die Überschrift und die Tabelle dargestellt werden, die in jeder Zeile ein Texteingabefeld, ein `select`-Menu und einen Link umfasst. Es folgen die CSS-Angaben. Anschließend wird das Ändern eines Datensatzes nach dem Eintrag eines Helfers realisiert.

3.15 Abfragen über mehrere Tabellen

Die Stärke eines relationalen Datenbanksystems zeigt sich besonders bei der Nutzung einer Datenbank mit mehreren Tabellen, die über Relationen miteinander verknüpft werden können. Beim Hinzufügen, Ändern und Löschen von Datensätzen wird automatisch darauf geachtet, dass die Daten der verschiedenen Tabellen zusammenpassen.

Relationen

Sie können Inhalte aus mehreren Tabellen gleichzeitig abfragen und miteinander verbinden. Häufig kommen Aggregatfunktionen (siehe Abschnitt 3.12) und Gruppierungen (siehe Abschnitt 3.13) zum Einsatz.

3.15.1 Zweck der Datenbank

Im folgenden Beispiel soll eine Datenbank Informationen für die Verwaltung von Projekten beinhalten. Es sollen folgende miteinander verknüpfte Daten zu Projekten, Kunden und Personal verfügbar sein:

Projektverwaltung

- Ein Mitarbeiter hat einen Namen, einen Vornamen und eine Personalnummer.
- Ein Kunde hat einen Namen und kommt aus einem Ort.
- Ein Projekt hat eine Bezeichnung und eine Projektnummer und ist einem Kunden zugeordnet.

- Ein Mitarbeiter kann an mehreren Projekten innerhalb der Firma beteiligt sein.
- Ein Projekt kann von einem oder mehreren Mitarbeitern bearbeitet werden.
- Jeder Mitarbeiter notiert jeden Tag, wie viele Stunden er für welches Projekt gearbeitet hat.

3.15.2 Datenbankmodell

Das Datenbankmodell zur Datenbank projektverwaltung besteht aus vier Tabellen und ihren logischen Beziehungen untereinander. Ich habe die Datenbank in Microsoft Access nachgebildet, um dort die sehr anschauliche Beziehungsansicht nutzen zu können (siehe Abbildung 3.44):

Kunden
- Tabelle kunde: Kunden werden mit Namen und Ort festgehalten. Der Primärschlüssel ist die Kunden-ID.

Projekte
- Tabelle projekt: Projekte werden mit ihrer Bezeichnung angegeben. Jedes Projekt ist einem Kunden zugeordnet. Der Primärschlüssel ist die Projekt-ID.

Personen
- Tabelle person: Personen (Mitarbeiter) werden mit Nach- und Vornamen angegeben. Der Primärschlüssel ist die Personen-ID.

Zeiten
- Tabelle projekt_person: Die Arbeitszeiten der Personen an den Projekten werden mit Datum und Zeit in Stunden festgehalten. Der Primärschlüssel ist die Kombination aus Projekt-ID, Personen-ID und Datum.

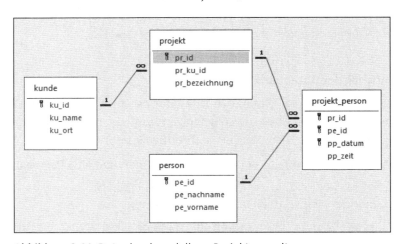

Abbildung 3.44 Datenbankmodell zur Projektverwaltung

Die Beziehungen in der Abbildung haben folgende Bedeutung:

- In der Tabelle projekt soll es nur Projekte zu Kunden geben, die bereits in der Tabelle kunde eingetragen sind. Zu einem Kunden können mehrere Projekte eingetragen werden. Zwischen Kunden und Projekten liegt damit eine 1:n-Beziehung vor. *(1:n-Beziehung)*

- In der Tabelle projekt_person soll es nur Einträge zu Projekten und Personen geben, die bereits in den Tabellen projekt beziehungsweise person eingetragen sind. Zu einem Projekt können mehrere Personen eingetragen werden. Umgekehrt können zu einer Person mehrere Projekte eingetragen werden. Zwischen Projekten und Personen liegt damit eine m:n-Beziehung vor. *(m:n-Beziehung)*

Sie können die Datenbank mit Tabellen und Beispieldaten mithilfe des Programms *db_projektverwaltung_neu.php* erzeugen, das Sie in den Materialien zum Buch finden. Die Beziehungen werden jeweils temporär mithilfe der Abfragen in den PHP-Programmen erstellt.

3.15.3 Beispieldaten

Zum besseren Verständnis der Abfrageergebnisse folgen die Beispielinhalte der Tabellen in Abbildung 3.45 bis Abbildung 3.48.

ku_id	ku_name	ku_ort
1	Schmidt	Hamburg
2	Weber	Frankfurt
3	Murchel	Dortmund

Abbildung 3.45 Inhalt der Tabelle »kunde«

pr_id	pr_ku_id	pr_bezeichnung
1	1	Alexanderstrasse
2	1	Peterstrasse
3	2	Jahnplatz
4	2	Lindenplatz
5	3	Nordbahnhof
6	3	Westbahnhof

Abbildung 3.46 Inhalt der Tabelle »projekt«

pe_id	pe_nachname	pe_vorname
1	Mohr	Hans
2	Berger	Stefan
3	Suhren	Marion

Abbildung 3.47 Inhalt der Tabelle »person«

pr_id	pe_id	pp_datum	pp_zeit
1	1	2019-12-01	3.5
1	3	2019-12-01	4
4	1	2019-12-01	3
4	2	2019-12-01	6.5
4	2	2019-12-02	7.3
4	3	2019-12-01	4

Abbildung 3.48 Inhalt der Tabelle »projekt_person«

3.15.4 Abfragen

Sieben Abfragen

Zu insgesamt sieben Abfragen sehen Sie nachfolgend jeweils den SQL-Code und eine Erläuterung. Das vollständige Programm mit allen Abfragen finden Sie in der Datei *db_projektverwaltung_anzeigen.php* in den Materialien zum Buch.

Wir beginnen mit der Abfrage *Alle Personen*, deren Ergebnis Sie in Abbildung 3.49 sehen. Für jede Person wird ein Datensatz ausgegeben. Personen werden sortiert nach Nachnamen und Vornamen ausgegeben. Die Abfrage lautet:

```
SELECT * FROM person ORDER BY pe_nachname, pe_vorname
```

Abbildung 3.49 Alle Personen

Es folt die Abfrage *Anzahl der Kunden*. Das Ergebnis sehen Sie in Abbildung 3.50. Die Anzahl der Kunden wird mithilfe der Aggregatfunktion COUNT() ermittelt. Das Ergebnisfeld, das die berechnete Anzahl beinhaltet, bekommt den (frei gewählten) Namen count_ku_id. Die Abfrage sieht so aus:

COUNT()

```
SELECT COUNT(ku_id) AS count_ku_id FROM kunde
```

Anzahl der Kunden:
3

Abbildung 3.50 Anzahl der Kunden

Als Nächstes folgt die Abfrage *Alle Kunden mit allen Projekten*, deren Ergebnis Sie in Abbildung 3.51 sehen. Für jedes Projekt wird ein Datensatz ausgegeben. In jedem Datensatz stehen die Daten des Projekts und des betreffenden Kunden. Die Anzeige ist nach Namen, Ort und Bezeichnung sortiert. Die Abfrage lautet:

```
SELECT ku_name, ku_ort, pr_bezeichnung
    FROM kunde INNER JOIN projekt
        ON kunde.ku_id = projekt.pr_ku_id
    ORDER BY ku_name, ku_ort, pr_bezeichnung
```

In jedem Datensatz werden Inhalte aus zwei Tabellen angezeigt. Die Felder ku_name und ku_ort stammen aus der Tabelle kunde, das Feld pr_bezeichnung aus der Tabelle projekt.

Zwei Tabellen

Es werden nur Datensätze zusammengestellt, bei denen die Feldinhalte dem sogenannten *Join*, also der Verbindung der beiden Tabellen, entsprechen. Im ersten Teil des Joins werden die beteiligten Tabellen genannt: FROM kunde INNER JOIN projekt. Im zweiten Teil des Joins folgen die Felder, bei denen die Inhalte aus beiden Tabellen übereinstimmen müssen: ON kunde.ku_id = projekt.pr_ku_id. Dabei muss der Tabellenname vor dem Feldnamen geschrieben werden, getrennt durch einen Punkt. Ansonsten ist die Angabe des Tabellennamens vor dem Feldnamen nur erforderlich, falls derselbe Feldname in beiden beteiligten Tabellen vorkommt.

Join

Es wird mit einem Inner Join gearbeitet. Damit erreichen Sie, dass nur Kunden genannt werden, zu denen auch Projekte existieren.

Inner Join

```
Alle Kunden mit allen Projekten:
Murchel, Dortmund, Nordbahnhof
Murchel, Dortmund, Westbahnhof
Schmidt, Hamburg, Alexanderstrasse
Schmidt, Hamburg, Peterstrasse
Weber, Frankfurt, Jahnplatz
Weber, Frankfurt, Lindenplatz
```

Abbildung 3.51 Alle Kunden mit allen Projekten

Drei Tabellen Es folgt die Abfrage *Alle Personen mit allen Projektzeiten* mit Daten aus drei Tabellen. Abbildung 3.52 zeigt das Ergebnis. Für jede eingetragene Arbeitszeit wird ein Datensatz ausgegeben. In jedem Datensatz stehen die Daten der Arbeitszeit, des betreffenden Projekts und des betreffenden Kunden. Die Ausgabe ist nach Nachnamen, Bezeichnung und Datum sortiert. Die Abfrage sieht so aus:

```
SELECT pe_nachname, pr_bezeichnung, pp_datum, pp_zeit
    FROM projekt INNER JOIN(person INNER JOIN projekt_person
        ON person.pe_id = projekt_person.pe_id)
        ON projekt.pr_id = projekt_person.pr_id
    ORDER BY pe_nachname, pr_bezeichnung, pp_datum
```

Verschachtelter Join In jedem Datensatz werden Inhalte aus drei Tabellen angezeigt. Es handelt sich um einen verschachtelten Join. Es werden nur Datensätze zusammengestellt, bei denen die Feldinhalte beiden Joins entsprechen.

Zunächst werden im Join innerhalb der Klammern die Datensätze aus den beiden Tabellen person und projekt_person ermittelt, bei denen jeweils der Wert des Felds pe_id übereinstimmt. Anschließend werden zu diesen Datensätzen im Join außerhalb der Klammern diejenigen Datensätze aus der Tabelle projekt ermittelt, bei denen jeweils der Wert des Felds pr_id übereinstimmt.

```
Alle Personen mit allen Projektzeiten:
Berger, Lindenplatz, 2019-12-01
Berger, Lindenplatz, 2019-12-02
Mohr, Alexanderstrasse, 2019-12-01
Mohr, Lindenplatz, 2019-12-01
Suhren, Alexanderstrasse, 2019-12-01
Suhren, Lindenplatz, 2019-12-01
```

Abbildung 3.52 Alle Personen mit allen Projektzeiten

Als Nächstes folgt die Abfrage *Alle Personen mit Zeitsumme*, deren Ergebnis Sie in Abbildung 3.53 sehen. Es wird für jede Person ein Datensatz ausgegeben. Alle Personen werden ausgegeben, denen mindestens eine Arbeitszeit zugeordnet ist. Die Summe der Arbeitszeiten pro Person wird mithilfe der Aggregatfunktion SUM() berechnet. Die Ausgabe ist nach Nachnamen sortiert. Die Abfrage lautet:

SUM()

```
SELECT pe_nachname, SUM(pp_zeit) AS sum_pp_zeit
    FROM person INNER JOIN projekt_person
        ON person.pe_id = projekt_person.pe_id
    GROUP BY person.pe_id
    ORDER BY pe_nachname
```

Mithilfe der Aggregatfunktion SUM() werden alle Einträge im Feld pp_zeit aufsummiert, nach denen gruppiert wird. Die Gruppierung wird mithilfe von GROUP BY nach dem Feld pe_id der Tabelle person durchgeführt. Damit werden alle Arbeitszeiten einer Person summiert. Das Ergebnisfeld, das die berechnete Summe beinhaltet, bekommt den (frei gewählten) Namen sum_pp_zeit.

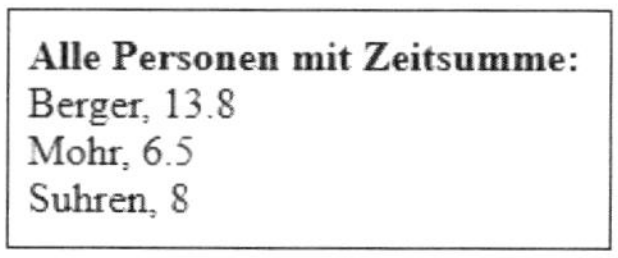

GROUP BY

Alle Personen mit Zeitsumme:
Berger, 13.8
Mohr, 6.5
Suhren, 8

Abbildung 3.53 Alle Personen mit Zeitsumme

Es folgt die Abfrage *Alle Projekte mit allen Personenzeiten*. Das Ergebnis sehen Sie in Abbildung 3.54. Es handelt sich um den gleichen Zusammenhang wie in der Abfrage *Alle Personen mit allen Projektzeiten*. Die Ausgabe ist nur anders sortiert – nach der Bezeichnung, dem Nachnamen und dem Datum. Sie sieht so aus:

```
SELECT pr_bezeichnung, pp_datum, pe_nachname, pp_zeit
    FROM projekt INNER JOIN(person INNER JOIN projekt_person
        ON person.pe_id = projekt_person.pe_id)
        ON projekt.pr_id = projekt_person.pr_id
    ORDER BY pr_bezeichnung, pe_nachname, pp_datum
```

> **Alle Projekte mit allen Personenzeiten:**
> Alexanderstrasse, Mohr, 2019-12-01
> Alexanderstrasse, Suhren, 2019-12-01
> Lindenplatz, Berger, 2019-12-01
> Lindenplatz, Berger, 2019-12-02
> Lindenplatz, Mohr, 2019-12-01
> Lindenplatz, Suhren, 2019-12-01

Abbildung 3.54 Alle Projekte mit allen Personenzeiten

Als Letztes folgt die Abfrage *Alle Projekte mit Zeitsumme*, deren Ergebnis in Abbildung 3.55 zu sehen ist. Es handelt sich um einen ähnlichen Zusammenhang wie in der Abfrage *Alle Personen mit Zeitsumme*. Hier wird nach Projekt statt nach Person gruppiert und entsprechend sortiert. Die Abfrage lautet:

```
SELECT pr_bezeichnung, SUM(pp_zeit) AS sum_pp_zeit
    FROM projekt INNER JOIN projekt_person
        ON projekt.pr_id = projekt_person.pr_id
    GROUP BY projekt.pr_id
    ORDER BY pr_bezeichnung
```

> **Alle Projekte mit Zeitsumme:**
> Alexanderstrasse, 7.5
> Lindenplatz, 20.8

Abbildung 3.55 Alle Projekte mit Zeitsumme

3.15.5 JOIN oder WHERE?

Verknüpfte Datensätze aus mehreren Tabellen lassen sich auch mithilfe von WHERE ermitteln. Einige Gründe sprechen dagegen:

- Die Schreibweise mithilfe eines Joins ist moderner und klarer.
- Auf bestimmten SQL-Servern wird die Schreibweise mithilfe von WHERE in Zukunft nicht mehr möglich sein.
- Verknüpfungen mit JOIN können besser von Bedingungen mit WHERE unterschieden werden.
- Joins werden in der SQL-Ansicht der Abfrage-Objekte in MS Access genutzt. Diese Abfragen können Ihnen als eine wertvolle Hilfe bei der Erstellung der SQL-Ausdrücke dienen.

▸ Es ist günstig, die Arbeit mit Joins bereits in kleinen Beispielen zu erlernen, bevor sie in komplexen Beispielen unumgänglich sind.

3.16 Ein Datenbankbrowser

Sie finden das Bonuskapitel »Projekt Datenbankbrowser« in den Materialien zum Buch. Dort beschreibe ich eine umfangreiche Anwendung, mit deren Hilfe sich die Strukturen und Inhalte aller aktuell vorhandenen Datenbanken unter MySQL übersichtlich darstellen lassen. Die Anwendung steht in den beiden Dateien *db_browser_a.php* und *db_browser_b.php*, die Sie zusammen mit den anderen Beispielprogrammen ebenfalls in den Materialien zum Buch finden.

Bonuskapitel

3.17 Datenbanken publizieren

In Abschnitt 2.6 habe ich bereits kurz beschrieben, wie Sie PHP-Programme im Internet zur Benutzung bereitstellen. Dazu brauchen Sie eine eigene Domian, die Sie über einen Internet-Service-Provider (ISP) buchen. Sollen Ihre Programme auf Informationen aus einer MySQL-Datenbank zugreifen, müssen die Inhalte der Datenbank ebenfalls zur Verfügung gestellt werden.

Datenbanken ins Internet

Bereits einfache und preisgünstige Pakete bei den ISPs bieten die Möglichkeit, auf eine eigene MySQL-Datenbank zur dynamischen Generierung datenbankbasierter Seiten zugreifen können.

Auf diese Datenbank haben nur Sie als der Entwickler Zugriff. Sie liegt auf einem Datenbankserver bereit. Der Internet-Service-Provider stellt Ihnen außer den Zugangsdaten zum Konfigurationsmenü der Website im Internet und den Angaben für den FTP-Zugang auch die Zugangsinformationen zur Datenbank zur Verfügung. Diese umfassen den Namen des Datenbankservers (Host Name), die Benutzerkennung (User ID) und das Passwort.

Zugangsinformationen

Häufig besteht nicht die Möglichkeit, eigene Datenbanken auf dem Datenbankserver im Internet anzulegen. Es wird nur eine einzelne Datenbank mit einem festgelegten Namen bereitgestellt, in der eigene Tabellen erzeugt werden können. Der Name dieser Datenbank wird ebenfalls vom Internet-Service-Provider übermittelt.

Festgelegter Name

Es gibt zwei Möglichkeiten, um die Struktur sowie die Daten von Tabellen auf einen Datenbankserver im Internet zu transferieren:

phpMyAdmin
- Sie benutzen phpMyAdmin auf der Website im Internet.

CREATE TABLE
- Sie erstellen eigene PHP-Programme, die die SQL-Anweisungen CREATE TABLE, ALTER TABLE und INSERT verwenden, und führen diese Programme auf der Website im Internet aus. Dies sollte in einem geschützten Verzeichnis erfolgen. Die Programme sollten Sie per Programmcode sichern, damit Tabellen nicht versehentlich überschrieben werden. Existiert keine Möglichkeit zum Verzeichnisschutz, sollten Sie die Programme unmittelbar nach der Benutzung wieder löschen.

Beide Möglichkeiten werden nachfolgend am Beispiel der Datenbank firma beschrieben.

Verzeichnisschutz
Die Erzeugung eines Verzeichnisschutzes wird normalerweise über das Konfigurationsmenü des Internet-Service-Providers ermöglicht.

Die Aufnahme der Verbindung zu einer MySQL-Datenbank im Internet setzt bestimmte Modifikationen in den zugehörigen PHP-Programmen voraus, die ich zunächst erläutere.

3.17.1 Verbindung aufnehmen

Informationen vom ISP
Wenn Sie ein Objekt der Klasse mysqli erzeugen, wird eine Verbindung zu einer Datenbank aufgenommen. Jeder Kunde, dem eine Datenbank bei einem Internet-Service-Provider zur Verfügung steht, erhält von ihm die folgenden Informationen, die dafür benötigt werden:

- den Namen des Datenbankservers,
- den persönlichen Benutzernamen auf diesem Datenbankserver,
- das Passwort für diesen Benutzernamen und
- den Namen der Datenbank.

Damit nun nicht alle PHP-Programme, die auf die lokale Datenbank zugreifen, für den Einsatz im Internet geändert werden müssen, empfiehlt sich die folgende Vorgehensweise:

Verbindungsaufnahme auslagern
- Die Anweisung zur Verbindungsaufnahme wird in eine include-Datei ausgelagert, zum Beispiel in *db_connect.inc.php*.
- Sie erstellen zwei Versionen der Datei: eine für den Einsatz während der Entwicklung auf Ihrem lokalen Webserver und eine andere für den Ein-

satz im Internet. Am besten legen Sie letztgenannte Version in ein geschütztes Verzeichnis auf Ihrer Website im Internet. Dadurch werden die Kundendaten und Passwörter zusätzlich abgesichert.

- In den PHP-Programmen wird die include-Datei zu Beginn eingebunden, das heißt vor dem ersten Datenbankzugriff.

Hier folgt ein Programm, das sowohl lokal als auch im Internet die Felder name und vorname für alle Datensätze der Tabelle personen ausgibt:

```
<!DOCTYPE html>...<body>
<?php
   include "db_connect.inc.php";
   $res = $con->query("SELECT * FROM personen");
   while ($dsatz = $res->fetch_assoc())
      echo $dsatz["name"] . ", " . $dsatz["vorname"] . "<br>";
   $res->close();
   $con->close();
?>
</body></html>
```

Listing 3.25 Datei »db_connect.php«

Die include-Datei für den lokalen Rechner sieht so aus:

```
<?php
   $con = new mysqli("", "root", "", "firma");
?>
```

Listing 3.26 Datei »db_connect.inc.php« (lokal)

Die include-Datei für den Webserver im Internet sieht beispielsweise so aus:

```
<?php
   $con = new mysqli("dbxyz.meinprovider.de",
      "meinname", "meinpasswort", "db987654");
?>
```

Listing 3.27 Datei »db_connect.inc.php« (im Internet)

Sie müssen lediglich beachten, dass die Tabelle personen im Internet in der Datenbank db987654 liegt und lokal in der Datenbank firma. In den Materialien zum Buch heißt die Datei zur Unterscheidung *db_connect.inc.php_remote*.

3.17.2 Export einer Tabelle

Dump erzeugen Um die Tabellen einer Datenbank zu kopieren, müssen Sie zunächst die betreffende Datenbank aus phpMyAdmin heraus exportieren. Wählen Sie auf der linken Seite die gewünschte Datenbank aus, hier die Datenbank FIRMA. Über die Registerkarte EXPORTIEREN (siehe Abbildung 3.56) gelangen Sie zu der Seite, auf der Sie einen sogenannten *Dump* erzeugen können, also eine Exportversion der Tabellen der gewünschten Datenbank.

Abbildung 3.56 Registerkarte »Exportieren«

Die Standardoptionen sind bereits markiert, inklusive des Formats SQL. Nach dem Betätigen der Schaltfläche OK unten rechts (hier nicht sichtbar) wird die Datei *firma.sql* in Ihrem Verzeichnis *Downloads* gespeichert. Sie können sie mithilfe eines Texteditors öffnen.

Kommentare und SQL In der SQL-Datei stehen Kommentarzeilen, die Sie an den beiden Bindestrichen zu Beginn erkennen, und SQL-Anweisungen, wie sie in Abbildung 3.57 bis Abbildung 3.59 zu sehen sind. Diese SQL-Anweisungen erzeugen:

CREATE TABLE ▶ die Struktur der Tabellen mithilfe der SQL-Anweisung CREATE TABLE,
INSERT ▶ die Datensätze der Tabellen mithilfe der SQL-Anweisung INSERT und
▶ nachträglich den Primärschlüssel für die Tabelle mithilfe der SQL-Anweisung ALTER.

```
--
-- Tabellenstruktur für Tabelle `personen`
--
CREATE TABLE `personen` (
  `name` varchar(30) DEFAULT NULL,
  `vorname` varchar(25) DEFAULT NULL,
  `personalnummer` int(11) NOT NULL,
  `gehalt` double DEFAULT NULL,
  `geburtstag` date DEFAULT NULL
) ENGINE=InnoDB DEFAULT CHARSET=utf8;
```

Abbildung 3.57 Erzeugen der Struktur der Tabelle

```
--
-- Daten für Tabelle `personen`
--
INSERT INTO `personen` (`name`, `vorname`, `personalnummer`,
`gehalt`, `geburtstag`) VALUES
('Mertens', 'Julia', 2297, 3621.5, '1959-12-30'),
('Maier', 'Hans', 6714, 3500, '1962-03-15'),
('Schmitz', 'Peter', 81343, 3750, '1958-04-12');
```

Abbildung 3.58 Erzeugen der Datensätze der Tabelle

```
--
-- Indizes für die Tabelle `personen`
--
ALTER TABLE `personen`
  ADD PRIMARY KEY (`personalnummer`);
COMMIT;
```

Abbildung 3.59 Nachträgliches Erzeugen des Primärschlüssels

Den Inhalt der SQL-Datei können Sie

- sowohl für einen Import der Tabellen in eine andere Datenbank mithilfe von phpMyAdmin nutzen
- als auch in eine PHP-Datei kopieren. Diese Datei können Sie anschließend verändern beziehungsweise anpassen und speichern, um ein eigenes PHP-Programm zu erstellen.

Häufig wird das Programm *phpMyAdmin* vom Internet-Service-Provider zur Verfügung gestellt. Der Export einer Tabelle gelingt wie folgt:

- Erzeugen Sie auf dem lokalen Webserver einen Dump der gewünschten Datenbank, wie weiter oben beschrieben.

Export lokal

phpMyAdmin auf Server ▶ Öffnen Sie phpMyAdmin auf der Website im Internet. Wählen Sie auf der linken Seite die gewünschte Datenbank aus. Über die Registerkarte IMPORTIEREN (siehe Abbildung 3.60) gelangen Sie zu der Seite, auf der Sie den Import vornehmen können.

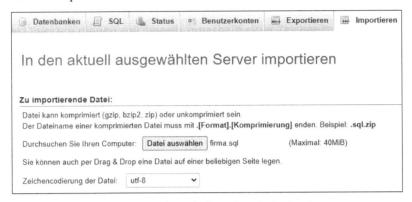

Abbildung 3.60 Importieren der Tabellen einer Datenbank

Import auf Server ▶ Betätigen Sie die Schaltfläche DURCHSUCHEN, und wählen Sie die zuvor erstellte SQL-Datei aus. Nach dem Betätigen der Schaltfläche OK unten rechts (hier nicht sichtbar) werden die SQL-Anweisungen aus der SQL-Datei ausgeführt. Damit werden die Tabellen erzeugt.

[»] **Hinweis**

In der Standardeinstellung wird der Dump ohne den SQL-Befehl DROP TABLE erzeugt. Auf diese Weise wird dafür gesorgt, dass eine bereits vorhandene Tabelle mit demselben Namen nicht automatisch gelöscht wird. Die alte Tabelle wird also nicht versehentlich überschrieben, sondern es erfolgt eine Fehlermeldung. Somit werden Sie dazu angehalten, die alte Tabelle bewusst zu löschen.

Dump kopieren Sie können bei Bedarf vor einem Import innerhalb der SQL-Datei die Struktur oder die Daten verändern. Zum Beispiel könnte es sein, dass die Tabellen im Internet einen anderen Namen haben sollen als auf dem lokalen Server.

3.17.3 Tabelle und Daten per Programm erzeugen

Primärschlüssel bei Tabellenerzeugung Nachfolgend werden die Struktur und die Basisdaten der Tabellen mithilfe eines eigenen PHP-Programms erzeugt. Listing 3.28 beinhaltet die SQL-Befehle aus Abschnitt 3.17.2 in verkürzter Form. Der Primärschlüssel wird bei Ausführung des SQL-Befehls CREATE TABLE gemeinsam mit der Tabellenstruktur erstellt:

```
<!DOCTYPE html>...<body>
<?php
   include "db_connect.inc.php";

   if(isset($_GET["tname"]))
      $tname = $_GET["tname"];
   else
      exit("Tabellenname fehlt");

   $sql = "DROP TABLE IF EXISTS $tname";
   echo "<p>$sql</p>";
   $con->query($sql);

   $sql = "CREATE TABLE $tname"
      . " (name VARCHAR(30) DEFAULT NULL,"
      . " vorname VARCHAR(25) DEFAULT NULL,"
      . " personalnummer INT(11) NOT NULL,"
      . " gehalt DOUBLE DEFAULT NULL,"
      . " geburtstag DATE DEFAULT NULL,"
      . " PRIMARY KEY (personalnummer)"
      . " ) ENGINE=InnoDB DEFAULT CHARSET=UTF8";
   echo "<p>$sql</p>";
   $con->query($sql);

   $sql = "INSERT INTO $tname VALUES"
      . " ('Maier', 'Hans', 6714, '3500', '1962-03-15'),"
      . " ('Schmitz', 'Peter', 81343, '3750', '1958-04-12'),"
      . " ('Mertens', 'Julia', 2297, '3621.5', '1959-12-30')";
   echo "$sql<br>";
   $con->query($sql);

   $con->close();
?>
</body></html>
```

Listing 3.28 Datei »db_gesamt.php«

Das PHP-Programm setzt die richtige connect-Datei voraus, wie es in Abschnitt 3.17.1 beschrieben wird.

Sicherung des Programmcodes

Das obige Programm ist per Programmcode »gesichert«. Wird nur der Name des PHP-Programms (*localhost/db_gesamt.php*) aufgerufen, führt keiner der Aufrufe der Methode query() zum Erfolg, da die Variable $tname unbekannt ist. Die Tabelle wird weder gelöscht noch neu erzeugt. Hängen Sie aber den Namen der Tabelle an die URL (hier: *localhost/db_gesamt.php?tname=personen*), wird der Variablen $tname der Wert personen zugewiesen. Die Tabelle personen wird gelöscht und neu erzeugt (siehe Abbildung 3.61).

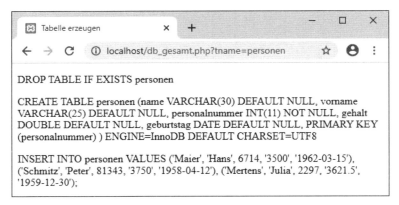

Abbildung 3.61 Erzeugen von Tabelle und Datensätzen

Zur Kontrolle werden alle SQL-Anweisungen im Browser ausgegeben. Bei der genannten Vorgehensweise ist es leicht möglich, der Tabelle einen anderen Namen zu geben. Existiert keine Möglichkeit zum Verzeichnisschutz, sollten Sie dieses Programm direkt wieder löschen, sobald Sie es auf der Website im Internet benutzt haben. So sorgen Sie für mehr Sicherheit.

Kapitel 4
Objektorientierung in PHP

Die objektorientierte Programmierung (*OOP*) bietet zusätzliche Möglichkeiten zum verbesserten Aufbau und zur vereinfachten Wartung und Erweiterung von Programmen. Mithilfe der Objektorientierung wird versucht, Objekte aus der realen Welt und ihre Interaktion »originalgetreu« abzubilden.

In Kapitel 3 haben Sie bereits mit Objekten von vordefinierten Klassen gearbeitet, ihre Eigenschaften genutzt und ihre Methoden aufgerufen. In diesem Kapitel geht es um die Erzeugung eigener Klassen.

4.1 Was ist objektorientierte Programmierung?

Sie definieren *Klassen*, in denen die Eigenschaften von Objekten und die Funktionen festgelegt werden, die auf diese Objekte angewendet werden können (sogenannte *Methoden*).

Klasse, Objekt

Anschließend können viele verschiedene Objekte dieser Klassen erzeugt werden. Den Eigenschaften dieser Objekte werden individuelle Werte zugewiesen und die Methoden werden auf diese Objekte angewendet. Die Definitionen aus der Klasse begleiten die Objekte während der gesamten Lebensdauer des Programms. Objekte werden auch *Instanzen* (einer Klasse) genannt.

Eigenschaft, Methode

Ein Beispiel: Es wird die Klasse Fahrzeug gebildet, in der die Eigenschaften und Methoden verschiedener Fahrzeuge bestimmt werden können. Ein Fahrzeug hat die Eigenschaften Bezeichnung, Geschwindigkeit und Fahrtrichtung. Es kann benannt, beschleunigt und gelenkt werden. Innerhalb eines Programms können viele unterschiedliche Fahrzeuge erschaffen und genutzt werden.

Klassen können ihre Eigenschaften und Methoden zudem vererben. Sie dienen in diesem Zusammenhang als *Basisklasse*, und ihre Erben nennt man *abgeleitete Klassen*. Dadurch lässt sich die Definition von Objekten

Vererbung

vereinfachen, die über eine Reihe von gemeinsamen Eigenschaften und Methoden verfügen.

Ein Beispiel: Es werden die Klassen PKW und LKW gebildet. Beide Klassen sind von der Basisklasse Fahrzeug abgeleitet und erben alle ihre Eigenschaften und Methoden. Zusätzlich verfügen sie über eigene Eigenschaften und Methoden, die bei der jeweiligen Klasse besonders wichtig sind. Ein PKW hat zum Beispiel eine bestimmte Anzahl an Insassen, und man kann in einen PKW einsteigen und aus ihm aussteigen. Ein LKW hat zum Beispiel eine Ladung; man kann ihn beladen beziehungsweise entladen.

> **Hinweis**
>
> Die in diesem Abschnitt dargestellten Programme sind ein Kompromiss, denn die Vorteile der objektorientierten Programmierung sind erst bei größeren Programmierprojekten erkennbar.
>
> Bei einem kleineren Problem fragt man sich womöglich, warum man hierfür ein derart aufwendiges Programm schreiben soll. Anhand der vorliegenden Programme lassen sich aber die Prinzipien der objektorientierten Programmierung erschließen, ohne den Überblick zu verlieren.

4.2 Klassen und Objekte

Zwei Eigenschaften, drei Methoden

In einem ersten Beispiel wird die Klasse Fahrzeug definiert. Ein Objekt dieser Klasse verfügt über die Eigenschaften bezeichnung und geschwindigkeit sowie über die Methoden benennen(), beschleunigen() und ausgeben(). Die Methode ausgeben() soll den Anwender über den aktuellen Zustand des jeweiligen Fahrzeugs informieren.

4.2.1 Definition der Klasse

Hier sehen Sie den ersten Teil der Datei *oop_klasse.php*, der die Definition der Klasse beinhaltet:

```
<!DOCTYPE html>...<body>
<?php
/* Definition der Klasse Fahrzeug */
class Fahrzeug
{
```

```
   /* Eigenschaften */
   private $bezeichnung;
   private $geschwindigkeit;

   /* Methoden */
   function benennen($b)
   {
      $this->bezeichnung = $b;
   }

   function beschleunigen($g)
   {
      $this->geschwindigkeit += $g;
   }

   function ausgeben()
   {
      echo "$this->bezeichnung, "
         . "$this->geschwindigkeit km/h<br>";
   }
}
...
```

Listing 4.1 Datei »oop_klasse.php« (erster Teil mit Klassendefinition)

Die Definition der *Klasse* wird eingeleitet durch das Schlüsselwort class, gefolgt vom Namen der Klasse. Anschließend folgt die eigentliche Definition innerhalb eines Blocks von geschweiften Klammern. Einer Konvention folgend, beginnt der Name einer Klasse immer mit einem Großbuchstaben.

class

Als Nächstes werden die beiden Eigenschaften definiert. Die Bedeutung des Schlüsselworts private erkläre ich in Abschnitt 4.2.2.

Methoden sind Funktionen, die nur innerhalb einer Klasse gelten. Sie werden wie Funktionen mit function definiert. Sie können ebenso wie Funktionen Parameter besitzen.

function

Methoden werden für ein bestimmtes Objekt aufgerufen (siehe Abschnitt 4.2.3). Innerhalb der Definition der Klasse wird mithilfe von $this auf das aktuelle Objekt zugegriffen. Eigenschaften oder Methoden von Objekten

this

sind mithilfe des Operators -> erreichbar. Dem Namen einer Eigenschaft wird dabei nicht das Zeichen $ vorangestellt!

Die Methoden `benennen()` und `beschleunigen()` haben jeweils einen Parameter: einen Wert zur Änderung der Eigenschaft `bezeichnung` beziehungsweise `geschwindigkeit` des aktuellen Objekts.

Wie beim Aufruf einer Funktion müssen Sie beim Aufruf einer Methode darauf achten, nicht zu wenige Parameter zu übergeben. Ansonsten erfolgt seit PHP 7.1 eine Fehlermeldung (siehe Abschnitt 1.7.3).

Die Methode `ausgeben()` besitzt keinen Parameter. Sie dient dazu, die Werte der Eigenschaften des aktuellen Objekts auszugeben.

Bisher beinhaltete das Programm nur eine Klassendefinition; es führte noch nichts aus. Das eigentliche Programm folgt noch.

Namensregeln Für die Namen von Klassen, Eigenschaften und Methoden gelten die gleichen Regeln wie für den Namen einer Variablen (siehe Abschnitt 1.2.2). Der einzige Unterschied besteht darin, dass der Name einer Klasse nicht mit dem Zeichen $ (Dollar) beginnt. Seit PHP 7.0 darf eine Methode auch den Namen einer vordefinierten Funktion haben.

4.2.2 Sichtbarkeit

In PHP 5 wurde das Prinzip der Kapselung eingeführt, das auch aus anderen objektorientierten Sprachen bekannt ist. Die Sichtbarkeit von Eigenschaften und Methoden lässt sich über die Schlüsselwörter `public`, `protected` und `private` festlegen:

private
- `private`: Private Eigenschaften und Methoden sind nur innerhalb der Klassendefinition erreichbar. Dies wird häufig auf Eigenschaften und seltener auf Methoden angewendet. Bei einem Zugriff auf eine private Eigenschaft oder Methode außerhalb der eigenen Klassendefinition tritt ein Fehler auf. Man nennt private Eigenschaften oder Methoden auch *gekapselt*.

protected
- `protected`: protected-Eigenschaften und Methoden sind nur innerhalb der Klasse erreichbar, in der sie erzeugt werden, und in davon abgeleiteten Klassen. Man spricht auch von einem *eingeschränkten Zugriff*. Eine Klasse wird mithilfe der Vererbung abgeleitet (siehe Abschnitt 4.10).

public
- `public`: Diese Eigenschaften und Methoden sind von überall her erreichbar. Man spricht auch von einem *öffentlichen Zugriff*.

In großen Projekten können die Aufgaben verteilt sein:

- Es gibt Entwickler, die Klassen entwerfen und das Verhalten der Objekte dieser Klasse festlegen.
- Es gibt Entwickler, die Anwendungen erschaffen, in denen Objekte der Klassen erzeugt und genutzt werden.

Der Vorteil des Kapselungsprinzips besteht darin, dass gekapselte oder eingeschränkt erreichbare Eigenschaften nicht versehentlich an beliebiger Stelle durch den Benutzer der Klasse verändert werden können, sondern nur durch Aktionen, die der Entwickler der Klasse definiert und somit erlaubt hat.

Kapselung

Analog können Sie dies auf Methoden anwenden. Bestimmte Methoden sollen nur intern beziehungsweise innerhalb der Klassenhierarchie genutzt werden und nicht versehentlich vom Benutzer der Klasse. Daher können auch sie als private oder protected gekennzeichnet werden.

Zur Schreibweise: Bei der Definition von Eigenschaften müssen Sie private, protected oder public notieren. Methoden werden häufig ohne die Angabe der Sichtbarkeit definiert. In diesem Fall sind sie automatisch public.

4.2.3 Anwendung der Klasse

Im folgenden Hauptprogramm, das im zweiten Teil der Datei *oop_klasse.php* steht, wird die oben genannte Klasse angewendet. Es werden Objekte erzeugt und Methoden auf diese Objekte angewendet. Zudem findet eine Typprüfung statt und es wird versucht, auf eine private Eigenschaft zuzugreifen:

```
...
/* Objekte der Klasse Fahrzeug erzeugen */
$vespa = new Fahrzeug();
$scania = new Fahrzeug();

/* Erstes Objekt betrachten und verändern */
$vespa->ausgeben();
$vespa->benennen("Vespa Piaggio");
$vespa->beschleunigen(25);
$vespa->ausgeben();
```

```
/* Zweites Objekt betrachten und verändern */
$scania->ausgeben();
$scania->benennen("Scania TS 360");
$scania->beschleunigen(62);
$scania->ausgeben();

/* Typ prüfen */
if(is_object($vespa))
   echo "Das ist ein Objekt<br>";

/* Private Eigenschaft, nicht erreichbar */
// echo "Private Eigenschaft: $scania->geschwindigkeit";
?>
</body></html>
```

Listing 4.2 Datei »oop_klasse.php« (zweiter Teil mit Hauptprogramm)

new — Das Schlüsselwort new dient zum Erzeugen von Objekten einer Klasse. Im Hauptprogramm werden zwei Objekte der Klasse Fahrzeug erstellt. Die beiden Namen vespa und scania dienen als Referenzen für den Zugriff auf diese Objekte. Nach dem Namen einer Klasse sollten runde Klammern folgen. Meist werden Objekte mithilfe von Konstruktoren erzeugt (siehe Abschnitt 4.3). Dabei müssen die runden Klammern genutzt werden.

Operator -> — Methoden werden für ein bestimmtes Objekt aufgerufen. Man sagt auch, eine Methode wird auf ein Objekt angewendet. Sichtbare Methoden oder Eigenschaften werden mithilfe des Operators -> angesprochen.

Die Eigenschaften der beiden Objekte werden jeweils zweimal ausgegeben: unmittelbar nach der Erzeugung und nach der Änderung der Eigenschaftswerte mithilfe der Methoden. Objekte sollten bereits bei ihrer Erzeugung mit Werten initialisiert werden. Dazu folgt mehr in Abschnitt 4.3.

Fehler bei Zugriff — Wird versucht, auf die private Eigenschaft geschwindigkeit des Objekts scania außerhalb der Klassendefinition zuzugreifen, führt das zu einer Fehlermeldung. Die Anzeige von Fehlern ist abhängig von der gewählten Fehleranzeige (siehe Kapitel 5).

Die Ausgabe des Programms sehen Sie in Abbildung 4.1.

Abbildung 4.1 Objekte der eigenen Klasse »Fahrzeug«

Hinweis

Theoretisch könnten Sie auch im Hauptprogramm Eigenschaften von Objekten erzeugen. Es wäre also möglich, im Hauptprogramm des oben gezeigten Programms die Anweisung $vespa->leistung = 15; zu notieren. Damit würde das Objekt $vespa der Klasse Fahrzeug über eine weitere (öffentliche) Eigenschaft mit einem Wert verfügen. Dies ist allerdings aus zwei Gründen nicht zu empfehlen:

- Es widerspricht dem Gedanken der objektorientierten Programmierung, da die Eigenschaften von Objekten einer Klasse das Ergebnis eines Entwurfs sind und zum Zeitpunkt der Definition der Klasse festgelegt sein sollten.
- Ein anderes Objekt der gleichen Klasse verfügt nicht über diese Eigenschaft. Somit ähneln sich die Objekte nicht mehr.

4.3 Konstruktor und Ausgabe

In PHP gibt es sogenannte *magische Methoden*. Dabei handelt es sich um besondere Methoden, die im Zusammenhang mit einer Klasse definiert werden können. Ihre Namen sind festgelegt und beginnen jeweils mit zwei Unterstrichen. Die beiden folgenden magischen Methoden sollten immer in eigenen Klassen definiert werden:

- Die *Konstruktor-Methode* __construct() wird genutzt, um einem Objekt zu Beginn seiner Lebensdauer Anfangswerte zuzuweisen.
- Die *Ausgabemethode* __toString() wird genutzt, um die Daten eines Objekts ähnlich wie den Wert einer Variablen auszugeben. Sie liefert eine Zeichenkette.

Die Klasse `Fahrzeug` erhält nachfolgend diese beiden Methoden. Anschließend können Objekte der Klasse nur noch mithilfe des Konstruktors erzeugt werden. Die Methode `__toString()` ersetzt die Methode `ausgeben()` aus Abschnitt 4.2.

Constructor Property Promotion

In den Programmen dieses Buchs wird mit der sogenannten *Constructor Property Promotion* gearbeitet, die seit PHP 8.0 zur Verfügung steht. Mit dieser Technik können Konstruktoren wesentlich kürzer und übersichtlicher formuliert werden als zuvor.

Das Programm sieht so aus:

```php
<!DOCTYPE html>...<body>
<?php
/* Definition der Klasse Fahrzeug */
class Fahrzeug
{
   function __construct(private $bezeichnung,
      private $geschwindigkeit) { }

   function beschleunigen($wert)
   {
      $this->geschwindigkeit += $wert;
   }

   function __toString()
   {
      return "$this->bezeichnung, "
         . "$this->geschwindigkeit km/h<br>";
   }
}

/* Objekte erzeugen */
$vespa = new Fahrzeug("Vespa Piaggio",25);
$scania = new Fahrzeug("Scania TS 360",62);

/* Objekte ausgeben */
echo $vespa;
echo $scania;

/* Objekt verändern und ausgeben */
$vespa->beschleunigen(20);
```

```
echo $vespa;

// $vespa->__construct("Vespa Formosa", 35);
// echo $vespa;
?>
</body></html>
```

Listing 4.3 Datei »oop_konstruktor.php«

Die Konstruktor-Methode erwartet im vorliegenden Fall zwei Parameter. Dank der Constructor Property Promotion kann einem Konstruktor-Parameter die Sichtbarkeit vorangestellt werden, zum Beispiel mithilfe von `private`. Auf diese Weise wird gleichzeitig eine Eigenschaft der Klasse erzeugt.

Eigenschaft erzeugen

Bei der Erzeugung eines Objekts der Klasse werden die Werte für die Parameter geliefert. Damit werden die Eigenschaften des Objekts initialisiert, also mit Anfangswerten versorgt. Im vorliegenden Fall werden zwei Objekte erzeugt. Sie haben die Anfangswerte `Vespa Piaggio` und `25` für das Objekt mit der Referenz `vespa` (oder vereinfacht: das Objekt `vespa`) und `Scania TS 360` und `62` für das Objekt `scania`.

Initialisierung

Die Methode `__toString()` dient zur Ausgabe beider Eigenschaften. Hier werden beide Objekte nach ihrer Erzeugung ausgegeben. Haben Sie die Methode `__toString()` nicht definiert, führt die Ausgabe eines Objekts mithilfe von `echo` zu einem Fehler.

Ausgabe

Anschließend wird die Eigenschaft eines Objekts verändert und erneut ausgegeben. Abbildung 4.2 zeigt die Ausgabe des Programms.

Abbildung 4.2 Klasse mit Konstruktor

Hinweis

Im Unterschied zu vielen anderen objektorientierten Sprachen können Sie in PHP eine Konstruktor-Methode auch explizit aufrufen. Das ermöglicht

> zwar nicht die Erzeugung eines neuen Objekts, aber die erneute Initialisierung eines vorhandenen Objekts. Ein Beispiel sehen Sie am Ende des Programms. Das ist besonders im Zusammenhang mit der Vererbung interessant (siehe Abschnitt 4.10).

Klassische Schreibweise

In der Datei *oop_konstruktor_klassisch.php* finden Sie die Schreibweise für Konstruktoren, die vor PHP 8.0 zur Verfügung stand. Nachfolgend sehen Sie zum Vergleich den Anfang der Klassendefinition:

```
class Fahrzeug
{
   private $bezeichnung;
   private $geschwindigkeit;

   function __construct($b, $g)
   {
      $this->bezeichnung = $b;
      $this->geschwindigkeit = $g;
   }
...
```

Listing 4.4 Datei »oop_konstruktor_klassisch.php«

Im Unterschied zur Constructor Property Promotion müssen die Eigenschaften beziehungsweise Parameter hier an insgesamt vier Stellen genannt werden.

4.4 Destruktor

__destruct()

Als weitere magische Methode können Sie auch die *Destruktor-Methode* __destruct() definieren. Definieren Sie keinen eigenen Destruktor, wird ein Standarddestruktor aufgerufen. Beim Destruktor handelt es sich um das Gegenstück zum Konstruktor. Es ist eine Methode, die automatisch aufgerufen wird, sobald die Existenz eines Objekts endet:

- Wird ein Objekt im Hauptprogramm erzeugt, stellt das Ende des Hauptprogramms den Zeitpunkt des Destruktor-Aufrufs dar.
- Wird ein Objekt innerhalb einer Funktion erzeugt, wird der Destruktor am Ende der Funktion aufgerufen.

4.4 Destruktor

Der Zweck eines Destruktors besteht im »Aufräumen«. Es können bestimmte Aktionen angestoßen oder Ressourcen freigegeben werden. Sie können auch Informationen zu dem Objekt dauerhaft speichern, die nicht verloren gehen sollen.

Aufräumen, Freigabe

Nachfolgend sehen Sie ein Programm mit einer verkürzten Klasse Fahrzeug, die über einen Konstruktor und einen Destruktor verfügt:

```
<!DOCTYPE html>...<body>
<?php
class Fahrzeug
{
   function __construct(private $geschwindigkeit) {}

   function beschleunigen($wert)
   {
      $this->geschwindigkeit += $wert;
   }

   function __toString()
   {
      return "Geschwindigkeit: $this->geschwindigkeit km/h<br>";
   }

   function __destruct()
   {
      echo "Destruktor<br>";
   }
}

$vespa = new Fahrzeug(20);
echo $vespa;
$vespa->beschleunigen(30);
echo $vespa;
?>
</body></html>
```

Listing 4.5 Datei »oop_destruktor.php«

Die Ausgabe des Programms sehen Sie in Abbildung 4.3.

Abbildung 4.3 Klasse mit Destruktor

Es wird eine eigene Destruktor-Methode definiert. Diese liefert im vorliegenden Fall nur eine Ausgabe des Typs: »Hallo, hier bin ich, der Destruktor.« Sie wird am Ende des Hauptprogramms aufgerufen.

> **Hinweis**
> Wie ein Konstruktor kann auch ein Destruktor explizit aufgerufen werden (hier zum Beispiel mit $vespa->__destruct();). Dies führt dazu, dass der Speicherplatz des Objekts während des Programmlaufs wieder freigegeben wird und anderweitig genutzt werden kann.

4.5 Optionale und benannte Parameter

Die Anzahl der Möglichkeiten, eine Funktion oder Methode aufzurufen, lässt sich durch folgende Techniken erweitern:

Optionale Parameter
- Sie nutzen bei der Definition optionale Parameter mit Vorgabewerten (siehe Abschnitt 1.10.4).

Benannte Parameter
- Sie nutzen beim Aufruf benannte Parameter (siehe Abschnitt 1.10.5).

Vorteile Beides wird nachfolgend am Beispiel der Konstruktor-Methode der Klasse Fahrzeug angewendet. Sie sollten diese Techniken bei Ihren Klassen generell anwenden, damit Objekte auf vielfältige Weise erzeugt werden können und ihre Eigenschaften immer definierte Werte besitzen. Auch andere Methoden können auf diese Weise erweitert werden.

Das Programm sieht wie folgt aus:

```
<!DOCTYPE html>...<body>
<?php
```

4.5 Optionale und benannte Parameter

```php
/* Definition der Klasse Fahrzeug */
class Fahrzeug
{
   /* Konstruktor mit optionalen Parametern */
   function __construct(private $bezeichnung = "unbekannt",
      private $geschwindigkeit = 0) { }

   function beschleunigen($wert)
   {
      $this->geschwindigkeit += $wert;
   }

   function __toString()
   {
      return "$this->bezeichnung"
         . ", $this->geschwindigkeit km/h<br>";
   }
}

/* Mit positionalen Parametern erzeugen */
$jeep = new Fahrzeug("Jeep Cherokee",45);
$vespa = new Fahrzeug("Vespa Piaggio");

/* Ohne Parameter */
$hyundai = new Fahrzeug();

/* Mit benannten Parametern erzeugen */
$scania = new Fahrzeug(geschwindigkeit: 62);
$seat = new Fahrzeug(geschwindigkeit: 178,
   bezeichnung: "Seat Leon");

/* Objekte betrachten */
echo $jeep;
echo $vespa;
echo $hyundai;
echo $scania;
echo $seat;
?>
</body></html>
```

Listing 4.6 Datei »oop_parameter.php«

Beide Parameter der Konstruktor-Methode der Klasse Fahrzeug sind optional, da bei der Definition bereits Vorgabewerte zugewiesen werden. Für die Eigenschaft bezeichnung ist das die Zeichenkette "unbekannt", für die Eigenschaft geschwindigkeit ist das der Wert 0.

Positionale Parameter
Beim Objekt $jeep werden standardmäßig zwei positionale Parameter übergeben. Beim Objekt $vespa wird nur eine Zeichenkette als positionaler Parameter übergeben. Der Wert der Eigenschaft geschwindigkeit stammt aus dem Vorgabewert. Beim Objekt $hyundai entsprechen beide Eigenschaftswerte den Vorgabewerten.

Benannte Parameter
Beim Objekt $scania wird der Wert für die Eigenschaft geschwindigkeit als benannter Parameter übergeben. Diesmal stammt der Wert der Eigenschaft bezeichnung aus dem Vorgabewert. Das Objekt $seat wird mit beiden Werten erzeugt. Da die Reihenfolge der Parameter nicht der Definition entspricht, geschieht dies mithilfe von benannten Parametern.

Abbildung 4.4 zeigt die Ausgabe des Programms.

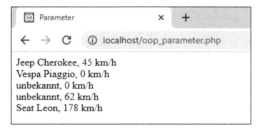

Abbildung 4.4 Optionale Parameter, benannte Parameter

Übung »u_oop_punkt«

In dieser und einigen weiteren Übungen dieses Kapitels geht es um das Thema zweidimensionale *Geometrie*. Entwickeln Sie in einer PHP-Datei, die eingebunden werden soll, eine Klasse für Punkte. Ein Punkt verfügt über eine x- und eine y-Koordinate, die seine Lage in einem Koordinatensystem kennzeichnen.

Die Klasse soll das PHP-Programm in Listing 4.7 ermöglichen, das die Ausgabe in Abbildung 4.5 erzeugt. Alle weiteren Informationen zur Lösung können Sie dem Programm und der Ausgabe entnehmen.

```
<!DOCTYPE html>...<body>
<?php
include_once "u_oop_punkt.inc.php";
```

```
$punkt1 = new Punkt();
echo "$punkt1<br>";
$punkt2 = new Punkt(3.5, 2.5);
echo "$punkt2<br>";
$punkt3 = new Punkt(4);
echo "$punkt3<br>";
$punkt4 = new Punkt(y: 1.5);
echo "$punkt4<br>";
$punkt4->verschieben(4.5, 2);
echo "$punkt4";
?>
</body></html>
```
Listing 4.7 Datei »u_oop_punkt.php«

Abbildung 4.5 Ausgabe zur Übung »u_oop_punkt«

4.6 Konstanten und statische Elemente

Neben den bisher erwähnten Eigenschaften und Methoden können Sie einer Klasse noch weitere Elemente hinzufügen.

Eine *Klassenkonstante* ist grundsätzlich public; ihre Sichtbarkeit kann nicht mit public, protected oder private spezifiziert werden. Es darf kein Dollarzeichen (wie bei einer Variablen) vor dem Namen stehen. Der Wert einer Konstanten kann sich nicht ändern. Eine Konstante ist unabhängig von der Existenz einzelner Objekte der Klasse, und sie ist insgesamt nur einmal vorhanden.

Klassenkonstante

Innerhalb der Klasse wird eine Klassenkonstante mit self::Name angesprochen, außerhalb der Klasse mit Klasse::Name. Eine Klassenkonstante ist thematisch einer Klasse zugeordnet. So würden Sie zum Beispiel eine Kon-

self

stante g (als Größe für die Schwerkraft) einer Klasse zuordnen, die mit physikalischen Werten und Methoden arbeitet.

Statische Eigenschaft Eine *statische Eigenschaft* ist ebenfalls unabhängig von der Existenz einzelner Objekte der Klasse, und sie ist ebenfalls insgesamt nur einmal vorhanden. Allerdings kann sich ihr Wert ändern. Sie sollte unmittelbar zu Beginn initialisiert werden. Innerhalb der Klasse wird eine statische Eigenschaft mit `self::Name` angesprochen, außerhalb der Klasse mit `Klasse::Name`. Letzteres gelingt nur, falls sie `public` ist.

Der Wert einer statischen Eigenschaft steht allen Objekten der Klasse gemeinschaftlich zur Verfügung und kann zum Datenaustausch zwischen Objekten dienen, beispielsweise zur Zählung beziehungsweise zur Nummerierung von Objekten.

Statische Methode Eine *statische Methode* ist ebenfalls unabhängig von der Existenz einzelner Objekte der Klasse. Innerhalb der Klasse wird sie mit `self::Name` angesprochen, außerhalb der Klasse mit `Klasse::Name`. Auch hier gelingt Letzteres nur, falls sie `public` ist.

Thematisch ist eine statische Methode einer Klasse zugeordnet. So würde man zum Beispiel eine Methode `AnziehungBerechnen()` einer Klasse zuordnen, die allgemein mit physikalischen Werten und Methoden arbeitet.

Nachfolgend ein Beispiel mit allen genannten Möglichkeiten:

```php
<!DOCTYPE html>...<body>
<?php
class math
{
   const pi = 3.1415926;
   static $anzahl = 0;

   function __construct(private $nr = 0)
   {
      self::$anzahl++;
      $this->nr = self::$anzahl;
   }

   function __toString()
   {
      return "Objekt $this->nr<br>";
   }
```

```
   static function quadrat($p)
   {
      return $p * $p;
   }

   static function ausgabe()
   {
      echo "Anzahl: " . self::$anzahl . "<br>";
      echo "Pi: " . self::pi . "<br>";
      echo "6<sup>2</sup> = " . self::quadrat(6) . "<br>";
   }
}

echo "Anzahl: " . math::$anzahl . "<br>";
echo "Pi: " . math::pi . "<br>";
echo "5<sup>2</sup> = " . math::quadrat(5) . "<br><br>";

$x = new math();
echo $x;
$y = new math();
echo $y;
$z = new math();
echo $z;
echo "<br>";

math::ausgabe();
?>
</body></html>
```

Listing 4.8 Datei »oop_statisch.php«

Als Erstes wird in der Klasse math die Klassenkonstante pi mit dem Wert 3.1415926 definiert. Sie wird innerhalb der Klasse mit dem Namen self::pi und außerhalb der Klasse mit dem Namen math::pi angesprochen. Sie ist thematisch mit der Klasse math verbunden und keinem bestimmten Objekt zugeordnet.

Klassenkonstante

Als Nächstes wird in der Klasse math die öffentliche statische Eigenschaft $anzahl mit dem Startwert 0 definiert. Sie wird innerhalb der Klasse mit dem Namen self::$anzahl und außerhalb der Klasse mit dem Namen math::$anzahl angesprochen. Sie dient zur Nummerierung der einzelnen

Statische Eigenschaft

Objekte. Bei jeder Erzeugung eines Objekts der Klasse wird ihr Wert um 1 erhöht. Dieser Wert wird der objektspezifischen Eigenschaft $nr zugewiesen. Somit erhält jedes Objekt eine individuelle Nummer, und zwar in der Reihenfolge der Erzeugung. Außerdem ist stets die Anzahl der existierenden Objekte bekannt.

Statische Methoden

Dann folgt die Definition der öffentlichen statischen Methode quadrat() in der Klasse math. Sie wird innerhalb der Klasse mit dem Namen self::quadrat() und außerhalb der Klasse mit dem Namen math::quadrat() angesprochen. Mit ihr lassen sich Zahlen quadrieren. Sie ist thematisch mit der Klasse math verbunden und keinem bestimmten Objekt zugeordnet.

Als Letztes wird in der Klasse math die öffentliche statische Methode ausgabe() definiert. Sie wird innerhalb der Klasse mit dem Namen self::ausgabe() und außerhalb der Klasse mit dem Namen math::ausgabe() angesprochen. Sie dient zur Ausgabe der Werte der statischen Variablen und der Klassenkonstanten sowie zum Aufruf der anderen statischen Methode.

Die Ausgabe sehen Sie in Abbildung 4.6.

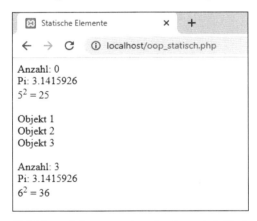

Abbildung 4.6 Klassenkonstante und statische Elemente

> **Hinweis**
>
> Die objektspezifische Eigenschaft $nr für die laufende Nummer des Objekts hat einen Vorgabewert. Bei der Erzeugung der Objekte der Klasse math ist ihr Wert noch nicht bekannt und kann daher nicht übergeben werden. Die Eigenschaft muss jedoch vorhanden sein, damit die jeweilige laufende Nummer darin gespeichert werden kann.

4.7 Kopie und Referenz

Objekte verhalten sich anders als einfache Variablen. Der Name, mit dessen Hilfe Sie auf ein Objekt zugreifen, stellt lediglich eine Referenz dar. Die Zuweisung eines Objekts zu einem anderen Namen erzeugt eine weitere Referenz zum selben Objekt, auch ohne Benutzung des Referenzoperators & (siehe auch Abschnitt 1.2.9). Das Objekt kann anschließend über beide Referenzen geändert werden.

Referenz

Sie können aber auch eine Kopie, das heißt ein zweites Objekt, anlegen. Dieses hat zunächst die Eigenschaften und Eigenschaftswerte des Originalobjekts. Es existieren anschließend zwei individuelle Objekte, deren Eigenschaften unabhängig voneinander geändert werden können.

Kopie

Diesen Kopiervorgang können Sie zum Beispiel mithilfe des Klonens durchführen. Dazu wird das Schlüsselwort `clone` benutzt.

clone

- *Eigenes Klonen*: Existiert in der Klasse des Objekts die magische Methode `__clone()`, wird diese benutzt.
- *Vordefiniertes Klonen*: Existiert in der Klasse des Objekts keine Methode dieses Namens, wird eine Standardmethode aufgerufen, und sämtliche Eigenschaftswerte werden übernommen.

__clone()

Sie können Referenzen auf Objekte an Funktionen oder Methoden übergeben. Ebenso können Sie eine Referenz auf ein Objekt als Rückgabewert aus einer Funktion zurückliefern.

Objekt als Parameter, Objekt als Rückgabewert

Im folgenden Programm werden diese Zusammenhänge verdeutlicht:

```
<!DOCTYPE html>...<body>
<?php
class Fahrzeug
{
    function __construct(private $bezeichnung = "unbekannt",
        private $geschwindigkeit = 0) { }

    function beschleunigen($wert)
    {
        $this->geschwindigkeit += $wert;
    }

    function __toString()
    {
```

```php
        return "$this->bezeichnung, "
           . "$this->geschwindigkeit km/h<br>";
     }

     function __clone()
     {
        $this->bezeichnung = "Klon von: " . $this->bezeichnung;
        $this->geschwindigkeit = $this->geschwindigkeit + 1;
     }

     static function kopieVon($ori)
     {
        $neu = new Fahrzeug();
        $neu->bezeichnung = "Kopie von: " . $ori->bezeichnung;
        $neu->geschwindigkeit = $ori->geschwindigkeit + 1;
        return $neu;
     }
}

/* Originalobjekt */
$vespa = new Fahrzeug("Vespa Piaggio", 25);

/* Zweite Referenz auf Originalobjekt */
$suzuki = $vespa;

/* Klonen eines Objekts */
$yamaha = clone $vespa;

/* Übergabe von Objekt an Methode,
   Rückgabe von Objekt aus Methode */
$honda = Fahrzeug::kopieVon($vespa);

/* Auswirkung auf zweite Referenz */
$vespa->beschleunigen(50);
echo $suzuki;

/* Ausgabe des Klons */
echo $yamaha;

/* Änderung und Ausgabe der Kopie */
$honda->beschleunigen(30);
```

```
echo $honda;
?>
</body></html>
```

Listing 4.9 Datei »oop_kopie.php«

Betrachten wir zunächst das Hauptprogramm. In ihm wird das Objekt $vespa erzeugt. Anschließend wird $suzuki als zweite Referenz auf dasselbe Objekt angelegt.

Referenz

Als Nächstes wird das Objekt $yamaha als Klon des Objekts $vespa mithilfe des Schlüsselworts clone erzeugt. Da es in der Klasse Fahrzeug eine magische Methode zum Klonen mit dem festgelegten Namen __clone() gibt, werden darin die Eigenschaften des Klons festgelegt. Im vorliegenden Fall werden beide Eigenschaften des Originals leicht verändert übernommen. Wird einer Eigenschaft innerhalb der Klonmethode kein Wert zugewiesen, wird der Wert des Originals übernommen. Es gibt nun zwei verschiedene Objekte, die unabhängig voneinander geändert werden können.

Klon

Anschließend wird das Objekt $honda als Kopie des Objekts $vespa mithilfe der statischen Methode kopieVon() erzeugt. Eine Referenz auf das Objekt $vespa wird an die Methode übergeben. Innerhalb der Methode wird das neue Objekt $neu der Klasse Fahrzeug erzeugt. Die Eigenschaftswerte werden vom Objekt $ori, das ebenfalls eine Referenz auf das Objekt $vespa darstellt, leicht verändert übernommen. Anschließend wird eine Referenz auf das neue Objekt der Klasse Fahrzeug als Ergebnis der Methode zurückgeliefert. Im Hauptprogramm stellt $honda eine Referenz auf dieses neue Objekt dar.

Kopie

Die Objekte werden im Hauptprogramm verändert und ausgegeben. Anhand der unterschiedlichen Eigenschaftswerte werden die Unterschiede zwischen Kopien und Referenzen deutlich. Die Ausgabe sehen Sie in Abbildung 4.7.

Abbildung 4.7 Zweite Referenz, geklontes Objekt und kopiertes Objekt

> **Hinweis**
> Referenzen auf Objekte können auch an nicht statische Methoden übergeben werden. Ebenso können Referenzen auf Objekte aus nicht statischen Methoden zurückgeliefert werden.

4.8 Typhinweise

Seit PHP 7.0 Sie haben in Abschnitt 1.10.9 bereits die Typhinweise kennengelernt, die es seit PHP 7.0 gibt. Diese Möglichkeit zur stärkeren Kontrolle von Datentypen können Sie auch bei Ihren eigenen Klassen nutzen.

Als Beispiel wird dies auf die Methode `kopieVon()` aus Abschnitt 4.7 angewandt. Hier sehen Sie die geänderten Teile des Programms:

```
<?php declare(strict_types=1); ?>
...
    static function kopieVon(Fahrzeug $ori):Fahrzeug
    {
        $neu = new Fahrzeug();
        $neu->bezeichnung = "Kopie von: " . $ori->bezeichnung;
        $neu->geschwindigkeit = $ori->geschwindigkeit;
        return $neu;
    }
...
```

Listing 4.10 Datei »oop_typhinweise.php«

Klasse »Fahrzeug« Der Parameter der Methode muss eine Referenz auf ein Objekt der Klasse `Fahrzeug` sein. Zu diesem Zweck wird der Typhinweis `Fahrzeug` davor notiert. Der Rückgabewert der Funktion muss ebenfalls eine Referenz auf ein Objekt der Klasse `Fahrzeug` sein. Dazu werden nach den Parameterklammern ein Doppelpunkt und wiederum der Typhinweis `Fahrzeug` notiert.

Typhinweis »object« Mit PHP 7.2 wurde der Typhinweis `object` eingeführt. Damit lässt sich überprüfen, ob ein bestimmter Parameter oder der Rückgabewert einer Funktion eine Referenz auf ein Objekt einer beliebigen Klasse ist.

Als Beispiel wird dies ebenfalls auf die Methode `kopieVon()` angewandt. Hier sehen Sie die geänderten Teile des Programms:

```
<?php declare(strict_types=1); ?>
...
   static function kopieVon(object $ori):object
   {
      $neu = new Fahrzeug();
      $neu->bezeichnung = "Kopie von: " . $ori->bezeichnung;
      $neu->geschwindigkeit = $ori->geschwindigkeit;
      return $neu;
   }
...
```

Listing 4.11 Datei »oop_typhinweise_object.php«

Die Kontrolle ist zwar nicht so genau wie im vorherigen Beispiel. Zumindest lässt sich aber prüfen, ob der Parameter der Methode ein Objekt ist und nicht zum Beispiel eine Zahl oder ein Feld. Dasselbe gilt für den Rückgabewert der Funktion.

Damit sich die Kontrolle innerhalb der beiden Dateien auswirkt, steht jeweils die `declare`-Anweisung als allererste Anweisung in der Datei. Achten Sie darauf, dass die Kodierung der beiden Dateien auf dem Wert *UTF-8* steht (siehe Abschnitt 1.10.9).

declare

4.9 Objekte und Felder

Die Vorteile von Feldern lassen sich auch bei der objektorientierten Programmierung nutzen. Felder können Eigenschaften von Klassen sein. Auf der anderen Seite können Sie Objekte in Feldern zusammenfassen und gemeinschaftlich bearbeiten.

Feld ist Eigenschaft, Felder von Objekten

Unabhängig vom Thema »Felder« gilt: Objekte einer anderen Klasse können ebenfalls Eigenschaften einer Klasse sein. Im folgenden Programm werden die genannten Themen an einem zusammenhängenden Beispiel erläutert.

Objekt ist Eigenschaft

In diesem Programm gibt es eine Klasse `Bestellung`. Ein Objekt dieser Klasse beinhaltet Informationen über eine einzelne Bestellung bei einem Handelsunternehmen. Eine Eigenschaft dieser Klasse ist ein Feld von Objekten der Klasse `Bestellposten`. Ein solches Objekt beinhaltet Informationen über einen einzelnen Bestellposten innerhalb eines Objekts der Klasse `Bestellung`. Hier sehen Sie zunächst das Programm:

```php
<!DOCTYPE html>...<body>
<?php
class Bestellung
{
   function __construct(private $bestellnummer = 0,
      private $postenfeld = array()) { }

   function __toString()
   {
      $gesamt = 0;
      $ausgabe = "Bestellnr.: $this->bestellnummer<br>";
      for($i=0; $i<count($this->postenfeld); $i++)
      {
         $ausgabe .= "Posten " . ($i+1) . ": "
            . $this->postenfeld[$i] . "<br>";
         $gesamt += $this->postenfeld[$i]->postenpreis();
      }
      $ausgabe .= "Gesamtpreis: $gesamt €<br>";
      return $ausgabe;
   }
}

class Bestellposten
{
   function __construct(private $artikelname = "unbekannt",
      private $anzahl = 0, private $preis = 0.0) { }

   function postenpreis()
   {
      return $this->anzahl * $this->preis;
   }

   function __toString()
   {
      return "$this->artikelname, $this->anzahl St., "
         . "$this->preis €";
   }
}
```

```
/* Hauptprogramm */
$meineBestellung = new Bestellung(583,
   array(new Bestellposten("Apfel", 3, 1.35),
         new Bestellposten("Banane", 5, 0.85),
         new Bestellposten("Mango", 2, 1.95)));
echo $meineBestellung;
?>
</body></html>
```

Listing 4.12 Datei »oop_feld.php«

Betrachten wir nun die Ausgabe in Abbildung 4.8. Dort werden die Daten einer einzelnen Bestellung ausgegeben, also

- die Nummer der Bestellung,
- der Artikelname, die bestellte Anzahl und der Einzelpreis bezüglich eines einzelnen Bestellpostens sowie
- der Gesamtpreis der Bestellung.

Abbildung 4.8 Objekte und Felder

Als Nächstes schauen wir uns das kurze Hauptprogramm an. Es wird eine Bestellung erzeugt und ausgegeben. Der Konstruktor der Klasse Bestellung erwartet zwei Parameter: die Nummer der Bestellung und ein Feld. Das Feld für diese Bestellung beinhaltet drei Elemente. Das Feld für eine andere Bestellung könnte auch eine andere Anzahl an Bestellposten umfassen.

Objekt der Klasse »Bestellung«

Jedes Element des Felds ist ein Objekt der Klasse Bestellposten. Der Konstruktor dieser Klasse erwartet drei Parameter: den Artikelnamen, die bestellte Menge und den Einzelpreis. Das Feld beinhaltet anschließend drei Referenzen auf die neu erzeugten Objekte der Klasse Bestellposten. Eigene Variablen für Objekte dieser Klasse werden hier also nicht benötigt.

Objekt der Klasse »Bestellposten«

Klasse »Bestellung«

Kommen wir zur Definition der Klasse Bestellung. Im Konstruktor werden die beiden Parameter an die beiden Eigenschaften übergeben. Die Eigenschaft $postenfeld ist eine Referenz auf das übergebene Feld.

Die Ausgabe wird in der Methode __toString() zusammengesetzt. Nach der Bestellnummer folgen die einzelnen Elemente des Felds. Die Methode count() liefert die Anzahl der Elemente.

Ausgabe in Ausgabe einbetten

Mit dem Ausdruck $this->postenfeld[$i] wird jeweils die öffentliche Ausgabemethode für ein einzelnes Objekt der Klasse Bestellposten aufgerufen. Die dabei zurückgelieferte Zeichenkette wird in die Ausgabe der Bestellung eingebettet.

Innerhalb der Ausgabemethode wird auch der Gesamtpreis berechnet. Wird die Klasse später noch um weitere Methoden ergänzt, die zur Veränderung der Bestellung führen, kann sich der Gesamtpreis immer wieder ändern. Daher wird er erst kurz vor der Ausgabe aktuell berechnet. Die Eigenschaften $anzahl und $preis sind innerhalb der Klasse Bestellposten gekapselt und daher von der Klasse Bestellung aus nicht zugänglich. Zur Berechnung und Rückgabe des Preises eines Postens wird deshalb jeweils die öffentliche Methode postenpreis() der Klasse Bestellposten aufgerufen.

Klasse »Bestellposten«

Als Letztes betrachten wir die Definition der Klasse Bestellposten. Im Konstruktor werden die drei Parameter an die drei Eigenschaften übergeben. Die Methode postenpreis() liefert das Produkt aus Menge und Einzelpreis eines Postens. Die Ausgabemethode liefert die Werte der drei Eigenschaften zur Einbettung in die Ausgabemethode der Klasse Bestellung.

> **Übung »u_oop_linie«**
>
> Die Übung »u_oop_punkt« aus Abschnitt 4.5 soll weiterentwickelt werden. Entwickeln Sie in einer PHP-Datei, die eingebunden werden soll, eine Klasse für Linien. Eine Linie wird durch zwei Punkte gekennzeichnet.
>
> In einer grafischen Darstellung wären diese beiden Punkte mithilfe einer geraden Linie miteinander verbunden.
>
> Die Klasse soll das PHP-Programm in Listing 4.13 ermöglichen, das die Ausgabe in Abbildung 4.9 erzeugt. Alle weiteren Informationen zur Lösung können Sie dem Programm und der Ausgabe entnehmen.
>
> ```
> <!DOCTYPE html>...<body>
> <?php
> ```

```
include_once "u_oop_linie.inc.php";

$linie1 = new Linie();
echo "$linie1<br>";
$punkt1 = new Punkt(3.5, 2.5);
$linie2 = new Linie(new Punkt(1.5, 4), $punkt1);
echo "$linie2<br>";
$linie3 = new Linie(new Punkt(-2, 5.5));
echo "$linie3<br>";
$linie4 = new Linie(ende: new Punkt(2.5, 1));
echo "$linie4<br>";
$linie4->verschieben(-2, 1.5);
echo "$linie4";
?>
</body></html>
```

Listing 4.13 Datei »u_oop_linie.php«

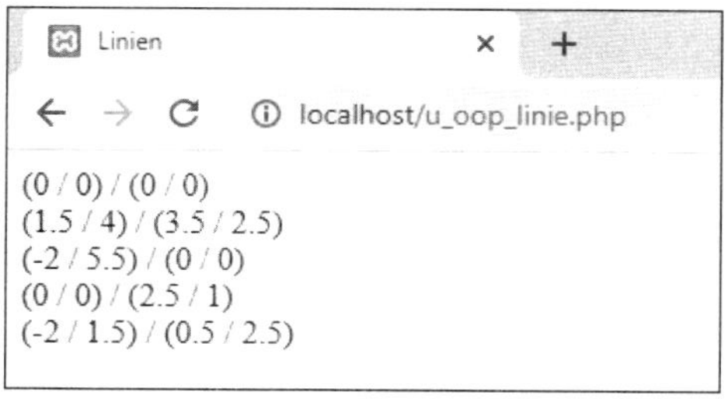
Linien
localhost/u_oop_linie.php
(0 / 0) / (0 / 0)
(1.5 / 4) / (3.5 / 2.5)
(-2 / 5.5) / (0 / 0)
(0 / 0) / (2.5 / 1)
(-2 / 1.5) / (0.5 / 2.5)

Abbildung 4.9 Ausgabe zur Übung »u_oop_linie«

Übung »u_oop_polygon«

Die Übung »u_oop_punkt« aus Abschnitt 4.5 soll weiterentwickelt werden. Entwickeln Sie in einer PHP-Datei, die eingebunden werden soll, eine Klasse für Polygone. Ein Polygon wird durch eine beliebige Menge von Punkten gekennzeichnet.

In einer grafischen Darstellung wäre jeder Punkt mit dem nächsten Punkt mithilfe einer geraden Linie verbunden. Der letzte Punkt wäre wiederum mit dem ersten Punkt mithilfe einer geraden Linie verbunden.

Die Klasse soll das PHP-Programm in Listing 4.14 ermöglichen, das die Ausgabe in Abbildung 4.10 erzeugt. Alle weiteren Informationen zur Lösung können Sie dem Programm und der Ausgabe entnehmen.

```php
<!DOCTYPE html>...<body>
<?php
include_once "u_oop_polygon.inc.php";

$polygon1 = new Polygon();
echo "$polygon1<br>";
$punkt1 = new Punkt(3.5, 2.5);
$punkt2 = new Punkt(-2, 8.5);
$polygon2 = new Polygon(array($punkt1, new Punkt(3), $punkt2));
echo "$polygon2<br>";
$polygon2->verschieben(1, 2.5);
echo "$polygon2<br>";
?>
</body></html>
```

Listing 4.14 Datei »u_oop_polygon.php«

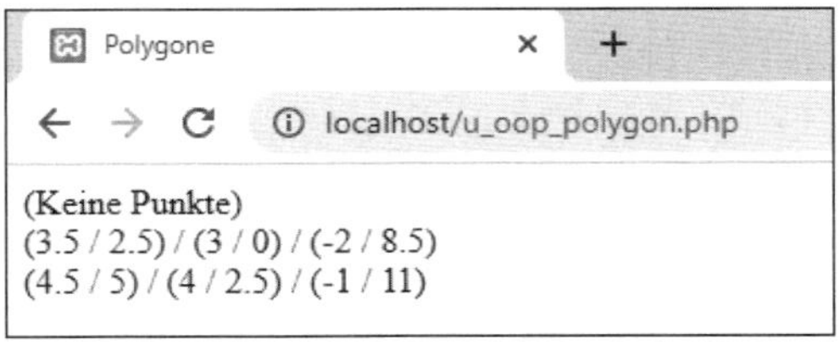

```
(Keine Punkte)
(3.5 / 2.5) / (3 / 0) / (-2 / 8.5)
(4.5 / 5) / (4 / 2.5) / (-1 / 11)
```

Abbildung 4.10 Ausgabe zur Übung »u_oop_polygon«

4.10 Vererbung

Klassenhierarchie — Eine Klasse kann ihre Eigenschaften und Methoden an eine andere Klasse vererben. In diesem Abschnitt erfahren Sie, wie das funktioniert und welche Vorteile sich daraus ergeben.

Übernahme von Definitionen — Der Vererbungsmechanismus wird häufig angewendet, um bereits vorhandene Definitionen zu übernehmen. Sie erzeugen dadurch eine Hierarchie von miteinander verwandten Klassen. Diese ermöglichen die Darstellung von Objekten, die teilweise übereinstimmende sowie auch unterschiedliche Merkmale aufweisen.

Allgemein, spezialisiert — Im folgenden Beispiel wird eine Klasse Pkw definiert, mit deren Hilfe die Eigenschaften und Methoden von Personenkraftwagen dargestellt werden sollen. Bei der Erzeugung bedient man sich der existierenden Klasse Fahrzeug, in der ein Teil der gewünschten Eigenschaften und Methoden bereits vorhanden ist. Bei der Klasse Pkw kommen noch einige Merkmale hinzu. Hierbei handelt es sich um eine spezialisierte Klasse – im Gegensatz zur allgemeinen Klasse Fahrzeug.

Von der Klasse Pkw aus gesehen, ist die Klasse Fahrzeug eine *Basisklasse*. Von der Klasse Fahrzeug aus gesehen, ist die Klasse Pkw eine *abgeleitete Klasse*. Sehen wir uns zunächst den ersten Teil der Datei *oop_vererbung.php* mit den beiden Klassendefinitionen an:

Basisklasse, abgeleitete Klasse

```
<!DOCTYPE html>...<body>
<?php
class Fahrzeug
{
    function __construct(private $geschwindigkeit = 0) { }

    function beschleunigen($wert)
    {
        $this->geschwindigkeit += $wert;
    }

    function __toString()
    {
        return "$this->geschwindigkeit km/h<br>";
    }
}

class Pkw extends Fahrzeug
{
    function __construct(private $geschwindigkeit = 0,
        private $insassen = 0)
    {
        parent::__construct($geschwindigkeit);
    }

    function einsteigen($anzahl)
    {
        $this->insassen += $anzahl;
    }
```

```
            function aussteigen($anzahl)
            {
               $this->insassen -= $anzahl;
            }

            function __toString()
            {
               return "$this->insassen Insassen, "
                  . parent::__toString();
            }
         }
         ...
```

Listing 4.15 Datei »oop_vererbung.php« (erster Teil)

Eigene und geerbte Elemente
: Die abgeleitete Klasse `Pkw` erbt von der Klasse `Fahrzeug` und beinhaltet insgesamt fünf Methoden und zwei Eigenschaften:

- die geerbten Methoden `__toString()` und `beschleunigen()`,
- die eigenen Methoden `einsteigen()` und `aussteigen()`,
- die eigene Ausgabemethode `__toString()`, die die geerbte Methode `__toString()` der Basisklasse überschreibt,
- die geerbte Eigenschaft `geschwindigkeit` und
- die eigene Eigenschaft `insassen`.

extends
: Wird eine Klasse von einer anderen Klasse abgeleitet, folgen nach dem Schlüsselwort `class` und dem Namen der abgeleiteten Klasse das Schlüsselwort `extends` (deutsch: *erweitert*) und der Name der Basisklasse. Die abgeleitete Klasse erweitert somit die Eigenschaften und Methoden der Basisklasse.

Suche nach Elementen
: Eigenschaften und Methoden werden zunächst in der eigenen Klasse des Objekts gesucht. Sollten sie dort nicht vorhanden sein, wird die Suche in der zugehörigen Basisklasse fortgesetzt.

Überschreiben
: Eine Methode einer Basisklasse kann in einer abgeleiteten Klasse mit einer gleichnamigen Methode überschrieben werden. Wird eine solche Methode für ein Objekt einer abgeleiteten Klasse aufgerufen, wird der Programmcode der Methode der abgeleiteten Klasse verarbeitet.

parent
: Der Konstruktor der abgeleiteten Klasse sollte immer den Konstruktor der Basisklasse aufrufen, damit dieser seinen Anteil an den Initialisierungs-

daten erhält. Das wird mithilfe des Schlüsselworts parent (deutsch: Elternteil) und des Operators :: durchgeführt.

Hier beinhaltet die abgeleitete Klasse Pkw einen Konstruktor mit zwei Parametern. Einer der Parameter führt zur Erzeugung der Eigenschaft insassen. Der andere Parameter wird mithilfe des Aufrufs parent::__construct() an den Konstruktor der Basisklasse Fahrzeug weitergeleitet und führt dort zur Erzeugung der Eigenschaft geschwindigkeit.

Konstruktor ruft Konstruktor

Der Aufruf parent::__toString() innerhalb der Methode __toString() der Klasse Pkw führt zum Aufruf der Methode __toString() der Klasse Fahrzeug für das Pkw-Objekt.

Im nachfolgend angegebenen Hauptprogramm, das im zweiten Teil der Datei *oop_vererbung.php* steht, wird ein Objekt der Klasse Pkw erzeugt. Der Zustand des Objekts wird mehrmals verändert und ausgegeben:

```
$fiat = new Pkw();
echo $fiat;

$fiat->einsteigen(3);
$fiat->beschleunigen(30);
echo $fiat;

$fiat->beschleunigen(-30);
echo $fiat;

$fiat->aussteigen(1);
echo $fiat;
?>
</body></html>
```

Listing 4.16 Datei »oop_vererbung.php« (zweiter Teil)

Zunächst wird das Objekt fiat erzeugt. Dank der Vorgabewerte müssen keine Werte für die Eigenschaften übergeben werden.

Für das Objekt werden die Methoden einsteigen() und aussteigen() aufgerufen. Sie werden unmittelbar in der Klasse Pkw gefunden und verändern die Eigenschaft insassen.

Es wird auch die Methode beschleunigen() aufgerufen. Sie wird nicht unmittelbar in der Klasse Pkw gefunden, daher wird in der Basisklasse weitergesucht. Dort wird sie gefunden, und sie dient zum Verändern der Eigenschaft geschwindigkeit.

Die Eigenschaften des Objekts werden mehrmals ausgegeben. Die Eigenschaft insassen wird mithilfe der eigenen Methode __toString() ausgegeben und die Eigenschaft geschwindigkeit mithilfe der geerbten Methode __toString().

Die Ausgabe des Programms sehen Sie in Abbildung 4.11.

Abbildung 4.11 Eigenschaften eines Objekts einer abgeleiteten Klasse

Übung »u_oop_polygon_gefuellt«

Die Übung »u_oop_polygon« aus Abschnitt 4.9 soll weiterentwickelt werden. Entwickeln Sie in einer PHP-Datei, die eingebunden werden soll, eine Klasse für gefüllte Polygone. Ein gefülltes Polygon entspricht einem »ausgemalten« Polygon, also einem Polygon, das zusätzlich durch eine Füllfarbe gekennzeichnet ist.

Die Klasse soll das PHP-Programm in Listing 4.17 ermöglichen, das die Ausgabe in Abbildung 4.12 erzeugt. Alle weiteren Informationen zur Lösung können Sie dem Programm und der Ausgabe entnehmen.

```
<!DOCTYPE html>...<body>
<?php
include_once "u_oop_polygon_gefuellt.inc.php";

$polygonGefuellt1 = new PolygonGefuellt(array(new Punkt(3.5,1),
    new Punkt(-2, 6.5), new Punkt(1.5, -3.5)), "Rot");
echo "$polygonGefuellt1<br>";
$polygonGefuellt1->verschieben(0.5, 3.5);
echo "$polygonGefuellt1<br>";
$polygonGefuellt1->faerben("Blau");
```

```
echo "$polygonGefuellt1<br>";
?>
</body></html>
```
Listing 4.17 Datei »u_oop_polygon_gefuellt.php«

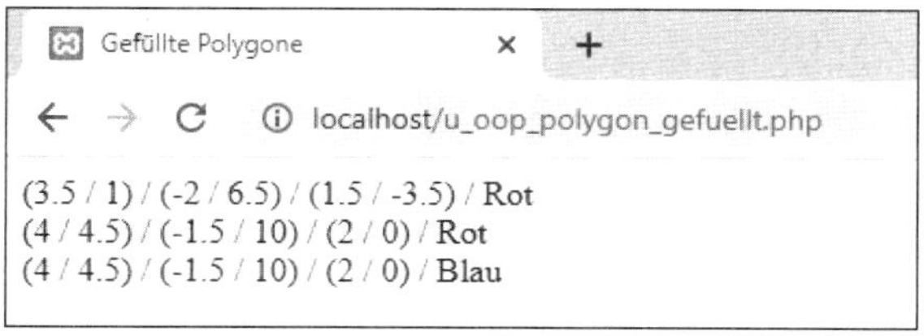

Abbildung 4.12 Ausgabe zur Übung »u_oop_polygon_gefuellt«

4.11 Schnittstellen

Eine *Schnittstelle* (englisch: *interface*) dient als Vorschrift für die Methoden einer Klasse. In einer Klasse, die eine Schnittstelle umsetzt, müssen alle Methoden der betreffenden Schnittstelle definiert werden. Auf diese Weise wird die Verwandtschaft zwischen verschiedenen Klassen gefördert und somit die Lesbarkeit des Programms verbessert.

interface

Schnittstellen beinhalten keine Eigenschaften. Eine Klasse kann auch mehrere Schnittstellen umsetzen. Eine Klasse, die eine oder mehrere Schnittstellen umsetzt, kann weitere eigene Methoden und auch Eigenschaften beinhalten.

Nur Methoden

Sie haben bereits die Funktion `count()` kennengelernt. Sie ist in der Lage, etwas in einem Objekt zu zählen, zum Beispiel die Elemente eines Felds. Sie kann auf alle Objekte angewendet werden, die das Interface `Countable` umsetzen.

Countable

Im folgenden Abschnitt erläutere ich die Definition und die Nutzung eigener Schnittstellen. Anschließend beschreibe ich die Anwendung der vordefinierten Schnittstelle `Iterator`.

Iterator

4.11.1 Eigene Schnittstellen

Im folgenden Beispiel setzt eine Klasse zwei selbst definierte Schnittstellen um. Es handelt sich um eine Klasse für Amphibienfahrzeuge. Ein Objekt

Fahrzeug und Schiff

dieser Klasse soll einige Methoden ausführen können, und zwar sowohl für fahrbare Fortbewegungsmittel zu Lande als auch für schwimmfähige Fortbewegungsmittel zu Wasser. Hier sehen Sie das Programm:

```php
<!DOCTYPE html>...<body>
<?php
   interface Fahrbar
   {
      function rollen();
      function reifenwechseln();
   }

   interface Schwimmfaehig
   {
      function anlegen();
      function kentern();
   }

   class AmphiCar implements Fahrbar, Schwimmfaehig
   {
      function rollen()          { echo "Es rollt<br>"; }
      function reifenwechseln()
         { echo "Es werden Reifen gewechselt<br>"; }
      function anlegen()         { echo "Es legt an<br>"; }
      function kentern()         { echo "Es kentert<br>"; }
      function bewegen()         { echo "Es bewegt sich<br>"; }
   }

   $VwTyp166 = new AmphiCar();
   $VwTyp166->rollen();
   $VwTyp166->reifenwechseln();
   $VwTyp166->bewegen();
   $VwTyp166->kentern();
   $VwTyp166->anlegen();
?>
</body></html>
```

Listing 4.18 Datei »oop_schnittstelle.php«

interface, implements Mithilfe des Schlüsselworts `interface` werden die beiden Schnittstellen `Fahrbar` und `Schwimmfaehig` definiert. Innerhalb der Schnittstellen werden jeweils zwei Methoden vorgegeben. Alle vier Methoden müssen innerhalb der Klasse `AmphiCar()` definiert werden, weil diese Klasse beide Schnittstellen mithilfe des Schlüsselworts `implements` umsetzt. Hier wird nur ein kurzer Text innerhalb der jeweiligen Methode ausgegeben. Zusätzlich verfügt die Klasse über die eigene Methode `bewegen()`, die unabhängig von den Schnittstellen ist.

Das Objekt `$VwTyp166` führt anschließend verschiedene Aktionen für fahrbare und für schwimmfähige Fortbewegungsmittel aus. Die Ausgabe des Programms sehen Sie in Abbildung 4.13.

Abbildung 4.13 Methoden aus Schnittstellen

4.11.2 Iterator-Schnittstelle

Ein Objekt einer Klasse, die die vordefinierte Schnittstelle `Iterator` umsetzt, ist iterierbar. Das bedeutet, dass ein solches Objekt eine Reihe von Elementen umfasst, die mithilfe einer `foreach`-Schleife durchlaufen werden können. Die Schnittstelle schreibt vor, dass in der Klasse die folgenden Methoden definiert werden:

Objekt durchlaufen

- `current()`: Diese Methode liefert das aktuelle Element.   *current()*
- `next()`: Das nächste Element wird zum aktuellen Element.   *next()*
- `key()`: Diese Methode liefert den Schlüssel des aktuellen Elements.   *key()*
- `valid()`: Diese Methode liefert einen booleschen Wert. `True` bedeutet, dass das aktuelle Element gültig ist. Auf diese Weise kann festgestellt werden, ob das Ende eines Durchlaufs erreicht ist.   *valid()*
- `rewind()`: Das erste Element wird zum aktuellen Element. Diese Methode »spult« an den Anfang.   *rewind()*

Im folgenden Beispiel setzt die Klasse `Feld` die Schnittstelle `Iterator` um. Jedes Objekt der Klasse besitzt zwei Eigenschaften: ein numerisches Feld mit insgesamt fünf Elementen und einen Index mit der Nummer des aktu-

Schnittstelle umsetzen

ellen Feldelements. Zur Verdeutlichung wird im Programm nur jedes zweite Element angezeigt. Das wird mithilfe der individuellen Definition der Methode next() erreicht. Zunächst das Programm:

```php
<!DOCTYPE html>...<body>
<?php
   class Feld implements Iterator
   {
      function __construct(private $nr = 0,
         private $zahlen = array(17.5, 19.2, 21.8, 21.6, 18.1))  { }

      function current() { return $this->zahlen[$this->nr]; }
      function next()    { $this->nr = $this->nr + 2; }
      function key()     { return $this->nr; }
      function valid()   { return isset($this->zahlen[$this->nr]);}
      function rewind()  { $this->nr = 0; }
   }

   $feldObj = new Feld();

   foreach($feldObj as $schluessel => $wert)
      echo "$schluessel/$wert ";
   echo "<br>";

   for ($feldObj->rewind(); $feldObj->valid(); $feldObj->next())
   {
      $schluessel = $feldObj->key();
      $wert = $feldObj->current();
      echo "$schluessel/$wert ";
   }
?>
</body></html>
```

Listing 4.19 Datei »oop_iterator.php«

Ein Objekt der Klasse Feld wird dank der Umsetzung der Schnittstelle Iterator zu einem Objekt, das auf seine eigene, besondere Art durchlaufen werden kann.

Die Eigenschaft $nr soll den Index des aktuellen Elements beinhalten. Die Methode current() liefert das Element mit dem aktuellen Index. Die Methode `next()` setzt den Index für das aktuelle Element zwei Elemente weiter. Die Methode `key()` liefert den numerischen Index des aktuellen Elements. Innerhalb der Methode `valid()` wird mithilfe der Funktion `isset()` geprüft, ob das Element mit dem aktuellen Index existiert. Die Methode `rewind()` setzt den aktuellen Index auf 0. Dasselbe gilt für den Konstruktor, der nicht von der Schnittstelle vorgeschrieben ist, aber hier zusätzlich eingesetzt wird.

Das Objekt `$feldObj` wird auf zwei Arten durchlaufen: zum einen auf einfache Art und Weise mithilfe einer `foreach`-Schleife, zum anderen zu Vergleichszwecken mithilfe des expliziten Aufrufs der verschiedenen Methoden. Die Ausgabe des Programms sehen Sie in Abbildung 4.14.

Abbildung 4.14 Zwei Durchläufe durch ein iterierbares Objekt

4.12 Serialisierung

Die *Serialisierung* erzeugt die Repräsentation der aktuellen Werte aller Eigenschaften eines Objekts. Das Objekt kann anschließend dauerhaft gespeichert werden, zum Beispiel in einer Textdatei oder in einer Datenbank. Es werden nur die Eigenschaften serialisiert, nicht aber die Methoden.

Objekt speichern

Mithilfe der *Deserialisierung* kann genau der umgekehrte Vorgang durchgeführt werden. Die gespeicherte Repräsentation der aktuellen Werte aller Eigenschaften eines Objekts kann also wieder geladen, umgewandelt und im Programm genutzt werden.

Objekt laden

Sowohl bei der Serialisierung als auch bei der Deserialisierung muss die Definition der Klasse des Objekts verfügbar sein. Am besten notieren Sie die Klassendefinition in einer eigenen Datei und binden diese Datei bei beiden Vorgängen jeweils ein.

Klassendefinition verfügbar

In einem Beispiel wird ein Objekt der Klasse `Fahrzeug` serialisiert und später wieder deserialisiert. Zunächst sehen Sie die Klassendefinition:

```php
<?php
class Fahrzeug
{
    function __construct(private $bezeichnung = "unbekannt",
        private $geschwindigkeit = 0,
        private $farbe = "unbekannt") { }

    function __toString()
    {
        return "$this->bezeichnung"
            . " $this->geschwindigkeit km/h"
            . " $this->farbe";
    }
}
?>
```

Listing 4.20 Datei »oop_serial_class.inc.php«

In Listing 4.20 wird die Klasse `Fahrzeug` mit drei Eigenschaften notiert. Die Methode `__toString()` dient zur Ausgabe des Objekts.

Nun folgt das Programm zur Serialisierung eines Objekts der Klasse:

```php
<!DOCTYPE html>...<body>
<?php
    include "oop_serial_class.inc.php";
    $vespa = new Fahrzeug("Vespa Piaggio", 25, "rot");
    $s = serialize($vespa);
    file_put_contents("oop_serial.dat", $s);
    echo "Objekt serialisiert und in Datei gespeichert";
?>
</body></html>
```

Listing 4.21 Datei »oop_serial_put.php«

Nach der Einbindung der Definition der Klasse `Fahrzeug` wird ein Objekt der Klasse `Fahrzeug` erzeugt.

serialize() Die Funktion `serialize()` dient zur Serialisierung des Objekts. Der Rückgabewert ist eine Zeichenkette mit allen Daten.

Mithilfe der Funktion file_put_contents() kann eine Zeichenkette auf einfache Weise in einer Datei gespeichert werden. Mehr zur Speicherung in Textdateien finden Sie in Abschnitt 7.1.

file_put_contents()

Jetzt folgt das Programm zur Deserialisierung eines Objekts der Klasse:

```
<!DOCTYPE html>...<body>
<?php
    include "oop_serial_class.inc.php";
    if(!file_exists("oop_serial.dat"))
        exit("Datei kann nicht gefunden werden");
    $s = file_get_contents("oop_serial.dat");
    $vespa = unserialize($s);
    echo "Objekt aus Datei gelesen und deserialisiert<br>";
    echo $vespa;
?>
</body></html>
```

Listing 4.22 Datei »oop_serial_get.php«

Zunächst wird wiederum die Datei mit der Definition der Klasse Fahrzeug eingebunden. Ansonsten könnte die Klasse des Objekts nicht erkannt werden.

Mithilfe der Funktion file_exists() können Sie die Existenz von Dateien und Unterverzeichnissen prüfen. Hier wird festgestellt, ob die Datei existiert, die das serialisierte Objekt beinhaltet.

file_exists()

Ist das nicht der Fall, wird das Programm mithilfe von exit() beendet. Dabei kann eine passende Fehlermeldung innerhalb der Klammern notiert werden. Diese wird wie bei einem Aufruf von echo auf dem Bildschirm ausgegeben.

exit()

Der Inhalt der Datei wird mithilfe der Funktion file_get_contents() in eine Zeichenkette gelesen. Mehr zum Lesen aus Textdateien finden Sie in Abschnitt 7.2.

file_get_contents()

Die Funktion unserialize() dient zur Deserialisierung des Objekts. Aus der Zeichenkette wird ein Objekt mit all seinen Daten erzeugt.

unserialize()

Die Daten des Objekts werden ausgegeben (siehe Abbildung 4.15).

Abbildung 4.15 Ausgabe des Objekts nach der Deserialisierung

Weiteres Beispiel Es folgt ein weiteres Beispiel, um Ihnen zu demonstrieren, wie einfach es ist, ein umfangreiches Objekt zu serialisieren und anschließend wieder zu deserialisieren. Ergänzen Sie das Hauptprogramm am Ende der Datei *oop_feld.php* aus Abschnitt 4.9 um die beiden folgenden Anweisungen:

```
file_put_contents("oop_feld_serial.dat",
    serialize($meineBestellung));
echo unserialize(file_get_contents("oop_feld_serial.dat"));
```

Die erste Anweisung serialisiert das Objekt der Klasse Bestellung, das im Hauptprogramm erzeugt wird, und speichert es in der Textdatei *oop_feld_serial.dat*. In der zweiten Anweisung wird die betreffende Textdatei gelesen. Das Objekt aus dieser Datei wird deserialisiert und auf dem Bildschirm ausgegeben.

4.13 Beispiel »Scheck«

In diesem Abschnitt verdeutliche ich die Anwendung der Objektorientierung an einem umfangreicheren Beispiel. Wir betrachten ein Unternehmen, in dem mehrere Mitarbeiter beschäftigt sind. Die Daten der Mitarbeiter stehen in einer Textdatei als Datenquelle zur Verfügung. Außerdem gibt es eine Textdatei, in der die Arbeitsstunden der Mitarbeiter erfasst werden. Das Einlesen von Daten aus Textdateien erläutere ich genauer in Kapitel 7.

Aufgabe des Programms ist es, die Verbindung zwischen den Daten herzustellen, sodass für jeden Mitarbeiter ein Lohnscheck ausgedruckt werden kann. Im Programm wird mit zwei Klassen gearbeitet:

- mit einer Klasse Mitarbeiter, in der die Eigenschaften und Methoden eines einzelnen Mitarbeiters definiert werden, und

- mit einer Klasse `Unternehmen`, in der die Eigenschaften und Methoden eines Unternehmens definiert werden. Eine der Eigenschaften eines Objekts dieser Klasse ist ein Feld von Objekten der Klasse `Mitarbeiter`.

Die Definition der Klasse `Mitarbeiter` sieht so aus:

Klasse »Mitarbeiter«

```
class Mitarbeiter
{
   /* Daten eines Mitarbeiters erzeugen */
   function __construct(private $id = 0, private $nachname = "",
      private $vorname = "", private $bank = "",
      private $iban = "", private $bic = "",
      private $stundenlohn = 0.0, private $summeStunden = 0) { }

   /* Stunden eines Mitarbeiters erfassen */
   function stundenErfassen($anzahl)
   {
      $this->summeStunden += $anzahl;
   }

   /* Scheck eines Mitarbeiters ausdrucken */
   function scheckAusdruck()
   {
      $summeLohn = $this->summeStunden * $this->stundenlohn;
      echo "<p>Scheck:<br>"
         . "Name: $this->nachname, $this->vorname<br>"
         . "IBAN: $this->iban, BIC: $this->bic<br>"
         . "Bank: $this->bank, Betrag: $summeLohn €</p>";
   }
}
```

Listing 4.23 Datei »oop_scheck.php«, Klasse »mitarbeiter«

Ein Mitarbeiter wird durch eine eindeutige ID gekennzeichnet. Er hat einen Namen und einen Vornamen, und es gibt Daten zur Bankverbindung. Er erhält außerdem einen bestimmten Stundenlohn und hat eine gewisse Anzahl an Stunden gearbeitet.

Die Methode `stundenErfassen()` dient dazu, die geleisteten Arbeitsstunden zu summieren. Die Methode `scheckAusdruck()` dient dazu, aus den Daten eines Mitarbeiters und den gesammelten Stunden den Gesamtlohn zu ermitteln und einen Lohnscheck auszugeben.

Klasse »Unternehmen«

Nun folgt die Definition der Klasse Unternehmen:

```
class Unternehmen
{
   /* Daten eines Unternehmens erzeugen */
   function __construct(private $name = "",
      private $belegschaft = array(),
      private $summeStundenUnbekannt = 0)
   {
      /* Mitarbeiterdatei lesen */
      $datei = "oop_scheck_belegschaft.txt";
      $feld_datei = @file($datei, FILE_IGNORE_NEW_LINES);
      for($i=0; $i<count($feld_datei); $i++)
      {
         $feld_zeile = mb_split(",", $feld_datei[$i]);
         $id = intval($feld_zeile[0]);
         $this->belegschaft[$id] = new Mitarbeiter($id,
            $feld_zeile[1], $feld_zeile[2], $feld_zeile[3],
            $feld_zeile[4], $feld_zeile[5],
            floatval($feld_zeile[6]));
      }
   }

   /* Stundendatei lesen */
   function stundenErfassen()
   {
      $datei = "oop_scheck_stunden.txt";
      $feld_datei = @file($datei, FILE_IGNORE_NEW_LINES);
      for($i=0; $i<count($feld_datei); $i++)
      {
         $feld_zeile = mb_split(",", $feld_datei[$i]);
         $id = intval($feld_zeile[0]);
         $anzahl = intval($feld_zeile[1]);
         if(array_key_exists($id, $this->belegschaft))
            $this->belegschaft[$id]->stundenErfassen($anzahl);
         else
            $this->summeStundenUnbekannt += $anzahl;
      }
   }
```

```
    /* Alle Schecks ausdrucken */
    function scheckAusdruck()
    {
        foreach ($this->belegschaft as $schluessel=>$wert)
            $this->belegschaft[$schluessel]->scheckAusdruck();
    }
}
```

Listing 4.24 Datei »oop_scheck.php«, Klasse »unternehmen«

Ein Unternehmen wird durch seinen Namen identifiziert, und es verfügt über eine Belegschaft (eine Gruppe von Mitarbeitern). Außerdem können die Stunden gesammelt werden, die nicht eindeutig einem Mitarbeiter zuzuordnen sind.

Im Konstruktor werden die Daten des Unternehmens initialisiert, indem unter anderem die Datei *oop_scheck_belegschaft.txt* gelesen wird. Jede Zeile der Datei beinhaltet die Daten eines Mitarbeiters; die einzelnen Daten sind durch Kommata voneinander getrennt.

Die Funktion file() liest die gesamte Textdatei und speichert sie in einem Feld von Zeichenketten. Mehr zu Dateifunktionen finden Sie in Kapitel 7.

Lesen aus Datei

Die Funktion mb_split() zerlegt eine Zeichenkette anhand eines Trennzeichens (hier: Komma) in einzelne Teile, die in einem Feld gespeichert werden. Mehr zu Zeichenkettenfunktionen finden Sie in Kapitel 6.

Zeichenkette zerlegen

Das erste Feldelement ist die eindeutige ID des Mitarbeiters. Es wird ein Objekt der Klasse Mitarbeiter erzeugt. Dabei werden die einzelnen Feldelemente mit den Daten dieses Mitarbeiters an den Konstruktor der Klasse Mitarbeiter übergeben. Zahlenwerte werden dabei zuvor mithilfe der Funktionen intval() und floatval() umgewandelt.

In der Methode stundenErfassen() werden die Informationen aus der Datei *oop_scheck_stunden.txt* gelesen, ebenfalls mithilfe der Funktionen file() und mb_split().

Die Datei beinhaltet eine Reihe von Zeilen mit jeweils zwei Einträgen: der ID des Mitarbeiters und der Anzahl der Stunden, die von diesem Mitarbeiter an einem Tag geleistet werden. Handelt es sich um eine bekannte ID (if(array_key_exists())), werden die Stunden dem jeweiligen Mitarbeiter gutgeschrieben. Ansonsten werden sie zu summeStundenUnbekannt addiert.

Die Methode scheckAusdruck() der Klasse Unternehmen ruft die gleichnamige Methode für alle Mitarbeiter des Unternehmens auf.

Das Hauptprogramm ist recht kurz:

```
$un = new Unternehmen("MacroHard");
$un->stundenErfassen();
$un->scheckAusdruck();
```

Listing 4.25 Datei »oop_scheck.php«, Hauptprogramm

Es wird ein Unternehmen mit dem Namen MacroHard gegründet. Die Stunden, die für dieses Unternehmen gearbeitet werden, werden erfasst. Die Schecks werden ausgedruckt. Abbildung 4.16 zeigt die Ausgabe.

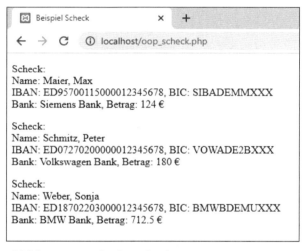

Abbildung 4.16 Scheckausdruck

4.14 Kopfrechnen, objektorientiert

Bonuskapitel Sie finden das Projekt im Bonuskapitel »Kopfrechnen« in den Materialien zum Buch. Dort beschreibe ich das Ihnen bereits bekannte Spiel »Kopfrechnen« (siehe Abschnitt 2.5.3) in einer objektorientierten Version.

Kapitel 5
Fehler behandeln, Sicherheit erhöhen

In diesem Kapitel geht es um das Anzeigen von Fehlern und die Konfiguration der Fehleranzeige auf Ihrem System. Außerdem stelle ich Ihnen verschiedene Möglichkeiten vor, um die Sicherheit Ihrer Programme auf dem Webserver zu erhöhen.

5.1 Anzeige von Fehlern

Bei der Entwicklung von Programmen werden in der Regel Fehler gemacht. Während der Entwicklungszeit ist es wichtig, diese Fehler frühzeitig zu erkennen, aus ihnen zu lernen, sie zur Verbesserung des Programms zu nutzen und sie zu beseitigen.

Zur Ausführungszeit auf einem Produktionssystem sollten verbliebene Fehler möglichst nicht mehr angezeigt werden, denn hier könnte ein potenzieller Angreifer bereits Rückschlüsse ziehen. Warnungen und Fehler können den Namen der Datei inklusive des Pfads und die Nummer der Zeile enthalten, und mithilfe solcher Informationen könnten Angriffe auf das System ausgeführt werden.

Informationen für Angreifer

5.2 Dauerhafte Konfiguration der Anzeige von Fehlern

Eine Möglichkeit, die Anzeige von Fehlern zu steuern, bieten die Parameter in der Konfigurationsdatei *php.ini*. Den Speicherort dieser Datei finden Sie für das Installationspaket *XAMPP* in Anhang A. Sie beinhaltet unter anderem die folgenden Parameter, hier mit typischen Werten:

php.ini

```
...
error_reporting = E_ALL & ~E_DEPRECATED & ~E_STRICT
display_errors = Off
```

```
log_errors = On
error_log = php_errors.log
...
```

Listing 5.1 Datei »php.ini« (Ausschnitt)

error_reporting   Der Parameter error_reporting filtert die anzuzeigenden Fehler. Bei dem Wert handelt es sich um eine Kombination von Konstanten, die mithilfe von Bit-Operatoren verbunden werden. Es gibt unter anderem die Bit-Operatoren | (Bitweises *Oder*), & (Bitweises *Und*) und ~ (Bitweises *Nicht*). Mehr zu Bit-Operatoren folgt in Abschnitt 10.10.

Konstanten und Kombinationen   In Abbildung 5.1 sehen Sie einige Konstanten und Kombinationen als Ausgabe des Programms *fehlerstatus_werte.php*. Eine genaue Beschreibung der Konstanten finden Sie über *https://www.php.net/manual/de/errorfunc.constants.php*.

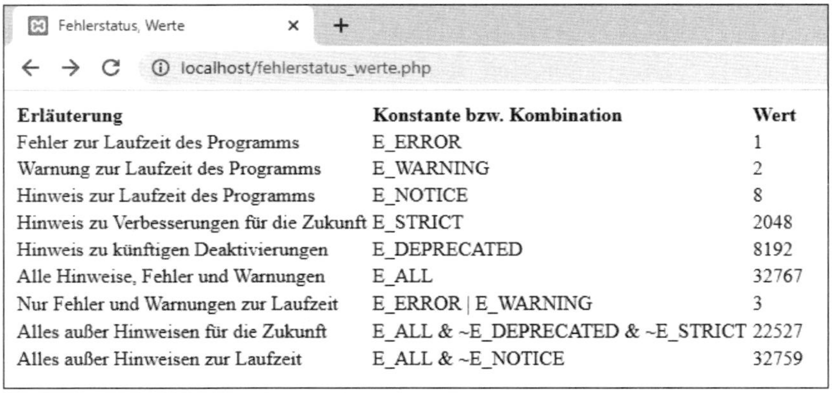

Erläuterung	Konstante bzw. Kombination	Wert
Fehler zur Laufzeit des Programms	E_ERROR	1
Warnung zur Laufzeit des Programms	E_WARNING	2
Hinweis zur Laufzeit des Programms	E_NOTICE	8
Hinweis zu Verbesserungen für die Zukunft	E_STRICT	2048
Hinweis zu künftigen Deaktivierungen	E_DEPRECATED	8192
Alle Hinweise, Fehler und Warnungen	E_ALL	32767
Nur Fehler und Warnungen zur Laufzeit	E_ERROR	E_WARNING	3
Alles außer Hinweisen für die Zukunft	E_ALL & ~E_DEPRECATED & ~E_STRICT	22527
Alles außer Hinweisen zur Laufzeit	E_ALL & ~E_NOTICE	32759

Abbildung 5.1 Einige Konstanten und Kombinationen

display_errors   Mit dem Parameter display_errors wird entschieden, ob Fehler auf dem Bildschirm ausgegeben werden. Mögliche Werte sind On (=1) und Off.

log_errors   Der Parameter log_errors entscheidet darüber, ob Fehler in einer Log-Datei (mit Datum und Uhrzeit) gespeichert werden. Die möglichen Werte ebenfalls On (=1) und Off.

error_log   Mithilfe des Parameters error_log wird festgelegt, in welcher Datei auf dem Webserver Fehler gespeichert werden, falls log_errors auf On steht.

5.2 Dauerhafte Konfiguration der Anzeige von Fehlern

Tabelle 5.1 enthält die empfohlenen Einstellungen für ein Entwicklungssystem und ein Produktivsystem.

Parameter	Entwicklung	Produktion
error_reporting	E_ALL	E_ALL & ~E_DEPRECATED & ~E_STRICT
display_errors	On	Off
log_errors	On	On
error_log	php_errors.log	php_errors.log

Tabelle 5.1 Verschiedene Einstellungen

Mithilfe der Funktion ini_get() können Sie wie in folgendem Programm die aktuellen Einstellungen ermitteln:

ini_get()

```
<!DOCTYPE html>...<body>
<?php
  echo "error_reporting: " . ini_get("error_reporting") . "<br>";
  echo "display_errors: " . ini_get("display_errors") . "<br>";
  echo "log_errors: "      . ini_get("log_errors") . "<br>";
  echo "error_log: "       . ini_get("error_log");
?>
</body></html>
```

Listing 5.2 Datei »fehlerstatus_ermitteln.php«

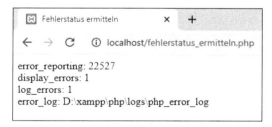

Abbildung 5.2 Einstellungen ermitteln

Die Ausgabe sieht, je nach Einstellung, so wie in Abbildung 5.2 aus.

Der Parameter error_reporting steht hier auf E_ALL & ~E_DEPRECATED & ~E_STRICT; daher wird der Wert 22527 ausgegeben.

Der Parameter `display_errors` steht hier auf 1 = On, daher erfolgen Ausgaben. Der Parameter `log_errors` steht ebenfalls auf 1 = On. Bei `error_log` steht der Name der Log-Datei.

5.3 Änderung der Anzeige

ini_set() Haben Sie keine Möglichkeit, die Datei *php.ini* zu modifizieren, können Sie die Parameter auch über die Funktion `ini_set()` verändern. Dies gilt allerdings nur für das aktuelle Programm. Ein Beispiel:

```
<!DOCTYPE html>...<body>
<?php
    echo "Vorher:";
    echo 1/0 . "<br><br>";

    ini_set("error_reporting", 1);
    echo "Nachher:<br>";
    echo 1/0;
?>
</body></html>
```

Listing 5.3 Datei »fehlerstatus_set.php«

Standardmäßig werden auch Warnungen zur Laufzeit des Programms ausgegeben, zum Beispiel bei einer Division durch 0 (siehe Abbildung 5.3).

Abbildung 5.3 Änderung der Anzeige

Nach einer Änderung des Werts für `error_reporting` auf 1 werden nur noch Fehler zur Laufzeit des Programms ausgegeben. Zwei Starts des Programms nacheinander zeigen, dass zu Beginn wieder die Standardeinstellung gültig ist.

5.4 Angriffe und Sicherheit

Webserver im Internet sind häufig Angriffen ausgesetzt. Es gibt eine Reihe von Möglichkeiten, diese Angriffe abzuwehren. Sie sollten versuchen, den Grad der Sicherheit so weit wie möglich zu erhöhen, ohne dass die Benutzbarkeit des Systems eingeschränkt wird. Dies gilt für kleine Systeme genauso wie für große. Viele Angriffe sind automatisiert und unterscheiden nicht nach der Systemgröße.

Sicherheit erhöhen

Untersuchungen zeigen, dass ein beachtlicher Anteil der Sicherheitslücken durch unzureichende Programmierung entsteht. Neben den Administratoren und weiteren Personen sowie den Internet-Service-Providern und weiteren Institutionen, die einen Zugang zu einem Webserver ermöglichen, ist also auch der PHP-Programmierer gefordert, seinen Anteil zur Erhöhung der Sicherheit beizutragen. In diesem Abschnitt beschreibe ich bewusst keine Angriffstechniken, sondern nenne nur Maßnahmen zur Verbesserung der Sicherheit.

Programmierer gefordert

5.4.1 Programmpakete

Es existieren fertige Programmpakete, die dem PHP-Programmierer einen Teil seiner Arbeit abnehmen können. Bei diesen Paketen sollten Sie sich darüber im Klaren sein, dass ihr hoher Verbreitungsgrad auch dazu führen kann, dass ihre Sicherheitslücken ebenfalls weithin bekannt sind. Sie sollten darauf achten, dass die Pakete weiterhin vom Hersteller gepflegt werden und dass auch an der Beseitigung der Sicherheitslücken gearbeitet wird.

Hoher Verbreitungsgrad

5.4.2 Sichtbare Daten

Daten, die nur der Programmierer benötigt, die aber für den Benutzer unwichtig sind, sollten Sie nicht sichtbar machen. Alle sichtbaren Daten ergeben Informationen, die für Angriffe genutzt werden können. Im Einzelnen bedeutet dies:

▶ Wichtige Daten, die von einem PHP-Programm gesendet werden, sollten möglichst nicht (mit den Zeichen & und ?) an die URL angehängt werden ($_GET[...]), da sie anschließend lesbar in der Adresszeile des Browsers erscheinen.

- Wichtige Daten sollten nicht mithilfe von Formularelementen des Typs hidden von einem PHP-Programm zum nächsten übertragen werden. Sie sind in der Quellcodeansicht des Browsers lesbar.

Sessions
- Zur Datenübermittlung sollten Sie Sessions verwenden (siehe den nächsten Abschnitt).
- Hinweise, Warnungen und Fehlermeldungen sollten Sie auf einem Produktionssystem nicht ausgeben lassen.

Silence-Operator
- Das Zeichen @ (der sogenannte *Silence-Operator*) direkt vor dem Namen einer Funktion dient dazu, eine eventuelle Fehlermeldung der Funktion zu unterdrücken.

5.4.3 Sessions

Bei der Übermittlung von Daten zwischen PHP-Programmen bieten *Sessions* eine recht hohe Sicherheit. Aber auch hier gibt es Verbesserungsmöglichkeiten.

Lebensdauer von Cookies
Informationen über die Session werden in einem Cookie auf dem Client-PC festgehalten. Die Lebensdauer der Cookies können Sie mithilfe der Funktion session_set_cookie_params() beeinflussen, sodass diese nur eine begrenzte Zeit auf dem PC verbleiben. Allerdings gelten die Einstellungen nur für das aktuelle PHP-Programm. Diese Funktion muss vor der Funktion session_start() aufgerufen werden.

Session beenden
Stellen wir uns folgende Situation vor: Der Benutzer entfernt sich während einer Session vom Arbeitsplatz und hinterlässt seinen PC unbeaufsichtigt. Abhilfe: Wir als Entwickler sollten den Startzeitpunkt einer Session in einer Datenbank auf dem Server festhalten und die Gültigkeit einer Session nach Ablauf einer maximal erlaubten Zeit automatisch beenden.

Neue Session-ID
Die Funktion session_regenerate_id() erzeugt eine neue Session mit einer neuen ID; dabei werden alle Daten der alten Session übernommen. So ist es einem Angreifer nicht mehr möglich, mit einer ihm bekannt gewordenen Session-ID oder einer von außen vorgegebenen Session-ID an weitere Daten zu gelangen. Auf bestimmten Netzwerken kann es bei Nutzung der Funktion allerdings zu einem Verlust von Daten kommen.

Ohne Cache
Mithilfe der Funktion session_cache_limiter() können Sie es vermeiden, dass Seiten, die auch Session-Daten beinhalten, im Cache des Client-PCs oder auf einem Proxy gespeichert werden.

5.4.4 Variablen

Der Zugriff auf, das Hinzufügen oder das Auslesen von Variablen der PHP-Programme sollte nicht möglich sein. Sie sollten daher Folgendes beachten:

- Manche Websites laufen noch unter der PHP-Version 5.3 oder einer noch älteren Version. Bei diesen frühen Versionen konnte man den Schalter register_globals in der Datei *php.ini* sicherheitsgefährdend auf On stellen. Seit PHP 5.4 gibt es diesen Schalter nicht mehr. Die Inhalte von gesendeten Formularen können seither nur noch mithilfe des Felds $_POST[...] verarbeitet werden, wie Sie es gewohnt sind.
- Variablen können vor ihrer Nutzung initialisiert und nach ihrer Nutzung mithilfe der Funktion unset() gelöscht werden. **Löschen**
- Den Gültigkeitsbereich von Variablen können Sie kleinhalten, wenn ein Programm stark modularisiert, das heißt in Funktionen zerlegt wird.

5.4.5 Eingaben prüfen

Formulare bieten viele Angriffsmöglichkeiten, da es hier notwendig ist, eingegebene Daten vom Client an den Server zu übertragen. Abhilfe kann Folgendes schaffen:

- Sie können die Eingaben vor deren Weiterverarbeitung auf Typ und Plausibilität hin überprüfen. Entsprechen sie dem erwarteten Datentyp? Liegen sie im erlaubten Wertebereich? Handelt es sich um eine der vorgegebenen Möglichkeiten? **Erwartete Daten?**
- Erwarten Sie die Eingabe von Zahlenwerten, können Sie die Werte vor der weiteren Verarbeitung mithilfe der beiden Funktionen intval() und floatval() in ganze Zahlen beziehungsweise Fließkommazahlen umwandeln. Auf diese Weise können auch Fehleingaben abgefangen werden. **Zahlen umwandeln**
- Eingaben können Sie mithilfe der Funktion htmlspecialchars() oder der Funktion htmlentities() vor der weiteren Verarbeitung umwandeln, sodass kein schädlicher HTML-Code oder JavaScript-Code eingebettet werden kann. Die Funktion wandelt zum Beispiel die Zeichen < (Beginn eines HTML-Tags), > (Ende eines HTML-Tags) und " (Hochkomma) in die entsprechenden HTML-Entities um (<, >, " usw.). **Tags umwandeln**

5 Fehler behandeln, Sicherheit erhöhen

Quelle prüfen
- Prüfen Sie, woher die Daten kommen. Handelt es sich um die erwartete Quelle?
- Bei den übermittelten Werten sollte es sich nicht um den Namen der Funktion oder den Namen der Datei handeln, die anschließend direkt aufgerufen oder anderweitig bearbeitet wird.

5.4.6 SQL-Injection vermeiden

Prepared Statements

Bei einer *SQL-Injection* handelt es sich um einen Angriff auf einen Server mithilfe einer schädlichen SQL-Anweisung. Ein potenzieller Angreifer könnte eine solche Anweisung in das Eingabefeld eines Formulars eintragen. Durch das Absenden gelangt sie auf den Server, wird dort ausgeführt und kann zum Beispiel Daten ändern oder löschen.

Prepared Statements bieten einen wirksamen Schutz gegen die SQL-Injection. Erläuterungen und Beispiele finden Sie ab dem Abschnitt 3.7.

5.4.7 Passwörter

Häufig kann der Zugang zu bestimmten Seiten nur mit einem Passwort erlangt werden. Die Sicherheit lässt sich hierbei durch die folgenden Maßnahmen erhöhen:

Sonderzeichen
- Passwörter sollten eine bestimmte Mindestlänge haben. Sie sollten sowohl kleine Buchstaben als auch große Buchstaben sowie Ziffern und gegebenenfalls auch bestimmte Sonderzeichen beinhalten.

password_hash()
- Die Speicherung des Passworts in einer Datenbank sollte in verschlüsselter Form erfolgen, zum Beispiel mithilfe der Funktion `password_hash()`. Beispiele dazu sehen Sie in Abschnitt 6.6 und Abschnitt 15.6.2.

Kapitel 6
Zeichenketten

Aus Formulareingabefeldern, Dateien und Datenbanken gelangen *Zeichenketten* (*Strings*), die analysiert und bearbeitet werden müssen, in ein PHP-Programm. Zu diesem Zweck stellt PHP zahlreiche Funktionen zur Verfügung.

Zeichenketten bestehen aus einzelnen Zeichen. In diesem Buch wird mit der UTF-8-Kodierung von Zeichen gearbeitet. Bei einer solchen Multibyte-Kodierung werden Zeichen mithilfe von einem oder mehreren Bytes gespeichert. Nachfolgend werden vorzugsweise die Multibyte-Funktionen von PHP eingesetzt.

UTF-8

6.1 Eigenschaften und Umwandlungen

Im folgenden Programm werden verschiedene Funktionen auf eine Zeichenkette angewendet. Zur Verdeutlichung der Vorteile der Multibyte-Funktionen umfasst diese Zeichenkette unter anderem die deutschen Umlaute und das scharfe ß. Die älteren Standardfunktionen für Zeichenketten sind für diese Zeichen nicht geeignet.

```
<!DOCTYPE html>...<body>
<?php
$tx = "Hallo Welt äöü ÄÖÜ ß";
echo $tx . "<br>";

echo "Anzahl Zeichen: " . mb_strlen($tx) . "<br>";
echo mb_strtolower($tx) . "<br>";
echo mb_strtoupper($tx) . "<br>";

$ar = mb_str_split($tx);
for($i=0; $i<count($ar); $i++)
   echo $ar[$i] . "|";
echo "<br>";
```

```
for($i=0; $i<count($ar); $i++)
    echo mb_ord($ar[$i]) . " ";
echo "<br>";
?>
</body></html>
```

Listing 6.1 Datei »text_eigenschaft.php«

Länge	Die Funktion mb_strlen() gibt es seit PHP 7.0. Sie liefert die Anzahl der Zeichen in der Zeichenkette.
Klein- und Großbuchstaben	Die Funktionen mb_strtolower() und mb_strtoupper() wandeln jedes Zeichen der Zeichenkette in Kleinbuchstaben beziehungsweise in Großbuchstaben um.
Einzelne Zeichen	Die Funktion mb_str_split() steht seit PHP 7.4 zur Verfügung. Sie liefert ein Feld, das die einzelnen Zeichen einer Multibyte-Zeichenkette beinhaltet. Im vorliegenden Fall werden diese Zeichen einzeln ausgegeben, zur Verdeutlichung gefolgt von einem senkrechten Strich.
Codenummer	Die Funktion mb_ord() gibt es seit PHP 7.2. Sie ermittelt die Codenummer eines Zeichens, bezogen auf die genutzte Kodierung. Hier werden die Codenummern aller Zeichen der Zeichenkette ausgegeben. Mehr zu den Codenummern sehen Sie in Abschnitt 6.5.

Die Ausgabe des Programms sehen Sie in Abbildung 6.1.

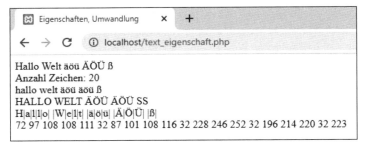

Abbildung 6.1 Eigenschaften und Umwandlungen

6.2 Suchen und Ersetzen

Häufig müssen Zeichenketten daraufhin untersucht werden, ob sie bestimmte Zeichenfolgen enthalten. Ebenso kann es vorkommen, dass Zeichenfolgen durch andere Zeichenfolgen ersetzt werden müssen. Zu diesem Zweck stehen mehrere Funktionen zur Verfügung.

Diese Funktionen arbeiten mit sogenannten *regulären Ausdrücken* (englisch: *regular expressions*). Dabei handelt es sich um ein sehr mächtiges Werkzeug, das in vielen Programmiersprachen genutzt wird. Einige Möglichkeiten werden im folgenden Beispiel gezeigt. Eine Beschreibung sämtlicher Möglichkeiten würde in diesem Einsteigerbuch allerdings zu weit führen.

Reguläre Ausdrücke

```
<!DOCTYPE html>...<body>
<?php
$tx = "Das ist das Beispiel";
echo $tx . "<br>";

mb_ereg_search_init($tx, "ist");
if (mb_ereg_search())   echo "Gefunden: ist<br>";

$i = 1;
mb_ereg_search_init($tx, "as");
while (mb_ereg_search())
    echo "Fund " . $i++ . ": as<br>";

mb_ereg_search_init($tx, "^ist");
if (mb_ereg_search())   echo "Beginnt mit: ist<br>";
else                    echo "Beginnt nicht mit: ist<br>";

mb_ereg_search_init($tx, "ist$");
if (mb_ereg_search())   echo "Endet mit: ist<br>";
else                    echo "Endet nicht mit: ist<br>";

mb_ereg_search_init($tx, "Beispiel$");
if (mb_ereg_search())   echo "Endet mit: Beispiel<br>";
else                    echo "Endet nicht mit: Beispiel<br>";

echo mb_ereg_replace("das", "xyz", $tx) . "<br>";
echo mb_eregi_replace("das", "abc", $tx) . "<br>";
?>
</body></html>
```

Listing 6.2 Datei »text_suchen.php«

Suchauftrag Die Funktion `mb_ereg_search_init()` erstellt einen »Suchauftrag«. In der Zeichenketten-Variablen $tx soll nach der Zeichenkette "ist" gesucht werden. Die eigentliche Suche wird durch die Funktion `mb_ereg_search()` durchgeführt. Sie bezieht sich auf den letzten erstellten Suchauftrag. Ist diese Suche erfolgreich, wird true zurückgeliefert, ansonsten false.

Alle Vorkommen Möchten Sie alle Vorkommen einer Zeichenfolge finden, führen Sie die Suche mithilfe einer while-Schleife mehrmals durch. Eine Folge-Suche gemäß eines bestimmten Suchauftrags beginnt immer hinter dem letzten Fundort. Ist die Suche nicht mehr erfolgreich, endet die Schleife.

Am Anfang, am Ende Das Zeichen ^ am Beginn eines regulären Ausdrucks bedeutet: Suche die anschließende Zeichenfolge nur am Anfang des Texts. Entsprechend bedeutet das Zeichen $ am Ende eines regulären Ausdrucks: Suche die anschließende Zeichenfolge nur am Ende des Texts.

Ersetzen Die Funktion `mb_ereg_replace()` dient zum Ersetzen aller Vorkommen von bestimmten Zeichenfolgen durch andere Zeichenfolgen. Im vorliegenden Fall wird jedes Vorkommen der Zeichenfolge "das" durch die Zeichenfolge "xyz" ersetzt.

Die Funktion `mb_eregi_replace()` macht dasselbe, allerdings ohne Beachtung der Groß- und Kleinschreibung. Hier wird also jedes Vorkommen der Zeichenfolgen "das" oder "Das" durch die Zeichenfolge "xyz" ersetzt. Die Ausgabe sehen Sie in Abbildung 6.2.

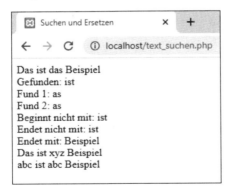

Abbildung 6.2 Suchen und Ersetzen

[»] **Hinweis**

Bestimmte Zeichen, zum Beispiel . (Punkt), haben, ähnlich wie die Zeichen ^ und $, eine besondere Bedeutung innerhalb eines regulären Ausdrucks.

Sollten Sie nach diesen Zeichen im Text suchen, müssen sie mit einem Backslash \ eingeleitet werden. Ein Beispiel sehen Sie in Abschnitt 7.4.

6.3 Positionen und Teilzeichenketten

Der Index für die Positionen der Zeichen innerhalb einer Zeichenkette beginnt wie bei einem Feld mit 0. Im folgenden Programm wird die Position bestimmter Zeichenfolgen innerhalb der Zeichenkette ermittelt. Zudem werden bestimmte Teile der Zeichenketten geliefert.

```
<!DOCTYPE html>...<body>
<?php
$tx = "Das ist ein Satz";
echo "$tx<br><br>";

echo "Positionen:<br>";
echo "S ab Anfang: " . mb_strpos($tx, "S") . "<br>";
echo "S oder s ab Anfang: " . mb_stripos($tx, "S") . "<br>";
echo "s ab Ende: " . mb_strrpos($tx, "s") . "<br>";
echo "S oder s ab Ende: " . mb_strripos($tx, "s") . "<br>";

echo "Alle S oder s ab Anfang: ";
$pos = -1;
while($pos = mb_stripos($tx, "S", $pos+1))
    echo "$pos ";
echo "<br><br>";

echo "Teilzeichenketten:<br>";
echo "Ab 4 bis Ende: " . mb_substr($tx, 4) . "<br>";
echo "Ab 4, 2 Zeichen: " . mb_substr($tx, 4, 2) . "<br>";
echo "Ab -4 bis Ende: " . mb_substr($tx, -4) . "<br>";
echo "Ab -4, 2 Zeichen: " . mb_substr($tx, -4, 2) . "<br>";
?>
</body></html>
```

Listing 6.3 Datei »text_position.php«

Die Funktion mb_strpos() ermittelt standardmäßig die Position des ersten Vorkommens einer Zeichenfolge innerhalb einer Zeichenkette. Hier wird

Position ab Anfang

das große "S" erstmals an Position 12 gefunden. Die Funktion mb_stripos() macht dasselbe, allerdings ohne Beachtung der Groß- und Kleinschreibung. Damit wird das erste große "S" oder das erste kleine "s" an Position 2 gefunden.

Position ab Ende — Bei der Funktion mb_strrpos() beginnt die Suche nicht am Beginn der Zeichenkette, sondern am Ende. Das letzte Vorkommen des kleinen "s" wird an Position 5 gefunden. Auch hier gibt es eine Funktion, die dasselbe ohne Beachtung der Groß- und Kleinschreibung macht: mb_strripos(). Das letzte kleine "s" oder große "S" wird damit an Position 12 gefunden.

Position ab Startwert — Sie können bei den vier genannten Funktionen als dritten Parameter einen Startwert für die Suche angeben. Damit haben Sie zum Beispiel die Möglichkeit, mithilfe einer while-Schleife alle Positionen einer Zeichenfolge zu ermitteln.

Teilzeichenkette ab Position — Die Funktion mb_substr() liefert eine Teilzeichenkette. Wird sie nur mit einem Parameter aufgerufen, erstreckt sich die Teilzeichenkette von der betreffenden Startposition bis zum Ende der Original-Zeichenkette. Handelt es sich dabei um einen negativen Wert, wird die Startposition ab dem Ende der Original-Zeichenkette ermittelt. Das letzte Zeichen hat die Nummer -1, das vorletzte Zeichen die Nummer -2 und so weiter.

Länge der Teilzeichenkette — Wird die Funktion mb_substr() mit einem zweiten Parameter aufgerufen, handelt es sich dabei um die gewünschte Länge der Teilzeichenkette.

Die Ausgabe des Programms sehen Sie in Abbildung 6.3.

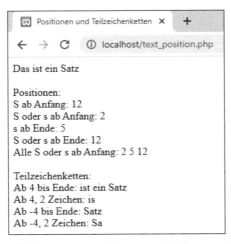

Abbildung 6.3 Positionen und Teilzeichenketten

6.4 Zeichenketten und Felder

Die Funktion `mb_split()` zerlegt eine Zeichenkette mithilfe einer Trennzeichenfolge in einzelne Teile und liefert diese als Feld von Zeichenketten zurück.

Dieser Vorgang lässt sich mithilfe der Funktion `implode()` umkehren: Die einzelnen Elemente eines Felds werden zu einer Zeichenkette zusammengefügt. Bei diesem Vorgang lässt sich eine einheitliche Zeichenfolge als Verbindung zwischen den Elementen einfügen.

Im folgenden Beispielprogramm wird ein Datensatz zerlegt und wieder zusammengefügt:

```php
<!DOCTYPE html>...<body>
<?php
$tx = "Maier;Hans;6714;3500;1962-03-15";
$feld = mb_split(";", $tx);
for($i=0; $i<count($feld); $i++)
    echo $feld[$i] . "<br>";
echo "<br>";

echo implode(";", $feld);
?>
</body></html>
```

Listing 6.4 Datei »text_feld.php«

Als Trennzeichenfolge dient hier das Semikolon. Anschließend werden die einzelnen Elemente des Felds mithilfe einer Schleife ausgegeben. Bei der Trennzeichenfolge handelt es sich wie in Abschnitt 6.2 um einen regulären Ausdruck. Beim Zusammenfügen wird ebenfalls das Semikolon als Verbindung verwendet. Die Ausgabe des Programms sehen Sie in Abbildung 6.4.

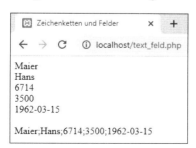

Abbildung 6.4 Zeichenketten und Felder

6.5 Zeichen und Codenummern

Zeichen zu Codenummer

Die Funktion `mb_chr()` gibt es seit PHP 7.2. Sie stellt die Umkehrfunktion zur Funktion `mb_ord()` aus Abschnitt 6.1 dar. Sie liefert das Zeichen zu einer Codenummer, bezogen auf die genutzte Kodierung. Dazu folgen nun einige Beispiele:

```
<!DOCTYPE html>...<body>
<?php
for($i=32; $i<=64; $i++)
    echo mb_chr($i) . " ";
echo "<br>";

for($i=65; $i<=90; $i++)
    echo mb_chr($i) . " ";
echo "<br>";

for($i=97; $i<=122; $i++)
    echo mb_chr($i) . " ";
echo "<br>";

for($i=224; $i<=252; $i++)
    echo mb_chr($i) . " ";
echo "<br>";
?>
</body></html>
```

Listing 6.5 Datei »text_code.php«

Die Codenummern 32 bis 64 führen zu einigen Sonderzeichen und den Ziffern. Von 65 bis 90 stehen die Großbuchstaben, von 97 bis 122 die Kleinbuchstaben im Code. Als Beispiel für die vielen weiteren Möglichkeiten sehen Sie die Zeichen mit den Codenummern 224 bis 252. Sie umfassen die deutschen Umlaute in Kleinbuchstaben und andere Kleinbuchstaben aus europäischen Sprachen.

Die Ausgabe sehen Sie in Abbildung 6.5.

Abbildung 6.5 Zeichen und Codenummern

6.6 Verschlüsselung

Die Einweg-Funktion `password_hash()` bietet die Möglichkeit, ein Passwort mithilfe eines starken Algorithmus zu verschlüsseln. Dabei wird ein sogenannter *Hash* erzeugt. Einweg-Funktionen sind schwer umkehrbar. Das verschlüsselte Passwort kann innerhalb einer Datenbank gespeichert werden. Sollte jemand unberechtigten Zugriff auf die Datenbank erlangen, kann er das Original-Passwort nicht mehr aus dem verschlüsselten Passwort ermitteln.

Verschlüsseln

Mithilfe der Funktion `password_verify()` kann geprüft werden, ob ein vom Benutzer eingegebenes Passwort und ein gespeichertes, verschlüsseltes Passwort zusammenpassen. Dabei wird weder ein Rückschluss auf die Erzeugungsmethode noch auf das Originalpasswort ermöglicht. Damit lässt sich zum Beispiel eine Anmeldung inklusive Erkennung des gültigen Passworts realisieren.

Vergleichen

Nun folgt eine Anwendung, in der die beiden genannten Vorgänge umgesetzt werden. Zunächst zeige ich Ihnen das Programm zur Erzeugung der Datenbank mit den teilweise verschlüsselten Inhalten:

Datenbank erzeugen

```
<!DOCTYPE html>...<body>
<?php
    $con = new mysqli("", "root");
    $sql = "CREATE DATABASE IF NOT EXISTS logindaten";
    $con->query($sql);
    $con->select_db("logindaten");

    $sql = "CREATE TABLE IF NOT EXISTS benutzer"
        . " (id INT(11) NOT NULL AUTO_INCREMENT,"
        . " name VARCHAR(50) NOT NULL,"
        . " passwort VARCHAR(255) NOT NULL,"
```

```
            . " PRIMARY KEY (id)"
            . " ) ENGINE=InnoDB DEFAULT CHARSET=UTF8";
        $con->query($sql);

        $pw1 = password_hash("Marburg", PASSWORD_DEFAULT);
        $pw2 = password_hash("Dortmund", PASSWORD_DEFAULT);
        $sql = "INSERT INTO benutzer (name, passwort)"
            . " VALUES('Maier', '$pw1'),('Schmitz','$pw2')";
        $con->query($sql);

        $con->close();
    ?>
    </body></html>
```

Listing 6.6 Datei »text_verschluesseln_neu.php«

Datenbank erzeugen Zunächst wird ein Objekt der Klasse `mysqli` erstellt, das noch keine Verbindung zu einer bestimmten Datenbank besitzt. Mithilfe der SQL-Anweisung CREATE DATABASE wird über diese Verbindung die neue Datenbank `logindaten` erstellt.

select_db() Die Methode `select_db()` der Klasse `mysqli` dient zur Auswahl einer Datenbank. Sie wird zum Beispiel benötigt, falls Sie im Verlauf der aktuellen Verbindung zum Datenbankserver zu einer Datenbank wechseln, die erst in diesem Verlauf erzeugt wurde.

Feld für Passwort In der Datenbank `logindaten` wird die Tabelle `benutzer` mit den drei Feldern `id`, `name` und `passwort` erzeugt. Das letztgenannte Feld ist zur Aufnahme der Passwörter gedacht. Die Funktion `password_hash()` liefert Hashes in Abhängigkeit vom benutzten Algorithmus. Zur Speicherung wird ein Feld mit einer Größe von 255 Zeichen empfohlen.

Starker Algorithmus Die Funktion `password_hash()` erwartet zwei Parameter: zum einen das zu verschlüsselnde Passwort, zum anderen eine Konstante für den Algorithmus. Der Wert `PASSWORD_DEFAULT` sorgt dafür, dass immer ein aktueller und starker Algorithmus verwendet wird. Die Passwörter für die beiden Benutzer werden verschlüsselt gespeichert (siehe Abbildung 6.6).

id	name	passwort
1	Maier	$2y$10$khVeruSnbJEdJX3mZVQlkeVq7sPyk6ikj/FcZ3XRHzV...
2	Schmitz	$2y$10$SpBoE7r1JSJ3TqoxUApR5ulWuZV.gX352S5GX2MZUzf...

Abbildung 6.6 Inhalte der Datenbank

6.6 Verschlüsselung

Im vorliegenden Beispiel sind die Benutzerdaten fest vorgegeben. Im Normalfall würde man sie erst mithilfe einer weiteren Anwendung erzeugen, in der eine Registrierung der Benutzer erfolgt.

Die Anmeldung wird mithilfe des folgenden Formulars realisiert (siehe auch Abbildung 6.7):

Formular

```
<!DOCTYPE html>...<body>
<p>Login:</p>
<form action="text_verschluesseln.php" method="post">
   <p><input name="name"> Name</p>
   <p><input name="passwort" type="password"> Passwort</p>
   <p><input type="submit"></p>
</form>
</body></html>
```

Listing 6.7 Datei »text_verschluesseln.htm«

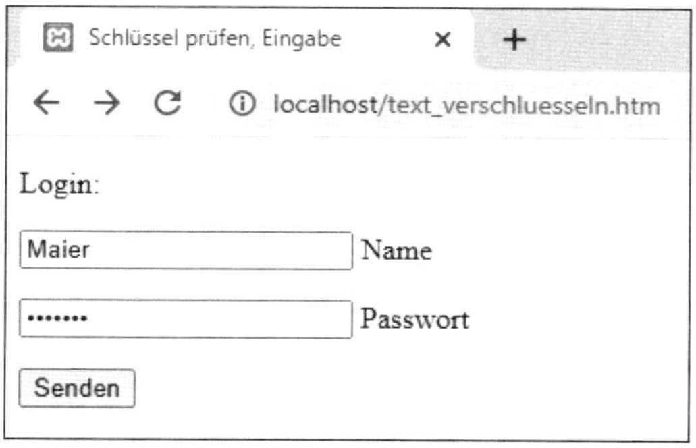

Abbildung 6.7 Eingabe von Benutzername und Passwort

Die eingegebenen Daten des Benutzers werden an das folgende PHP-Programm gesendet:

PHP-Programm

```
<!DOCTYPE html>...<body>
<?php
   include "text_verschluesseln.inc.php";
   if(zugang("logindaten", "benutzer",
        htmlentities($_POST["name"]),
        htmlentities($_POST["passwort"])))
      echo "Login erlaubt";
   else
```

```
        echo "Login nicht erlaubt";
?>
</body></html>
```

Listing 6.8 Datei »text_verschluesseln.php«

Im Programm wird die Datei *text_verschluesseln.inc.php* eingebunden. Die darin enthaltene Funktion zugang() liefert die Information, ob der Zugang erlaubt ist oder nicht. Die Ausgabe bei erfolgreichem Login sehen Sie in Abbildung 6.8.

Abbildung 6.8 Erfolgreiches Login

Mehrfache Verwendung Die eingebundene Datei kann in mehreren Programmen verwendet werden, bei denen ein Zugang geprüft werden muss (siehe auch Abschnitt 11.3). Der Name der Datenbank und der Name der Tabelle sind variabel, die beiden Datenbankfelder müssen den Namen name und passwort haben. In einer möglichen Erweiterung der Funktion könnten auch diese Namen mithilfe von Parametern aufgerufen werden.

Jetzt folgt die Funktion zugang() in der genannten Datei:

```php
<?php
function zugang($dbname, $tabname,
    $name_eingabe, $passwort_eingabe)
{
    $con = new mysqli("", "root", "", $dbname);
    $ps = $con->prepare(
        "SELECT name, passwort FROM $tabname WHERE name=?");
    $ps->bind_param("s", $name_eingabe);
    $ps->execute();
    $ps->bind_result($name_db, $passwort_db);

    $ps->store_result();
    if($ps->num_rows > 0)
    {
        $ps->fetch();
```

```php
        if(password_verify($passwort_eingabe, $passwort_db))
            $ergebnis = true;
        else
            $ergebnis = false;
    }
    else
        $ergebnis = false;

    $ps->close();
    $con->close();
    return $ergebnis;
}
?>
```

Listing 6.9 Datei »text_verschluesseln.inc.php«

Gibt es keinen Datensatz mit dem eingegebenen Namen des Benutzers, liefert die Funktion `false` zurück. Andernfalls wird das verschlüsselte Passwort des Benutzers ermittelt. Anschließend wird mithilfe der Funktion `password_verify()` geprüft, ob es zum eingegebenen Passwort passt. Ist das der Fall, liefert die Funktion `true`, andernfalls `false` zurück.

Passwort vergleichen

Kapitel 7
Dateien und Verzeichnisse

In vielen Fällen muss zur Speicherung kleinerer Datenmengen keine Datenbank angelegt werden. Für einen Webcounter reicht es beispielsweise aus, eine einfache Textdatei zu verwenden. In diesem Abschnitt behandle ich die Funktionen zum Schreiben und Lesen von Textdateien. Darüber hinaus erläutere ich Funktionen, die allgemein Informationen über Dateien und Verzeichnisse bereitstellen.

Dateien lesen und schreiben

Unter Ubuntu Linux oder macOS werden zur Erstellung oder Änderung von Dateien und Verzeichnissen zunächst Schreibrechte benötigt. Bei vielen Internet-Service-Providern wird Linux genutzt. Dort werden Ihnen normalerweise Schreibrechte innerhalb Ihrer Domain gewährt.

Schreibrechte

7.1 Schreiben einer Textdatei

Das folgende Programm schreibt einige Zeilen in eine Textdatei und hängt anschließend noch weitere Zeilen am Ende der Textdatei an:

```
<!DOCTYPE html>...<body>
<?php
   $inhalt = "Erste Zeile\n";
   for ($i=10; $i<=30; $i+=10)
      $inhalt .= "$i\n";
   $feld = array(6.2, -54.8, 12.7);
   $inhalt .= implode("\n", $feld) . "\n";

   $datei = "datei.txt";
   if(@file_put_contents($datei, $inhalt) === false)
      exit("Fehler beim Schreiben");
   else
      echo "Daten in Datei geschrieben<br>";
```

```
    $inhalt = "Letzte Zeile\n";

    if(@file_put_contents($datei, $inhalt, FILE_APPEND) === false)
       exit("Fehler beim Anhängen");
    else
       echo "Daten an Datei angehängt";
?>
</body></html>
```

Listing 7.1 Datei »datei_schreiben.php«

Zeichenkette in Datei Die Funktion `file_put_contents()` dient dazu, den Inhalt einer Zeichenkette in eine Datei zu schreiben. Im Programm wird zunächst eine Zeichenkette zusammengestellt und in der Variablen `$inhalt` gespeichert. Anschließend wird sie in die Datei geschrieben.

Neue Zeile Die Zeichenkette wird mit dem Text `"Erste Zeile\n"` gefüllt. Die Zeichenfolge `\n` erzeugt einen Zeilenumbruch in der Datei. Dabei steht das Zeichen n für *new line*, also *neue Zeile*.

Als Nächstes werden drei ganze Zahlen an die Zeichenkette angehängt, jeweils gefolgt von einem Zeilenumbruch.

Feld in Datei Der Inhalt eines Felds lässt sich mithilfe der Funktion `implode()` zu einer Zeichenkette zusammenfügen (siehe Abschnitt 6.4). Als Verbindungszeichen wird hier jeweils ein Zeilenumbruch eingefügt. Ein weiterer Zeilenumbruch wird am Ende angehängt.

Verzeichnis Der Name der Datei (hier: *datei.txt*) wird in einer Variablen gespeichert. Die Datei wird nach dem erfolgreichen Schreiben im selben Verzeichnis gespeichert wie die Datei mit dem PHP-Programm. Soll eine Datei im Unterverzeichnis *unter* gespeichert werden, so lautet der Name *unter/datei.txt*. Soll eine Datei im übergeordneten Verzeichnis gespeichert werden, so lautet der Name *../datei.txt*.

Überschreiben ohne Warnung Der Aufruf der Funktion `file_put_contents()` speichert die gesamte Zeichenkette in einer Datei. Dabei wird die Datei neu erzeugt. Ist sie bereits vorhanden, wird sie ohne Warnung überschrieben.

Erfolg prüfen Mithilfe des »strengen« Vergleichsoperators `===` kann geprüft werden, ob das Schreiben der Datei erfolgreich war. Die Speicherung einer Datei in einem Verzeichnis, das nicht existiert, würde nicht zum Erfolg führen. Stattdessen würde eine Fehlermeldung erscheinen. Der Silence-Operator `@` vor dem Namen der Funktion sorgt dafür, dass eine eventuelle Fehlermeldung nicht auf dem Bildschirm erscheint. Auf diese Weise bleiben Datei- und Verzeichnisnamen vor dem Benutzer verborgen.

Am Ende des Programms wird noch eine weitere Zeichenkette erzeugt. Der dritte, optionale Parameter mit dem Wert `FILE_APPEND` sorgt für ein Anhängen einer Zeichenkette an eine vorhandene Datei. Sie wird in diesem Fall also nicht überschrieben.

Anhängen

Die gespeicherte Textdatei sieht aus wie in Abbildung 7.1.

Abbildung 7.1 Textdatei »datei.txt«

Die Ausgabe des Programms sehen Sie in Abbildung 7.2.

Abbildung 7.2 Schreiben einer Textdatei

7.2 Lesen einer Textdatei

Zum Lesen einer Textdatei und zur Speicherung des Inhalts innerhalb Ihres Programms haben Sie zwei Möglichkeiten:

- Sie nutzen die Funktion `file_get_contents()`, um den Inhalt der Textdatei in einer einzigen Zeichenkette zu speichern. *Datei in Zeichenkette*
- Sie nutzen die Funktion `file()`, um den Inhalt der Textdatei in einem Feld von Zeichenketten zu speichern. Dabei steht in jedem Feldelement eine Zeile der Textdatei und Sie haben die Möglichkeit, auf einzelne Zeilen zuzugreifen. *Datei in Feld von Zeichenketten*

file_get_contents()

Beide Möglichkeiten werden nachfolgend vorgestellt. Zunächst betrachten wir ein Programm mit der Funktion file_get_contents():

```
<!DOCTYPE html>...<body>
<?php
    $datei = "datei.txt";
    $inhalt = @file_get_contents($datei, $inhalt);
    if($inhalt === false)
        exit("Fehler beim Lesen");
    echo nl2br($inhalt);
?>
</body></html>
```

Listing 7.2 Datei »datei_lesen_zeichenkette.php«

Nach einem erfolgreichen Aufruf der Funktion file_get_contents() steht der Inhalt der Textdatei in der Variablen $inhalt zur Verfügung. Existiert die Datei nicht, erfolgt eine Fehlermeldung.

Zeilenumbruch erzeugen

Die Zeichenfolge \n, die für einen Zeilenumbruch in der Textdatei steht, ist bei der Darstellung in einem Browser nicht wirksam. Daher würde der gesamte Inhalt der Textdatei in einer einzigen Zeile ausgegeben werden.

Die Funktion nl2br() wandelt jedes Vorkommen der Zeichenfolge \n in die HTML-Markierung <br> um. Anschließend erscheint der Inhalt der Textdatei wie in Abbildung 7.3.

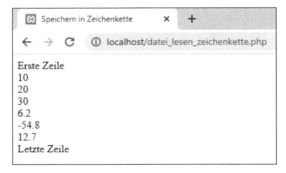

Abbildung 7.3 Lesen einer Textdatei in eine Zeichenkette

file()

Jetzt folgt ein Programm mit der Funktion file():

```php
<!DOCTYPE html>...<body>
<?php
   $datei = "datei.txt";
   $feld = @file($datei, FILE_IGNORE_NEW_LINES);
   if(!$feld)
      exit("Fehler beim Lesen");

   for($i=0; $i<count($feld); $i++)
      echo "Zeile " . ($i+1) . ": $feld[$i]<br>";

   echo "<br>Anzahl Zeichen: ";
   for($i=0; $i<count($feld); $i++)
      echo mb_strlen($feld[$i]) . " ";

   echo "<br><br>Rechnen: ";
   for($i=0; $i<count($feld); $i++)
      if(is_numeric($feld[$i]))
         echo (floatval($feld[$i]) * 2) . " ";
?>
</body></html>
```

Listing 7.3 Datei »datei_lesen_feld.php«

Nach einem erfolgreichen Aufruf der Funktion `file()` steht der Inhalt der Textdatei im Feld `$feld` zur Verfügung. Existiert die Datei nicht, erfolgt eine Fehlermeldung.

Datei in Feld

Jedes Element des Felds enthält eine Zeile der Textdatei, standardmäßig inklusive der Zeichenfolge \n für den Zeilenumbruch. Wird der Wert FILE_IGNORE_NEW_LINES für den zweiten, optionalen Parameter genutzt, wird \n nicht im Feldelement gespeichert.

Speichern ohne Zeilenumbruch

Mithilfe der ersten `for`-Schleife werden die einzelnen Zeilen ausgegeben. Vor jeder Zeile wird zusätzlich ihre laufende Nummer dargestellt.

Die zweite `for`-Schleife dient zur Ausgabe der Anzahl der Zeichen jeder Zeile. Sie wird jeweils mithilfe der Funktion `mb_strlen()` ermittelt.

Stehen Zahlen in den einzelnen Zeilen, kann unmittelbar mit ihnen gerechnet werden. Stellt die Funktion `is_numeric()` fest, dass es sich beim Inhalt der Zeile um eine Zahl handelt, wird die Zeichenkette mithilfe der Funktion `floatval()` in eine Fließkommazahl umgewandelt. Anschließend wird diese Zahl verdoppelt und ausgegeben.

Umwandlung in Zahlen

Die Ausgabe sehen Sie in Abbildung 7.4.

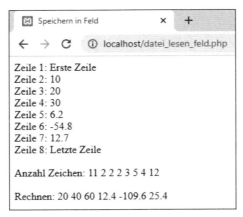

Abbildung 7.4 Lesen einer Textdatei in ein Feld

7.3 Ein einfacher Webcounter

Webcounter

Im folgenden Beispiel wird ein *Webcounter* realisiert, der die Anzahl der Zugriffe auf eine Internetseite festhält. Ein solcher Zähler wird oft eingesetzt, um die Beliebtheit beziehungsweise den Erfolg einer Internetseite zu messen beziehungsweise anzuzeigen.

Das Programm sieht so aus:

```
<!DOCTYPE html>...<body>
<?php

    $datei = "datei_webcounter.txt";
    $inhalt = @file_get_contents($datei, $inhalt);
    if($inhalt === false)
        $webcounter = 0;
    else
        $webcounter = intval($inhalt);

    $webcounter++;
    echo "Webcounter: $webcounter";
    @file_put_contents($datei, $webcounter);
?>
```

```
</body></html>
```

Listing 7.4 Datei »datei_webcounter.php«

Handelt es sich um den ersten Versuch eines Zugriffs auf die Textdatei mit dem Zählerstand, existiert diese noch nicht. Der Zugriff ist nicht erfolgreich und der Zähler wird auf 0 gesetzt.

Kein Zähler

Bei einem erfolgreichen Zugriff wird der Inhalt der Datei gelesen und in eine ganze Zahl umgewandelt. Diese entspricht dem aktuellen Zählerstand. Der Zählerstand wird erhöht, ausgegeben und als neuer Zählerstand in der Datei gespeichert.

Zähler erhöhen

Nach einigen Zugriffen sieht die Ausgabe so aus wie in Abbildung 7.5.

Abbildung 7.5 Ausgabe des Webcounters

7.4 Schreiben einer CSV-Datei

Das CSV-Format dient als universelles Austauschprogramm zwischen unterschiedlichen Anwendungen. Viele Programme, zum Beispiel *MS Excel* oder *LibreOffice Calc*, können Dateien in diesem Format schreiben und lesen.

Datenaustausch

Die Datensätze in einer CSV-Datei stehen jeweils in einer eigenen Zeile. Die Informationen innerhalb eines Datensatzes werden durch ein Trennzeichen voneinander getrennt, meist ist es ein Semikolon. Dies führt zum Beispiel in MS Excel zu einer Aufteilung in einzelne Zellen.

Trennzeichen

Das folgende Programm erzeugt eine CSV-Datei. Die ausgegebenen Daten in den Zeichenketten können zum Beispiel aus einer Datenbank stammen.

```
datei.csv - Editor
Datei  Bearbeiten  Format  Ansicht  Hilfe
Mertens;Julia;2297;3621,5;1959-12-30
Maier;Hans;6714;3500;1962-03-15
Schmitz;Peter;81343;3750;1958-04-12
```

Abbildung 7.6 Datei »datei.csv« in einem Editor

	A	B	C	D	E	F
1	Mertens	Julia	2297	3621,5	30.12.1959	
2	Maier	Hans	6714	3500	15.03.1962	
3	Schmitz	Peter	81343	3750	12.04.1958	
4						

Abbildung 7.7 Datei »datei.csv« in MS Excel

In Abbildung 7.6 sehen Sie den Inhalt der Textdatei in einem Texteditor, in Abbildung 7.7 in MS Excel. Beim Öffnen der Datei in LibreOffice Calc können Sie die Einstellungen des Textimport-Dialogfelds, das beim Import angezeigt wird, einfach mit OK bestätigen.

```php
<!DOCTYPE html>...<body>
<?php
   $inhalt = "";
   $con = new mysqli("", "root", "", "firma");
   $res = $con->query("SELECT * FROM personen");
   while ($dsatz = $res->fetch_assoc())
   {
      $dsatz["gehalt"] = mb_ereg_replace("\.", ",",
         strval($dsatz["gehalt"]));
      $inhalt .= implode(";", $dsatz) . "\n";
   }
   $res->close();
   $con->close();

   $datei = "datei.csv";
   if(@file_put_contents($datei, $inhalt) === false)
      exit("Fehler beim Schreiben");
   else
      echo "Daten in CSV-Datei geschrieben<br>";
?>
</body></html>
```

Listing 7.5 Datei »datei_schreiben_csv.php«

In der Zeichenkette $inhalt soll der gesamte Inhalt aus der Datenbanktabelle als Text gesammelt werden.

Alle Datensätze aus der Tabelle personen der Datenbank firma werden gelesen. Bei jedem Durchlauf der while-Schleife wird ein Datensatz im Feld $dsatz gespeichert.

Die Zahl für das Gehalt kann über Nachkommastellen verfügen. Sie wird zunächst mithilfe der Funktion `strval()` in eine Zeichenkette verwandelt. Anschließend wird der Dezimalpunkt in der resultierenden Zeichenkette mithilfe der Funktion `mb_ereg_replace()` durch das Dezimalkomma ersetzt (siehe auch Abschnitt 6.2). Anschließend können MS Excel und LibreOffice Calc die Zahl für das Gehalt richtig umsetzen.

Dezimalkomma

Bestimmte Zeichen, zum Beispiel . (Punkt), haben eine besondere Bedeutung innerhalb eines regulären Ausdrucks. Sie müssen mit einem Backslash \ eingeleitet werden, damit sie als normale Zeichen erkannt werden, nach denen gesucht wird.

Regulärer Ausdruck

Die Funktion `implode()` fügt die Elemente des Felds zu einer Zeichenkette zusammen. Dabei werden die Elemente jeweils durch das Zeichen ; (Semikolon) voneinander getrennt. Diese Zeichenkette wird zusammen mit einem Zeilenumbruch an die Zeichenkette `$inhalt` angehängt. Nach dem Ende der `while`-Schleife wird diese Zeichenkette in der Datei *datei.csv* gespeichert.

iconv()

Werden Umlaute innerhalb von MS Excel falsch dargestellt, können Sie die betreffenden Zeichenketten mithilfe der Funktion `iconv()` in einem anderen Zeichensatz codieren. Nachfolgend wird die Zeichenkette »Müller« von UTF-8 in ISO-8859-1 umgewandelt:

Zeichenkette konvertieren

```
$x = iconv("UTF-8", "ISO-8859-1//TRANSLIT", "Müller");
```

Sie haben beim Import von Daten in MS Excel auch die Möglichkeit, die Kodierung einzustellen: Rufen Sie bei geöffneter Excel-Datei den Menüpunkt DATEN • EXTERNE DATEN ABRUFEN • AUS TEXT auf. Im ersten Schritt des Textkonvertierungs-Assistenten können Sie in der Liste DATEIURSPRUNG zum Beispiel die Kodierung UNICODE (UTF-8) wählen.

Import

7.5 Lesen einer CSV-Datei

Das folgende Programm dient zum Lesen einer CSV-Datei. Sie kann mithilfe eines beliebigen Programms erzeugt werden, das CSV-Daten ausgeben kann. Im vorliegenden Fall handelt es sich um die Ausgabedatei des Programms in Abschnitt 7.3, die anschließend in MS Excel um einen Datensatz ergänzt wird (siehe Abbildung 7.8).

	A	B	C	D	E	F
1	Mertens	Julia	2297	3621,5	30.12.1959	
2	Maier	Hans	6714	3500	15.03.1962	
3	Schmitz	Peter	81343	3750	12.04.1958	
4	Maier	Max	3644	3300	13.04.1982	
5						

Abbildung 7.8 Datei »datei.csv«, in MS Excel verändert

Hier sehen Sie zunächst das Programm:

```
<!DOCTYPE html>...<body>
<?php
   $datei = "datei.csv";
   $feld_datei = @file($datei, FILE_IGNORE_NEW_LINES);
   if(!$feld_datei)
      exit("Fehler beim Lesen");

   for($i=0; $i<count($feld_datei); $i++)
   {
      $feld_zeile = mb_split(";", $feld_datei[$i]);
      $mitPunkt = mb_ereg_replace(",", ".", $feld_zeile[3]);
      echo $feld_zeile[0] . " "
         . $feld_zeile[1] . " "
         . intval($feld_zeile[2]) . " "
         . floatval($mitPunkt) . " "
         . $feld_zeile[4] . " " . "<br>";
   }
?>
</body></html>
```

Listing 7.6 Datei »lesen_csv.php«

Datei in Feld Der gesamte Inhalt der CSV-Datei wird mithilfe der Funktion `file()` im Feld $feld_datei gespeichert, ohne die Zeilenumbrüche. Jedes Element des Felds enthält eine Zeile der Datei.

Dezimalpunkt Mithilfe der Funktion `mb_split()` und des Trennzeichens Semikolon wird jede Zeile zerlegt und im Feld $feld_zeile gespeichert. Im dritten Feldelement steht der Wert für das Gehalt. Bei diesem Wert wird das Dezimalkomma durch einen Dezimalpunkt ersetzt. Die einzelnen Elemente werden nacheinander wie in Abbildung 7.9 ausgegeben. Die beiden Zeichenketten, die Zahlen enthalten, werden in eine ganze Zahl beziehungsweise in eine Fließkommazahl umgewandelt.

Abbildung 7.9 Nach dem Lesen der Datei »datei.csv«

7.6 Informationen über Dateien

Die Funktion stat() liefert eine Reihe von Informationen zu einer Datei in Form eines Felds. Einige dieser Informationen werden in Abbildung 7.10 dargestellt.

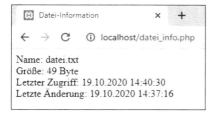

Abbildung 7.10 Dateiinformationen

```
<!DOCTYPE html>...<body>
<?php
    $datei = "datei.txt";
    $info = stat($datei);

    echo "Name: $datei<br>";
    echo "Größe: " . $info["size"] . " Byte<br>";
    echo "Letzter Zugriff: "
        . date("d.m.Y H:i:s", $info["atime"]) . "<br>";
    echo "Letzte Änderung: "
        . date("d.m.Y H:i:s", $info["mtime"]) . "<br>";
?>
</body></html>
```

Listing 7.7 Datei »datei_info.php«

Der Rückgabewert der Funktion stat() wird hier im Feld $info gespeichert. Auf die Elemente des Felds kann sowohl mit einem numerischen Index als auch mit einem Schlüssel zugegriffen werden.

Unix-Timestamp Die Zeitangabe wird als Unix-Timestamp geliefert. Sie wird mithilfe der Funktion date() in eine lesbare Form gebracht. Mehr zu Funktionen für Zeitangaben finden Sie in Kapitel 9.

7.7 Informationen über ein Verzeichnis

Verzeichnis lesen Bisher wird immer nur eine einzelne Datei bearbeitet, deren Name bekannt ist. Häufig stellt sich aber die Aufgabe, eine ganze Reihe von Dateien zu bearbeiten, deren Namen und Anzahl unbekannt sind.

Zu diesem Zweck können Sie die Verzeichnisfunktionen opendir(), readdir() und closedir() verwenden. Sie werden im folgenden Programm eingesetzt, um Informationen über alle Dateien und Unterverzeichnisse zur Verfügung zu stellen, die sich in einem Verzeichnis befinden.

Hier sehen Sie zunächst das Programm:

```
<!DOCTYPE html>...<head>
<style>table,td {border:1px solid black;}</style></head><body>
<?php
    $verzeichnis = "D:/xampp/install";
    if(!file_exists($verzeichnis))
        exit("Kein Verzeichnis");
    chdir($verzeichnis);

    echo "<h2>Verzeichnis $verzeichnis</h2>";
    echo "<table>";

    /* Überschrift */
    echo "<td>Name</td>";
    echo "<td>Datei /<br>Verzeichnis</td>";
    echo "<td>Readable /<br>Writeable</td>";
    echo "<td style='text-align:right;'>Größe<br>in Byte</td>";
    echo "<td>Letzte<br>Änderung</td>";

    /* Öffnet Handle */
    $handle = opendir($verzeichnis);
```

```php
   /* Liest alle Objektnamen */
   while ($name = readdir($handle))
   {
      echo "<tr>";
      echo "<td>$name</td>";

      /* Datei oder Verzeichnis? */
      if(is_file($name))
         echo "<td>D</td>";
      else if(is_dir($name))
         echo "<td>V</td>";
      else
         echo "<td> </td>";

      /* Lesbar beziehungsweise schreibbar? */
      echo "<td>";
      if(is_readable($name)) echo "R";
      else echo "-";
      if(is_writeable($name)) echo "W";
      else echo "-";
      echo "</td>";

      /* Zugriffsdaten */
      $info = stat($name);
      echo "<td style='text-align:right;'>"
         . $info["size"] . "</td>";
      echo "<td>" . date("d.m.y H:i", $info["mtime"]) . "</td>";
      echo "</tr>";
   }

   /* Schließt Handle */
   closedir($handle);
?>

</table>
</body></html>
```

Listing 7.8 Datei »datei_verzeichnis.php«

file_exists(), chdir()

Im vorliegenden Fall soll der Inhalt des Verzeichnisses *xampp/install* ermittelt werden, das bei mir auf Laufwerk *D:* liegt. Diese Angabe im Programm sollten Sie an das gewünschte Verzeichnis anpassen.

Mithilfe der Funktion `file_exists()` können Sie die Existenz von Dateien und Unterverzeichnissen prüfen. Ist das genannte Unterverzeichnis vorhanden, kann es mithilfe der Funktion `chdir()` zum aktuellen Verzeichnis gemacht werden. Es folgt die Ausgabe der Tabellenüberschrift.

opendir(), readdir()

Die Funktion `opendir()` dient zum Öffnen eines Zugriffs-Handles für das aktuelle Verzeichnis. Über dieses Handle liefert die Funktion `readdir()` jeweils einen Objektnamen aus dem Verzeichnis. Dabei wird unsortiert vorgegangen. Gleichzeitig setzt `readdir()` einen Zeiger weiter, sodass beim nächsten Aufruf der nächste Objektname geliefert wird usw. Dies kann so lange wiederholt werden, wie Objektnamen vorhanden sind.

Funktionen

Im vorliegenden Programm wird die Wiederholung mit einer `while`-Schleife realisiert. Alle Objekte eines Verzeichnisses werden ermittelt. Für jedes Objekt werden insgesamt fünf Funktionen zur Lieferung von Informationen über das Objekt aufgerufen:

▶ Die Funktionen `is_file()` und `is_dir()` sagen aus, ob es sich bei dem Objekt um eine Datei beziehungsweise um ein Unterverzeichnis handelt.

▶ Die Funktionen `is_readable()` und `is_writeable()` sagen aus, ob das Objekt lesend beziehungsweise schreibend geändert werden kann.

▶ Die Funktion `stat()` haben Sie bereits in Abschnitt 7.6 kennengelernt.

closedir()

Nach dem Abschluss der `while`-Schleife wird das Zugriffs-Handle mithilfe der Funktion `closedir()` wieder geschlossen. Die Ausgabe des Programms sehen Sie in Abbildung 7.11.

Verzeichnis D:/xampp/install

Name	Datei / Verzeichnis	Readable / Writeable	Größe in Byte	Letzte Änderung
.	V	RW	4096	16.09.20 10:55
..	V	RW	8192	16.09.20 13:26
.version	D	RW	41	11.09.20 11:20
awk.exe	D	RW	139264	30.03.13 13:29
config.awk	D	RW	380	24.06.13 12:51

Abbildung 7.11 Infos über ein Verzeichnis (Ausschnitt)

Übung »u_datei_verzeichnis«

Schreiben Sie ein Programm, das eine Liste der Dateien des aktuellen Verzeichnisses in Form von Hyperlinks zu diesen Dateien ausgibt (siehe Abbildung 7.12). Die Liste soll alphabetisch sortiert sein. Der Name einer Datei soll darin nur erscheinen, falls er eine der folgenden Endungen hat: *htm*, *php*, *txt* oder *css*.

Abbildung 7.12 Ergebnis der Übung »u_datei_verzeichnis«

7.8 Informationen über einen Verzeichnisbaum

Zur Ermittlung von Informationen über einen ganzen Verzeichnisbaum, also über die Inhalte der Unterverzeichnisse und die Inhalte von deren Unterverzeichnissen und so weiter, werden die Funktionen aus dem vorherigen Abschnitt genutzt. Außerdem wird die eigene Funktion `objektliste()` definiert und rekursiv aufgerufen (siehe auch Abschnitt 1.10.6).

Sie wird erstmalig vom Hauptprogramm aus mit einem Startverzeichnis aufgerufen. Im vorliegenden Fall soll der Inhalt des Verzeichnisbaums ab dem Verzeichnis *xampp/mysql* meines Laufwerks *D:* ermittelt werden. Diese Angabe sollten Sie im Programm an das von Ihnen gewünschte Startverzeichnis anpassen. Innerhalb der Funktion wird mit der Verzeichnisfunktion `getcwd()` das aktuelle Arbeitsverzeichnis ermittelt (englisch: *current working directory*, abgekürzt `cwd`).

getcwd()

Anschließend werden die Objekte innerhalb dieses Verzeichnisses ermittelt. Dabei steht das Kürzel `.` (ein Punkt) für das aktuelle Verzeichnis und das Kürzel `..` (zwei Punkte) für das übergeordnete Verzeichnis. Für diese beiden Fälle erfolgt keine Aktion. Wenn es sich bei dem Objekt um eine Datei handelt, wird diese mit ihrem Namen ausgegeben.

Verzeichnisse . und ..

7 Dateien und Verzeichnisse

Rekursive Funktion Handelt es sich bei dem Objekt um ein Unterverzeichnis,

- wird in dieses Unterverzeichnis gewechselt,
- erneut die Funktion `objektliste()` für dieses Unterverzeichnis aufgerufen und
- anschließend in das übergeordnete Verzeichnis zurückgewechselt.

Mit dieser Vorgehensweise gelingt die Bearbeitung des gesamten Verzeichnisbaums:

```
<!DOCTYPE html>...<head>
<style>table,td {border:1px solid black;}</style></head><body>
<table>
<?php
   function objektliste()
   {
      /* Aktuelles Verzeichnis ermitteln */
      $verzeichnis = getcwd();

      /* Handle für aktuelles Verzeichnis */
      $handle = opendir(".");

      while ($name = readdir($handle))
      {
         if($name != "." && $name != "..")
         {
            /* Falls Unterverzeichnis */
            if(is_dir($name))
            {
               chdir($name);     // nach unten
               objektliste();    // rekursiv
               chdir("..");      // nach oben
            }

            /* Falls Datei */
            else
               echo "<tr><td>$verzeichnis</td><td>$name</td></tr>";
         }
      }
      closedir($handle);
   }
```

```
    /* Startverzeichnis */
    $verzeichnis = "D:/xampp/mysql";
    if(!file_exists($verzeichnis))
        exit("Kein Verzeichnis");
    chdir($verzeichnis);

    /* Erster Aufruf der Funktion */
    objektliste();
?>
</table>
</body></html>
```

Listing 7.9 Datei »datei_verzeichnis_baum.php«

Die Ausgabe des Programms sehen Sie in Abbildung 7.13.

In der linken Spalte der Tabelle wird der Name des aktuellen Verzeichnisses ausgegeben, in der rechten Spalte der Name des Objekts.

D:\xampp\mysql\backup\mysql	transaction_registry.frm
D:\xampp\mysql\backup\mysql	transaction_registry.ibd
D:\xampp\mysql\backup\mysql	user.frm
D:\xampp\mysql\backup\performance_schema	db.opt
D:\xampp\mysql\backup\phpmyadmin	db.opt
D:\xampp\mysql\backup\phpmyadmin	pma__bookmark.frm
D:\xampp\mysql\backup\phpmyadmin	pma__bookmark.ibd

Abbildung 7.13 Infos über einen Verzeichnisbaum (Ausschnitt)

Kapitel 8
Felder

In Abschnitt 1.9 habe ich Ihnen bereits einige einfache Felder vorgestellt. In diesem Kapitel erhalten Sie weiterführende Informationen zu diesem Thema. Felder können eine oder mehrere Dimensionen haben:

- Ein eindimensionales Feld können Sie sich als Liste oder mathematischen Vektor vorstellen. So kann es sich zum Beispiel um die Namensliste der Mitglieder einer Gruppe handeln.

- Ein zweidimensionales Feld können Sie sich als Tabelle oder mathematische Matrix vorstellen. Dies kann zum Beispiel der Inhalt einer Datenbanktabelle mit verschiedenen Feldern und Datensätzen sein. Es gibt drei Varianten von zweidimensionalen Feldern: rein numerisch indiziert, rein assoziativ oder gemischt. Ein gemischtes Feld kann ein assoziatives Feld sein, dessen Elemente numerisch indizierte Felder sind, oder umgekehrt.

Liste, Vektor

Tabelle

Es können auch Felder mit mehr als zwei Dimensionen zum Einsatz kommen. Eine geeignete Modellvorstellung wird allerdings mit wachsender Anzahl an Dimensionen immer schwieriger.

8.1 Feld entpacken

In Abschnitt 1.10.3 wurde das Entpacken von Funktionsparametern mithilfe des Spread-Operators vorgestellt, der aus drei Punkten besteht. Seit PHP 7.4 können Felder auch mithilfe dieses Operators erzeugt werden. Einige Beispiele sehen Sie im folgenden Programm:

Spread-Operator ...

```
<!DOCTYPE html>...<body>
<?php
    $feldEins = array(11, 12, 13);
    $feldZwei = array(24, 26, 28);
    $feldDrei = array(50, 60, ...$feldEins, ...$feldZwei, 70);
```

```
    for($i=0; $i<count($feldDrei); $i++)
       echo "$feldDrei[$i] ";
    echo "<br>";

    $feldVier = array(135, 137, ...$feldDrei);
    for($i=0; $i<count($feldVier); $i++)
       echo "$feldVier[$i] ";
?>
</body></html>
```

Listing 8.1 Datei »feld_entpacken.php«

Bei Erzeugung des Felds $feldDrei werden zwei andere Felder entpackt. Dabei werden deren Elemente der Reihe nach zu Elementen des neuen Felds. Anschließend kann das Feld $feldDrei bei der Erzeugung eines weiteren Felds genutzt werden.

Die Ausgabe sehen Sie in Abbildung 8.1.

Abbildung 8.1 Feld entpacken

8.2 Feld kopieren

Feld wie Variable Das Verhalten von Feldern ähnelt mehr dem Verhalten einzelner Variablen als dem Verhalten von Objekten. Weisen Sie ein Feld einer anderen Variablen zu, erstellen Sie damit eine Kopie des vollständigen Felds und nicht etwa eine zweite Referenz auf das Originalfeld.

Im folgenden Programm wird dies verdeutlicht:

```
<!DOCTYPE html>...<body>
<?php
    $feld = array(11, 12, 13);
    $kopie = $feld;
    $kopie[0] = 42;
```

```
    echo "Original: ";
    for($i=0; $i<count($feld); $i++)
        echo "$feld[$i] ";
    echo "<br>";

    echo "Kopie: ";
    for($i=0; $i<count($kopie); $i++)
        echo "$kopie[$i] ";
    echo "<br>";
?>
</body></html>
```

Listing 8.2 Datei »feld_kopieren.php«

Das Feld $kopie wird durch einfache Zuweisung erzeugt. Anschließend wird es verändert. Die beiden Felder sehen Sie in Abbildung 8.2.

Abbildung 8.2 Kopiertes und verändertes Feld

8.3 Feld als Parameter

Sie können auch vollständige Felder als Parameter an eine Funktion übergeben, sowohl per Kopie als auch per Referenz. Wird das Feld innerhalb der Funktion verändert, hat dies nur im zweiten Fall dauerhafte Auswirkungen, wie Sie im folgenden Programm und in der zugehörigen Ausgabe in Abbildung 8.3 sehen.

Übergabe

```
<!DOCTYPE html>...<body>
<?php
    function vtauschen($f)
    {
        $temp = $f[0];
        $f[0] = $f[1];
        $f[1] = $temp;
    }
```

8 Felder

```
function rtauschen(&$f)
{
   $temp = $f[0];
   $f[0] = $f[1];
   $f[1] = $temp;
}

$f[0]=12;   $f[1]=18;
echo "<p>Per Kopie, vorher: $f[0], $f[1]<br>";
vtauschen($f);
echo "Per Kopie, nachher: $f[0], $f[1]</p>";

$f[0]=12;   $f[1]=18;
echo "<p>Per Referenz, vorher: $f[0], $f[1]<br>";
rtauschen($f);
echo "Per Referenz, nachher: $f[0], $f[1]</p>";
?>
</body></html>
```

Listing 8.3 Datei »feld_parameter.php«

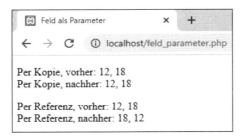

Abbildung 8.3 Feld per Kopie und per Referenz übergeben

8.4 Feld als Rückgabewert

Referenz Ein Feld kann als Ergebnis einer Funktion zurückgeliefert werden. Im folgenden Programm werden zwei Felder an eine Funktion übergeben und dort zu einem dritten Feld zusammengefügt. Die Funktion liefert eine Referenz auf dieses Feld zurück, die in einer Variablen im Hauptprogramm gespeichert wird.

Zunächst das Programm:

```php
<!DOCTYPE html>...<body>
<?php
   function zusammen($a, $b)
   {
      for($i=0; $i<count($a); $i++)
      {
         $c[$i*2] = $a[$i];
         $c[$i*2+1] = $b[$i];
      }
      return $c;
   }

   $x = array(1, 2, 3);
   $y = array(11, 12, 13);
   $z = zusammen($x, $y);

   echo "Zusammen: ";
   for($i=0; $i<count($z); $i++)
      echo "$z[$i] ";
   echo "<br>";
?>
</body></html>
```

Listing 8.4 Datei »feid_rueckgabe.php«

Innerhalb der Funktion zusammen() wird das Feld $c erzeugt. Die Elemente der beiden gleich großen Felder, die an die Funktion übergeben werden, werden abwechselnd in das neue Feld eingefügt. Eine Referenz auf das vollständige Feld wird zurückgeliefert. Im Hauptprogramm wird das Feld ausgegeben (siehe Abbildung 8.4).

Abbildung 8.4 Feld als Rückgabewert

8.5 Zufällige Werte aus einem Feld

array_rand() Mithilfe der Funktion array_rand() können Sie einen oder mehrere zufällige Werte aus einem Feld ermitteln. Die Funktion nutzt seit PHP 7.1 zwar einen verbesserten Zufallszahlengenerator. Dieser eignet sich dennoch nur für einfache Zwecke wie in diesem Beispiel, aber nicht für Verschlüsselungen. Es folgt ein Beispielprogramm:

```php
<!DOCTYPE html>...<body>
<?php
   function zufall($feld, $anzahl)
   {
      $z = @array_rand($feld, $anzahl);

      if(is_null($z))
         echo "Fehler bei Anzahl";
      else if(is_array($z))
         for($i=0; $i<count($z); $i++)
            echo "$z[$i]:" . $feld[$z[$i]] . " ";
      else
         echo "$z:" . $feld[$z];
      echo "<br>";
   }

   $x = array(94, 95, 96, 97, 98);
   zufall($x, 3);

   $y = array("A"=>94, "B"=>95, "C"=>96, "D"=>97, "E"=>98);
   zufall($y, 3);
?>
</body></html>
```

Listing 8.5 Datei »feld_zufall.php«

Die Funktion array_rand() wird hier innerhalb einer Hilfsfunktion zuerst für ein numerisches Feld und anschließend für ein assoziatives Feld aufgerufen. Der Rückgabewert hängt von der Anzahl der gewünschten Werte ab. Hier hilft eine Typprüfung. Ist die Anzahl der gewünschten Werte

null ▶ zu klein oder größer als die Anzahl der Elemente im Feld, wird eine Warnung ausgegeben und null zurückgeliefert. Das können Sie mithilfe der Funktion is_null() prüfen.

- größer als 1, wird ein Feld mit zufälligen, einzigartigen Indizes zurückgeliefert. Das können Sie mithilfe der Funktion `is_array()` prüfen. Die Indizes stehen in aufsteigender Reihenfolge.

    Feld von Indizes

- genau 1, wird ein einzelner zufälliger Index zurückgeliefert.

    Einzelner Wert

In Abbildung 8.5 sehen Sie die Ausgabe des Programms.

Abbildung 8.5 Zufällige Werte aus verschiedenen Feldern

8.6 Typhinweise

Sie haben in Abschnitt 1.10.9 bereits die Typhinweise kennengelernt, die mit PHP 7.0 eingeführt wurden. Diese Möglichkeit zur stärkeren Kontrolle von Datentypen können Sie auch bei Feldern nutzen.

Seit PHP 7.0

Als Beispiel dient die Funktion `zusammen()` aus Abschnitt 8.4. Hier sehen Sie die geänderten Zeilen des Programms:

```
<?php declare(strict_types=1); ?>
...
    function zusammen(array $a, array $b):array
...
```

Listing 8.6 Datei »feld_typhinweise.php« (geänderte Zeilen)

Damit sich die Kontrolle der Datentypen innerhalb der Datei auswirkt, steht die `declare`-Anweisung als allererste Anweisung in der Datei. Achten Sie darauf, dass die Kodierung der Datei auf dem Wert *UTF-8* steht (siehe Abschnitt 1.10.9).

declare

Vor den Parametern der Funktion steht jeweils der Typhinweis `array`. Hinter den Parameterklammern und einem Doppelpunkt wird der Datentyp der Funktion angegeben, in diesem Fall ebenso mithilfe des Typhinweises `array`. Bei einem Aufruf der Funktion wird nunmehr darauf geachtet, dass die Parameter den richtigen Datentyp besitzen. Die Ausgabe des Programms entspricht derjenigen in Abbildung 8.4.

Typ array

8.7 foreach-Schleife, Kopie und Referenz

Kopie Sie haben die foreach-Schleife bereits für den lesenden Zugriff auf Feldelemente seit Abschnitt 1.9.2 genutzt. Ein schreibender Zugriff ist dort nicht möglich, da die Variable nach dem Schlüsselwort as die Kopie eines Feldelements darstellt.

Referenz Übergeben Sie allerdings an dieser Stelle eine Referenz, können Sie die Werte der Feldelemente permanent ändern. Im folgenden Beispiel wird das sowohl an einem numerischen als auch an einem assoziativen Feld gezeigt:

```
<!DOCTYPE html>...<body>
<?php
    /* Numerisches Feld */
    $tp = array(17.3, 19.2, 21.8);

    foreach($tp as $wert)
        $wert = $wert * 2;
    echo "$tp[0] $tp[1] $tp[2]<br>";

    foreach($tp as &$wert)
        $wert = $wert * 2;
    echo "$tp[0] $tp[1] $tp[2]<br>";

    /* Assoziatives Feld */
    $tp = array("Mo"=>17.3, "Di"=>19.2, "Mi"=>21.8);

    foreach($tp as $name=>$wert)
        $wert = $wert * 2;
    echo $tp["Mo"] . " " . $tp["Di"] . " " . $tp["Mi"] . "<br>";

    foreach($tp as $name=>&$wert)
        $wert = $wert * 2;
    echo $tp["Mo"] . " " . $tp["Di"] . " " . $tp["Mi"] . "<br>";
?>
</body></html>
```

Listing 8.7 Datei »feld_foreach.php«

Numerisches Feld Zunächst wird ein numerisches Feld erzeugt. Bei der ersten foreach-Schleife werden die Feldelemente per Kopie an die Schleife übergeben. Die Verdopplung der Werte hat keine Auswirkungen auf das Feld, wie die erste Zeile der Ausgabe zeigt. Bei der zweiten `foreach`-Schleife werden die Feldelemente per Referenz an die Schleife übergeben. Die zweite Zeile der Ausgabe zeigt, dass so das Feld dauerhaft verändert werden kann.

Dasselbe wird anschließend für ein assoziatives Feld durchgeführt. Die Feldelemente werden einmal per Kopie und einmal per Referenz übergeben. Das führt zum selben Ergebnis, wie die dritte und die vierte Zeile der Ausgabe in Abbildung 8.6 zeigen.

Assoziatives Feld

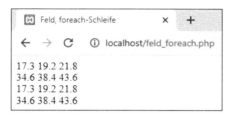

Abbildung 8.6 »foreach«-Schleife, Kopie und Referenz

8.8 Operationen für numerisch indizierte Felder

Die nachfolgenden Operationen werden häufig mit numerisch indizierten Feldern ausgeführt.

8.8.1 Erzeugung mit der Funktion range()

Die Funktion `range()` dient zum schnellen Erzeugen und Befüllen eines regelmäßig aufgebauten Felds. Ein solches Feld kann gespeichert und später genutzt werden. Es kann aber auch unmittelbar zum Durchlauf mithilfe einer `foreach`-Schleife verwendet werden.

Feld erzeugen

Beide Möglichkeiten sehen Sie in folgendem Programm:

```
<!DOCTYPE html>...<body>
<?php
   $tp = range(3, 10, 2);
   foreach($tp as $element)
      echo "$element ";
   echo "<br>";
```

```
        foreach(range(10, 3, 1.5) as $wert)
           echo "$wert ";
        echo "<br>";

        foreach(range("M", "T", 2) as $wert)
           echo "$wert ";
        echo "<br>";

        foreach(range(10, 3) as $wert)
           echo "$wert ";
    ?>
    </body></html>
```

Listing 8.8 Datei »feld_numerisch_range.php«

Speichern — Im ersten Beispiel wird $tp ein Feld zugewiesen, das vorher mithilfe der Funktion range() erzeugt wird. Die drei Parameter stehen für den Startwert, den Endwert und die Schrittweite, ähnlich wie beim Aufbau einer for-Schleife.

Direkt verwenden — In den weiteren Beispielen wird das Feld, das mithilfe von range() erzeugt wird, nicht gespeichert, sondern unmittelbar innerhalb einer foreach-Schleife eingesetzt. Ist der Startwert größer als der Endwert, handelt es sich um eine fallende Abfolge von Werten. Die Werte können aus ganzen Zahlen, Fließkommazahlen oder einzelnen Zeichen bestehen. Die Angabe der Schrittweite ist optional. Fehlt sie, wird die Schrittweite 1 angenommen.

Die Ausgabe sehen Sie in Abbildung 8.7.

Abbildung 8.7 Felder mit »range()« erzeugen

8.8.2 Sortierung

Feld sortieren — Im folgenden Beispiel wird ein Feld mit Zahlen und ein weiteres Feld mit Zeichenketten sortiert und ausgegeben.

Das Programm dazu sieht so aus:

```
<!DOCTYPE html>...<body>
<?php
   $tp = array(17.5, 19.2, 21.8, 21.6, 20.2, 16.6);

   sort($tp);
   foreach($tp as $element)
      echo "$element   ";
   echo "<br>";

   rsort($tp);
   foreach($tp as $element)
      echo "$element   ";
   echo "<br>";

   $st = array("Hamburg", "Berlin", "München", "Dortmund");
   sort($st);
   foreach($st as $element)
      echo "$element   ";
?>
</body></html>
```

Listing 8.9 Datei »feld_numerisch_sortieren.php«

Die beiden Funktionen sort() für aufsteigende Sortierung und rsort() für absteigende Sortierung (englisch: *reverse sort*) erwarten als Parameter jeweils den Namen des Felds. Zeichenketten werden gemäß dem aktuell gültigen Zeichensatz sortiert. Die Ausgabe des Programms sehen Sie in Abbildung 8.8.

sort(), rsort()

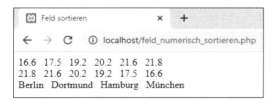

Abbildung 8.8 Sortierung eines Felds

Die Extremwerte, also der größte und der kleinste Wert des Felds, lassen sich nach einer Sortierung leicht ermitteln. Sie entsprechen dem ersten und dem letzten Wert des Felds.

8.8.3 Wert und Position der Extrema

Minimum, Maximum

Soll die ursprüngliche Sortierung eines Felds erhalten bleiben, ist die Ermittlung der Positionen und Werte der Extrema etwas aufwendiger. Dazu wählen wir folgende Vorgehensweise:

- Zunächst wird angenommen, dass sich der Maximalwert an der ersten Position im Feld befindet.
- Die anderen Werte werden mit diesem Maximalwert verglichen. Ist einer der Werte größer als der bisherige Maximalwert, ist dieser Wert der neue Maximalwert. Seine Position wird gespeichert. Nach der Bearbeitung des gesamten Felds steht das Ergebnis fest.
- Die gleiche Methode wird für das Minimum angewendet.

Das Programm:

```
<!DOCTYPE html>...<body>
<?php
    $tp = array(17.5, 19.2, 21.8, 21.6, 20.2, 16.6);
    $maxpos = 0;
    $minpos = 0;

    for($i=1; $i<count($tp); $i++)
       if($tp[$i] > $tp[$maxpos])
          $maxpos = $i;
       else if($tp[$i] < $tp[$minpos])
          $minpos = $i;

    for($i=0; $i<count($tp); $i++)
       echo "<b>$i:</b> $tp[$i]   ";

    echo "<br>Maximum: $tp[$maxpos] bei Position $maxpos<br>";
    echo "Minimum: $tp[$minpos] bei Position $minpos";
?>
</body></html>
```

Listing 8.10 Datei »feld_numerisch_extrema.php«

Zur Kontrolle wird das Feld nach der Ermittlung der Extrema noch einmal ausgegeben, wie Sie in Abbildung 8.9 sehen. Zur schnellen Extremwertbestimmung stehen auch die mathematischen Funktionen max() und min()

zur Verfügung. Allerdings liefern diese nur den Wert, nicht aber die Position des jeweiligen Extremums.

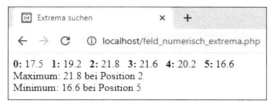

Abbildung 8.9 Wert und Position der Extrema

8.8.4 Statistische Auswertung

Mithilfe des folgenden Programms wird festgestellt, welcher Anteil einer Menge von Temperaturwerten oberhalb einer definierten Grenze liegt. Diese Grenze kann vom Benutzer gewählt werden. Die Werte werden aus einer Textdatei gelesen (siehe Kapitel 7), in der sie zeilenweise gespeichert sind (siehe Abbildung 8.10).

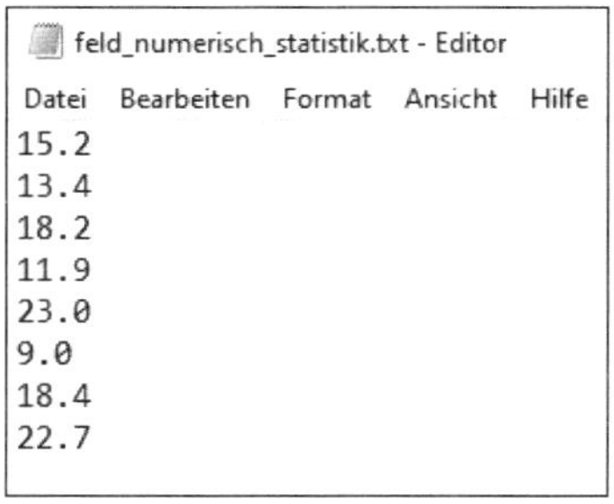

Werte aus Datei

Abbildung 8.10 Datei mit Werten

Zunächst schauen wir uns das Formular an:

```
<!DOCTYPE html>...<body>
<p>Bitte geben Sie den Grenzwert ein:</p>
<form action = "feld_numerisch_statistik.php" method = "post">
   <p><input name="grenze"> Grenzwert</p>
   <p><input type="submit">
   <input type="reset"></p>
</form>
</body></html>
```

Listing 8.11 Datei »feld_numerisch_statistik.htm«

Das Formular sehen Sie in Abbildung 8.11.

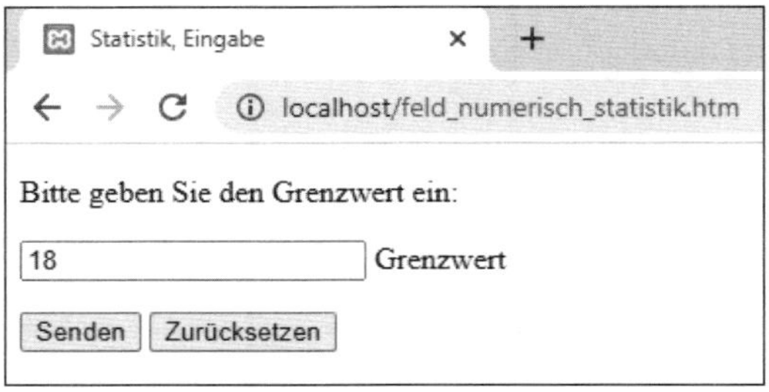

Abbildung 8.11 Eingabeformular für den Grenzwert

Der PHP-Programmcode zur Auswertung sieht so aus:

```php
<!DOCTYPE html>...<body>
<?php
    $datei = "feld_numerisch_statistik.txt";
    $feld = @file($datei, FILE_IGNORE_NEW_LINES);
    if(!$feld)
        exit("Fehler beim Lesen");

    $anzahl = 0;
    $grenze = floatval($_POST["grenze"]);
    foreach($feld as $element)
        if(floatval($element) > $grenze)
            $anzahl++;

    $anteil = $anzahl / count($feld) * 100;
    echo number_format($anteil, 2, ",", ".")
        . "% der Werte liegen oberhalb von $grenze";
?>
</body></html>
```

Listing 8.12 Datei »feld_numerisch_statistik.php«

Vergleich mit Grenzwert — Nach dem Lesen der Textdatei stehen ihre Zeilen im Feld $feld. Jedes Feldelement beinhaltet eine Zeichenkette mit einer Fließkommazahl. Die Zeichenkette, die der Benutzer als Grenze eingegeben hat, wird in eine Fließkommazahl umgewandelt. Innerhalb einer foreach-Schleife wird jedes Feldelement ebenfalls in eine Fließkommazahl umgewandelt und mit der Grenze verglichen.

Als Folge wird gegebenenfalls ein Zähler erhöht. Anschließend wird der prozentuale Anteil des Zählers an der Gesamtzahl der Werte berechnet. Dieser Anteil wird auf zwei Stellen nach dem Komma formatiert.

Anteil berechnen

Abbildung 8.12 zeigt die Ausgabe des Programms.

Abbildung 8.12 Statistische Auswertung

Übung »u_feld_numerisch_statistik«

In einer Textdatei (*u_feld_numerisch_statistik.txt*) sind Namen und Altersangaben aller Mitarbeiter einer Firma gespeichert. In jeder Zeile steht der Vorname, der Nachname und das Alter eines Mitarbeiters (siehe Abbildung 8.13). Zur Vereinfachung bestehen die Vornamen und die Nachnamen jeweils nur aus einem Wort.

```
u_feld_numerisch_statistik.txt - Editor
Datei  Bearbeiten  Format  Ansicht  Hilfe
Michael Schmitz 52
Monika Weisler 34
Peter Sebastian 22
Gerda Maier 55
Herbert Hering 35
```

Abbildung 8.13 Eingabedatei der Übung »u_feld_numerisch_statistik«

Schreiben Sie ein Programm (Datei *u_feld_numerisch_statistik.php*), mit dessen Hilfe Informationen über die Altersstruktur ermittelt und wie in Abbildung 8.14 ausgegeben werden.

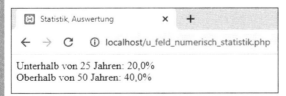

Abbildung 8.14 Ausgabe der Übung »u_feld_numerisch_statistik«

8.8.5 Feld verändern

Es gibt zahlreiche Funktionen zum komfortablen Umgang mit Feldern, zum Beispiel die Funktion array_push(), die Sie bereits kennengelernt haben. Ihre Namen beginnen jeweils mit array_. Als Beispiel sollen vier Funktionen dienen, die zur schnellen Veränderung eines Felds führen. Dies sind im Einzelnen:

array_push()
- array_push()
  zum Hinzufügen von Elementen am Ende des Felds

array_pop()
- array_pop()
  zum Entfernen von Elementen am Ende des Felds

array_unshift()
- array_unshift()
  zum Hinzufügen von Elementen am Anfang des Felds

array_shift()
- array_shift()
  zum Entfernen von Elementen am Anfang des Felds

Die Anzahl der Elemente des Felds verändert sich dabei jedes Mal. Die beiden letzten Funktionen führen zusätzlich zu einer Verschiebung der restlichen Feldelemente. Ein Beispiel:

```php
<!DOCTYPE html>...<body>
<?php
   function ausgabe($x)
   {
      $ergebnis = "";
      foreach($x as $element)
         $ergebnis .= "$element ";
      return "$ergebnis<br><br>";
   }

   $st = array("Berlin", "Rom");
   echo ausgabe($st);

   array_push($st, "Madrid", "Amsterdam");
   echo "array_push():<br>" . ausgabe($st);

   $x = array_pop($st);
   echo "array_pop():<br>Entfernt: $x<br>" . ausgabe($st);

   array_unshift($st, "Paris", "London");
   echo "array_unshift():<br>" . ausgabe($st);
```

```
    $x = array_shift($st);
    echo "array_shift():<br>Entfernt: $x<br>" . ausgabe($st);
?>
</body></html>
```

Listing 8.13 Datei »feld_numerisch_aendern.php«

Zunächst wird ein Feld mit zwei Elementen erzeugt und in einer Hilfsfunktion ausgegeben. Nach jeder Veränderung innerhalb des Programms wird das Feld zur Kontrolle erneut ausgegeben. Die Ausgabemethode liefert eine Zeichenkette mit den Nummern und Werten aller Feldelemente sowie zwei Zeilenumbrüchen.

Hilfsfunktion

Mit array_push() werden zwei Elemente am Ende angefügt. Mit array_unshift() werden zwei Elemente am Anfang eingefügt. Die Anzahl der Elemente, die an- oder eingefügt werden können, ist beliebig. Die neuen Elemente befinden sich anschließend in der gleichen Reihenfolge wie beim Aufruf der Funktion.

Hinzufügen

Mit array_pop() wird das letzte Element des Felds entfernt und als Rückgabewert geliefert. Das Gleiche passiert bei array_shift(), nur am Anfang des Felds. Der Rückgabewert wird hier jeweils ausgegeben.

Entfernen

Nach dem Aufruf der Funktionen array_unshift() und array_shift() haben die restlichen Feldelemente ihre Position verändert.

Änderung der Positionen

Eine Darstellung des jeweils aktuellen Felds sehen Sie in Abbildung 8.15.

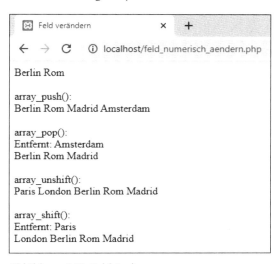

Abbildung 8.15 Feld ändern

8.9 Sortierung eines assoziativen Feldes

Key, Value   Mit den Funktionen `asort()`, `arsort()`, `ksort()` und `krsort()` lassen sich assoziative Felder nach *Key* (Schlüssel) beziehungsweise nach *Value* (Wert) sortieren.

Im folgenden Programm stelle ich Ihnen diese Sortierfunktionen anhand eines Beispiels vor:

```php
<!DOCTYPE html>...<body>
<?php
   function ausgabe($x)
   {
      $ergebnis = "";
      foreach($x as $name=>$wert)
         $ergebnis .= "$name: $wert   ";
      return $ergebnis;
   }

   $tp = array("Mo" => 17.5, "Di" => 19.2, "Mi" =>21.8,
      "Do" => 21.6, "Fr" => 17.5, "Sa" => 20.2, "So" => 16.6);

   echo ausgabe($tp) . "unsortiert<br>";

   asort($tp);
   echo ausgabe($tp) . "aufsteigend nach Werten<br>";

   arsort($tp);
   echo ausgabe($tp) . "absteigend nach Werten<br>";

   ksort($tp);
   echo ausgabe($tp) . "aufsteigend nach Schlüsseln<br>";

   krsort($tp);
   echo ausgabe($tp) . "absteigend nach Schlüsseln<br>";
?>
</body></html>
```

Listing 8.14 Datei »feld_assoziativ_sortieren.php«

Es wird ein assoziatives Feld mit sieben Werten erzeugt – ein Wert pro Wochentag. Anschließend erfolgen die Sortierungen:

- Die Funktion `asort()` sortiert das Feld nach aufsteigenden Werten und die Funktion `arsort()` nach absteigenden Werten.

  asort(), arsort()

- Die Funktion `ksort()` sortiert das Feld nach aufsteigenden Schlüsseln und die Funktion `krsort()` nach absteigenden Schlüsseln.

  ksort(), krsort()

In allen Fällen bleibt die Zuordnung von Schlüssel zu Wert erhalten. Das Feld wird sowohl unsortiert als auch nach jedem Sortiervorgang ausgegeben (siehe Abbildung 8.16).

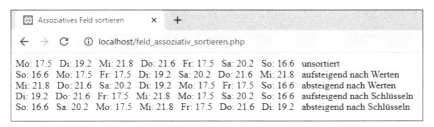

Abbildung 8.16 Sortierung eines assoziativen Felds

8.10 Zweidimensionale Felder

Bei mehrdimensionalen Feldern können Sie rein numerische, rein assoziative oder gemischte Felder nutzen. Ein gemischtes Feld kann ein assoziatives Feld sein, dessen Elemente numerisch indizierte Felder sind, oder umgekehrt.

Numerisch, assoziativ, gemischt

Betrachten wir einmal Tabelle 8.1. Sie ist Ihnen bereits aus Kapitel 3 bekannt und soll hier zur Einführung von zweidimensionalen Feldern dienen. Ich habe nur die Spalte `Geburtstag` weggelassen, um das Programm nicht zu aufwendig werden zu lassen.

Name	Vorname	Personalnummer	Gehalt
Maier	Hans	6714	3500,00
Schmitz	Peter	81343	3750,00
Mertens	Julia	2297	3621,50

Tabelle 8.1 Inhalt einer Datenbanktabelle

Die oben angegebenen Daten sollen in einem zweidimensionalen Feld abgelegt werden, um sie innerhalb eines Programms bearbeiten zu können.

Im ersten Beispiel ist dies ein rein numerisches Feld und im zweiten Beispiel ein gemischtes Feld.

Später erläutere ich Ihnen, wie Sie die Daten aus einer Datenbank in ein zweidimensionales assoziatives Feld einlesen können. Dadurch ergibt sich innerhalb des Programms eine permanente Zugriffsmöglichkeit auf die gesamten Daten, ohne das Ergebnis der Datenbankabfrage erneut durchlaufen zu müssen.

8.10.1 Zweidimensionale numerische Felder

Zwei Indizes Ein zweidimensionales numerisches Feld hat zwei Indizes. Der erste Index stellt die Nummer der Zeile und der zweite Index die Nummer der Spalte dar. Dies ist nur ein mögliches Vorstellungsmodell, genauso gut könnte es umgekehrt sein. Sie sollten allerdings bei einem einmal gewählten Modell bleiben, denn das erleichtert die Bearbeitung zweidimensionaler Probleme (und später die Bearbeitung höherdimensionaler Probleme).

Im folgenden Beispiel sind die Daten aus Tabelle 8.1 (ohne Überschrift) in einem zweidimensionalen Feld abgelegt:

```php
<!DOCTYPE html>...<head>...
<style>table,td {border:1px solid black;}</style></head><body>
<?php
   /* 1. Zeile und 2. Zeile */
   $pers = array(array("Maier", "Hans", 6714, 3500),
                 array("Schmitz", "Peter", 81343, 3750));

   /* 3. Zeile */
   $pers[2][0] = "Mertens";
   $pers[2][1] = "Julia";
   $pers[2][2] = 2297;
   $pers[2][3] = 3621.50;

   echo "<table>";
   for($i=0; $i<count($pers); $i++)
   {
      echo "<tr>";
      for($k=0; $k<count($pers[$i]); $k++)
         echo "<td>" . $pers[$i][$k] . "</td>";
      echo "</tr>";
   }
```

```
    echo "</table>";
?>
</body></html>
```

Listing 8.15 Datei »feld_zweidim_numerisch.php«

Im Programm werden zwei verschiedene Techniken gezeigt, mit denen Sie zweidimensionale Felder erzeugen beziehungsweise Elemente hinzufügen können:

- Mithilfe der Funktion array() wird die Variable $pers zu einem Feld mit zwei Elementen. Diese Elemente sind wiederum Teilfelder, haben die Namen $pers[0] und $pers[1] und bestehen jeweils aus vier Elementen. Die Nummerierung der Elemente beginnt sowohl beim ersten als auch beim zweiten Index bei 0. Jedes Teilfeld wird ebenfalls mithilfe der Funktion array() erzeugt.

array()

- Mehrdimensionale Felder können Sie, genau wie eindimensionale Felder, einfach durch die Zuweisung einzelner Elemente erzeugen oder vergrößern. Dies ist hier mit den Zuweisungen in der Form $pers[2][0] = "Mertens"; usw. geschehen. Dabei müssen Sie die bisherige Nummerierung beachten, andernfalls könnten auch hier vorhandene Elemente überschrieben werden.

Zuweisung

Insgesamt hat das Feld nun zwölf Elemente: drei Teilfelder mit je vier Elementen. Die Struktur erkennen Sie in Tabelle 8.2.

Name	Zeilenindex	Spaltenindex	Wert
$pers[0][0]	0	0	"Maier"
$pers[0][1]	0	1	"Hans"
$pers[0][2]	0	2	6714
$pers[0][3]	0	3	3500
$pers[1][0]	1	0	"Schmitz"
$pers[1][1]	1	1	"Peter"
$pers[1][2]	1	2	81343
$pers[1][3]	1	3	3750

Tabelle 8.2 Zweidimensionales numerisches Feld

Name	Zeilenindex	Spaltenindex	Wert
$pers[2][0]	2	0	"Mertens"
$pers[2][1]	2	1	"Julia"
$pers[2][2]	2	2	2297
$pers[2][3]	2	3	3621,50

Tabelle 8.2 Zweidimensionales numerisches Feld (Forts.)

Verschachtelte Schleife   Diese Elemente werden anschließend mithilfe einer verschachtelten for-Schleife ausgegeben. Eine Zeile der Tabelle wird als eine Zeile auf dem Bildschirm dargestellt. Dabei nimmt die Schleifenvariable $i nacheinander die verwendeten Werte für den Zeilenindex (0 bis 2) an. Die Schleifenvariable $k nimmt nacheinander die verwendeten Werte für den Spaltenindex (0 bis 3) an. Die Ausgabe des Programms sehen Sie in Abbildung 8.17.

count()   Wird die Funktion count() auf das gesamte Feld bezogen, liefert sie die Anzahl der Elemente, also die Anzahl der Teilfelder. Wird sie auf ein Teilfeld bezogen, liefert sie die Anzahl der Elemente des Teilfelds.

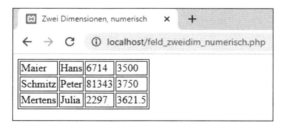

Abbildung 8.17 Zweidimensionales numerisches Feld

[»] **Hinweis**

Einzelne Variablen, Elemente von eindimensionalen numerischen Feldern und Objekteigenschaften lassen sich auch direkt in Zeichenketten einbetten. Gespeichert beziehungsweise ausgegeben wird ihr Wert. Bei Elementen von assoziativen Feldern oder von Feldern mit mehr als einer Dimension ist das nicht möglich. Sie müssen außerhalb von Zeichenketten notiert werden.

Übung »u_feld_zweidim_numerisch« [✏]

Speichern Sie die Daten aus der Tabelle der Festplatten aus Abschnitt 3.2.5 in einem zweidimensionalen Feld ab, aber ohne das Feld prod. Geben Sie anschließend die Daten dieses zweidimensionalen Felds wie in Abbildung 8.18 auf dem Bildschirm aus (*u_feld_zweidim_numerisch.php*).

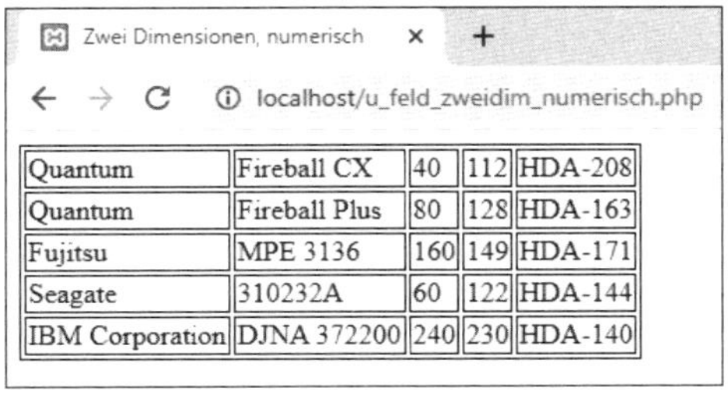

Quantum	Fireball CX	40	112	HDA-208
Quantum	Fireball Plus	80	128	HDA-163
Fujitsu	MPE 3136	160	149	HDA-171
Seagate	310232A	60	122	HDA-144
IBM Corporation	DJNA 372200	240	230	HDA-140

Abbildung 8.18 Ergebnis der Übung »u_feld_zweidim_numerisch«

8.10.2 Zweidimensionale gemischte Felder

Ein zweidimensionales gemischtes Feld hat ebenfalls zwei Indizes. Hier stellt der erste Index die Nummer der Zeile und der zweite Index die Bezeichnung der Spalten als Schlüssel dar. Dies ist ebenfalls lediglich eines der möglichen Modelle, wie man sich ein zweidimensionales gemischtes Feld vorstellen kann:

Ein Index und ein Schlüssel

```
<!DOCTYPE html>...<head>...
<style>table,td {border:1px solid black;}</style></head><body>
<?php
   /* 1. Zeile und 2. Zeile */
   $pers = array(
      array("Name"=>"Maier", "Vorname"=>"Hans",
         "Pnr"=>6714, "Gehalt"=>3500),
      array("Name"=>"Schmitz", "Vorname"=>"Peter",
         "Pnr"=>81343, "Gehalt"=>3750));

   /* 3. Zeile */
   $pers[2]["Name"] = "Mertens";
   $pers[2]["Vorname"] = "Julia";
   $pers[2]["Pnr"] = 2297;
   $pers[2]["Gehalt"] = 3621.50;
```

```
        echo "<table>";
        for($i=0; $i<count($pers); $i++)
        {
           echo "<tr>";
           foreach($pers[$i] as $name=>$wert)
              echo "<td>$name: $wert</td>";
           echo "</tr>";
        }
        echo "</table>";
    ?>
    </body></html>
```

Listing 8.16 Datei »feld_zweidim_gemischt.php«

In dem Feld $pers sind die Daten aus der Tabelle und außerdem die Spaltenüberschriften (als Schlüssel) abgelegt. Es werden wiederum zwei verschiedene Techniken zur Erzeugung eines Felds beziehungsweise zum Hinzufügen der Elemente gezeigt:

array()
- Mithilfe der Funktion array() wird die Variable $pers zu einem numerischen Feld mit zwei Elementen. Die Nummerierung des numerischen Felds beginnt bei 0.

- Die beiden Elemente des Feldes sind assoziative Teilfelder, haben die Namen $pers[0] und $pers[1] und bestehen jeweils aus vier Elementen. Die Teilfelder werden jeweils genauso wie eindimensionale assoziative Felder (mit Schlüssel und Wert) erzeugt.

Zuweisung
- Gemischte Felder können ebenfalls durch die Zuweisung einzelner Elemente erzeugt oder vergrößert werden. Dies ist hier mit den Zuweisungen in der Form $pers[2]["Name"] = "Mertens"; usw. geschehen.

Insgesamt hat das Feld nun zwölf Elemente: drei Teilfelder mit je vier Elementen. Die Struktur erkennen Sie in Tabelle 8.3:

Name des Elements	Index des Teilfelds	Schlüssel des Elements innerhalb des Teilfelds	Wert des Elements
$pers[0]["Name"]	0	"Name"	"Maier"
$pers[0]["Vorname"]	0	"Vorname"	"Hans"

Tabelle 8.3 Zweidimensionales gemischtes Feld

Name des Elements	Index des Teilfelds	Schlüssel des Elements innerhalb des Teilfelds	Wert des Elements
$pers[0]["Pnr"]	0	"Pnr"	6714
$pers[0]["Gehalt"]	0	"Gehalt"	3500
$pers[1]["Name"]	1	"Name"	"Schmitz"
$pers[1]["Vorname"]	1	"Vorname"	"Peter"
$pers[1]["Pnr"]	1	"Pnr"	81343
$pers[1]["Gehalt"]	1	"Gehalt"	3750
$pers[2]["Name"]	2	"Name"	"Mertens"
$pers[2]["Vorname"]	2	"Vorname"	"Julia"
$pers[2]["Pnr"]	2	"Pnr"	2297
$pers[2]["Gehalt"]	2	"Gehalt"	3621,50

Tabelle 8.3 Zweidimensionales gemischtes Feld (Forts.)

Diese Elemente werden anschließend mithilfe einer verschachtelten Schleife ausgegeben. Eine Zeile der Tabelle wird als eine Zeile auf dem Bildschirm dargestellt. Dabei nimmt die Schleifenvariable $i nacheinander die verwendeten Werte für die Nummer des Teilfelds an (0 bis 2).

Innerhalb der for-Schleife werden, jeweils mithilfe einer foreach-Schleife, die Elemente der Teilfelder ausgegeben. Jedes Teilfeld entspricht einem eindimensionalen assoziativen Feld. Es muss allerdings darauf geachtet werden, dass foreach auf den Namen des Teilfelds angewendet wird ($pers[$i]). Abbildung 8.19 zeigt die Ausgabe des Programms.

Anwendung von foreach

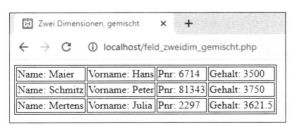

Abbildung 8.19 Zweidimensionales gemischtes Feld

[✐] **Übung »u_feld_zweidim_gemischt«**

Speichern Sie die Daten aus der Tabelle der Festplatten aus Abschnitt 3.2.5 in einem zweidimensionalen Feld ab, aber ohne das Feld prod. Benutzen Sie die Feldnamen als Schlüssel. Geben Sie anschließend die Daten dieses zweidimensionalen Felds wie in Abbildung 8.20 auf dem Bildschirm aus (Datei *u_feld_zweidim_gemischt.php*). Beachten Sie besonders die Aufteilung: Die Schlüssel stehen in der Überschrift, die Werte danach.

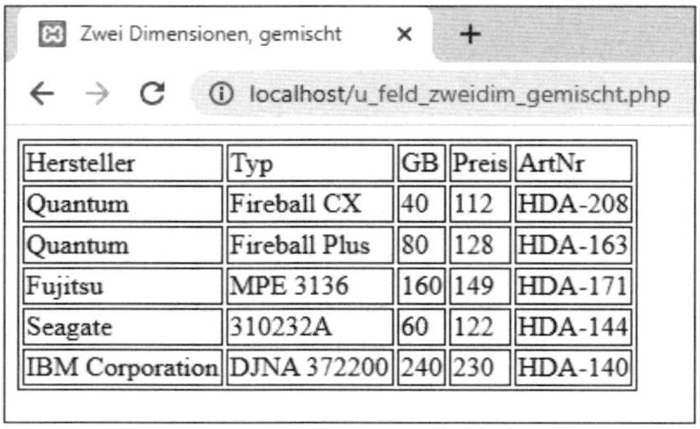

Hersteller	Typ	GB	Preis	ArtNr
Quantum	Fireball CX	40	112	HDA-208
Quantum	Fireball Plus	80	128	HDA-163
Fujitsu	MPE 3136	160	149	HDA-171
Seagate	310232A	60	122	HDA-144
IBM Corporation	DJNA 372200	240	230	HDA-140

Abbildung 8.20 Ergebnis der Übung »u_feld_zweidim_gemischt«

8.10.3 Zweidimensionale assoziative Felder

Im folgenden Programm wird eine Abfrage an eine Datenbank gesendet. Das Ergebnis der Abfrage wird Zeile für Zeile in einem zweidimensionalen assoziativen Feld gespeichert. Auf alle Elemente des Felds kann zu einem späteren Zeitpunkt des Programms zugegriffen werden, ohne erneut das Ergebnis der Datenbankabfrage zu durchlaufen.

Zwei Schlüssel Als Schlüssel der ersten Dimension des Felds wird eine eindeutige Bezeichnung benötigt. Dazu bietet sich das eindeutige Feld der Tabelle an, hier das Feld personalnummer aus der Tabelle personen. Alle Inhalte aus allen Datensätzen stehen anschließend im Feld zur Verfügung.

```
<!DOCTYPE html>...<head>...
<style>table,td {border:1px solid black;}</style></head><body>
<?php
    /* Die Informationen werden aus der Datenbank geholt */
    $con = new mysqli("", "root", "", "firma");
    $res = $con->query("SELECT * FROM personen");
```

```php
   /* Die Datensätze werden einzeln gelesen */
   while($dsatz = $res->fetch_assoc())
   {
      /* Der Schlüssel wird ermittelt, als Zeichenkette */
      $ax = $dsatz["personalnummer"];

      /* Die Informationen aus dem Datensatz werden
         über den Schlüssel gespeichert */
      $tab[$ax]["name"] = $dsatz["name"];
      $tab[$ax]["vorname"] = $dsatz["vorname"];
      $tab[$ax]["gehalt"] = $dsatz["gehalt"];
   }
   $res->close();
   $con->close();

   /* Alle Datensätze werden mit allen Inhalten angezeigt */
   echo "<table>";
   foreach($tab as $dsname=>$dswert)
   {
      echo "<tr>";
      /* Der Schlüssel wird ausgegeben */
      echo "<td>$dsname:</td>";

      /* Die Infos aus dem Datensatz werden ausgegeben */
      foreach($dswert as $name=>$wert)
         echo "<td>$wert</td>";
      echo "</tr>";
   }
   echo "</table>";

   /* Einzelne Beispielinformationen werden angezeigt */
   echo "<br>";
   if(isset($tab["2297"])) echo $tab["2297"]["name"] . "<br>";
   if(isset($tab["6714"])) echo $tab["6714"]["gehalt"] . "<br>";
   if(isset($tab["6715"])) echo $tab["6715"]["vorname"];
?>
</body></html>
```

Listing 8.17 Datei »feld_zweidim_assoziativ.php«

Jeder Datensatz des Abfrageergebnisses wird kurzfristig in dem eindimensionalen assoziativen Feld $dsatz gespeichert. Das Element personalnummer dient dem zweidimensionalen assoziativen Feld $tab als erster Schlüssel. Mit diesem Schlüssel werden die restlichen Inhalte (außer personalnummer) jedes Datensatzes im Feld $tab gespeichert.

Doppelte foreach-Schleife Die Ausgabe jedes Feldelements gelingt über eine doppelte foreach-Schleife. In der äußeren Schleife wird nur der erste Schlüssel ermittelt. Der Wert dieses ersten Schlüssels dient wiederum als zweiter Schlüssel.

isset() Am Ende werden zu Demonstrationszwecken einige einzelne Feldelemente ausgegeben. Mithilfe der Funktion isset() können Sie prüfen, ob es bestimmte Schlüssel gibt. Die Ausgabe des Programms sieht so aus wie in Abbildung 8.21.

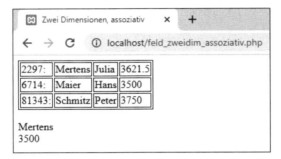

Abbildung 8.21 Zweidimensionales assoziatives Feld

Übung »u_feld_zweidim_assoziativ«

Aus der Tabelle fp der Datenbank hardware sollen alle Datensätze gelesen und in einem zweidimensionalen assoziativen Feld gespeichert werden (Datei *u_feld_zweidim_assoziativ.php*). Anschließend soll eine HTML-Tabelle mit den folgenden Spalten ausgegeben werden:

- Artikelnummer
- maximaler Speicherplatz in GByte
- Preis und Preis-Leistungs-Verhältnis (PLV = Preis in €/GByte)

Der Wert für das PLV soll berechnet und ebenfalls in dem zweidimensionalen assoziativen Feld gespeichert werden. Nutzen Sie die Funktion number_format() zur Darstellung des PLV-Werts. Die Ausgabe sollte so wie in Abbildung 8.22 aussehen.

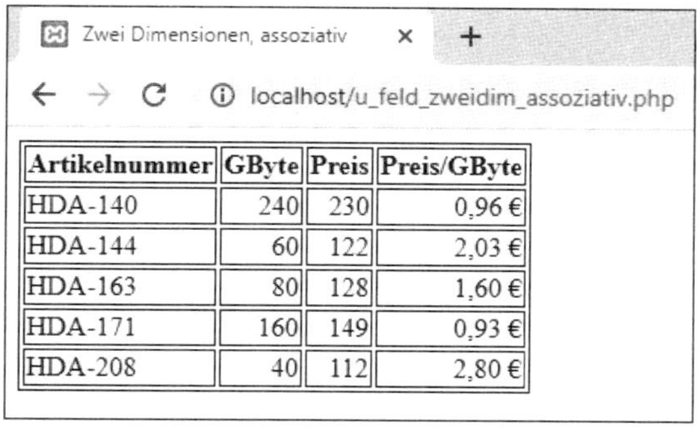

Artikelnummer	GByte	Preis	Preis/GByte
HDA-140	240	230	0,96 €
HDA-144	60	122	2,03 €
HDA-163	80	128	1,60 €
HDA-171	160	149	0,93 €
HDA-208	40	112	2,80 €

Abbildung 8.22 Ergebnis der Übung »u_feld_zweidim_assoziativ«

8.11 Callback-Funktionen

Name übergeben

Einige vordefinierte Feld-Funktionen benötigen zur Bewältigung ihrer Aufgabe eine Callback-Funktion (deutsch: Rückruffunktion). Der Name der Callback-Funktion, die der Entwickler gemäß der gewünschten Aufgabe selbst entwirft, wird dabei der vordefinierten Feld-Funktion übergeben.

Anwendung auf jedes Element

Meist stehen der Callback-Funktion bereits ein oder mehrere Parameter automatisch zur Verfügung. Die Callback-Funktion wird auf jedes Element des Felds angewandt, ähnlich wie in einer Schleife.

Im folgenden Programm sehen Sie einige Beispiele:

```
<!DOCTYPE html>...<body>
<?php
   $feld = array(3, 28, 15, 2, 4, 9);

   function ausgabe($wert, $index)
      { echo "$index/$wert "; }
   echo "Ausgabe: ";
   array_walk($feld, "ausgabe");
   echo "<br>";

   function gerade($wert)
      { if($wert%2 == 0) return $wert; }
   echo "Nur gerade Werte: ";
   $x = array_filter($feld, "gerade");
   foreach($x as $element)
```

```
        echo "$element ";
    echo "<br>";

    function doppelt($wert)
        { return $wert * 2; }
    echo "Werte verdoppelt: ";
    $y = array_map("doppelt", $feld);
    foreach($y as $element)
        echo "$element ";
    echo "<br>";

    function addieren($summe, $wert)
        { $summe += $wert; return $summe; }
    $z = array_reduce($feld, "addieren");
    echo "Summe: $z<br>";
?>
</body></html>
```

Listing 8.18 Datei »feld_callback.php«

Zunächst wird das numerische Feld $feld mit einigen Zahlen erzeugt. Es soll als Basis für die nachfolgenden Aktionen dienen. Die eigenen Callback-Funktionen werden hier kompakt unmittelbar vor dem Aufruf definiert, damit der Zusammenhang besser erkennbar ist.

Code ausführen	Die Feldfunktion array_walk() führt den Code der Callback-Funktion ausgabe() für jedes Element eines Felds aus. Der Index und der Wert jedes Elements stehen der Callback-Funktion bereits zur Verfügung. Hier werden der Index und der Wert nur nacheinander ausgegeben.
Feld filtern	Die Feldfunktion array_filter() durchläuft die Elemente eines Felds mithilfe der Callback-Funktion gerade() und liefert ein gefiltertes Feld zurück. Der Wert jedes Elements steht zur Verfügung. Hier beinhaltet das zurückgelieferte Feld nur die geraden Werte.
Elemente ändern	Die Feldfunktion array_map() wendet den Code der Callback-Funktion doppelt() auf jedes Element eines Felds an und liefert ein geändertes Feld zurück. Beachten Sie die umgekehrte Reihenfolge der Parameter. Der Wert jedes Elements steht zur Verfügung. Hier beinhaltet das zurückgelieferte Feld für jedes Element den doppelten Wert.
Auf einen Wert reduzieren	Die Feldfunktion array_reduce() ermittelt mithilfe der Callback-Funktion addieren() aus den Elementen eines Felds einen einzelnen Wert und liefert

diesen zurück. Bei jedem Durchlauf der Callback-Funktion wird ein Wert ermittelt und per Parameter weitergegeben. Zudem steht auch der Wert jedes Elements zur Verfügung. Hier wird die Summe der Elemente ermittelt. Dabei wird jeweils die Zwischensumme weitergegeben.

Die Ausgabe des Programms sehen Sie in Abbildung 8.23.

Abbildung 8.23 Funktionen, die Callback-Funktionen nutzen

8.12 Benutzerdefinierte Sortierung

Die Funktion `usort()` ermöglicht Ihnen die Sortierung eines Felds nach eigenen Kriterien. Eine solche Sortierung wird zum Beispiel für mehrdimensionale Felder oder Felder von Objekten benötigt, bei denen die einfachen Sortierfunktionen nicht ausreichen. Das »u« im Namen der Funktion steht für *user-defined*, also *benutzerdefiniert*.

usort()

8.12.1 Sortierung eines zweidimensionalen Felds

Im folgenden Programm werden die Datensätze eines gemischten zweidimensionalen Felds nach dem Schlüssel `gehalt` sortiert:

```
<!DOCTYPE html>...<body>
<?php
   function vergleich($a, $b)
   {
      if($a["gehalt"] < $b["gehalt"])        return -1;
      else if($a["gehalt"] > $b["gehalt"])   return 1;
      else                                   return 0;
   }

   $pers = array(
       array("name"=>"Maier", "vorname"=>"Hans",
          "pnr"=>6714, "gehalt"=>3500),
```

```php
            array("name"=>"Schmitz", "vorname"=>"Peter",
                "pnr"=>81343, "gehalt"=>3750),
            array("name"=>"Mertens", "vorname"=>"Julia",
                "pnr"=>2297, "gehalt"=>3621.50));

    usort($pers, "vergleich");

    for($i=0; $i<count($pers); $i++)
    {
        foreach($pers[$i] as $name=>$wert)
            echo "$wert ";
        echo "<br>";
    }
?>
</body></html>
```

Listing 8.19 Datei »feld_usort_zweidim.php«

Zweidimensionales Feld

Zunächst wird das gemischte zweidimensionale Feld erzeugt, das Sie bereits in Abschnitt 8.10.2 kennengelernt haben. Dieses Feld wird durch einen Aufruf der Funktion `usort()` sortiert. Als erster Parameter wird dabei das zu sortierende Feld angegeben, als zweiter Parameter folgt der Name einer Vergleichsfunktion innerhalb einer Zeichenkette. Hier handelt es sich um die Funktion `vergleich()`.

Interne Nutzung

Diese Funktion wird intern von der Funktion `usort()` mehrfach aufgerufen. Bei jedem Aufruf werden zwei Elemente des Feldes miteinander verglichen. Ist der Wert für das Gehalt aus dem ersten Feldelement größer, wird der Wert 1 zurückgeliefert. Ist der Wert für das Gehalt aus dem zweiten Feldelement größer, wird eine -1 zurückgeliefert. Sind beide Gehälter gleich hoch, liefert die Funktion den Wert 0 zurück. Den Rückgabewert nutzt die Funktion `usort()` zum Sortieren der Feldelemente.

Die Ausgabe des Programms sehen Sie in Abbildung 8.24.

Abbildung 8.24 Sortierung eines zweidimensionalen Felds

8.12.2 Sortierung eines Felds von Objekten

Im folgenden Programm werden Objekte der Klasse Fahrzeug in einem Feld von Objekten nach der Eigenschaft Geschwindigkeit sortiert:

```php
<!DOCTYPE html>...<body>
<?php
   class Fahrzeug
   {
      function __construct(private $bezeichnung = "",
         private $geschwindigkeit = 0) { }

      static function vergleich($a, $b)
      {
         if($a->geschwindigkeit < $b->geschwindigkeit)
            return -1;
         else if($a->geschwindigkeit > $b->geschwindigkeit)
            return 1;
         else
            return 0;
      }

      function __toString()
      {
         return "$this->bezeichnung"
            . ", $this->geschwindigkeit km/h<br>";
      }
   }

   $feld = array(new Fahrzeug("Opel Astra", 155),
                 new Fahrzeug("Scania TS 360", 62),
                 new Fahrzeug("Vespa Piaggio", 25),
                 new Fahrzeug("VW Golf", 145));

   usort($feld, array("Fahrzeug", "vergleich"));

   foreach($feld as $element)
      echo $element;
?>
</body></html>
```

Listing 8.20 Datei »feld_usort_objekt.php«

Statische Methode Nach der Definition der Klasse `Fahrzeug` wird ein Feld von Objekten dieser Klasse erzeugt. Es wird ebenfalls durch einen Aufruf der Funktion `usort()` sortiert. Als zweiter Parameter wird diesmal ein Feld mit zwei Elementen übergeben. Das erste Element ist der Name der Klasse, das zweite Element der Name einer statischen Methode dieser Klasse, die zum Vergleich von zwei Objekten dienen soll, jeweils innerhalb einer Zeichenkette. Hier handelt es sich um die Methode `vergleich()`.

Sie hat einen ähnlichen Aufbau wie die zuvor beschriebene Funktion gleichen Namens. Bei jedem Aufruf werden zwei Elemente des Felds, also zwei Objekte, miteinander verglichen. Ist der Wert der Eigenschaft `$geschwindigkeit` des ersten Objekts größer, wird der Wert 1 zurückgeliefert. Ist der Wert der Eigenschaft `$geschwindigkeit` des zweiten Objekts größer, wird eine -1 zurückgeliefert. Sind beide Werte gleich, liefert die Methode den Wert 0 zurück. Den Rückgabewert nutzt die Funktion `usort()` zum Sortieren der Feldelemente.

Die Ausgabe des Programms sehen Sie in Abbildung 8.25.

Abbildung 8.25 Sortierung eines Felds von Objekten

8.13 Dekonstruktion

Zwei Möglichkeiten Die gleichzeitige Zuweisung von mehreren Elementen eines Felds an einzelne Variablen wird als *Dekonstruktion* eines Felds bezeichnet. Sie haben dazu zwei Möglichkeiten:

- mithilfe des Sprachkonstrukts `list`
- seit PHP 7.1 mithilfe von rechteckigen Klammern.

Die letztgenannte Möglichkeit ist besonders anschaulich, da sie dem umgekehrten Aufbau der Konstruktion eines Felds entspricht:

- Konstruktion: `$feld = [$a, $b, $c]`
- Dekonstruktion: `[$a, $b, $c] = $feld`

Seit PHP 7.3 können auch Zuordnungen zwischen Referenzen und Elementen eines Felds erstellt werden.

Einige Beispiele:

```php
<!DOCTYPE html>...<body>
<?php
  /* Elemente aus numerischem Feld, Kommata setzen */
  $farben = array("Rot", "Gelb", "Blau", "Magenta", "Cyan");
  list($fa, $fb,, $fc) = $farben;
  echo "$fa, $fb, $fc <br>";
  [$fd,,, $fe, $ff] = $farben;
  echo "$fd, $fe, $ff <br><br>";

  /* Elemente aus assoziativem Feld */
  $temp = array("Sonntag"=>22.8, "Montag"=>17.5, "Dienstag"=>19.2);
  list("Sonntag"=>$ta, "Dienstag"=>$tb) = $temp;
  echo "$ta, $tb <br>";
  ["Montag"=>$tc, "Dienstag"=>$td] = $temp;
  echo "$tc, $td <br><br>";

  /* Referenz auf Element eines Felds */
  list($fg, &$fh) = $farben;
  $fg = "Orange";
  $fh = "Grün";
  echo "$farben[0], $farben[1] <br>";
  [$fi, &$fj] = $farben;
  $fi = "Schwarz";
  $fj = "Weiß";
  echo "$farben[0], $farben[1] <br><br>";

  /* Datenbankzugriff, fetch_row() liefert Feld */
  $con = new mysqli("", "root", "", "firma");

  $res = $con->query("SELECT * FROM personen");
  while(list($na, $vn,, $gh) = $res->fetch_row())
     echo "$na, $vn, $gh <br>";
  $res->close();
  echo "<br>";

  $res = $con->query("SELECT * FROM personen");
```

```
        while([$na,, $pn,, $gb] = $res->fetch_row())
           echo "$na, $pn, $gb <br>";
        $res->close();

        $con->close();
  ?>
  </body></html>
```

Listing 8.21 Datei »feld_list.php«

Numerisches Feld Im ersten Programmteil wird ein numerisches Feld mit fünf Elementen erzeugt. Das erste, das zweite und das vierte Element des Feldes werden einzelnen Variablen mithilfe von `list` zugeordnet. Anschließend werden das erste, das vierte und das fünfte Element einzelnen Variablen mithilfe von rechteckigen Klammern zugewiesen.

Es müssen nicht alle Elemente zugewiesen werden; allerdings müssen Kommata gesetzt werden, damit die richtigen Elemente des Felds ausgewählt werden. Überzählige Elemente des Felds werden ignoriert.

Assoziatives Feld Im zweiten Programmteil wird ein assoziatives Feld mit drei Elementen erzeugt. Seit PHP 7.1 können auch einzelne Elemente eines solchen Felds einzelnen Variablen über ihren Schlüssel zugeordnet werden. Hier geschieht das einmal mithilfe von `list` und einmal mithilfe von rechteckigen Klammern.

Im dritten Programmteil wird eines der Elemente des numerischen Felds einer Referenz zugeordnet. Diese Möglichkeit gibt es seit PHP 7.3. Das Feldelement kann über die Referenz verändert werden. Auch hier wird einmal mit `list` und einmal mit rechteckigen Klammern gearbeitet.

fetch_row() Im vierten Programmteil wird mithilfe der Methode `fetch_row()` der Klasse `mysqli` ein numerisches Feld aus dem Datensatz eines Ergebnisses einer Abfrage erstellt und gespeichert. Es wird anschließend sowohl mit `list` als auch mit rechteckigen Klammern dazu genutzt, um die Inhalte der Datenbankfelder einzelnen Variablen zuzuweisen.

Die Ausgabe des Programms sehen Sie in Abbildung 8.26.

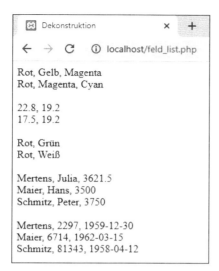

Abbildung 8.26 Dekonstruktion von Feldern

8.14 Mengenlehre

Innerhalb einer Menge im mathematischen Sinne ist jeder Wert einzigartig. Das mathematische Teilgebiet der Mengenlehre befasst sich mit der Untersuchung von Mengen. Mithilfe einiger Feld-Funktionen können Sie bezüglich zweier Mengen die Vereinigungsmenge, die Schnittmenge, die Differenzmenge und die symmetrische Differenzmenge bilden.

Mengen bilden

Es folgt ein Beispielprogramm:

```
<!DOCTYPE html>...<body>
<?php
   function ausgabe($feld, $text)
   {
      echo "$text: ";
      foreach($feld as $element)
         echo "$element ";
      echo "<br>";
   }

   $x = array(5, 17, 3, 18, 17, 12);
   ausgabe($x, "Feld x");
   $x = array_unique($x);
```

```php
        ausgabe($x, "Menge x");

        $y = array(19, 3, 19, 8, 17, 8);
        ausgabe($y, "Feld y");
        $y = array_unique($y);
        ausgabe($y, "Menge y");

        $a = array_intersect($x, $y);
        ausgabe($a, "Schnittmenge von x und y");

        $b = array_diff($x, $y);
        ausgabe($b, "Differenzmenge von x und y");

        $c = array_diff($y, $x);
        ausgabe($c, "Differenzmenge von y und x");

        $d = array_merge($x, $y);
        ausgabe($d, "Felder zusammengeführt");
        $d = array_unique($d);
        ausgabe($d, "Vereinigungsmenge");

        function array_diff_symmetric($x, $y)
        {
           $z = array();
           foreach($y as $element)
              if(array_search($element, $x) === false)
                 array_push($z, $element);
           foreach($x as $element)
              if(array_search($element, $y) === false)
                 array_push($z, $element);
           return $z;
        }
        $e = array_diff_symmetric($x, $y);
        ausgabe($e, "Symmetrische Differenzmenge von x und y");
    ?>
  </body></html>
```

Listing 8.22 Datei »feld_mengenlehre.php«

Die Hilfsfunktion `ausgabe()` dient zur Ausgabe einer Zeile mit einem Einleitungstext, gefolgt von den Elementen eines Felds.

Feld mit Menge

Die beiden Felder $x und $y beinhalten jeweils eine Reihe von Zahlen, manche davon mehrfach. Die Funktion `array_unique()` liefert ein Feld, in dem jeder Wert nur noch einmal vorkommt. Diese Funktion wird sowohl auf das Feld $x als auch auf das Feld $y angewandt, sodass beide anschließend mathematische Mengen enthalten.

Schnittmenge

Die Funktion `array_intersect()` liefert ein Feld, das alle Elemente des ersten Felds beinhaltet, die auch im zweiten Feld enthalten sind. Die Anwendung auf die beiden Mengen in den Feldern $x und $y ergibt deren mathematische Schnittmenge.

Differenzmenge

Die Funktion `array_diff()` liefert ein Feld, das alle Elemente des ersten Felds beinhaltet, die nicht im zweiten Feld enthalten sind. Die Anwendung auf die beiden Mengen in den Feldern $x und $y ergibt die mathematische Differenzmenge. Je nach Reihenfolge der beiden Felder beim Aufruf der Funktion ergeben sich aufgrund des unterschiedlichen Bezugsfelds unterschiedliche Ergebnisse.

Vereinigungsmenge

Die Funktion `array_merge()` liefert ein Feld, das alle Elemente des ersten Felds und alle Elemente des zweiten Felds beinhaltet. Wird mit diesem Feld anschließend die Funktion `array_unique()` aufgerufen, ergibt sich die mathematische Vereinigungsmenge bezüglich der beiden Mengen in den Feldern $x und $y.

Symmetrische Differenzmenge

Die symmetrische Differenzmenge bezüglich zweier Mengen beinhaltet diejenigen Elemente, die nur in einer der beiden Mengen enthalten sind. Dazu gibt es keine passende Feld-Funktion, daher wird eine eigene Funktion definiert und bezüglich der beiden Mengen in den Feldern $x und $y aufgerufen.

In der eigenen Funktion `array_diff_symmetric()` wird zunächst ein leeres Ergebnisfeld erzeugt. Anschließend werden alle Elemente des zweiten Felds geprüft. Wird für ein Element festgestellt, dass es nicht im ersten Feld enthalten ist, wird es dem Ergebnisfeld mithilfe der Funktion `array_push()` hinzugefügt. Anschließend wird das Gleiche mit umgekehrtem Bezug durchgeführt. Am Ende wird das Ergebnisfeld zurückgeliefert.

Die Prüfung wird mithilfe der Funktion array_search() durchgeführt. Sie liefert den Index des ersten Feldelements, das den gesuchten Wert besitzt. Wird der Wert nicht gefunden, wird der Wahrheitswert false zurückgeliefert.

Die Ausgabe des Programms sehen Sie in Abbildung 8.27.

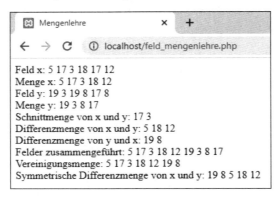

Abbildung 8.27 Mengenlehre

Kapitel 9
Datum und Zeit

In diesem Kapitel stelle ich Ihnen die wichtigsten Funktionen zur Verarbeitung und Formatierung von Datums- und Zeitangaben vor sowie nützliche Techniken in diesem Zusammenhang.

Auf vielen Betriebssystemen gilt der 1. Januar 1970 00:00 Uhr als Nullpunkt für die Verarbeitung von Datums- und Zeitangaben. Die Zeit wird in Sekunden ab diesem Zeitpunkt gerechnet. Sie sollten in jedem Fall prüfen, ob auf Ihrem lokalen Webserver die richtige Zeitzone eingestellt ist (siehe Anhang A).

Zeitzone prüfen

9.1 Zeit ermitteln und ausgeben

Die beiden Funktionen `time()` und `microtime()` ermitteln die Systemzeit des Rechners. Ein Beispielprogramm:

Systemzeit

```
<!DOCTYPE html>...<body>
<?php
   $jetzt = time();
   echo "Sekunden seit 01.01.1970: $jetzt<br><br>";

   $vorher = -1;
   echo "Zeitdifferenz, mit microtime():<br>";
   for($i=0; $i<11e6; $i++)
      if($i%2e6==0)
      {
         $jetzt = microtime(true);
         if($vorher != -1)
         {
            $differenz = $jetzt - $vorher;
            echo " $differenz<br>";
         }
```

```
            $vorher = $jetzt;
        }
?>
</body></html>
```

Listing 9.1 Datei »zeit_ausgabe.php«

time() Die Funktion `time()` liefert die aktuelle Zeit in Sekunden seit dem 1. Januar 1970. Diese Zeitangabe wird auch *Unix-Timestamp* genannt.

microtime() Es folgt eine Schleife, in der mehrmals die Zeit gemessen wird. Die Funktion `microtime()` liefert ebenfalls die aktuelle Zeit, allerdings mit größerer Genauigkeit. Der Rückgabewert ist standardmäßig eine Zeichenkette, die zwei ganze Zahlen beinhaltet: den Wert für die Mikrosekunden und den Wert für die Sekunden.

Setzt man den optionalen Parameter der Funktion `microtime()` auf `true`, liefert sie die aktuelle Zeit als Fließkommawert. Ab der zweiten Zeitmessung wird hier die Zeitdifferenz zwischen den Messungen berechnet und ausgegeben.

Eine mögliche Ausgabe sehen Sie in Abbildung 9.1.

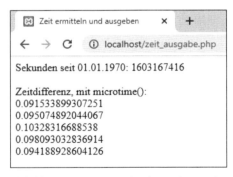

Abbildung 9.1 Zeit ermitteln und ausgeben

Diese Werte in Sekunden und gegebenenfalls Sekundenbruchteilen können genutzt werden, um mit Zeitangaben zu rechnen. Viele andere Datums- und Zeitfunktionen benötigen einen Timestamp als Parameter.

9.2 Zeit formatiert ausgeben

Die Funktionen `strftime()` und `date()` benötigen Sie zur formatierten Ausgabe von Datum und Uhrzeit. Sie liefern diese Angaben in vielen verschiedenen Formen. Beide Funktionen haben einen festen und einen optionalen Parameter:

▶ In jedem Fall gibt es eine Formatierungszeichenkette für die gewünschte Ausgabe. Innerhalb dieser Zeichenkette werden einzelne Klein- beziehungsweise Großbuchstaben verwendet, die die gewünschte Teilinformation liefern.

▶ Optional wird ein Timestamp erwartet. Wird dieser nicht genannt, wird die aktuelle Systemzeit verwendet, die die Funktion `time()` bereitstellt.

Zusätzlich zu den üblichen Datums- und Zeitangaben werden weitere Informationen bereitgestellt, zum Beispiel:

▶ Zeit im Zwölf-Stunden-Format mit Angabe von AM oder PM
▶ Jahresangabe nur mit zwei Ziffern
▶ Name des Wochentages, abgekürzt beziehungsweise ausgeschrieben, und die Nummer des Wochentages
▶ Name des Monats, abgekürzt beziehungsweise ausgeschrieben
▶ Kalenderwoche des Jahres, bezogen auf verschiedene Systeme (Sonntag oder Montag als erster Tag der Woche)
▶ Angabe der Zeitzone

Ein Beispielprogramm:

```
<!DOCTYPE html>...<body>
<?php
    $jetzt = time();

    /* strftime */
    echo "<p>Formatiert mit strftime():<br>";
    echo strftime("%d.%m.%Y %H:%M:%S",$jetzt) . "<br>";
    echo strftime("%j.",$jetzt) . " Tag des Jahres<br>";
    setlocale(LC_ALL, "german");
    echo strftime("%A, %d. %B",$jetzt) . "</p>";

    /* date */
    echo "<p>Formatiert mit date():<br>";
```

```
        echo date("d.m.Y H:i:s",$jetzt) . "<br>";
        echo intval(date("z",$jetzt)) + 1 . ". Tag des Jahres<br>";
        echo date("W",$jetzt) . ". Kalenderwoche<br>";

        /* Feld mit deutschen Wochentagen */
        $wtag = array("Sonntag","Montag","Dienstag","Mittwoch",
            "Donnerstag","Freitag","Samstag");
        $wt = intval(date("w",$jetzt));
        echo "$wtag[$wt]</p>";
    ?>
</body></html>
```

Listing 9.2 Datei »zeit_format.php«

Sie sehen die Ausgabe in Abbildung 9.2.

Abbildung 9.2 Zeit formatiert ausgeben

Alle Zeitangaben werden mit dem gleichen Timestamp vorgenommen, um die Vergleichbarkeit zu wahren. Mit den beiden Funktionen werden jeweils mehrere Ausgabezeilen erzeugt.

strftime(), date()   Die erste Zeile liefert Datum und Zeit im »klassischen« Format. Die dabei verwendeten Formatierungen sind in Tabelle 9.1 dargestellt.

Die Angabe »zweistellig« bedeutet, dass gegebenenfalls führende Nullen vorangestellt werden, um ein einheitliches Format zu erzeugen. Punkte, Leerzeichen und Doppelpunkte werden zur Vervollständigung der Zeitangabe zwischen den einzelnen Formatierungszeichen eingesetzt.

9.2 Zeit formatiert ausgeben

strftime()	date()	Erläuterung
%d	d	Tag des Monats, zweistellig, 00 bis 31
%m	m	Monat, zweistellig, 01 bis 12
%Y	Y	Jahr, vierstellig
%H	H	Stunde, zweistellig, 00 bis 23
%M	i	Minute, zweistellig, 00 bis 59
%S	s	Sekunde, zweistellig, 00 bis 59
	W	Kalenderwoche nach ISO 8601

Tabelle 9.1 Einige Formate der Funktionen »strftime()« und »date()«

Bei `strftime()` könnten Sie weitere Zeichen oder Zeichenfolgen integrieren. Die Funktion `date()` reagiert wesentlich empfindlicher. Erscheint die Ausgabe nicht wie gewünscht, sollten Sie die zusätzlichen Zeichen außerhalb der Formatierungszeichenkette hinzufügen.

Weitere Zeichenfolgen

Die Formatierung für »Tag des Jahres« wird bei `strftime()` mit `%j` und bei `date()` mit `z` vorgenommen. Dabei liefert `strftime()` einen dreistelligen Wert von `001` bis `366`. Die Funktion `date()` liefert einen Wert mit unterschiedlicher Stellenanzahl von `0` bis `365`. Abhängig von der gewünschten Ausgabe muss noch der Wert `1` hinzuaddiert werden.

Tag des Jahres

Beachten Sie Folgendes bei der Ausgabe der Namen für den Wochentag und den Monat:

Namen für Wochentag und Monat

▶ Bei der Funktion `strftime()` ist dies mit `%A` und `%B` relativ einfach, da Sie zuvor mithilfe der Funktion `setlocale()` die Lokalisierung, also die Anpassung an lokale Schreibgewohnheiten einstellen können. Auf Windows-Systemen geht dies über die Zeichenkette `"german"` für Deutsch.

▶ Für die Funktion `date()` muss zunächst die Nummer des Wochentags ermittelt werden. Die Formatierung `w` liefert eine Zeichenkette, die einen Wert von `0` (= Sonntag) bis `6` (= Samstag) beinhaltet. Da dieser Wert als Feldindex benötigt wird, muss er zunächst mit `intval()` in eine Zahl umgewandelt werden. Diese Zahl wird als Index für das Feld `$wtag` (mit dem Namen des Wochentags) genutzt.

9.3 Zeitangabe prüfen

Zeitangabe prüfen Die Funktion `checkdate()` überprüft eine Zeitangabe auf ihre Gültigkeit gemäß dem gregorianischen Kalender. Sie erhält ihre drei Parameter in der Form *Monat*, *Tag*, *Jahr* und liefert *wahr* oder *falsch*. Dabei wird kontrolliert,

- ob die Jahresangabe zwischen 1 und 32767 liegt,
- ob die Monatsangabe zwischen 1 und 12 liegt und
- ob die Tagesangabe zwischen 1 und dem größten erlaubten Wert für diesen Monat liegt (Schaltjahre werden berücksichtigt).

Ein Beispielprogramm:

```
<!DOCTYPE html>...<body>
<?php
    for($jahr=2017; $jahr<=2025; $jahr++)
    {
       echo "29.02.$jahr";
       if (checkdate(2,29,$jahr))
           echo " Datum existiert";
       echo "<br>";
    }
?>
</body></html>
```

Listing 9.3 Datei »zeit_check.php«

29.02. prüfen Es wird geprüft, ob der 29. Februar der Jahre 2017 bis 2025 als gültiges Datum existiert. Dies trifft nur für die Schaltjahre zu, wie die Ausgabe in Abbildung 9.3 zeigt.

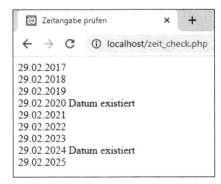

Abbildung 9.3 Zeitangabe auf Gültigkeit überprüfen

9.4 Absolute Zeitangabe erzeugen

Mit der Funktion `mktime()` können Sie bestimmte absolute Zeitangaben erzeugen. Sie benötigt als Parameter bis zu sechs Angaben in der folgenden Reihenfolge: Stunde, Minute, Sekunde, Monat, Tag und Jahr.

Zeitangabe erzeugen

Die Funktion `mktime()` liefert einen Timestamp, der für eine lesbare Ausgabe noch formatiert werden muss, zum Beispiel mit `date()`. Ungültige Angaben für einzelne Parameter werden korrigiert, wie auch das Beispiel zeigt:

```
<!DOCTYPE html>...<body>
<?php
   $dz = mktime(15, 32, 55, 03, 31, 2020);
   echo date("d.m.Y H:i:s", $dz) . "<br>";

   for($minute=58; $minute<=62; $minute++)
   {
      $dz = mktime(13, $minute, 0);
      echo date("H:i:s", $dz) . "   ";
   }
   echo "<br>";

   for($tag=26; $tag<=32; $tag++)
   {
      $dz = mktime(0 ,0, 0, 2, $tag, 2020);
      echo date("d.m.Y", $dz) . "   ";
   }
?>
</body></html>
```

Listing 9.4 Datei »zeit_absolut.php«

Innerhalb der ersten Schleife werden nur die Angaben für Stunde, Minute und Sekunde besetzt. Die restlichen Angaben werden mit dem heutigen Datum besetzt; dieses wird hier nicht benötigt. Die Angaben für die Minute (58 bis 62) werden bei Bedarf automatisch korrigiert.

Automatische Korrektur

Innerhalb der zweiten Schleife werden nur die Angaben für Monat, Tag und Jahr benötigt. Die Angaben für Stunde, Minute und Sekunde werden mit 0 besetzt; sie sind hier nicht wichtig. Die Angaben für den Tag (26 bis 32) werden bei Bedarf automatisch korrigiert. Abbildung 9.4 zeigt die Ausgabe.

9 Datum und Zeit

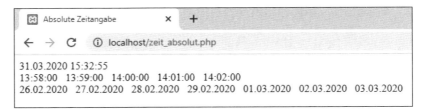

Abbildung 9.4 Absolute Zeitangabe erzeugen

9.5 Relative Zeitangabe erzeugen

Die Funktion `strtotime()` können Sie nutzen, um relative Zeitangaben zu erzeugen. Sie benötigt bis zu zwei Parameter:

Zeitlicher Abstand
- Im ersten Parameter geben Sie mithilfe englischer Begriffe den gewünschten zeitlichen Abstand zum Bezugspunkt an.

Bezugspunkt
- Im zweiten Parameter nennen Sie den Bezugspunkt in Form eines Timestamps. Ist kein Bezugspunkt vorhanden, wird die aktuelle Systemzeit verwendet.

Hier sehen Sie ein Beispiel, in dem mehrere relative Angaben bezogen auf die Datumsangabe »25.02.2018« erzeugt werden:

```
<!DOCTYPE html>...<body>
<?php
    $jetzt = mktime(0, 0, 0, 2, 25, 2018);
    echo date("d.m.Y",$jetzt) . " jeweiliger Startpunkt<br><br>";

    $dann = strtotime("+1 day", $jetzt);
    echo date("d.m.Y",$dann) . " +1 day<br>";

    $dann = strtotime("+2 week", $jetzt);
    echo date("d.m.Y",$dann) . " +2 week<br>";

    $dann = strtotime("+2 week +2 day", $jetzt);
    echo date("d.m.Y",$dann) . " +2 week +2 day<br>";

    $dann = strtotime("-5 month", $jetzt);
    echo date("d.m.Y",$dann) . " -5 month<br>";

    $dann = strtotime("next Monday", $jetzt);
```

```
    echo date("d.m.Y",$dann) . " next Monday<br>";

    $dann = strtotime("last month", $jetzt);
    echo date("d.m.Y",$dann) . " last month<br>";
?>
</body></html>
```

Listing 9.5 Datei »zeit_relativ.php«

Im Programm wird eine Reihe von Timestamps erzeugt. Dem ersten Element wird eine absolute Zeitangabe zugewiesen. In Abhängigkeit von diesem Element werden die weiteren Elemente erzeugt. Dabei können die Angaben week, day, month, year wie folgt benutzt werden:

Gleicher Bezugspunkt

- mit positivem oder negativem Vorzeichen
- einzeln oder zu mehreren zusammen
- mit oder ohne s am Ende (zum Beispiel: day oder days)
- mit next oder last (entspricht +1 beziehungsweise -1)

Außerdem ist die Angabe eines englischen Wochentags möglich.

Im Programm werden alle Elemente des Felds anschließend mit date() formatiert und ausgegeben, wie Sie aus Abbildung 9.5 ersehen können.

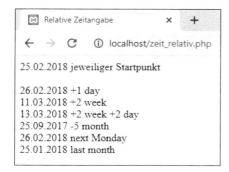

Abbildung 9.5 Relative Zeitangabe erzeugen

9.6 Mit Zeitangaben rechnen

Zur Berechnung eines Zeitraums, also der Differenz zwischen zwei Zeitangaben, müssen beide Zeitangaben einzeln erzeugt werden. Anschließend können Sie die Differenz in Sekunden (als Timestamp) berechnen. Daraus

Mit Zeit rechnen

lässt sich die Differenz in Minuten, Stunden beziehungsweise Tagen berechnen.

Differenz berechnen

Im folgenden Programm wird die Differenz zwischen dem 15. Februar 2018, 23:55:00 Uhr, und dem 16. Februar 2018, 00:05:15 Uhr, berechnet:

```php
<!DOCTYPE html>...<body>
<?php
    /* Zwei Zeitangaben erzeugen */
    $zeit1 = mktime(23, 55, 0 ,2, 15, 2018);
    echo date("d.m.Y H:i:s",$zeit1) . "<br>";

    $zeit2 = mktime(0, 5, 15, 2, 16, 2018);
    echo date("d.m.Y H:i:s",$zeit2) . "<br><br>";

    /* Differenz berechnen */
    $diff_sek = $zeit2 - $zeit1;
    echo "Differenz: $diff_sek Sekunden<br>";

    $diff_min = $diff_sek / 60;
    echo "das sind: $diff_min Minuten<br>";

    $diff_std = $diff_min / 60;
    echo "das sind: $diff_std Stunden<br>";

    $diff_tag = $diff_std / 24;
    echo "das sind: $diff_tag Tage";
?>
</body></html>
```

Listing 9.6 Datei »zeit_rechnen.php«

In der Variablen $diff_sek wird die Differenz zwischen den beiden Zeitangaben $zeit1 und $zeit2 in Sekunden berechnet. Zur Ermittlung der Minuten wird diese Zahl durch 60 geteilt. Zur Ermittlung der Stunden wird dieses Ergebnis wiederum durch 60 geteilt. Zur Ermittlung der Tage wird das letzte Ergebnis durch 24 geteilt.

Abbildung 9.6 zeigt die Ausgabe.

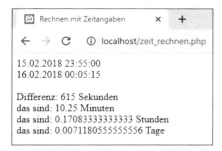

Abbildung 9.6 Mit Zeitangaben rechnen

Die Differenz lässt sich auf diese Weise nicht in Monaten oder Jahren ermitteln, da Monate beziehungsweise Jahre nicht einheitlich lang sind.

Um zum Beispiel das Alter einer Person zu berechnen, müssen Sie daher einen anderen Weg beschreiten. Diesen will ich Ihnen im folgenden Programm zeigen:

Alter einer Person

```php
<!DOCTYPE html>...<body>
<?php
   /* Geburtstag */
   $geburt = mktime(0, 0, 0, 11, 7, 1979);
   echo "Geburt: " . date("d.m.Y",$geburt) . "<br>";

   /* Aktuell */
   $heute = time();
   echo "Heute: " . date("d.m.Y",$heute) . "<br>";

   /* Alter berechnen */
   $hy = intval(date("Y",$heute));
   $gy = intval(date("Y",$geburt));
   $alter = $hy - $gy;

   /* Noch keinen Geburtstag gehabt dieses Jahr? */
   $hm = intval(date("m",$heute));
   $hd = intval(date("d",$heute));
   $gm = intval(date("m",$geburt));
   $gd = intval(date("d",$geburt));

   if ($hm<$gm || $hm==$gm && $hd<$gd)
      $alter = $alter - 1;
```

```
          echo "Alter: " . $alter;
    ?>
    </body></html>
```

Listing 9.7 Datei »zeit_alter.php«

Die Zeitangabe für den Geburtstag, zum Beispiel für den 7. November 1979, wird mithilfe der Funktion `mktime()` erzeugt. Die aktuelle Zeitangabe wird mit der Funktion `time()` erzeugt.

Das Alter wird zunächst aus der Differenz der Jahresangaben errechnet. Hatte die Person in diesem Jahr noch nicht Geburtstag – ist also entweder der Geburtsmonat noch nicht erreicht oder innerhalb des Geburtsmonats noch nicht der Geburtstag – wird das Alter um 1 reduziert.

Die Ausgabe sehen Sie in Abbildung 9.7.

Abbildung 9.7 Berechnung des Alters

Übung »u_zeit«

Entwerfen Sie einen Ablauf, mit dem der Benutzer trainieren kann, Zeiträume zu schätzen. Der Ablauf soll aus drei PHP-Dateien bestehen:

- In der Datei *u_zeit_a.php* (siehe Abbildung 9.8) wird die Aufgabe für den Benutzer erläutert und es wird eine zufällige Zeitdifferenz zwischen 5 und 10 Sekunden ermittelt. Mithilfe der Startfläche START wird die Datei *u_zeit_b.php* aufgerufen.
- In der Datei *u_zeit_b.php* (siehe Abbildung 9.9) soll der Benutzer die genannte Zeit schätzen und anschließend die Startfläche STOP betätigen. Damit wird die Datei *u_zeit_c.php* aufgerufen.
- In der Datei *u_zeit_c.php* (siehe Abbildung 9.10) wird die Genauigkeit der Schätzung ermittelt und ausgegeben. Zudem gibt es einen Hyperlink, der zurück zur ersten Seite führt, damit der Benutzer weitermachen kann.

Verwenden Sie zum Übertragen von Informationen von Datei zu Datei versteckte Formularelemente. Die zeitliche Abweichung in Prozent ermitteln Sie wie folgt:

*Betrag (Zeitdifferenz – Schätzung) / Zeitdifferenz * 100*

Als Vorgriff auf Kapitel 10: Die Funktion `abs()` ermittelt den Betrag eines Werts, also den Wert ohne das Vorzeichen.

Der Zeitpunkt, zu dem die beiden Folgeseiten erscheinen, hängt von mehreren Faktoren ab. Vereinfacht wird aber davon ausgegangen, dass beide Folgeseiten nach ihrem Aufruf gleich schnell erscheinen.

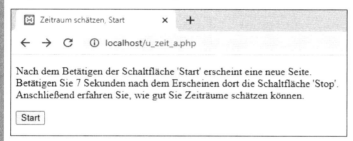

Abbildung 9.8 Datei »u_zeit_a.php«

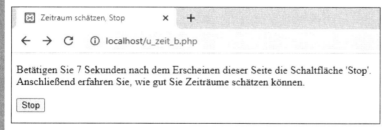

Abbildung 9.9 Datei »u_zeit_b.php«

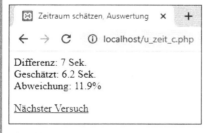

Abbildung 9.10 Datei »u_zeit_c.php«

9.7 Zeitstempel in Datenbanken

TIMESTAMP Bei vielen Datenbanksystemen besteht die Möglichkeit, einen sogenannten Zeitstempel zu speichern. MySQL stellt hierzu den Datentyp TIMESTAMP zur Verfügung. Der Wert für ein Feld dieses Typs wird automatisch besetzt, wenn ein Datensatz erzeugt wird. Somit wird festgehalten, zu welchem Zeitpunkt der Datensatz entstanden ist. Diesen Zeitstempel können Sie später für viele Zwecke (Sortierung, Filterung) nutzen. Ein Eintrag hat die Form JJJJ-MM-TT HH:MM:SS. Das sieht für den 26. Oktober 2020, 12:01:28 Uhr, zum Beispiel wie folgt aus: 2020-10-26 12:01:28.

IP-Adresse, Log Im folgenden Programm wird die Tabelle stempel der Datenbank logdaten mit sogenannten Log-Einträgen gefüllt. Jedes Mal, wenn auf die Seite zugegriffen wird, werden eine automatisch erzeugte eindeutige ID zur Identifizierung, ein Timestamp sowie die IP-Adresse des Benutzers gespeichert. Die IP-Adresse lässt sich über das Element REMOTE_ADDR aus dem superglobalen Feld $_SERVER ermitteln. Abbildung 9.11 zeigt die Struktur der Tabelle stempel.

Name	Typ	Kollation	Attribute	Null	Standard	Kommentare	Extra
id	int(11)			Nein	kein(e)		AUTO_INCREMENT
tstamp	timestamp			Nein	current_timestamp()		ON UPDATE CURRENT_TIMESTAMP()
ipaddr	varchar(20)	utf8_general_ci		Nein	kein(e)		

Abbildung 9.11 Tabellenstruktur

AUTO_INCREMENT Für das Feld id wird ein Primärschlüssel definiert. Außerdem erhält es das Attribut AUTO_INCREMENT. Dies bedeutet, dass jeder neu eingefügte Datensatz automatisch die nächsthöhere Nummer erhält. Die Nummerierung erfolgt also automatisch.

Das Feld tstamp erhält den Datentyp timestamp. Dies bedeutet, dass für jeden neu eingefügten oder geänderten Datensatz in diesem Feld der aktuelle Zeitstempel gespeichert wird. Als Standardwert wird CURRENT_TIMESTAMP eingestellt.

> **Hinweis**
>
> Zur Erzeugung der Datenbank mit Tabelle können Sie statt phpMyAdmin auch das PHP-Programm *zeit_stempel_db_neu.php* verwenden.

Das Programm *zeit_stempel.php* sieht wie folgt aus:

```
<!DOCTYPE html>...<body>
<?php
   $jetzt = time();
   echo "Zugriff " . date("d.m.Y H:i:s",$jetzt) . "<br>";

   $ip = $_SERVER["REMOTE_ADDR"];
   echo "IP-Adresse: $ip";

   $con = new mysqli("", "root", "", "logdaten");
   $sql = "INSERT INTO stempel (ipaddr) VALUES('$ip')";
   $con->query($sql);
   $con->close();
?>
</body></html>
```

Listing 9.8 Datei »zeit_stempel.php«

Zunächst wird (lediglich zu Kontrollzwecken) die aktuelle Zeit bestimmt und ausgegeben. Anschließend wird die IP-Adresse des Benutzers ermittelt und ausgegeben. Im Normalfall sind dies Informationen, die dem Benutzer nicht gezeigt werden.

In der Datenbanktabelle wird ein neuer Datensatz erzeugt. Dabei muss nur das Feld `ipaddr` belegt werden, die ID und der Timestamp werden automatisch erzeugt.

Abbildung 9.12 Kontrollausgabe bei Zugriff

Nach einer Installation auf einem Server im Internet erscheinen die IP-Adressen der verschiedenen Benutzer, die die Seite aufgerufen haben. Nach einer Test-Installation auf dem lokalen Webserver *localhost* und einem lokalen Aufruf erscheint die IP-Adresse ::1, siehe Abbildung 9.12. Abbildung 9.13 zeigt einen möglichen Inhalt der Datenbanktabelle nach einigen Zugriffen.

IP-Adressen

id	tstamp	ipaddr
1	2019-12-08 14:23:44	::1
2	2020-09-03 07:21:09	::1
3	2020-09-15 19:58:13	::1
4	2020-10-12 15:37:52	::1
5	2020-10-19 09:48:20	::1
6	2020-10-26 12:01:28	::1

Abbildung 9.13 Daten mit Timestamp

9.8 SQL-Funktionen für Zeitangaben

Die Sprache SQL stellt auch für Zeitangaben in Datenbanken eine ganze Reihe von Funktionen zur Verfügung, mit denen die Zeitangaben bereits auf dem Datenbankserver untersucht werden können. Damit lässt sich die Performance von Programmen verbessern (siehe auch Abschnitt 3.11).

YEAR(), MONTH() ... Zum Beispiel können die nachfolgenden Funktionen die Teile einer Zeitangabe ermitteln und für Abfragen zur Verfügung stellen: YEAR(), MONTH(), DAYOFMONTH(), HOUR(), MINUTE(), SECOND(). Dazu sollte die Zeitangabe in einem Datenbankfeld stehen, das einen geeigneten Datentyp besitzt, zum Beispiel DATE oder TIMESTAMP.

Ein Beispielprogramm:

```php
<!DOCTYPE html>...<body>
<?php
   $con = new mysqli("", "root", "", "firma");

   $sql = "SELECT * FROM personen WHERE MONTH(geburtstag) = 4";
   $res = $con->query($sql);
   echo "Monat = 4:<br>";
   while ($dsatz = $res->fetch_assoc())
       echo $dsatz["name"] . ", " . $dsatz["geburtstag"] . "<br>";
   echo "<br>";
   $res->close();

   $con->select_db("logdaten");
   $sql = "SELECT tstamp FROM stempel WHERE HOUR(tstamp) >= 12"
       . " ORDER BY HOUR(tstamp), MINUTE(tstamp), SECOND(tstamp)";
```

```
    $res = $con->query($sql);
    echo "Stunde >= 12:<br>";
    while($dsatz = $res->fetch_assoc())
       echo $dsatz["tstamp"] . "<br>";
    $res->close();

    $con->close();
?>
</body></html>
```

Listing 9.9 Datei »zeit_sqlfunktion.php«

Im ersten Teil des Programms werden alle Datensätze der Tabelle personen in der Datenbank firma ermittelt, bei denen der Geburtstag im Monat April liegt.

Im zweiten Programmteil werden alle Datensätze der Tabelle stempel in der Datenbank logdaten ermittelt, bei denen der Zeitstempel nach 12:00:00 Uhr liegt. Sie werden bei der Ausgabe nach Stunde, Minute und Sekunde sortiert.

Die Ausgabe des Programms sehen Sie in Abbildung 9.14.

Abbildung 9.14 SQL-Funktionen

Übung »u_tauschboerse«

In einem Sportverein wird eine Tauschbörse für gebrauchte Sportkleidung für Kinder und Jugendliche benötigt. Erstellen Sie gemäß der nachfolgenden Anleitung die Anwendung »Tauschbörse« aus Abbildung 9.15.

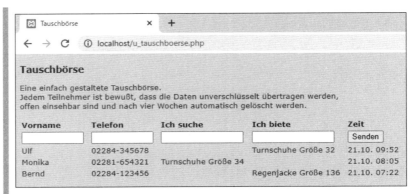

Abbildung 9.15 Tauschbörse

Beginnen Sie mit dem Entwurf der Datenbank tauschboerse. Welche Felder mit welchen Datentypen sollte die Tabelle boerse haben? Wie gelangen Datum und Uhrzeit eines Eintrags in die Datenbank? Erstellen Sie die Datenbank gemäß dem Entwurf mithilfe von phpMyAdmin. Entwickeln Sie zusätzlich ein Programm *u_tauschboerse_neu.php*, mit dessen Hilfe die Datenbank, die Tabelle und die drei Beispieldatensätze erstellt werden können, damit ein Export der Anwendung leichter fällt.

Erstellen Sie das eigentliche Programm *u_tauschboerse.php*. Zunächst sollen die Überschrift und die Tabelle dargestellt werden, die die Eingabezeile für neue Datensätze sowie die Daten der bereits vorhandenen Datensätze umfasst. Wie sind die Datensätze sortiert? Es folgen die CSS-Angaben zur Formatierung des Dokuments.

Als Nächstes wird das Eintragen der neuen Datensätze nach der Betätigung der Schaltfläche SENDEN mithilfe eines Prepared Statements realisiert. Zuletzt wird das automatische Löschen von Datensätzen, die älter als vier Wochen sind, hinzugefügt. Dieser Programmteil soll bei jedem Aufruf der Seite durchlaufen werden.

9.9 Ermittlung von Feiertagen

In Abschnitt 1.11.4 hatte ich bereits eine Funktion vorgestellt, die den Termin des Ostersonntags mit der Formel nach Gauß berechnet. Diese Funktion nutzen wir nun dazu, alle Feiertage eines beliebigen Jahres zu berechnen. Eine solche Berechnung wird häufig im Zusammenhang mit der

9.9 Ermittlung von Feiertagen

Ermittlung von Arbeitstagen und der Betriebsdatenerfassung benötigt. Sie ist bis zum Jahre 2037 gültig. Ab dem Jahr 2038 erfolgt eine Bereichsüberschreitung bei den im Programm verwendeten UNIX-Timestamps.

Die Feiertage sind je nach Bundesland unterschiedlich. Sie teilen sich in feste und bewegliche Feiertage auf. Die beweglichen Feiertage hängen mit dem Termin des Ostersonntags zusammen. Tabelle 9.2 zeigt die beweglichen Feiertage im Bundesland Nordrhein-Westfalen (NRW):

Feiertage berechnen

Feiertag	Zeitpunkt
Karfreitag	2 Tage vor Ostersonntag
Ostermontag	1 Tag nach Ostersonntag
Christi Himmelfahrt	39 Tage nach Ostersonntag
Pfingstsonntag	49 Tage nach Ostersonntag
Pfingstmontag	50 Tage nach Ostersonntag
Fronleichnam	60 Tage nach Ostersonntag

Tabelle 9.2 Bewegliche Feiertage in NRW

Das Programm liefert nach der Eingabe der Jahreszahl 2021 die Liste aller Feiertage in NRW, wie Sie aus Abbildung 9.16 ersehen können.

Abbildung 9.16 Feiertagsberechnung

Sehen wir uns zunächst das Eingabeformular an:

```
<!DOCTYPE html>...<body>
<h2>Feiertage in NRW</h2>
<p>Bitte geben Sie eine Jahreszahl ein:</p>
<form action="zeit_feiertag.php" method="post">
   <p><input name="jahr"> Jahreszahl</p>
   <p><input type="submit">
   <input type="reset"></p>
</form>
</body></html>
```

Listing 9.10 Datei »zeit_feiertag.htm«

Es liefert den Wert des Formularfelds `jahr` an das PHP-Programm:

```
<!DOCTYPE html>...<head>
<style>table,td {border:1px solid black;}</style></head><body>
<?php
   include "zeit_feiertag.inc.php";
   $jahr = intval($_POST["jahr"]);
   echo "<h2>Feiertage in NRW $jahr</h2>";

   /* Feiertage ermitteln */
   feiertagNRW($jahr, $ftag);

   /* Liste ausgeben */
   echo "<table>";
   foreach($ftag as $name=>$wert)
   {
      $datum = date("d.m.Y", $wert);
      echo "<tr><td>$datum</td><td>$name</td></tr>";
   }
   echo "</table>";
?>
</body></html>
```

Listing 9.11 Datei »zeit_feiertag.php«

Funktion ostersonntag() Im PHP-Programm wird die Datei *zeit_feiertag.inc.php* eingebunden. In dieser Datei stehen die bereits bekannte Funktion `ostersonntag()` (siehe auch Abschnitt 1.11.4) und die Funktion `feiertagNRW()`.

Die Funktion feiertagNRW() benutzt intern die Funktion ostersonntag() und liefert ein assoziatives Feld mit den Namen und Daten aller Feiertage zurück. Das Feld ist nach Daten aufsteigend sortiert, und die Daten werden in Form von Timestamps geliefert. Das Feld wird innerhalb einer foreach-Schleife formatiert in einer Tabelle ausgegeben. Die Funktion feiertagNRW() sieht wie folgt aus:

```php
function feiertagNRW($jahr, &$ftag)
{
   /* Die festen Feiertage */
   $ftag["Neujahr"] = mktime(0,0,0,1,1,$jahr);
   $ftag["Tag der Arbeit"] = mktime(0,0,0,5,1,$jahr);
   $ftag["Tag der deutschen Einheit"] = mktime(0,0,0,10,3,$jahr);
   $ftag["Allerheiligen"] = mktime(0,0,0,11,1,$jahr);
   $ftag["1. Weihnachtsfeiertag"] = mktime(0,0,0,12,25,$jahr);
   $ftag["2. Weihnachtsfeiertag"] = mktime(0,0,0,12,26,$jahr);

   /* Ostersonntag berechnen */
   ostersonntag($jahr, $t_ostern, $m_ostern);
   $ostern = mktime(0, 0, 0, $m_ostern, $t_ostern, $jahr);

   /* Die beweglichen Feiertage, abhängig vom Ostersonntag */
   $ftag["Karfreitag"] = strtotime("-2 day",$ostern);
   $ftag["Ostersonntag"] = strtotime("0 day",$ostern);
   $ftag["Ostermontag"] = strtotime("+1 day",$ostern);
   $ftag["Christi Himmelfahrt"] = strtotime("+39 day",$ostern);
   $ftag["Pfingstsonntag"] = strtotime("+49 day",$ostern);
   $ftag["Pfingstmontag"] = strtotime("+50 day",$ostern);
   $ftag["Fronleichnam"] = strtotime("+60 day",$ostern);

   /* Feld nach Werten sortieren */
   asort($ftag);
}
```

Listing 9.12 Datei »zeit_feiertag.inc.php«, Funktion »feiertagNRW()«

Die Timestamps für die festen Feiertage werden mit der Funktion mktime() erzeugt. Sie werden Elementen des assoziativen Felds $ftag zugewiesen. Als Schlüssel wird jeweils die Bezeichnung des Feiertages verwendet.

Feste Feiertage

Nach dem Aufruf der Funktion ostersonntag() stehen in $t_ostern und $m_ostern Tag und Monat des Ostersonntags bereit. Diese Angaben werden zusammen mit dem Jahr in den Timestamp $ostern umgeformt.

Bewegliche Feiertage Die beweglichen Feiertage werden mit der Funktion strtotime() relativ zu Ostern bestimmt und dem assoziativen Feld hinzugefügt. Anschließend wird das Feld mithilfe der Funktion asort() nach Werten aufsteigend sortiert.

9.10 Kopfrechnen mit Zeitmessung

Bonuskapitel Sie finden das Projekt im Bonuskapitel »Kopfrechnen« in den Materialien zum Buch. Dort beschreibe ich, wie das objektorientierte Programm »Kopfrechnen, objektorientiert« aus Abschnitt 4.14 um eine Zeitmessung und eine Speicherung erweitert wird. Der Name und die erreichte Zeit des Spielers werden nach dem Spiel in einer MySQL-Datenbank festgehalten.

Kapitel 10
Mathematische Funktionen

Mathematische Funktionen werden für Berechnungen genutzt. In den folgenden Beispielprogrammen werden zwei unterschiedliche Methoden verwendet. Diese beiden Methoden können Sie generell bei allen Funktionsaufrufen anwenden. Die erste Methode wird insbesondere bei mathematischen Funktionen genutzt:

- **Methode 1:** Das Ergebnis der mathematischen Funktion wird unmittelbar ausgegeben. Das heißt, Berechnung und Ausgabe finden in einem Schritt statt. Der Vorteil dieser Methode ist ihre kompakte Schreibweise. — Ausgabe

- **Methode 2:** Das Ergebnis der mathematischen Funktion wird in einer Variablen gespeichert. Diese Variable wird anschließend oder erst später ausgegeben. Das heißt, Berechnung und Ausgabe finden in zwei Schritten statt. Diese Methode hat den Vorteil, dass das Ergebnis mehrmals verwendet werden kann, ohne dafür die Funktion erneut aufrufen zu müssen und dabei Rechenzeit zu beanspruchen. — Rückgabe

10.1 Ganze Zahlen und Fließkommazahlen

In diesem Abschnitt schauen wir uns zunächst den Zahlenbereich und die Genauigkeit von ganzen Zahlen und Fließkommazahlen an.

Ganze Zahlen sind absolut genau. Die größte und die kleinste ganze Zahl können mithilfe der Konstanten PHP_INT_MAX und PHP_INT_MIN (Letztere gibt es seit PHP 7.0) ermittelt werden. Zahlen jenseits der größten ganzen Zahl werden als Fließkommazahl verarbeitet. — Ganze Zahlen, Grenzen

Fließkommazahlen sind nur auf 15 oder 16 Stellen nach dem Komma genau. Wie sich die größte und die kleinste mögliche Fließkommazahl anzeigen lassen, wird mit dem folgenden Programm verdeutlicht. — Fließkommazahlen, Genauigkeit

Die Funktion var_dump() liefert genaue Informationen über Variablen. — var_dump()

Zunächst betrachten wir das Programm.

```php
<!DOCTYPE html>...<body>
<?php
    $i = PHP_INT_MAX;         echo "$i<br>";
    $f = $i + 1;              echo "$f<br>";
    $i = PHP_INT_MIN;         echo "$i<br><br>";

    $x = PHP_FLOAT_MAX;       echo "$x<br>";
    $x = PHP_FLOAT_MIN;       echo "$x<br>";
    $x = PHP_FLOAT_EPSILON;   echo "$x<br><br>";

    $x = 1e308;               echo "$x<br>";
    $x = $x * 10;             echo "$x<br>";
    $x = 1e-323;              echo "$x<br>";
    $x = $x / 10;             echo "$x<br><br>";

    $x = 1.0 / 7.0;    echo number_format($x,20) . "<br><br>";

    $x = array($i, $f, true, "Hallo");
    var_dump($x);
?>
</body></html>
```

Listing 10.1 Datei »math_zahlen.php«

Die Ausgabe des Programms sehen Sie in Abbildung 10.1.

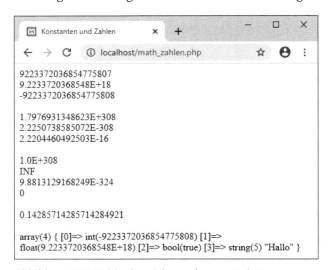

Abbildung 10.1 Zahlenbereiche und -genauigkeit

Der Wert von `PHP_INT_MAX` beträgt ca. 2,1 Milliarden. Die nächstgrößere ganze Zahl wird zur Fließkommazahl, wie Sie auch an der Ausgabe mithilfe der Funktion `var_dump()` sehen können.

Zwischen 10^{308} und 10^{309} liegt die obere Grenze für Fließkommazahlen. Zahlen oberhalb dieser Grenze werden als unendlich (englisch: *infinite*) interpretiert. Zwischen 10^{-323} und 10^{-324} liegt betragsmäßig die untere Grenze. Zahlen unterhalb der Grenze werden als 0 interpretiert.

<small>Fließkommazahlen, Grenzen</small>

Seit PHP 7.2 können Sie die Grenzen auch mithilfe der Konstanten `PHP_FLOAT_MAX` und `PHP_FLOAT_MIN` angeben. Allerdings ergibt sich für die untere Grenze ein anderer Wert. Die Konstante `PHP_FLOAT_EPSILON` gibt den kleinsten Unterschied zwischen zwei Fließkommazahlen an.

<small>Konstanten</small>

Die Division von 1 durch 7 ergibt einen Wert, in dem die Zahlenfolge 142857 endlos oft vorkommt. An der Ausgabe mit 20 Nachkommastellen können Sie erkennen, dass der Wert ab der 15. bzw. 16. Stelle ungenau wird.

<small>Genauigkeit</small>

Die Funktion `var_dump()` liefert unter anderem die Information, ob es sich bei einer Variablen um einen `int`-Wert, einen `float`-Wert, einen booleschen Wert, eine Zeichenkette oder ein Feld handelt.

10.2   Exponentialoperator **

Den Exponentialoperator ** gibt es seit PHP 5.6. Er dient zur Potenzierung von Zahlen. Das folgende Programm zeigt einige Beispiele:

```
<!DOCTYPE html>...<body>
<?php
    echo "2 ** 3 = 2 * 2 * 2 = " . (2 ** 3) . "<br>";
    echo "2 ** -3 = 1 / (2**3) = " . (2 ** -3) . "<br>";
    echo "2.5 ** 3 = 2.5 * 2.5 * 2.5 = " . (2.5 ** 3) . "<br>";
    echo "2.5 ** -3 = 1 / (2.5**3) = " . (2.5 ** -3) . "<br>";
    echo "-2.5 ** -3 = " . (-2.5 ** -3) . "<br>";
    echo "2**3 * 2**3 = 8*8 = " . (2**3*2**3) . "<br>";
    echo "2**(3*2)**3 = 2**(6**3) = " . (2**(3*2)**3) . "<br>";
?>
</body></html>
```

Listing 10.2 Datei »math_exponential.php«

Lesbarkeit Die Ausdrücke stehen in runden Klammern. Das ist für PHP nicht notwendig, verbessert aber die Lesbarkeit der Anweisung. In Abbildung 10.2 sehen Sie die Ausgabe des Programms, in der auch einige mathematische Regeln erkennbar sind.

```
2 ** 3 = 2 * 2 * 2 = 8
2 ** -3 = 1 / (2**3) = 0.125
2.5 ** 3 = 2.5 * 2.5 * 2.5 = 15.625
2.5 ** -3 = 1 / (2.5**3) = 0.064
-2.5 ** -3 = -0.064
2**3 * 2**3 = 8*8 = 64
2**(3*2)**3 = 2**(6**3) = 1.0531229166856E+65
```

Abbildung 10.2 Berechnungen mit dem Exponentialoperator **

Potenzierung Der Wert von 2 ** 3 entspricht 2 * 2 * 2, also 8. Bei der Potenzierung wird die Zahl vor dem Operator als *Basis* bezeichnet, die Zahl danach als *Exponent*. Beide Zahlen können negativ sein und Nachkommastellen besitzen.

Rechtsassoziativ Der Operator ** hat Vorrang vor den Operatoren für Multiplikation und Division, wie Sie in der vorletzten Zeile der Ausgabe sehen. Der Operator ** ist *rechtsassoziativ*. Ein Ausdruck, in dem der Operator zweimal vorkommt, wird also von rechts nach links bearbeitet, wie Sie in der letzten Zeile der Ausgabe sehen.

10.3 PHP als Taschenrechner

Wissenschaftliche Funktionen Im folgenden Programm werden einige Funktionen und Konstanten genutzt, die Ihnen von der App »Wissenschaftlicher Taschenrechner« des Smartphones her bekannt sind:

- die Funktion sqrt() zur Berechnung der Wurzel
- die Funktion pow() zur Exponentialrechnung mit beliebiger Basis
- die Funktion exp() zur Exponentialrechnung zur Basis *e* (Eulersche Zahl)

Logarithmus
- die Funktionen log() und log10() zur Berechnung des natürlichen Logarithmus und des 10er-Logarithmus
- die mathematischen Konstanten *pi* (Kreiszahl) und *e* (Eulersche Zahl)

10.3 PHP als Taschenrechner

- eine eigene Funktion sign() zur Ermittlung des Vorzeichens einer Zahl, die für positive Zahlen den Wert 1, für negative Zahlen den Wert -1 und für die Zahl 0 den Wert 0 liefert — **Vorzeichen**
- die Funktion abs(), die den Betrag einer Zahl liefert, also die Zahl ohne Vorzeichen — **Betrag**

```
<!DOCTYPE html>...<body>
<?php
   echo "<b>Wurzel, Potenz, e-Funktion, Logarithmus"
      . " und Konstanten:</b><br>";
   $a = 4.75;
   echo "Variable a: $a <br>";
   echo "&radic;a: " . sqrt($a) . "<br>";
   echo "a<sup>2</sup>: " . pow($a,2) . "<br>";
   echo "a<sup>3</sup>: " . pow($a,3) . "<br>";
   echo "log(a) = Nat. Logarithmus von a: " . log($a) . "<br>";
   echo "e<sup>a</sup> : " . exp($a) . "<br>";
   echo "e<sup>1/a</sup> :" . exp(1/$a) . "<br>";
   echo "log<sub>10</sub>(a), 10er-Logarithmus von a: "
      . log10($a) . "<br>";
   echo "Kreiszahl &pi;: " . M_PI . "<br>";
   echo "Eulersche Zahl e: " . M_E . "<br><br>";

   function sign($x)
   { return $x > 0 ? 1 : ($x < 0 ? -1 : 0); }

   echo "<b>Betrag und Vorzeichen:</b><br>";
   $b = -4.75;
   echo "Variable b: $b <br>";
   echo "Betrag von $b: " . abs($b) . "<br>";
   echo "Vorzeichen von $b: " . sign($b) . "<br>";
   echo "Vorzeichen von $a: " . sign($a);
?>
</body></html>
```

Listing 10.3 Datei »math_rechner.php«

Die Ausgabe sehen Sie in Abbildung 10.3.

Abbildung 10.3 Mathematische Funktionen und Konstanten

10.4 Ganze Zahlen, Runden

Mithilfe verschiedener Rundungsarten können Fließkommazahlen in ganze Zahlen umgewandelt werden beziehungsweise auf eine gewünschte Stellenzahl gerundet werden, wie dies zum Beispiel bei Geldbeträgen notwendig ist. Ein Beispielprogramm:

```
<!DOCTYPE html>...<body>
<?php
    echo "<p><b>Zahlen in Ganzzahlen verwandeln:</b><br>";
    $a = 4.75;
    echo "Variable a: $a<br>";
    echo "Nach unten mit floor(): " . floor($a) . "<br>";
    echo "Nach oben mit ceil(): " . ceil($a) . "<br>";
    echo "Gerundet mit round(): " . round($a) . "</p>";

    $b = -4.75;
    echo "<p>Variable b: $b<br>";
    echo "Nach unten mit floor(): " . floor($b) . "<br>";
    echo "Nach oben mit ceil(): " . ceil($b) . "<br>";
```

```
    echo "Gerundet mit round(): " . round($b) . "</p>";

    echo "<p><b>Runden auf Stellenzahl:</b><br>";
    $c = 1e6 / 7;
    echo "Variable c: $c<br>";
    echo "Runden auf 3 Stellen: " . round($c, 3) . "<br>";
    echo "Runden auf -3 Stellen: " . round($c, -3) . "<br>";
?>
</body></html>
```

Listing 10.4 Datei »math_runden.php«

Die Umwandlung in eine ganze Zahl kann wie folgt geschehen:

Ganze Zahl

- Runden nach unten: Funktion `floor()`
- Runden nach oben: Funktion `ceil()`
- kaufmännisch runden (bei positiven Zahlen bis 0,4999... auf 0, ab 0,5000... auf 1): Funktion `round()`

Der zweite, optionale Parameter der Funktion `round()` gibt die gewünschte Stellenzahl an. Bei einem positiven Wert wird nach dem Komma gerundet, bei einem negativen Wert vor dem Komma.

Runden auf Stellenzahl

Die Ausgabe sehen Sie in Abbildung 10.4.

Abbildung 10.4 Ganzzahlermittlung

10.5 Ganzzahlige Division und Modulo

intdiv()   Seit PHP 7.0 gibt es die Funktion `intdiv()` zur Durchführung einer ganzzahligen Division. Im Unterschied zur mathematischen Division mithilfe des Operators / werden die Nachkommastellen des Ergebnisses abgeschnitten. Besitzen der Zähler oder der Nenner Nachkommastellen, werden sie vor der ganzzahligen Division abgeschnitten.

fmod()   Die Funktion `fmod()` dient zur Durchführung der Modulo-Operation für Fließkommazahlen. Es wird also der Rest der mathematischen Division von zwei Fließkommazahlen berechnet.

Hier sehen Sie einige Beispiele:

```php
<!DOCTYPE html>...<body>
<?php
    echo 7 / 4 . " ";
    echo intdiv(7, 4) . "<br>";
    echo 11.8 / 2.5 . " ";
    echo intdiv(11.8, 2.5) . "<br>";
    echo 18.9 / 3.6 . " ";
    echo fmod(18.9, 3.6);
?>
</body></html>
```

Listing 10.5 Datei »math_division.php«

Nachkommastellen abschneiden   Zunächst werden zwei ganze Zahlen dividiert. Bei der mathematischen Division bleiben die Nachkommastellen des Ergebnisses erhalten. Beim Einsatz der Funktion `intdiv()` werden sie abgeschnitten.

Anschließend werden zwei Fließkommazahlen dividiert. Beim Einsatz der Funktion `intdiv()` werden zunächst die Nachkommastellen dieser beiden Zahlen abgeschnitten. Es wird also 11 durch 2 geteilt. Vom Ergebnis 5.5 werden wiederum die Nachkommastellen abgeschnitten und es ergibt sich der Wert 5.

Fließkomma-Rest   Als Letztes wird der Fließkomma-Rest einer mathematischen Division berechnet. Das Ergebnis mithilfe der Funktion `fmod()` ist 0.9, denn 5 * 3.6 + 0.9 = 18.9.

Die Ausgabe sehen Sie in Abbildung 10.5.

Abbildung 10.5 Ganzzahlige Division und Modulo

10.6 Extremwerte

In diesem Abschnitt werden das Maximum und das Minimum von mehreren Zahlen sowie eines Felds ermittelt. Das Programm sieht wie folgt aus:

```
<!DOCTYPE html>...<body>
<?php
   echo "<p><b>Maxima, Minima:</b><br>";
   $a = 4.75;
   $b = -4.75;
   $c = 30;
   echo "a: $a, b: $b, c: $c<br>";
   echo "Maximum von a, b und c: "
       . max($a,$b,$c) . "<br>";
   echo "Minimum von a, b und c: " . min($a,$b,$c) . "</p>";

   $f = array(-4.75, 5.37, 30, -6.2, 0.05);
   echo "<p>Feld: ";
   for($i=0; $i<count($f); $i++)
      echo "$f[$i]   ";
   echo "<br>";
   echo "Feld-Maximum: " . max($f) . "<br>";
   echo "Feld-Minimum: " . min($f) . "</p>";
?>
</body></html>
```

Listing 10.6 Datei »math_extrema.php«

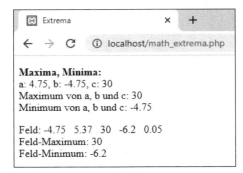

Abbildung 10.6 Extremwerte

Die Funktionen max() bzw. min() ermitteln aus einer beliebigen Menge Zahlen die größte bzw. die kleinste Zahl. Die Funktionen können auch bei Feldern angewendet werden. Abbildung 10.6 zeigt die Ausgabe. Möchten Sie auch die Positionen der Extrema eines Felds wissen, schauen Sie sich das Programm in Abschnitt 8.8.3 an.

10.7 Winkelfunktionen

Grad zu Bogenmaß

In diesem Abschnitt stelle ich Ihnen einige Winkelfunktionen vor (Sinus, Kosinus, Tangens usw.). Dabei ist zu beachten, dass ein Winkel, der in Grad angegeben wird, zunächst in das Bogenmaß umgerechnet werden muss. Erst anschließend können Sie eine Winkelfunktion anwenden. Die Umrechnung von Winkel in Bogenmaß erfolgt mithilfe der Funktion deg2rad().

Bogenmaß zu Grad

Umgekehrt muss das Ergebnis einer der Umkehrfunktionen Arkussinus, Arkuskosinus und Arkustangens anschließend von Bogenmaß in Grad umgewandelt werden. Dies wird durch die Funktion rad2deg() ermöglicht.

```
<!DOCTYPE html>...<body>
<?php
    echo "<h2>Winkelfunktionen:</h2>";

    $w = 32;
    echo "<p>Winkel w: $w (in Grad)<br>";
    $wbm = deg2rad($w);
    echo "Winkel w: $wbm (im Bogenmaß)<br>";
    echo "sin(w): " . sin($wbm) . "<br>";
```

```php
    echo "cos(w): " . cos($wbm) . "<br>";
    echo "tan(w): " . tan($wbm) . "</p>";

    $x = 0.53;
    echo "<p>Wert x: $x<br>";
    echo "asin(x): " . rad2deg(asin($x)) . " (in Grad)<br>";
    echo "acos(x): " . rad2deg(acos($x)) . " (in Grad)";
?>
</body></html>
```

Listing 10.7 Datei »math_winkel.php«

Die Ausgabe sehen Sie in Abbildung 10.7.

Abbildung 10.7 Winkelfunktionen

10.8 Mischen

Für viele Problemstellungen ist es nicht nur erforderlich, zufällige Zahlen zu ermitteln, sondern auch die bereits gezogenen Zahlen von der weiteren Ziehung auszuschließen. Denken Sie an die Ziehung der Lottozahlen, bei der jede Kugel mit einer Zahl nur einmal gezogen wird. Es muss also gemischt werden. Nachfolgend wird dies mithilfe von zwei Methoden für die Zahlen von 1 bis 16 durchgeführt:

- mit einer eigenen Methode, die einen Zufallszahlengenerator benutzt
- mit der Funktion shuffle(), die sich intern eines Zufallszahlengenerators bedient

```php
<!DOCTYPE html>...<body>
<?php
    $karte = range(1, 16);
    for($i=1; $i<=1000;$i++)
    {
       $a = random_int(0, 15);
       $b = random_int(0, 15);
       $temp = $karte[$a];
       $karte[$a] = $karte[$b];
       $karte[$b] = $temp;
    }
    for ($i=0; $i<count($karte); $i++)
       echo $karte[$i] . " ";
    echo "<br>";

    $karte = range(1, 16);
    shuffle($karte);
    for ($i=0; $i<count($karte); $i++)
       echo $karte[$i] . " ";
    echo "<br>";

    echo str_shuffle("abcdefghijklmnopqrstuvwxyz");
?>
</body></html>
```

Listing 10.8 Datei »math_mischen.php«

Bei beiden Methoden wird zunächst mithilfe der Funktion range() ein Feld mit den Zahlen von 1 bis 16 gefüllt.

Zwei Feldelemente tauschen — Bei der ersten Methode werden in einer for-Schleife zwei zufällige Zahlen aus dem Bereich der gültigen Indexwerte des Felds, hier also von 0 bis 15, ermittelt. Die beiden Feldelemente mit diesen Indizes werden miteinander getauscht. Über die Anzahl der Wiederholungen der Schleife bestimmen Sie die Qualität des Mischvorgangs.

shuffle() — Bei der zweiten Methode wird die Methode shuffle() aufgerufen. Sie nutzt einen Zufallszahlengenerator, der sich für einfache Zwecke wie in diesem Beispiel, aber nicht für Verschlüsselungen eignet.

Am Ende des Programms werden die Zeichen einer Zeichenkette mithilfe der Funktion `str_shuffle()` gemischt. | str_shuffle()

Benötigen Sie die Lottozahlen? Mischen Sie ein Feld mit den Zahlen von 1 bis 49, und nehmen Sie die ersten sechs Feldelemente. Sie wollen auch die Zusatzzahl? Dann nehmen Sie noch das siebte Feldelement hinzu.

Die Ausgabe des Programms sehen Sie in Abbildung 10.8.

Abbildung 10.8 Ergebnis der Mischvorgänge

10.9 Stellenwertsysteme

Ein Stellenwertsystem ist ein System zur Darstellung von Zahlen durch einzelne Ziffern, bei denen der Wert einer Ziffer von ihrer Position innerhalb der Zahl abhängt.

Das gebräuchlichste Stellenwertsystem ist das *Dezimalsystem* (Zahlen zur Basis 10). In der Informatik wird außerdem das *Dualsystem* (Basis 2) und das *Hexadezimalsystem* (Basis 16) eingesetzt, seltener das *Oktalsystem* (Basis 8). | Zahlensysteme

Neben den bekannten Ziffern von 0 bis 9 können auch Zeichen als Ziffern genutzt werden: | Ziffern

- Im Dualsystem werden die Ziffern 0 und 1 verwendet,
- im Oktalsystem die Ziffern von 0 bis 7,
- im Dezimalsystem die Ziffern von 0 bis 9 und
- im Hexadezimalsystem die Ziffern von 0 bis 9 sowie die Zeichen von a bis f beziehungsweise von A bis F, die den Dezimalwerten von 10 bis 15 entsprechen.

Ein Zahlenwert, der als Dualzahl interpretiert werden soll, muss das Präfix 0b oder 0B haben. Beim Oktalsystem ist das Präfix 0, beim Hexadezimalsystem 0x oder 0X. | Präfix

Beispiele

- Dezimalzahl 456: $4 * 10^2 + 5 * 10^1 + 6 * 10^0 = 400 + 50 + 6 = 456$
- Dualzahl 0b11001: $1 * 2^4 + 1 * 2^3 + 0 * 2^2 + 0 * 2^1 + 1 * 2^0 = 16 + 8 + 0 + 0 + 1 = 25$ (dezimal)
- Oktalzahl 0637: $6 * 8^2 + 3 * 8^1 + 7 * 8^0 = 384 + 24 + 7 = 415$ (dezimal)
- Hexadezimalzahl 0x2A5F: $2 * 16^3 + 10 * 16^2 + 5 * 16^1 + 15 * 16^0 = 2 * 4096 + 10 * 256 + 5 * 16 + 15 = 10847$ (dezimal)

Funktionen zur Umrechnung

PHP stellt die Funktionen decbin(), dechex(), decoct(), bindec(), hexdec() und octdec() zur Umrechnung zwischen den oben angegebenen Stellenwertsystemen zur Verfügung. Die drei erstgenannten Funktionen zur Umwandlung einer Dezimalzahl liefern eine Zeichenkette. Die drei letztgenannten Funktionen zur Ermittlung einer Dezimalzahl erwarten eine Zeichenkette als Parameter.

Außerdem bietet die Funktion base_convert() die Möglichkeit der Umrechnung zwischen zwei beliebigen Stellenwertsystemen im Bereich von 2 bis 36. Die Begrenzung auf 36 existiert deshalb, weil zur Darstellung der Ziffern und Zeichen nur die Ziffern 0 bis 9 sowie die 26 Buchstaben (A bis Z) des Alphabets verwendet werden.

```
<!DOCTYPE html>...<body>
<?php
    echo "<p><b>Zahlensysteme:</b></p>";
    $x = 29;
    echo "Dezimalzahl: $x<br>";
    echo "als Dualzahl: " . decbin($x) . " = "
        . bindec("11101") . " = " . 0b11101 . "<br>";
    echo "als Oktalzahl: " . decoct($x) . " = "
        . octdec("35") . " = " . 035 . "<br>";
    echo "als Hexadezimalzahl: " . dechex($x) . " = "
        . hexdec("1d") . " = " . 0x1d . "<br>";
    echo "Zahl zur Basis 4: " . base_convert($x,10,4) . "<br>";
    echo "Zahl zur Basis 32: " . base_convert($x,10,32);
?>
</body></html>
```

Listing 10.9 Datei »math_basis.php«

Abbildung 10.9 zeigt die Ausgabe.

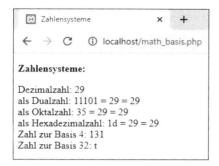

Abbildung 10.9 Stellenwertsysteme

In Abschnitt 18.5 finden Sie ein größeres Beispielprojekt, in dem mit Dualzahlen und Hexadezimalzahlen gearbeitet wird.

10.10 Bit-Operatoren

Bit-Operatoren ermöglichen es, auf die einzelnen Bits zuzugreifen, aus denen sich eine Zahl intern zusammensetzt. Auf einem 32-Bit-System wird eine ganze Zahl in 4 Byte, also 32 Bit, gespeichert. Innerhalb einer solchen Zahl können Sie 32 verschiedene boolesche Informationen speichern, also z. B. die Zustände *An/Aus* oder die Werte *wahr/falsch*.

Hier folgt ein Beispielprogramm mit allen Bit-Operatoren:

```
<!DOCTYPE html>...<body>
<?php
   $bit0 = 1;          // 0000 0001
   $bit1 = 2;          // 0000 0010
   $bit2 = 4;          // 0000 0100
   $bit3 = 8;          // 0000 1000

   $a = 5;             // 0000 0101
   $erg = $a & $bit2;  // 0000 0100
   echo "Bitweises Und: $erg<br>";

   $erg = 0;           // 0000 0000
```

```
$erg = $erg | $bit0;  // 0000 0001
$erg = $erg | $bit3;  // 0000 1001
echo "Bitweises Oder: $erg<br>";

$a = 5;               // 0000 0101
$b = 3;               // 0000 0011
$erg = $a ^ $b;       // 0000 0110
echo "Bitweises Exklusiv-Oder: $erg<br>";

$a = 11;              // ... 0000 1011
$erg = ~$a;           // ... 1111 0100
echo "Bitweise Inversion: $erg<br>";

$a = 11;              // 0000 1011
$erg = $a >> 1;       // 0000 0101
echo "Bitweises Schieben nach rechts: $erg<br>";
$erg = $a << 2;       // 0010 1100
echo "Bitweises Schieben nach links: $erg<br>";
?>
</body></html>
```

Listing 10.10 Datei »math_bit.php«

Im Kommentarbereich auf der rechten Seite des Programms sehen Sie die letzten acht Bit der dualen Darstellung der jeweiligen Zahl. Bei den Variablen $bit0 bis $bit3 ist jeweils nur ein Bit gesetzt.

Operator &

Mithilfe des Operators & wird eine bitweise Und-Verknüpfung der Operanden durchgeführt. Im Ergebnis sind nur die Bits gesetzt, die in *beiden* Operanden gesetzt sind. Auf diese Weise können Sie prüfen, ob ein bestimmtes Bit gesetzt ist.

Operatoren | und ^

Der Operator | wird für eine bitweise Oder-Verknüpfung der Operanden genutzt. Im Ergebnis sind die Bits gesetzt, die *mindestens* bei einem der Operanden gesetzt sind. Der Operator ^ wird für eine bitweise Exklusiv-Oder-Verknüpfung der Operanden genutzt. Im Ergebnis sind die Bits gesetzt, die *nur* bei einem der Operanden gesetzt sind.

Operator ~

Mithilfe des Operators ~ wird eine bitweise Inversion des Operanden durchgeführt. Aus einer 1 wird eine 0 und umgekehrt. Das allererste Bit der dualen Darstellung einer Zahl steht für ihr Vorzeichen. Durch die Inversion wechselt somit das Vorzeichen.

Die Operatoren << und >> führen zu einem *Links-Shift* bzw. *Rechts-Shift* (deutsch: Verschiebung) aller Bits um den angegebenen Wert. Bei einem Links-Shift werden Nullen von rechts eingeschoben. Durch das Hinausschieben des ersten Bits nach links bleibt das Vorzeichen nicht erhalten. Bei einem Rechts-Shift werden Kopien des ersten Bits von links eingeschoben; das Vorzeichen bleibt erhalten.

Operatoren << und >>

Abbildung 10.10 zeigt die Ausgabe.

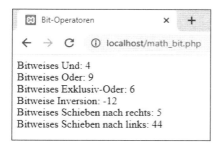

Abbildung 10.10 Rechnungen mit Bit-Operatoren

In Abschnitt 18.5 finden Sie ein größeres Beispielprojekt, in dem mit Bit-Operatoren gearbeitet wird.

Übung »u_math«

Erstellen Sie eine HTML-Tabelle mit den Ergebnissen der nachfolgenden Berechnungen. Für jeden Wert x von 15 bis 90 in Schritten von 15 sollen die folgenden Funktionen berechnet werden (Datei *u_math.php*):

- Umrechnung des Werts x in das Bogenmaß (Radiant)
- Sinus und Kosinus des Bogenmaßwerts
- Wurzel (x), Quadrat von x
- natürlicher Logarithmus von x, 10er-Logarithmus von x
- $e^{1/x}$
- x als Dualzahl und als Hexadezimalzahl

Ist das Ergebnis eine Fließkommazahl, soll es mit zwei Nachkommastellen in deutscher Schreibweise formatiert ausgegeben werden.

Das Ergebnis sollte so wie in Abbildung 10.11 aussehen.

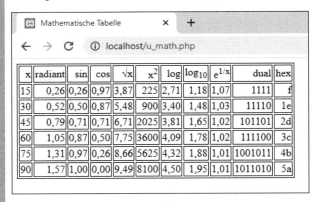

Abbildung 10.11 Ergebnis der Übung »u_math«

Kapitel 11
Sessions und Cookies

Jeder Aufruf einer Internetseite über HTTP wird einzeln bearbeitet und ist unabhängig von vorherigen Aufrufen.

Wenn ein Benutzer bei mehreren Aufrufen direkt nacheinander oder an verschiedenen Tagen auf den gleichen Webserver zugreift, kann es aber nützlich sein, bestimmte individuelle Daten für ihn aufzubewahren beziehungsweise zu transportieren. Hierzu stehen in PHP *Cookies* und das *Session-Management* zur Verfügung.

Daten speichern

Einige Beispiele:

- Sie melden sich per Login auf einer geschützten Website an und »bewegen« sich anschließend innerhalb dieser Website. In diesem Fall können die Anmeldedaten transportiert werden, damit Sie sich nicht auf jeder Seite neu anmelden müssen.

Login speichern

- Sie tätigen Einkäufe auf verschiedenen Seiten eines Webshops. Die Einkäufe werden einzeln in einem Warenkorb abgelegt und dort aufbewahrt, bis Sie zur Kasse gehen.

Warenkorb

- Sie besuchen häufiger eine Website, auf der Sie mithilfe von Einstellungen Ihre individuelle Umgebung schaffen können oder auf der Ihnen häufig genutzte Daten schnell zur Verfügung gestellt werden sollen.

Persönliche Einstellungen

Diese Daten können in Cookies (das sind kleine Dateien) für einen längeren Zeitraum auf dem Rechner des Benutzers gespeichert werden. Je nach Einstellung des Browsers wird dies allerdings eingeschränkt oder ganz verhindert. Daher kann diese Möglichkeit nicht immer eingesetzt werden.

Cookies

Beim Session-Management können diese Daten im superglobalen Feld `$_SESSION` abgelegt werden. Dessen Inhalt wird nur für die Dauer einer abgeschlossenen Internetsitzung auf dem Server gespeichert.

$_SESSION

Das Session-Management von PHP kann trotz all seiner Möglichkeiten keinen vollständigen Schutz der Benutzerdaten vor unerlaubtem Zugriff garantieren. Überlegen Sie also, welche Daten Ihrer Programme innerhalb

Kein vollständiger Schutz

einer Session transportiert werden sollen und welche nicht. Empfehlen Sie den Benutzern Ihrer Programme, den Browser nach einer Abmeldung von einer geschützten Website zu schließen, wie dies häufig beim Online-Banking gemacht wird.

Multiplayer In Abschnitt 18.4 wird der Aufbau eines Multiplayer-Spiels ausführlich beschrieben. Zur Identifizierung und Unterscheidung der einzelnen Mitspieler wird das Session-Management eingesetzt.

11.1 Session-Management

Eine Session muss explizit begonnen werden. Sie endet später entweder mit dem Schließen des Browserfensters durch den Benutzer oder indem sie durch das Programm explizit geschlossen wird. Das Beenden einer Session führt zum Löschen des Felds $_SESSION.

session_start() Die Funktion session_start() muss auf jeder Seite aufgerufen werden, die zu einer Session gehört. Diese Funktion beginnt entweder eine neue Session oder nimmt eine vorhandene Session wieder auf. Zur Beendigung einer Session wird die Funktion session_destroy() benötigt.

In den nächsten drei Abschnitten sehen Sie drei typische Anwendungen für das Session-Management: einen Zugriffszähler, eine geschützte Website und einen Webshop.

11.2 Zugriffszähler mit Sessions

Zunächst betrachten wir ein einfaches Beispiel mit einem Zugriffszähler, dessen Wert im Feld $_SESSION gespeichert wird. Der erste Besuch auf der Seite liefert eine Ausgabe wie in Abbildung 11.1.

Abbildung 11.1 Erster Besuch der Seite

11.2 Zugriffszähler mit Sessions

Nach einigen Aktualisierungen sieht die Seite wie in Abbildung 11.2 aus.

Abbildung 11.2 Einige Aktualisierungen später

Sie erkennen, dass der Zähler hochzählt. Es wird also festgestellt, dass dieser Benutzer diese Seite mehrmals innerhalb einer Sitzung besucht hat. Wenn Sie den Browser schließen und später wieder öffnen, erscheint eine Ausgabe wie in Abbildung 11.3.

Solange Browser geöffnet

Abbildung 11.3 Eine andere Session

Eine Session ist also unabhängig von der vorherigen Session. Es handelt sich wiederum um einen ersten Besuch. Die Eindeutigkeit der Session ist auch an der individuellen Session-ID erkennbar, die hier nur zu Kontrollzwecken ausgegeben wird.

Session-ID

Der Programmcode sieht wie folgt aus:

```
<?php
    /* Session-Start oder Session-Wiederaufnahme */
    session_start();
?>
<!DOCTYPE html>...<body>
<?php
    if (isset($_SESSION["zz"]))   /* Zugriffszähler existiert */
        $_SESSION["zz"] = $_SESSION["zz"] + 1;
    else                          /* Zugriffszähler ist neu */
        $_SESSION["zz"] = 1;
    echo "Ihr Besuch Nr.: " . $_SESSION["zz"] . "<br>";
    echo "Ihre Session-ID: " . session_id();
```

```
?>
</body></html>
```

Listing 11.1 Datei »sc_zaehler.php«

Vor dem HTML-Dokument
Zum Start einer neuen Session beziehungsweise zur Wiederaufnahme einer vorhandenen Session wird ein Aufruf der Funktion session_start() benötigt. Dieser Aufruf muss im Code vor dem eigentlichen HTML-Dokument erfolgen.

isset()
Mithilfe der Funktion isset() wird festgestellt, ob das Element zz des superglobalen Feld $_SESSION existiert:

- Existiert es, handelt es sich um eine wiederaufgenommene Session, und der Wert des Elements zz wird um 1 erhöht.
- Existiert es nicht, handelt es sich um eine neue Session, und der Wert des Elements zz wird auf 1 gesetzt.

session_id()
Der Wert des Zugriffszählers wird ausgegeben. Der Wert der eindeutigen Session-ID, die zur Verwaltung der Session auf dem Server benötigt wird, wird mithilfe der Funktion session_id() ermittelt und anschließend (hier nur zur Kontrolle) ausgegeben.

11.3 Geschützte Website mit Sessions

Im Folgenden sehen Sie eine Anwendung für Sessions bei einer geschützten Website, die aus drei Seiten besteht:

- aus einer Seite mit der Anmeldung zu der Website, auf der der Benutzer den Namen und das Passwort eingibt,
- aus einer Intro-Seite, in der die Session gestartet wird, und
- aus einer beliebigen weiteren Seite innerhalb der Website.

11.3.1 Ablauf

Zwischen der Intro-Seite und der beliebigen Seite kann sich der Benutzer nach erfolgreicher Anmeldung hin- und herbewegen. Von jeder dieser Seiten aus kann er sich zudem abmelden und gelangt wieder zur Anmeldeseite. Keine der Seiten kann direkt im Browser angewählt werden, da die zugehörigen Session-Daten fehlen. Beide Seiten sind also erst nach einer Anmeldung erreichbar.

Beim Aufruf der Anmeldung erscheint die Ausgabe aus Abbildung 11.4.   **Anmeldung**

Abbildung 11.4 Anmeldung

Nach der Eingabe eines falschen Namens und/oder Passworts sieht die Antwort des Webservers so aus wie in Abbildung 11.5.

Abbildung 11.5 Nach erfolgloser Anmeldung

Nach Betätigung des Hyperlinks gelangt der Benutzer wieder zur Anmelde-   **Intro-Seite**
seite. Gibt er dort den richtigen Namen (zum Beispiel Hans) und das richtige Passwort (in diesem Fall bingo) an, erscheint die Intro-Seite (siehe Abbildung 11.6).

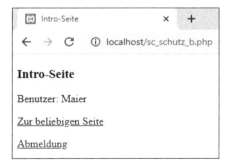

Abbildung 11.6 Nach erfolgreicher Anmeldung

Beliebige Seite Der Benutzer wird mit seinem Namen begrüßt und kann von hier aus weiter zu einer beliebigen Seite gehen oder sich wieder abmelden. Nach dem Betätigen des ersten Hyperlinks erscheint die beliebige Seite, wie in Abbildung 11.7 zu sehen.

Abbildung 11.7 Weitere Seite innerhalb der Website

Ein direkter Aufruf der Intro-Seite oder der beliebigen Seite durch die Eingabe der jeweiligen URL führt hingegen nicht zum Erfolg.

11.3.2 Anmeldeseite

Anmeldung Hier sehen Sie zunächst den Code der Anmeldeseite:

```
<?php
    /* Vor Beenden der Session wieder aufnehmen */
    session_start();

    /* Beenden der Session */
    session_destroy();
    $_SESSION = array();
?>
<!DOCTYPE html>...<body>
<h3>Anmeldeseite</h3>
<form action="sc_schutz_b.php" method="post">
    <p><input name="name"> Name</p>
    <p><input type="password" name="passwort"> Passwort</p>
    <p><input type="submit" value="Anmeldung"></p>
</form>
</body></html>
```

Listing 11.2 Datei »sc_schutz_a.php«

Zunächst fragen Sie sich sicher, warum auf der Anmeldeseite bereits ein Aufruf der Funktion session_start() steht. Zur Erinnerung: Der Benutzer gelangt zur Anmeldeseite auch durch ein Abmelden von der Website. In diesem Fall soll die Session explizit beendet werden; also ist ein Aufruf von session_destroy() notwendig. Bevor aber eine Session beendet werden kann, muss sie wiederaufgenommen werden – daher zunächst der Aufruf von session_start().

Explizites Beenden nach Abmelden

Zur Erhöhung der Sicherheit wird das Feld $_SESSION mit einem leeren Feld neu initialisiert. Eventuell vorhandene Daten werden auf diese Weise explizit gelöscht.

Feld löschen

Es folgt ein Anmeldeformular. Von hier aus wird die Intro-Seite der Website aufgerufen (*sc_schutz_b.php*). Die Formularelemente tragen die Namen name und passwort.

11.3.3 Intro-Seite

Nun folgt der Code für die Intro-Seite:

```
<?php
   /* Session starten oder wieder aufnehmen */
   session_start();

   /* Falls Aufruf von Anmeldeseite */
   if(isset($_POST["name"]))
   {
      include "text_verschluesseln.inc.php";
      if(zugang("logindaten", "benutzer",
          htmlentities($_POST["name"]),
          htmlentities($_POST["passwort"])))
        $_SESSION["name"] = $_POST["name"];
   }

   /* Kontrolle, ob innerhalb der Session */
   if (!isset($_SESSION["name"]))
      exit("<p>Kein Zugang<br><a href='sc_schutz_a.php'>"
         . "Zur Anmeldung</a></p>");
?>
<!DOCTYPE html>...<body>
<h3>Intro-Seite</h3>
```

```php
<?php
   echo "<p>Benutzer: " . $_SESSION["name"] . "</p>";
?>
<p><a href="sc_schutz_c.php">Zur beliebigen Seite</a></p>
<p><a href="sc_schutz_a.php">Abmeldung</a></p>
</body></html>
```

Listing 11.3 Datei »sc_schutz_b.php«

Zunächst wird eine Session gestartet oder wiederaufgenommen. Anschließend wird festgestellt, woher der Aufruf dieser Seite stammt.

Von $_POST zu $_SESSION

Stammt der Aufruf von der Anmeldeseite, existiert die Variable $_POST["name"]. Mithilfe der Funktion zugang() aus der Datei *text_verschluesseln.inc.php* wird geprüft, ob die Eingabedaten für Name und Passwort einen Zugang ermöglichen, indem sie mit den Daten der Tabelle benutzer aus der Datenbank logindaten verglichen werden (siehe auch Abschnitt 6.6). Ist das der Fall, wird der Name in das Feld $_SESSION übernommen und steht während der Session zur Verfügung.

Stammt der Aufruf von einer anderen Seite oder wird die Seite direkt durch die Eingabe der URL aufgerufen, existiert die Variable $_POST["name"] nicht. Name und Passwort werden nicht überprüft.

Innerhalb der Website

Im nächsten Schritt wird geprüft, ob ein Benutzer angemeldet ist. Hat sich der Benutzer soeben angemeldet oder kommt er von einer anderen Seite innerhalb der Website, existiert die Variable $_SESSION["name"]. Der Titel wird ausgegeben, und der Name des Benutzers wird genannt. Er steht während der Session in der Variablen $_SESSION["name"] zur Verfügung. Zwei Hyperlinks führen nun zur beliebigen Seite beziehungsweise zum Abmelden.

Ansonsten wird dem Benutzer der Zugang verwehrt und es erscheinen nur der Text Kein Zugang und ein Hyperlink zur Anmeldeseite.

11.3.4 Seite innerhalb der Website

Beliebige Seite

Als Letztes folgt der Code der beliebigen Seite innerhalb der Website:

```php
<?php
   /* Session wiederaufnehmen */
   session_start();
```

```php
    /* Kontrolle, ob innerhalb der Session */
    if (!isset($_SESSION["n"]))
        exit("<p>Kein Zugang<br><a href='sc_schutz_a.php'>"
            . "Zur Anmeldung</a></p>");
?>
<!DOCTYPE html>...<body>
<h3>Beliebige Seite</h3>
<?php
    echo "<p>Benutzer: " . $_SESSION["name"] . "</p>";
?>
<p><a href="sc_schutz_b.php">Zur Intro-Seite</a></p>
<p><a href="sc_schutz_a.php">Abmelden</a></p>
</body></html>
```

Listing 11.4 Datei »sc_schutz_c.php«

Im Code fehlt nur der Block zur Prüfung der übermittelten Formulardaten. Das ist auf dieser Seite (innerhalb der Website) unnötig, da die notwendigen Daten für den angemeldeten Benutzer bereits mit dem Feld $_SESSION transportiert werden.

Sie können diese Anwendung testen, indem Sie mehrere Browserfenster öffnen, verschiedene Anmeldungen ausprobieren und sich wieder abmelden. Sie werden entweder abgewiesen oder es wird der Benutzername genannt. Bei einem direkten Aufruf der Intro-Seite beziehungsweise der beliebigen Seite werden Sie abgewiesen.

Testen

11.4 Webshop mit Sessions

Als drittes Beispiel soll ein Webshop dienen. Der Benutzer wählt die gewünschte Anzahl einzelner Artikel aus verschiedenen Abteilungen aus und legt sie in den Warenkorb. Dabei wird die Anzahl in das Feld $_SESSION eingetragen, das zur Erstellung des Warenkorbs dient. Nach dem Schließen des Browsers gibt es das Feld $_SESSION nicht mehr und der Warenkorb ist wieder leer.

11.4.1 Ablauf

Webshop Nach dem Aufruf der Startseite des Webshops wählt der Benutzer mithilfe eines Hyperlinks eine der Abteilungen aus. Dies sehen Sie in Abbildung 11.8.

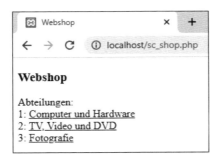

Abbildung 11.8 Startseite des Webshops

Abteilung Nach Auswahl einer Abteilung erscheint eine Tabelle mit den Artikeln dieser Abteilung, wie in Abbildung 11.9 zu sehen.

Abbildung 11.9 Abteilung »TV, Video und DVD«

Der Benutzer trägt die gewünschte Anzahl von verschiedenen Artikeln ein. Anschließend legt er sie IN DEN WARENKORB. Dann erscheint der Warenkorb mit der bisher getroffenen Auswahl (siehe Abbildung 11.10).

11.4 Webshop mit Sessions

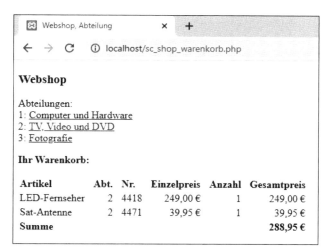

Abbildung 11.10 Warenkorb

Der Benutzer kann mithilfe der Hyperlinks eine Abteilung zum weiteren Einkauf auswählen. Die bereits ausgewählte Anzahl eines Artikels erscheint im jeweiligen Eingabefeld und kann dort verändert werden (siehe wiederum Abbildung 11.9).

Warenkorb

Setzt der Benutzer die Anzahl auf 0, erscheint der Artikel nach Betätigung der Schaltfläche IN DEN WARENKORB nicht mehr im Warenkorb.

11.4.2 Datenbank

Als Datenbasis für den Webshop dient die Datenbank sc_shop mit den beiden Tabellen abteilung (siehe Abbildung 11.11 und Abbildung 11.12) und artikel (siehe Abbildung 11.13 und Abbildung 11.14).

Name	Typ	Kollation	Attribute	Null
abteilung_id	int(11)			Nein
abteilung_name	varchar(50)	utf8_general_ci		Nein

Abbildung 11.11 Tabelle »abteilung«, Struktur

abteilung_id	abteilung_name
1	Computer und Hardware
2	TV, Video und DVD
3	Fotografie

Abbildung 11.12 Tabelle »abteilung«, Daten

Name	Typ	Kollation	Attribute	Null
artikel_id	int(11)			Nein
abteilung_id	int(11)			Nein
artikel_name	varchar(50)	utf8_general_ci		Nein
artikel_preis	double			Nein

Abbildung 11.13 Tabelle »artikel«, Struktur

artikel_id	abteilung_id	artikel_name	artikel_preis
4418	2	LED-Fernseher	249
4422	2	Blu-Ray-Player	49.95
4471	2	Sat-Antenne	39.95
4475	2	Beamer	179
4482	2	Heimkino	489
6213	3	Digitalkamera	89.95
6265	3	Action-Cam	129.95
6267	3	Camcorder	59.95
7609	1	Notebook	395.9
7612	1	USB-Stick	12.95
7632	1	Laserdrucker	125.5
7678	1	NAS-Server	280.15

Abbildung 11.14 Tabelle »artikel«, Daten

Zur Erzeugung der beiden Tabellen mit Struktur und Daten können Sie das Programm *sc_shop_neu.php* nutzen.

11.4.3 Auswahl der Abteilung

Sowohl auf der Startseite als auch im Warenkorb wird zunächst eine Liste von Hyperlinks zu den verschiedenen Abteilungen angezeigt. Dieser Programmteil liegt in einer include-Datei, die von beiden Seiten eingebunden wird. Es folgt der Code:

```php
<?php
   /* Abteilungen */
   $sql = "SELECT * FROM abteilung";
   $res = $con->query($sql);
   echo "<p>Abteilungen:<br>";
   while ($dsatz = $res->fetch_assoc())
```

```php
      echo $dsatz["abteilung_id"]
         . ": <a href='sc_shop.php?abt="
         . $dsatz["abteilung_id"] . "'>"
         . $dsatz["abteilung_name"] . "</a><br>";
   $res->close();
?>
```

Listing 11.5 Datei »sc_shop.inc.php«

Die Verbindung zur Datenbank wird auf beiden Seiten bereits vor dem Einbinden der include-Datei aufgenommen. Mithilfe der while-Schleife werden alle Datensätze der Tabelle abteilung mit den Feldern abteilung_id und abteilung_name angezeigt. Bei Betätigung eines der Hyperlinks wird die Startseite aufgerufen. An ihre URL wird abt=<abteilung_id> angehängt.

Alle Abteilungen

11.4.4 Startseite

Es folgt der Code der Startseite:

```php
<?php
   session_start();
?>
<!DOCTYPE html>...<head>...
<style>td {padding-right:10px;}</style></head><body>
<h3>Webshop</h3>
<?php
   $con = new mysqli("", "root", "", "sc_shop");
   include "sc_shop.inc.php";

   /* Artikel der Abteilung */
   if(isset($_GET["abt"]))
   {
      $abteilung_id = $_GET["abt"];
      $sql = "SELECT * FROM artikel"
         . " WHERE abteilung_id=$abteilung_id";
      $res = $con->query($sql);

      /* Überschrift */
      echo "<form method='post' action='sc_shop_warenkorb.php'>";
      echo "<table>";
      echo "<tr>";
```

```php
            echo "<td><b>Artikel</b></td>";
            echo "<td><b>Abt.</b></td>";
            echo "<td><b>Nr.</b></td>";
            echo "<td><b>Preis</b></td>";
            echo "<td><b>Anzahl</b></td>";
            echo "</tr>";

            /* Artikel */
            while ($dsatz = $res->fetch_assoc())
            {
                $artikel_id = $dsatz["artikel_id"];
                echo "<tr>";
                echo "<td>" . $dsatz["artikel_name"] . "</td>";
                echo "<td style='text-align:right;'>$abteilung_id</td>";
                echo "<td>$artikel_id</td>";
                echo "<td style='text-align:right;'>" . number_format(
                    $dsatz["artikel_preis"], 2, ",", ".") . " €</td>";
                echo "<td><input name='anzahl[$artikel_id]' size='5'";
                if(isset($_SESSION["anzahl"][$artikel_id]))
                    echo " value='" . $_SESSION["anzahl"][$artikel_id]
                        . "'";
                else
                    echo " value='0'";
                echo "></td>";
                echo "</tr>";
            }
            $res->close();
            echo "</table>";
            echo "<p><input type='submit' value='In den Warenkorb'></p>";
            echo "</form>";
        }

        $con->close();
    ?>
    </body></html>
```

Listing 11.6 Datei »sc_shop.php«

Zunächst wird eine Session gestartet beziehungsweise wieder aufgenommen. Zur Ausgabe der Hyperlinks zu den Abteilungen wird die bereits genannte include-Datei eingebunden.

Wurde einer der Hyperlinks betätigt, existiert das Element abt des Feld $_GET und der Inhalt der Tabelle abteilung wird für die betreffende Abteilung ausgegeben.

Artikel einer Abteilung

Im Eingabefeld für die Anzahl erscheint standardmäßig der Wert 0. Wurde der Artikel allerdings zuvor bereits in den Warenkorb gelegt, existiert das zugehörige Element des Teilfelds $_SESSION["anzahl"] und es wird der darin gespeicherte Wert ausgegeben.

Bereits im Warenkorb?

11.4.5 Warenkorb

Es folgt der Code des Warenkorbs:

```
<?php
   session_start();
?>
<!DOCTYPE html>...<head>...
<style> td {padding-right:10px;}</style></head><body>
<h3>Webshop</h3>
<?php
   $con = new mysqli("", "root", "", "sc_shop");
   include "sc_shop.inc.php";
?>

<p><b>Ihr Warenkorb:</b></p>

<table>
<tr>
   <td><b>Artikel</b></td>
   <td><b>Abt.</b></td>
   <td><b>Nr.</b></td>
   <td><b>Einzelpreis</b></td>
   <td><b>Anzahl</b></td>
   <td><b>Gesamtpreis</b></td>
</tr>
<?php
   /* Übernahme von $_POST zu $_SESSION */
   if(isset($_POST["anzahl"]))
      foreach($_POST["anzahl"] as $artikel_id=>$anzahl)
         $_SESSION["anzahl"][$artikel_id] = intval($anzahl);
```

```php
/* Ausgabe von $_SESSION */
$summe = 0;
if(isset($_SESSION["anzahl"]))
{
   foreach($_SESSION["anzahl"] as $artikel_id=>$anzahl)
      if(intval($anzahl) > 0)
      {
         $sql = "SELECT * FROM artikel"
            . " WHERE artikel_id=$artikel_id";
         $res = $con->query($sql);
         $dsatz = $res->fetch_assoc();
         $anzahl = $_SESSION["anzahl"][$artikel_id];
         $gesamtpreis = $dsatz["artikel_preis"] * $anzahl;
         $summe += $gesamtpreis;
         echo "<tr>";
         echo "<td>" . $dsatz["artikel_name"] . "</td>";
         echo "<td style='text-align:right;'>"
            . $dsatz["abteilung_id"] . "</td>";
         echo "<td>$artikel_id</td>";
         echo "<td style='text-align:right;'>"
            . number_format($dsatz["artikel_preis"],
              2, ",", ".") . " €</td>";
         echo "<td style='text-align:right;'>$anzahl</td>";
         echo "<td style='text-align:right;'>"
            . number_format($gesamtpreis, 2, ",", ".")
            . " €</td>";
         echo "</tr>";
         $res->close();
      }
}

echo "<tr>";
echo "<td><b>Summe</b></td>";
echo "<td> </td>";
echo "<td> </td>";
echo "<td> </td>";
echo "<td> </td>";
echo "<td style='text-align:right;'><b>"
   . number_format($summe, 2, ",", ".")
   . " €</b></td>";
```

```
    echo "</tr>";

    $con->close();
?>
</table>
</body></html>
```

Listing 11.7 Datei »sc_shop_warenkorb.php«

Auch hier wird zunächst eine Session gestartet beziehungsweise wieder aufgenommen. Es folgt die Ausgabe der Hyperlinks zu den Abteilungen.

Die Tabelle für den Warenkorb wird begonnen. Es wird mindestens die Überschrift der Tabelle und in der letzten Zeile die Summe des Werts der gewünschten Artikel ausgegeben. Das wird auch gemacht, wenn der Warenkorb leer ist oder die Seite direkt aufgerufen wird und nicht von einer der Abteilungen aus.

Nun folgt die Übernahme der Daten in den Warenkorb. Wird die Seite von einer Abteilung aus über die Schaltfläche IN DEN WARENKORB aufgerufen, existiert das Teilfeld $_POST["anzahl"]. Jedes Element des Teilfelds wird mithilfe einer foreach-Schleife in das Teilfeld $_SESSION["anzahl"] übernommen. Dabei wird der eingegebene Text für die Anzahl in eine ganze Zahl umgewandelt.

Von $_POST zu $_SESSION

Zur Darstellung des Warenkorbs werden in einer weiteren foreach-Schleife die Werte des Teilfelds $_SESSION["anzahl"] geprüft. Ist die gewünschte Anzahl für einen Artikel größer als 0, werden die restlichen Daten dieses Artikels aus der Datenbank ermittelt und zusammen mit der Anzahl dargestellt.

Daten des Artikels

Innerhalb dieser foreach-Schleife wird die Summe des Warenkorbs berechnet. Sie wird in der letzten Zeile der Tabelle ausgegeben.

11.5 Cookies

Sollen Daten über einen längeren Zeitraum aufbewahrt werden, zum Beispiel über mehrere Tage oder ein ganzes Jahr, können Sie Cookies verwenden. Dabei handelt es sich um kleine Dateien auf dem Rechner des Benutzers.

Längere Speicherung

Browser-Einstellung	Abhängig von der Einstellung, die der Benutzer in seinem Browser vorgenommen hat, kann die dauerhafte Speicherung von Cookies allerdings teilweise oder vollständig verhindert werden. Sie können die betreffenden Programme also nicht von der Existenz von Cookies abhängig machen.
setcookie()	Zum Erzeugen von Cookies benötigen Sie die Funktion setcookie(). Meist setzen Sie nur die ersten drei Parameter explizit: Name, Wert und Ablaufdatum. Nach dem Ablaufdatum wird das Cookie automatisch gelöscht. Die Cookies werden der erzeugenden Domain zugeordnet, damit jede Domain nur ihre eigenen Cookies auf dem Rechner des Benutzers lesen kann.
$_COOKIE	Werden auf dem Rechner eines Benutzers Cookies gefunden, die zur Domain und zum Pfad passen, stehen sie im superglobalen Feld $_COOKIE zur Verfügung.

11.6 Existenz von Cookies prüfen

Zunächst betrachten wir ein einfaches Beispiel, in dem die Existenz eines Cookies geprüft wird: Beim ersten Besuch auf der Seite sehen Sie die Darstellung aus Abbildung 11.15.

Abbildung 11.15 Erster Besuch

Bei weiteren Besuchen auf der Seite erscheint eine Ausgabe wie in Abbildung 11.16. Das gilt allerdings nur, falls der Browser Cookies akzeptiert und lange genug speichert.

Abbildung 11.16 Weiterer Besuch

Dies gilt unabhängig davon, ob

- die Seite lediglich aktualisiert wird,
- der Benutzer innerhalb der gleichen Session auf die gleiche Seite zurückkehrt,
- der Browser in der Zwischenzeit geschlossen wird oder
- der Rechner des Benutzers in der Zwischenzeit ausgeschaltet war.

Die Information, ob der Benutzer diese Seite bereits besucht hat, bleibt erhalten.

Dauerhafte Information

> **Hinweis**
> Wird die gleiche Seite mit einem anderen Browser besucht, liegen andere Daten vor, weil jeder Browser seine eigenen Cookies speichert. Hier wird davon ausgegangen, dass derselbe Browser benutzt wird.

Kommen wir nun zum Code dieser Seite:

```php
<?php
   /* Falls Cookie vorhanden */
   if (isset($_COOKIE["Besuch"])) $neu = 0;
   else                           $neu = 1;
   setcookie("Besuch", "1", time() + 86400);
?>
<!DOCTYPE html>...<body>
<h3>Cookies</h3>
<?php
   /* Falls erster Besuch */
   if ($neu==1)
      echo "<p>Sie waren noch nicht hier<br>"
         . "oder Sie speichern keine Cookies.</p>";
   else
      echo "<p>Sie waren schon einmal hier.</p>";
?>
</body></html>
```

Listing 11.8 Datei »sc_besuch.php«

Zunächst wird geprüft, ob im superglobalen Feld $_COOKIE das Element Besuch existiert. Ist dies nicht der Fall, handelt es sich um den ersten Besuch. Der Benutzer ist also neu auf der Seite. Die Variable $neu erhält den Wert 1 oder 0, je nachdem, ob das Element Besuch existiert.

Zeitraum festlegen Die Funktion setcookie() wird aufgerufen. Das Cookie erhält den Namen Besuch, den Wert 1 (hier nicht wichtig) und läuft in 24 Stunden ab. Zur Zeitbestimmung wird hier die Funktion time() aufgerufen. Diese liefert einen aktuellen Timestamp (in Sekunden). Zu diesem Wert werden 24 Stunden (= 86.400 Sekunden) hinzugerechnet.

Vor dem HTML-Dokument Wie auch bei der Funktion session_start() muss der Aufruf von setcookie() vor dem Aufruf der eigentlichen Seite erfolgen. Im eigentlichen Dokument wird – abhängig vom Wert der Variablen $neu – ein Informationstext ausgegeben.

11.7 Daten speichern mit Cookies

In diesem Beispiel soll eine Adresse gespeichert werden, zum Beispiel die Lieferadresse oder die Rechnungsadresse eines Benutzers bei einem Webshop. Bei der nächsten Bestellung kann dem Benutzer somit Arbeit erspart werden.

Beim ersten Besuch erscheint die Adressseite (in Abbildung 11.17 nur VORNAME und NACHNAME) mit einem leeren Formular, da der Benutzer dem Webshop noch unbekannt ist.

Abbildung 11.17 Neuer Kunde, Daten noch nicht gespeichert

Der Benutzer gibt seine Adressdaten ein, betätigt die Schaltfläche BESTELLEN und erhält eine Bestätigung (siehe Abbildung 11.18). Gleichzeitig werden seine Adressdaten in Cookies gespeichert.

11.7 Daten speichern mit Cookies

Abbildung 11.18 Bestätigung der Adresse

Beim nächsten Besuch des Webshops erscheint die Adressseite mit einem bereits gefüllten Formular (siehe Abbildung 11.19).

Gespeicherte Daten

Abbildung 11.19 Bekannter Kunde, Daten bereits gespeichert

Die Daten werden aus den gespeicherten Cookies ermittelt. Der Benutzer kann diese Daten direkt verwenden oder geänderte Daten eintragen. Der Programmcode des Formulars sieht wie folgt aus:

```
<!DOCTYPE html>...<body>
<h3>Ihr Name</h3>
<form action="sc_adresse_b.php" method="post">
<?php
   echo "<p><input name='vorname' size='20' value='";
   if(isset($_COOKIE["vorname"]))
      echo $_COOKIE["vorname"];
   echo "'> Vorname</p>";

   echo "<p><input name='nachname' size='20' value='";
   if(isset($_COOKIE["nachname"]))
      echo $_COOKIE["nachname"];
   echo "'> Nachname</p>";
?>
```

```
<p><input type="submit" value="Bestellen"></p>
</form>
</body></html>
```

Listing 11.9 Datei »sc_adresse_a.php«

Es wird ein Formular abgebildet, das eine Bestätigung (Datei *sc_adresse_b.php*) anfordert und die beiden Eingabefelder vorname und nachname beinhaltet. Gibt es bereits zugehörige Cookies, werden ihre Werte eingetragen, ansonsten bleiben die Eingabefelder leer.

Der Programmcode zur Bestätigung des Empfangs sieht wie folgt aus:

```
<?php
    $vorname = htmlentities($_POST["vorname"]);
    $nachname = htmlentities($_POST["nachname"]);
    $t = time() + 60 * 60 * 24 * 365;
    setcookie("vorname", $vorname, $t);
    setcookie("nachname", $nachname, $t);
?>
<!DOCTYPE html>...<body>
<h3>Daten empfangen</h3>
<p>Ihre Ware wird versandt,
<?php
    echo "$vorname $nachname</p>";
?>
</body></html>
```

Listing 11.10 Datei »sc_adresse_b.php«

Cookies setzen Es werden zwei Cookies gesetzt. Diese erhalten die Werte aus dem gesendeten Formular. Bei jedem Absenden überschreibt also der aktuelle Formularinhalt die Cookies, falls diese bereits vorhanden sind.

Als Ablaufdatum wird »heute in einem Jahr« gesetzt (heutiges Datum + 60 × 60 × 24 × 365 Sekunden). In der Bestätigung werden die gesendeten Formulardaten zur Kontrolle noch einmal ausgegeben.

Kapitel 12
Datenbanken mit SQLite3 und PDO

Bei *SQLite3* handelt es sich um ein dateibasiertes Datenbanksystem. Es kann als vereinfachter Ersatz für ein komplexes, serverbasiertes Datenbankmanagementsystem dienen.

PDO steht für *PHP Data Objects*. Diese Erweiterung bietet Ihnen eine einheitliche Möglichkeit des Zugriffs, zum Beispiel für MySQL- oder SQLite3-Datenbanken.

SQLite3

PDO

12.1 SQLite3

SQLite3 arbeitet auf der Basis von Textdateien und nutzt die aus Kapitel 3 bekannten SQL-Befehle. Als Erstes werden einige Eigenschaften und Besonderheiten beschrieben.

12.1.1 Eigenschaften

Bei SQLite3 müssen Sie sich keine Gedanken um einen Datenbankserver machen, der zusätzlich zum Webserver installiert sein muss. Sie sollten allerdings die Textdateien von SQLite3 in eigenen, geschützten Verzeichnissen unterbringen, damit sie nicht einfach vom Webserver heruntergeladen werden können.

Textdatei

Jede Datenbank wird bei SQLite3 in einer separaten Datei abgespeichert. Hierdurch wird es sehr einfach, die Datenbank zu publizieren. Die Datenbankdatei kann mit einem FTP-Programm (zum Beispiel FileZilla, siehe Abschnitt A.1.2) auf den Server geladen werden. Mehrere Schreibvorgänge sind allerdings nicht gleichzeitig möglich, da für die Dauer des ersten Schreibvorgangs die gesamte Datei gesperrt wird.

Leicht zu publizieren

Bei kleineren Datenbanken ist SQLite3 mindestens genauso schnell wie zum Beispiel ein MySQL-Datenbankserver. Bei größeren Datenbanken ergeben sich Vorteile aufseiten »echter« Datenbankserver, weil bessere Tech-

Geschwindigkeit

niken eingesetzt werden. Im Unterschied zu MySQL darf eine SQLite3-Datenbank auch im kommerziellen Rahmen eingesetzt werden.

Datentyplos SQLite3 hat eine weitere Besonderheit: Es ist ein datentyploses System (mit einer Ausnahme, siehe nächster Absatz). Sie haben hierdurch den Vorteil, keine Datentypen angeben zu müssen – allerdings entfallen im Gegenzug einige automatische Kontrollmöglichkeiten. Sollte es also wichtig sein, Daten des richtigen Typs zu verwenden, müssen Sie dies durch zusätzlichen Code kontrollieren.

Empfehlung eines Datentyps Sie können Datentypen für die einzelnen Felder empfehlen. Diese Felder haben anschließend eine Affinität zu dem empfohlenen Datentyp. Sie sind nicht vorgeschrieben, erleichtern aber unter anderem die Kompatibilität zu anderen SQL-basierten Datenbanksystemen.

INTEGER PRIMARY KEY Eine Ausnahme bildet der Datentyp INTEGER PRIMARY KEY. Ein Feld dieses Typs kann für den Primärschlüssel verwendet werden und hat automatisch die Eigenschaft AUTO_INCREMENT. Geben Sie also keinen Wert vor, wird der höchste vorhandene Wert um 1 erhöht.

12.1.2 Prüfung und Version

Bibliothek laden Die SQLite3-Bibliothek ist nur verfügbar, falls die zugehörige Erweiterung geladen ist. Prüfen Sie das zunächst mithilfe des nachfolgenden Programms. Sollte sie nicht geladen sein, entfernen Sie in der Zeile extension=sqlite3 in der Datei *php.ini* das Semikolon am Anfang der Zeile. Starten Sie anschließend den Webserver neu. Den Speicherort der Datei *php.ini* finden Sie für das Installationspaket *XAMPP* in Anhang A.

Schreibrechte Unter Ubuntu Linux und macOS werden zunächst Schreibrechte zur Erstellung der Datenbankdatei benötigt. Viele Internet-Service-Provider nutzen Linux und geben Ihnen normalerweise Schreibrechte innerhalb Ihrer Domain.

Mit diesem Programm prüfen Sie nun, ob SQLite3 verfügbar ist:

```
<!DOCTYPE html>...<body>
<?php
   if (extension_loaded("sqlite3"))
   {
      echo "Erweiterung für SQLite3 geladen<br>";
      $version = SQLite3::version();
```

```
      echo "Version der SQLite3-Bibliothek: "
         . $version["versionString"];
   }
   else
      echo "Erweiterung für SQLite3 nicht geladen";
?>
</body></html>
```

Listing 12.1 Datei »sq3_pruefen.php«

Die Funktion `extension_loaded()` prüft, ob die betreffende Erweiterung geladen ist. Die statische Methode `version()` der Klasse `SQLite3` liefert ein assoziatives Feld.

Prüfung

Das Element `versionString` beinhaltet die Versionsnummer als Zeichenkette. Die Ausgabe des Programms sehen Sie in Abbildung 12.1.

Version

Abbildung 12.1 Erfolgreiche Prüfung und Version

12.1.3 Datenbank, Tabelle und Datensätze erzeugen

Bei der Bibliothek für SQLite3 handelt es sich um eine Klassenbibliothek. Die verschiedenen Funktionen werden als Objektmethoden ausgeführt. Wie beim Zugriff auf MySQL-Datenbanken kommen Objekte zum Einsatz, die die Verbindung zur SQLite3-Datenbank beziehungsweise das Abfrageergebnis repräsentieren.

Zunächst sollen eine Datenbankdatei und eine Tabelle erzeugt werden. Aus Gründen der Vergleichbarkeit verwenden wir das Beispiel aus Kapitel 3 (Datenbank `firma`, Tabelle `personen` und drei Datensätze). Der Programmcode hierzu lautet:

```
<!DOCTYPE html>...<body>
<?php
   /* Datenbankdatei öffnen beziehungsweise erzeugen */
   $db = new SQLite3("sq3.db");
```

```
        /* Tabelle mit Primärschlüssel erzeugen */
        if(@$db->exec("CREATE TABLE personen (name TEXT,"
                . " vorname TEXT, personalnummer INTEGER PRIMARY KEY,"
                . " gehalt REAL, geburtstag TEXT);"))
            echo "Tabelle angelegt<br>";
        else
            echo "Keine Tabelle angelegt<br>";

        /* Drei Datensätze eintragen */
        $sql = "INSERT INTO personen (name, vorname, "
            . "personalnummer, gehalt, geburtstag) VALUES "
            . "('Maier', 'Hans', 6714, 3500, '1962-03-15'), "
            . "('Schmitz', 'Peter', 81343, 3750, '1958-04-12'), "
            . "('Mertens', 'Julia', 2297, 3621.5, '1959-12-30')";
        if(@$db->exec($sql))
            echo "Datensätze erzeugt<br>";
        else
            echo "Keine Datensätze erzeugt<br>";

        /* Verbindung zur Datenbankdatei wieder lösen */
        $db->close();
    ?>
</body></html>
```

Listing 12.2 Datei »sq3_neu.php«

new SQLite3 — Zunächst wird mithilfe von new ein neues Objekt der Klasse SQLite3 erzeugt. Der Name der Datenbankdatei ist hier *sq3.db*. Die Endung ist beliebig wählbar. Existiert die Datenbankdatei nicht, wird sie erzeugt. Der Rückgabewert ist eine Referenz auf das neu erzeugte Objekt.

exec() — Für dieses Objekt wird die Methode exec() aufgerufen. Sie wird bei SQL-Befehlen genutzt, die kein Rückgabeergebnis liefern. In diesem Fall wird sie mit CREATE TABLE eingesetzt, um die Tabelle zu erzeugen. Die Tabelle wird mit insgesamt fünf Feldern angelegt. Wird die Methode exec() erfolgreich ausgeführt, liefert sie true, ansonsten false.

Empfohlene Datentypen — Es werden die Datentypen TEXT (für Zeichenketten), REAL (für Fließkommazahlen) und INTEGER (für ganze Zahlen) angegeben. Für Datumsangaben gibt es keinen eigenen empfohlenen Datentyp. Auf dem Feld personalnummer liegt der Primärschlüssel.

Mithilfe der SQL-Anweisung `INSERT` werden drei Datensätze erzeugt. Zeichenketten und Datumsangaben werden in einfache Hochkommata gesetzt. Als Dezimaltrennzeichen wird der Punkt verwendet.

Datensätze erzeugen

Zuletzt wird die Verbindung zur Datenbank mithilfe der Methode `close()` wieder geschlossen. Die Ausgabe des Programms sehen Sie in Abbildung 12.2.

close()

Abbildung 12.2 Nach erfolgreicher Erzeugung

> **Hinweis**
>
> Beim Einfügen eines Datensatzes werden alle Feldnamen angegeben. Dies ist wegen der Datentyplosigkeit von SQLite3 sinnvoll. Ein möglicher Fehler kann in SQLite3 nicht so leicht bemerkt werden, da beim Einfügen alle Typen akzeptiert werden.

12.1.4 Abfrage der Datensätze

Die Datensätze aus der soeben erzeugten Tabelle sollen abgefragt und ausgegeben werden. Das Ergebnis sehen Sie in Abbildung 12.3.

Abbildung 12.3 Datensätze aus der SQLite3-Datenbankdatei

Die Datensätze sind nach dem Feld `personalnummer` sortiert, auf dem der Primärschlüssel liegt. Der Programmcode sieht wie folgt aus:

```
<!DOCTYPE html>...<body>
<?php
```

```
/* Datenbankdatei öffnen beziehungsweise erzeugen */
$db = new SQLite3("sq3.db");

/* Abfrage ausführen */
if(!($res = @$db->query("SELECT * FROM personen")))
    exit("Fehler bei Abfrage<br>");

/* Abfrageergebnis ausgeben */
while($dsatz = $res->fetchArray(SQLITE3_ASSOC))
{
    echo $dsatz["name"] . ", "
        . $dsatz["vorname"] . ", "
        . $dsatz["personalnummer"] . ", "
        . $dsatz["gehalt"] . ", "
        . $dsatz["geburtstag"] . "<br>";
}

/* Verbindung zur Datenbankdatei wieder lösen */
$db->close();
?>
</body></html>
```

Listing 12.3 Datei »sq3_abfragen.php«

Zunächst wird die Datenbankdatei geöffnet.

query()
: Die Methode query() der Klasse SQLite3 wird für SQL-Abfragen mit Rückgabeergebnis eingesetzt. Wird sie erfolgreich ausgeführt, liefert sie eine Referenz auf ein Objekt der Klasse SQLite3Result mit dem Abfrageergebnis, ansonsten den Wahrheitswert false.

fetchArray()
: Die Methode fetchArray() der Klasse SQLite3Result dient zur Speicherung eines Datensatzes aus dem Abfrageergebnis in einem eindimensionalen Feld. Gleichzeitig wird der Rückgabewert benutzt, um die while-Schleife zu steuern. Die Inhalte des Felds können Sie in der gewohnten Form unter Verwendung des assoziativen Index ausgeben.

SQLITE3_ASSOC
: Der zweite Parameter der Methode fetchArray() ist optional. Die Angabe SQLITE3_ASSOC bewirkt, dass jeder Datensatz nur einmal zurückgeliefert wird, mit dem Feldnamen als assoziativem Index. Lassen Sie den zweiten Parameter weg, wird jeder Datensatz zweimal zurückgeliefert: einmal mit

numerischem Index, einmal mit assoziativem Index. Dies sollten Sie aus Performancegründen vermeiden.

12.1.5 Benutzeroberfläche mit JavaScript und CSS

Das Beispielprogramm *db_linkcss.php* aus Abschnitt 3.14 stelle ich nun in einer SQLite3-Variante vor. Damit soll noch einmal die Ähnlichkeit zwischen SQLite3 und klassischen Datenbanken verdeutlicht werden.

In diesem Programm werden SQL-Abfragen zum Anzeigen, Erzeugen, Ändern, Löschen und Sortieren von Datensätzen zu einer Benutzeroberfläche einer Tabelle vereinigt, die sich komfortabel bedienen lässt. Es werden Hyperlinks mit JavaScript-Code zur Erzeugung dynamischer Abfragen sowie CSS-Formatierungen zur optischen Gestaltung eingesetzt. Abbildung 12.4 zeigt die dazugehörige Bildschirmausgabe.

JavaScript und CSS

Die sichere Technik der *Prepared Statements* (siehe auch Abschnitt 3.7) steht auch für Abfragen an SQLite-Datenbanken zur Verfügung und wird im vorliegenden Programm eingesetzt.

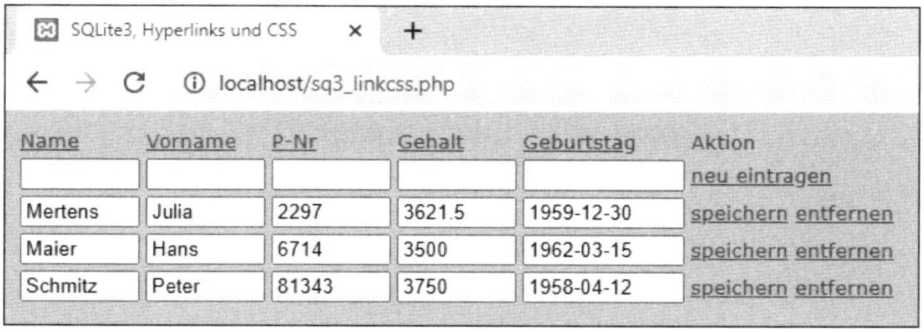

Prepared Statements

Abbildung 12.4 Hyperlinks für verschiedene Aktionen

Hier folgt der Programmcode:

```
<!DOCTYPE html>...<head>...
<link rel="stylesheet" type="text/css" href="sq3_linkcss.css">
<script type="text/javascript">
function send(aktion,id)
{
   if(aktion==2)
      if (!confirm("Datensatz mit id " + id + " entfernen?"))
         return;
```

```php
            document.f.aktion.value = aktion;
            document.f.id.value = id;
            document.f.submit();
        }
        </script>
    </head><body>
    <?php
        /* Datenbankdatei öffnen beziehungsweise erzeugen */
        $db = new SQLite3("sq3.db");

        /* Sortierung, wird ggf. überschrieben */
        $od = " ORDER BY personalnummer";

        /* Aktion ausführen */
        if(isset($_POST["aktion"]))
        {
            /* neu eintragen */
            if($_POST["aktion"] == "0")
            {
                $ps = $db->prepare("INSERT INTO personen"
                    . "(name, vorname, personalnummer, gehalt, geburtstag)"
                    . " VALUES(@na, @vo, @pn, @gh, @gb)");
                $ps->bindParam("@na", $_POST["na"][0], SQLITE3_TEXT);
                $ps->bindParam("@vo", $_POST["vo"][0], SQLITE3_TEXT);
                $ps->bindParam("@pn", $_POST["pn"][0], SQLITE3_INTEGER);
                $ps->bindParam("@gh", $_POST["gh"][0], SQLITE3_FLOAT);
                $ps->bindParam("@gb", $_POST["gb"][0], SQLITE3_TEXT);
                $ps->execute();
            }

            /* ändern */
            else if($_POST["aktion"] == "1")
            {
                $id = $_POST["id"];
                $ps = $db->prepare("UPDATE personen SET name=@na,"
                    . " vorname=@vo, personalnummer=@pn, gehalt=@gh,"
                    . " geburtstag=@gb WHERE personalnummer=$id");
                $ps->bindParam("@na", $_POST["na"][$id], SQLITE3_TEXT);
                $ps->bindParam("@vo", $_POST["vo"][$id], SQLITE3_TEXT);
                $ps->bindParam("@pn", $_POST["pn"][$id], SQLITE3_INTEGER);
```

```php
      $ps->bindParam("@gh", $_POST["gh"][$id], SQLITE3_FLOAT);
      $ps->bindParam("@gb", $_POST["gb"][$id], SQLITE3_TEXT);
      $ps->execute();
   }

   /* löschen */
   else if($_POST["aktion"] == "2")
   {
      $ps = $db->prepare("DELETE FROM personen"
         . " WHERE personalnummer = " . $_POST["id"]);
      $ps->execute();
   }

   /* sortieren */
   else if($_POST["aktion"] == "3")
      $od = " ORDER BY name";
   else if($_POST["aktion"] == "4")
      $od = " ORDER BY vorname";
   else if($_POST["aktion"] == "5")
      $od = " ORDER BY personalnummer";
   else if($_POST["aktion"] == "6")
      $od = " ORDER BY gehalt";
   else if($_POST["aktion"] == "7")
      $od = " ORDER BY geburtstag";
}

/* Formularbeginn */
echo "<form name='f' action='sq3_linkcss.php' method='post'>";
echo "<input name='aktion' type='hidden'>";
echo "<input name='id' type='hidden'>\n\n";

/* Tabellenbeginn */
echo "<table><tr>";
echo "<td><a href='javascript:send(3,0);'>Name</a></td>";
echo "<td><a href='javascript:send(4,0);'>Vorname</a></td>";
echo "<td><a href='javascript:send(5,0);'>P-Nr</a></td>";
echo "<td><a href='javascript:send(6,0);'>Gehalt</a></td>";
echo "<td><a href='javascript:send(7,0);'>Geburtstag</a></td>";
echo "<td>Aktion</td></tr>\n\n";
```

```php
      /* Neuer Eintrag */
      echo "<tr>";
      echo "<td><input name='na[0]' size='6'></td>";
      echo "<td><input name='vo[0]' size='6'></td>";
      echo "<td><input name='pn[0]' size='6'></td>";
      echo "<td><input name='gh[0]' size='6'></td>";
      echo "<td><input name='gb[0]' size='10'></td>";
      echo "<td><a href='javascript:send(0,0);'>"
         . "neu eintragen</a></td>";
      echo "</tr>\n\n";

      /* Alle vorhandenen Datensätze anzeigen */
      $ps = $db->prepare("SELECT * FROM personen $od");
      $res = $ps->execute();

      while($dsatz = $res->fetchArray())
      {
         $id = $dsatz["personalnummer"];
         $na = $dsatz["name"];
         $vo = $dsatz["vorname"];
         $pn = $dsatz["personalnummer"];
         $gh = $dsatz["gehalt"];
         $gb = $dsatz["geburtstag"];
         echo "<tr>"
            . "<td><input name='na[$id]' value='$na' size='6'></td>"
            . "<td><input name='vo[$id]' value='$vo' size='6'></td>"
            . "<td><input name='pn[$id]' value='$pn' size='6'></td>"
            . "<td><input name='gh[$id]' value='$gh' size='6'></td>"
            . "<td><input name='gb[$id]' value='$gb' size='10'></td>"
            . "<td><a href='javascript:send(1,$id);'>speichern</a>"
            . " <a href='javascript:send(2,$id);'>entfernen</a></td>"
            . "</tr>\n\n";
      }
      echo "</table>";
      echo "</form>";
      $db->close();
?>
</body></html>
```

Listing 12.4 Datei »sq3_linkcss.php«

Folgende Gemeinsamkeiten beziehungsweise Unterschiede zur Datei *db_linkcss.php* sollen hervorgehoben werden:

- Die Bildschirmausgabe bleibt gleich.
- Im Dokumentkopf wird nun die CSS-Datei *sq3_linkcss.css* eingebunden. Der Inhalt der Datei ist gegenüber der Datei *db_linkcss.css* nicht verändert.
- Die JavaScript-Funktion send() im Dokumentkopf ist ebenfalls nicht verändert, da die Namen des Formulars und seiner Elemente gleich geblieben sind.
- Die Datenbankdatei wird mit new SQLite3() geöffnet. Die zurückgegebene Referenz wird im restlichen Programm verwendet, um die Datenbankdatei zu erreichen. *SQLite3-Objekt*
- Ein *Prepared Statement* wird mithilfe der Methode prepare() erzeugt. Die Platzhalter innerhalb des Statements werden entweder mit dem Zeichen : (Doppelpunkt) oder (seit PHP 7.4.) mit dem Zeichen @ eingeleitet. Der Rückgabewert der Methode prepare() ist eine Referenz auf ein Objekt der Klasse SQLite3Stmt. *prepare()*
- Die Methode bindParam() der Klasse SQLite3Stmt dient zum Binden eines Statement-Parameters an eine Variable. Der erste Methoden-Parameter beinhaltet den Namen des Statement-Parameters innerhalb einer Zeichenkette. Als zweiter Methoden-Parameter wird die gebundene Variable angegeben, hier die übermittelten Eingabewerte aus dem Feld $_POST. Als dritter Methoden-Parameter wird der Datentyp des Statement-Parameters angegeben: *bindParam()*
  - entweder SQLITE3_INTEGER für ganze Zahlen
  - oder SQLITE3_FLOAT für Fließkommazahlen
  - oder SQLITE3_TEXT für Zeichenketten.
- Ein Prepared Statement wird mithilfe der Methode execute() ausgeführt. *execute()*
- Handelt es sich um eine Auswahlabfrage, wie bei der Anzeige aller Datensätze, wird der Rückgabewert der Methode execute() benötigt. Dabei handelt es sich, wie bei der Methode query(), um eine Referenz auf ein Objekt der Klasse SQLite3Result, das das Ergebnis der Abfrage beinhaltet. *SQLite3Result-Objekt*

| fetchArray() | ▶ Für dieses Objekt wird die Methode `fetchArray()` in einer `while`-Schleife aufgerufen. Diese liefert jeweils einen Datensatz aus dem Ergebnis der Abfrage. |

Sie sehen, dass sich die Programme für den Zugriff auf unterschiedliche Datenbanksysteme recht ähnlich sind.

12.1.6 Kopfrechnen und SQLite

| Bonuskapitel | Sie finden das Projekt im Bonuskapitel »Kopfrechnen« in den Materialien zum Buch. Dort erläutere ich eine Variante des objektorientierten Programms »Kopfrechnen mit Zeitmessung« aus Abschnitt 9.10. Der Name des Spielers und die ermittelte Zeit werden in einer SQLite3-Datenbank statt in einer MySQL-Datenbank gespeichert. |

12.2 PDO

Mit den *PHP Data Objects* (*PDO*) können Sie auf einheitliche Weise auf verschiedene Typen von Datenbanken zugreifen. Die sichere Technik der *Prepared Statements* (siehe auch Abschnitt 3.7) steht auch hier zur Verfügung und wird im nachfolgenden Programm eingesetzt.

12.2.1 Erweiterungen aktivieren

| Bibliothek laden | Die jeweiligen Treiber sind nur verfügbar, falls Sie die zugehörige Erweiterung aktiviert haben. Dazu müssen Sie in der passenden Zeile in der Konfigurationsdatei *php.ini* das Semikolon am Anfang der Zeile entfernen und anschließend den Webserver neu starten: |

- ▶ Für MySQL ist das die Zeile `extension=pdo_mysql`,
- ▶ für SQLite die Zeile `extension=pdo_sqlite` und
- ▶ für ODBC die Zeile `extension=pdo_odbc`.

Den ODBC-Treiber benötigen Sie zum Beispiel für den Zugriff auf eine MS-Access-Datenbank. Den Speicherort der Datei *php.ini* finden Sie für das Installationspaket *XAMPP* in Anhang A.

12.2.2 Beispiel für einen Zugriff

Wie Sie am folgenden Beispiel sehen werden, unterscheiden sich die Programme für verschiedene Datenbanktypen nur bei der Erzeugung des Objekts der Klasse PDO zu Beginn des Programms.

Gleiche Programme

Das Beispiel: In einem Formular gibt der Benutzer einen Faktor ein. Nach dem Absenden des Formulars werden die Gehälter der Personen in der Datenbank mit diesem Faktor multipliziert. Ihre Daten werden zur Kontrolle ausgegeben. Anschließend werden die Gehälter durch denselben Faktor geteilt. Es erfolgt eine erneute Ausgabe. Zusätzlich werden die Namen der verfügbaren Datenbanktreiber ausgegeben.

Zunächst das Formular:

```
<!DOCTYPE html>...<body>
<form action = "pdo_zugriff.php" method = "post">
   <p>Faktor: <input name="faktor"></p>
   <p><input type="submit"> <input type="reset"></p>
</form>
</body></html>
```

Listing 12.5 Datei »pdo_zugriff.htm«

In Abbildung 12.5 sehen Sie eine mögliche Eingabe.

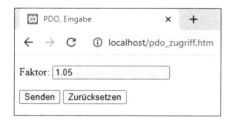

Abbildung 12.5 Eingabe des Faktors

In Abbildung 12.6 sehen Sie die zugehörige Ausgabe.

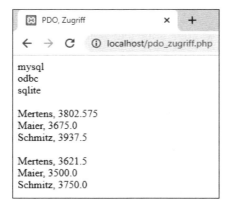

Abbildung 12.6 Datenbanktreiber und Zugriffe

Der Code des Beispiels sieht wie folgt aus:

```php
<!DOCTYPE html>...<body>
<?php
foreach(PDO::getAvailableDrivers() as $treiber)
    echo "$treiber<br>";
echo "<br>";

// $con = new PDO("mysql:host=localhost;dbname=firma","root", "");
$con = new PDO("sqlite:sq3.db");
$db = $_SERVER["DOCUMENT_ROOT"] . "/firma.accdb";
/*$con = new PDO("odbc:DRIVER={Microsoft Access Driver"
    . " (*.mdb, *.accdb)}; DBQ=$db; Uid=; Pwd=;");*/

function ausgabe($con)
{
    $ps = $con->prepare("SELECT name, gehalt FROM personen");
    $ps->execute();
    while($dsatz = $ps->fetch(PDO::FETCH_ASSOC))
        echo $dsatz["name"] . ", " . $dsatz["gehalt"] . "<br>";
    echo "<br>";
}

$ps = $con->prepare(
    "UPDATE personen SET gehalt = gehalt * :faktor");
$ps->bindParam(":faktor", $_POST["faktor"]);
$ps->execute();
```

```
ausgabe($con);

$ps = $con->prepare(
   "UPDATE personen SET gehalt = gehalt / :faktor");
$ps->bindParam(":faktor", $_POST["faktor"]);
$ps->execute();
ausgabe($con);
</body></html>
```

Listing 12.6 Datei »pdo_zugriff.php«

Zunächst wird mithilfe der statischen Methode `getAvailableDrivers()` festgestellt, welche Datenbanktreiber für PDO geladen werden, also auf welche Datenbanktypen zugegriffen werden kann. Im vorliegenden Fall sind dies MySQL, SQLite und ODBC.

Treiber

Mithilfe eines Konstruktors wird ein neues Objekt der Klasse `PDO` erzeugt und eine Referenz auf dieses Objekt zurückgeliefert. Das Objekt repräsentiert die Verbindung zur Datenbank.

Der erste Parameter des Konstruktors der Klasse `PDO` umfasst im Fall von MySQL den Datenbanktyp, den Namen des Datenbankservers und den Namen der Datenbank. Im zweiten und dritten Parameter folgen der Name des Datenbankbenutzers und das Passwort.

Konstruktor für MySQL

In der Zeile darunter wird ein Objekt der Klasse `PDO` für eine SQLite3-Datenbank erzeugt. Der Konstruktor benötigt nur den Datenbanktyp und den Namen der Datenbankdatei. Sie können durch einen Wechsel der Auskommentierung feststellen, dass das Beispiel ebenso für SQLite3 funktioniert.

Konstruktor für SQLite3

In den nächsten Zeilen wird ein `PDO`-Objekt für eine MS-Access-Datenbank erzeugt. Der Konstruktor benötigt die Bezeichnung des Treibers, den Namen der Datenbankdatei (also *firma.mdb* oder *firma.accdb* inklusive des absoluten Pfads) und gegebenenfalls das Passwort und weitere Zugangsdaten für die Datenbankdatei. Auch hier können Sie durch einen Wechsel der Auskommentierung feststellen, dass das Beispiel für MS Access funktioniert. Das Element `DOCUMENT_ROOT` aus dem superglobalen Feld `$_SERVER` stellt den Verzeichnispfad zum Basisverzeichnis des Webservers zur Verfügung. Dateiname inklusive Pfad werden zur Kontrolle ausgegeben.

Konstruktor für MS Access

In der Funktion `ausgabe()` wird ein Prepared Statement mithilfe der Methode `prepare()` der Klasse `PDO` erzeugt. Der Rückgabewert ist eine Referenz auf ein Objekt der Klasse `PDOStatement`. Das Statement wird mithilfe der Metho-

Prepared Statement

de `execute()` dieser Klasse ausgeführt. Die Methode `fetch()` dieser Klasse liefert einen Datensatz des Ergebnisses. Wird als erster Parameter die Konstante `PDO::FETCH_ASSOC` angegeben, handelt es sich dabei um ein assoziatives Feld. Die Methode `fetch()` dient auch hier zur Steuerung der `while`-Schleife.

Platzhalter binden, ausführen

Platzhalter in einem Prepared Statement werden mit dem Zeichen : (Doppelpunkt) eingeleitet. Mithilfe der Methode `bindParam()` der Klasse `PDO-Statement` wird ein Platzhalter an eine Variable gebunden. Hier handelt es sich um das Element des Felds `$_POST`. Anschließend kann das Statement mit der Aktionsabfrage mithilfe der Methode `execute()` ausgeführt werden.

Kapitel 13
XML

XML ist ein weitverbreitetes, plattformunabhängiges Datenformat, das sich zum universellen Datenaustausch eignet. XML-Dateien sind mit einem einfachen Texteditor editierbar. Den Aufbau von XML-Dateien erläutere ich Ihnen anhand der Beispiele.

Universelles Datenformat

Eine Möglichkeit zum Einlesen, Bearbeiten und Ausgeben von XML-Dateien mithilfe von PHP bietet die Erweiterung *SimpleXML*.

SimpleXML

In Abschnitt 18.4 wird der Aufbau eines Multiplayer-Spiels ausführlich beschrieben. Die Daten der verschiedenen Spieler werden in XML-Dateien gespeichert.

13.1 Einlesen eines einzelnen Objekts

Mithilfe von SimpleXML-Funktionen wird der gesamte Inhalt einer XML-Datei eingelesen und in ein PHP-Objekt konvertiert, das die gleiche hierarchische Struktur hat wie die XML-Daten. An einem einfachen Beispiel soll dies verdeutlicht werden. Zunächst betrachten wir eine XML-Datei, in der die Daten eines Objekts (hier eines Fahrzeugs) gespeichert sind:

Hierarchische Struktur

```xml
<?xml version="1.0" encoding="utf-8"?>
<fahrzeug>
    <marke>Opel</marke>
    <typ>Astra</typ>
    <motordaten>
        <leistung>70 KW</leistung>
        <hubraum>1600 ccm</hubraum>
    </motordaten>
    <gewicht>1200 kg</gewicht>
</fahrzeug>
```

Listing 13.1 Datei »xml_einzel.xml«

Zum Aufbau einer XML-Datei: Die erste Zeile kennzeichnet den Inhalt als XML. Mit der anschließenden Zeichenkodierung wird der genutzte Zeichensatz genannt. Auf der obersten Ebene darf es nur ein Objekt geben. Hier ist dies das Objekt fahrzeug.

XML-Markierungen XML-Daten werden ähnlich wie HTML-Markierungen notiert, also mit einer Anfangsmarkierung (hier `<fahrzeug>`) und einer Endmarkierung (hier `</fahrzeug>`); allerdings können Sie die Markierungen frei wählen.

Schachtelung XML-Daten können wie HTML-Markierungen verschachtelt werden, hier zum Beispiel `<marke>` ... `</marke>` innerhalb von `<fahrzeug>` und `</fahrzeug>`. Dadurch entstehen Objekteigenschaften, hier marke, typ, motordaten und gewicht. Die Eigenschaft motordaten ist wiederum ein Objekt mit den Eigenschaften leistung und hubraum.

Baumstruktur Wenn Sie die Datei in einem Browser aufrufen, wird lediglich die hierarchische Struktur (Baumstruktur) der XML-Daten wiedergegeben (siehe Abbildung 13.1). Sie können XML-Dateien außerdem zur besseren Darstellung mit Style-Informationen verknüpfen. Das ist hier nicht geschehen.

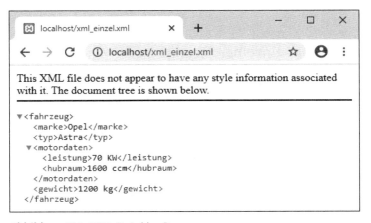

Abbildung 13.1 XML-Datei im Browser

Die Daten werden mit dem folgenden PHP-Programm eingelesen und auf dem Bildschirm ausgegeben:

```
<!DOCTYPE html>...<body>
<?php
/* Einlesen der Datei in ein Objekt */
$fahrzeug = @simplexml_load_file("xml_einzel.xml");
if($fahrzeug === false)
```

```
    exit("Keine XML-Datei");

/* Ausgabe der Objektdaten */
echo "Marke: $fahrzeug->marke<br>";
echo "Typ: $fahrzeug->typ<br>";
echo "Motordaten:<br>";
echo "--- Leistung: " . $fahrzeug->motordaten->leistung . "<br>";
echo "--- Hubraum: " . $fahrzeug->motordaten->hubraum . "<br>";
echo "Gewicht: $fahrzeug->gewicht";
?>
</body></html>
```

Listing 13.2 Datei »xml_einzel.php«

Die Funktion `simplexml_load_file()` dient zum Einlesen der gesamten XML-Datei in ein Objekt der Klasse `SimpleXMLElement`, hier `$fahrzeug`. Ist das Einlesen nicht erfolgreich, wird der Wahrheitswert `false` zurückgeliefert. Das muss mithilfe eines strengen Vergleichsoperators geprüft werden.

simplexml_load_file()

Auf die Eigenschaften wird in der Objektnotation zugegriffen. Die Eigenschaft `motordaten` ist wiederum ein Objekt; daher erreicht man seine Eigenschaft `leistung` wie folgt: `$fahrzeug->motordaten->leistung`.

Die Ausgabe sehen Sie in Abbildung 13.2.

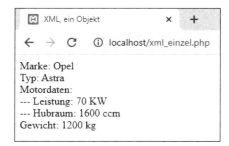

Abbildung 13.2 Verarbeitung der XML-Datei mit PHP

> **Hinweis**
> Einfache Variablen, Elemente von eindimensionalen numerischen Feldern und Objekteigenschaften können Sie auch innerhalb von Zeichenketten notieren, um zum Beispiel eine Ausgabeanweisung übersichtlicher zu gestalten. Dagegen müssen Sie Elemente von assoziativen Feldern oder von Feldern mit mehr als zwei Dimensionen und auch Eigenschaften von Ob-

jekten, die wiederum Eigenschaften übergeordneter Objekte sind, außerhalb von Zeichenketten notieren, wie hier zum Beispiel:

`$fahrzeug->motordaten->leistung`

13.2 Sammlung von gleichartigen Objekten

Feld von Objekten

Möchten Sie mehrere gleichartige Objekte in einer XML-Datei speichern, müssen Sie sie innerhalb eines Hauptobjekts anordnen. Die Objekte des Hauptobjekts werden wie die Elemente eines Felds betrachtet, das man mithilfe einer Schleife durchlaufen kann.

Feld von Eigenschaften

Auf einer Ebene einer XML-Datei können nicht nur gleichartige Objekte, sondern auch gleichartige Eigenschaften vorkommen. Diese werden wiederum wie die Elemente eines Felds betrachtet.

Zunächst sehen Sie hier die XML-Datei, in der die Daten einer Sammlung von Objekten des Typs fahrzeug gespeichert sind:

```xml
<?xml version="1.0" encoding="utf-8"?>
<sammlung>
<fahrzeug>
    <marke>Opel</marke>
    <typ>Astra</typ>
    <motordaten>
        <leistung>70 KW</leistung>
        <hubraum>1600 ccm</hubraum>
    </motordaten>
    <gewicht>1200 kg</gewicht>
    <reifen>155 R 14</reifen>
    <reifen>165 H 14</reifen>
</fahrzeug>
<fahrzeug>
    <marke>Ford</marke>
    <typ>Focus</typ>
    <motordaten>
        <leistung>80 KW</leistung>
        <hubraum>1700 ccm</hubraum>
    </motordaten>
    <gewicht>1100 kg</gewicht>
    <reifen>185-60 R 13</reifen>
```

```
      <reifen>205-70 R 13</reifen>
   </fahrzeug>
</sammlung>
```

Listing 13.3 Datei »xml_sammlung.xml«

Jedes einzelne Fahrzeug wird innerhalb der Markierungen `<fahrzeug>` und `</fahrzeug>` notiert. Alle Fahrzeuge werden innerhalb des Hauptobjekts `<sammlung> ... </sammlung>` angeordnet. Jedem Fahrzeug sind zwei Reifensätze zugeordnet. Die Eigenschaft `reifen` ist also pro Fahrzeug zweimal vorhanden.

Es folgt das PHP-Programm zum Einlesen der Daten:

```
<!DOCTYPE html>...<body>
<?php
$sammlung = @simplexml_load_file("xml_sammlung.xml");
if($sammlung === false)
   exit("Keine XML-Datei");

for($i=0; $i<count($sammlung); $i++)
{
   echo "Marke: " . $sammlung->fahrzeug[$i]->marke . "<br>";
   echo "Typ: " . $sammlung->fahrzeug[$i]->typ . "<br>";
   echo "Motordaten:<br>";
   echo "--- Leistung: "
      . $sammlung->fahrzeug[$i]->motordaten->leistung . "<br>";
   echo "--- Hubraum: "
      . $sammlung->fahrzeug[$i]->motordaten->hubraum . "<br>";
   echo "Gewicht: " . $sammlung->fahrzeug[$i]->gewicht . "<br>";
   echo "Reifen: " . $sammlung->fahrzeug[$i]->reifen[0] . "<br>";
   echo "Reifen: "
      . $sammlung->fahrzeug[$i]->reifen[1] . "<br><br>";
}
?>
</body></html>
```

Listing 13.4 Datei »xml_sammlung.php«

Mit `simplexml_load_file()` wird das Hauptobjekt eingelesen. Bei jedem Durchlauf der `for`-Schleife wird auf ein einzelnes Fahrzeugobjekt als Feldelement zugegriffen. Die Anzahl der Fahrzeugobjekte wird mithilfe der Funktion count() ermittelt.

Die beiden Objekte des Typs reifen werden im Programm als Feldelemente betrachtet und mit einem numerischen Index angesprochen. Die Ausgabe sehen Sie in Abbildung 13.3.

Abbildung 13.3 Sammlung von gleichartigen XML-Objekten

13.3 Zugriff auf Attribute

Assoziatives Feld XML-Daten können wie HTML-Markierungen auch Attribute haben. Diese Attribute werden bei der Umwandlung in ein PHP-Objekt mit SimpleXML als Elemente eines assoziativen Felds betrachtet. Zunächst folgt eine XML-Datei, die XML-Daten mit Attributen beinhaltet:

```
<?xml version="1.0" encoding="utf-8"?>
<fahrzeug>
    <marke land="Deutschland">Opel</marke>
    <typ>Astra</typ>
    <motordaten zylinder="4" katalysator="Euro 5">
        <leistung>70 KW</leistung>
        <hubraum ventilzahl="3">1600 ccm</hubraum>
```

```
        </motordaten>
        <gewicht>1200 kg</gewicht>
</fahrzeug>
```

Listing 13.5 Datei »xml_attribut.xml«

Die Markierung marke besitzt das Attribut land, die Markierung motordaten die Attribute zylinder und katalysator und die Markierung hubraum das Attribut ventilzahl.

Das PHP-Programm zum Einlesen und zur Ausgabe sieht wie folgt aus:

```
<!DOCTYPE html>...<body>
<?php
/* Einlesen der Datei in ein Objekt */
$fahrzeug = @simplexml_load_file("xml_attribut.xml");
if($fahrzeug === false)
    exit("Keine XML-Datei");

/* Ausgabe der Objektdaten */
echo "Marke: $fahrzeug->marke<br>";
echo "--- Land: " . $fahrzeug->marke["land"] . "<br>";
echo "Typ: $fahrzeug->typ<br>";
echo "Motordaten:<br>";
echo "--- Zylinder: "
    . $fahrzeug->motordaten["zylinder"] . "<br>";
echo "--- Katalysator: "
    . $fahrzeug->motordaten["katalysator"] . "<br>";
echo "--- Leistung: " . $fahrzeug->motordaten->leistung . "<br>";
echo "--- Hubraum: " . $fahrzeug->motordaten->hubraum . "<br>";
echo "--- --- Ventilzahl: "
    . $fahrzeug->motordaten->hubraum["ventilzahl"] . "<br>";
echo "Gewicht: $fahrzeug->gewicht";
?>
</body></html>
```

Listing 13.6 Datei »xml_attribut.php«

Über $fahrzeug->marke["land"] können Sie auf das Attribut land und über $fahrzeug->motordaten->hubraum["ventilzahl"] auf das Attribut ventilzahl zugreifen. Abbildung 13.4 zeigt die Ausgabe.

Zugriff auf Attribute

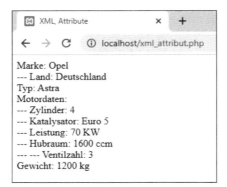

Abbildung 13.4 XML-Objekte mit Attributen

13.4 Interne XML-Daten

XML-Daten können, anstatt aus einer externen XML-Datei eingelesen zu werden, auch Bestandteil des Programms sein. Allerdings liegt in solch einem Fall keine saubere Trennung zwischen Programm und Daten vor.

simplexml_load_string()

Liegen interne XML-Daten vor, werden sie durch SimpleXML mithilfe der Funktion simplexml_load_string() aus einer XML-Zeichenkette in ein Objekt eingelesen. Die weitere Verarbeitung bleibt erhalten. Der Programmcode sieht wie folgt aus:

```
<!DOCTYPE html>...<body>
<?php

/* Erzeugen der Zeichenkette */
$xml_zk = <<< XML
<?xml version="1.0" encoding="utf-8"?>
<fahrzeug>
    <marke>Opel</marke>
    <typ>Astra</typ>
    <motordaten>
        <leistung>70 KW</leistung>
        <hubraum>1600 ccm</hubraum>
    </motordaten>
    <gewicht>1200 kg</gewicht>
</fahrzeug>
XML;
```

```
/* Einlesen der Zeichenkette in ein Objekt */
$fahrzeug = simplexml_load_string($xml_zk);

/* Ausgabe der Objektdaten */
echo "Marke: $fahrzeug->marke<br>";
echo "Typ: $fahrzeug->typ<br>";
echo "Motordaten:<br>";
echo "--- Leistung: " . $fahrzeug->motordaten->leistung . "<br>";
echo "--- Hubraum: " . $fahrzeug->motordaten->hubraum . "<br>";
echo "Gewicht: $fahrzeug->gewicht<br>";
?>
</body></html>
```

Listing 13.7 Datei »xml_intern.php«

Die XML-Zeichenkette beginnt mit <<< XML und endet mit XML. Dazwischen wird das Objekt im XML-Format notiert. Für den späteren Zugriff weisen Sie die XML-Zeichenkette einer Variablen zu.

<<< XML ... XML

Die Funktion simplexml_load_string() übergibt den Wert dieser Variablen an ein Objekt. Anschließend wird auf die Eigenschaften dieses Objekts wie gewohnt zugegriffen.

13.5 Speicherung von Objekten

Die Daten eines Objekts können selbstverständlich geändert werden. Zur Speicherung dieser Änderungen können Sie die Funktion file_put_contents() und die Objektmethode asXML() verwenden.

XML-Objekt ändern

Im folgenden Beispiel soll eine Eigenschaft geändert und gespeichert werden. Zunächst sehen Sie hier die XML-Datei mit den Originalwerten:

```
<?xml version="1.0" encoding="utf-8"?>
<fahrzeug>
   <marke>Opel</marke>
   <typ>Astra</typ>
   <gewicht>1200 kg</gewicht>
</fahrzeug>
```

Listing 13.8 Datei »xml_speichern.xml«

Das Programm sieht wie folgt aus:

```php
<!DOCTYPE html>...<body>
<?php
/* Einlesen der Datei in ein Objekt, Teilausgabe */
$fahrzeug = simplexml_load_file("xml_speichern.xml");
echo "<p>Gewicht: " . $fahrzeug->gewicht . "</p>";

/* Ändern von Teildaten, Dateiausgabe des Objekts */
$fahrzeug->gewicht ="2200 kg";
file_put_contents("xml_speichern.xml", $fahrzeug->asXML());

/* Einlesen der Datei in ein Objekt, Teilausgabe */
$fahrzeug = simplexml_load_file("xml_speichern.xml");
echo "<p>Gewicht: " . $fahrzeug->gewicht . "</p>";
?>
</body></html>
```

Listing 13.9 Datei »xml_speichern.php«

Die Objekteigenschaft gewicht wird mit ihrem Originalwert ausgegeben und anschließend verändert: von 1200 kg auf 2200 kg.

file_put_contents() Die Methode file_put_contents() wird aufgerufen:

- Als erster Parameter wird die Datei angegeben, in die geschrieben werden soll, in diesem Fall wiederum die Datei *xml_speichern.xml*.

asXML()
- Als zweiter Parameter wird die Methode asXML() für das Objekt $fahrzeug aufgerufen. Dies führt zum Überschreiben der Objektdaten. Die Struktur der XML-Datei bleibt unverändert.

Das Objekt wird einmal vor und einmal nach der Veränderung eingelesen. In diesem Beispiel wird davon ausgegangen, dass die XML-Datei korrekt vorhanden ist. Es werden nur die Teildaten aus Abbildung 13.5 ausgegeben.

Abbildung 13.5 Vor und nach der Veränderung

Kapitel 14
Ajax

Ajax steht für *Asynchronous JavaScript and XML*. Diese Technik bietet eine asynchrone Datenübertragung zwischen Browser und Webserver. Das ermöglicht es Ihnen, Teile einer Internetseite zu ändern, ohne die gesamte Seite neu erstellen und übermitteln zu müssen. Auf diese Weise reduziert sich der Entwicklungsaufwand, verringert sich der Netzverkehr und werden die Internetseiten schneller und flexibler.

Asynchron

Zum Ablauf: Aus einer Internetseite heraus wird eine Anforderung an den Webserver gesendet. Dieser sendet, hier mithilfe von PHP, eine Antwort zurück. Die Antwort wird in der weiterhin angezeigten Internetseite ausgewertet und führt zur Änderung eines Teils der Seite.

Zentraler Bestandteil des gesamten Ablaufs ist ein Objekt des Typs `XMLHttpRequest`, das von allen modernen Browsern erkannt wird.

XMLHttpRequest

Alle Internetseiten in diesem Kapitel werden über einen Webserver aufgerufen, da sie von diesem Webserver Daten anfordern, um sie in die Internetseiten einzufügen. Die Daten können auf dem Webserver in verschiedenen Formen vorliegen:

- als PHP-Programm (siehe Abschnitt 14.1)
- als Text in einer Textdatei (siehe das Ende von Abschnitt 14.1)
- als XML-Datei (siehe Abschnitt 14.3)
- als *JSON-Objekt* in einer Textdatei (siehe Abschnitt 14.4)

14.1 Hallo Ajax

Anhand des ersten Beispiels, *Hallo Ajax*, erläutere ich Ihnen den grundsätzlichen Ablauf, wie er im gesamten Kapitel gilt.

Es wird eine HTML-Seite mit einem Hyperlink dargestellt. Die Seite (siehe Abbildung 14.1) enthält einen Absatz mit einer eindeutigen ID.

HTML-Seite

Abbildung 14.1 Dauerhaft angezeigte Seite

> **Hinweis**
> Der Absatz darf nicht gänzlich leer sein, sondern muss einen Inhalt haben – daher das explizite Leerzeichen im Absatz (siehe vorletzte Zeile im Code der Datei *ajax_hallo.htm*).

Anforderung an Webserver

Nach Betätigung des Hyperlinks wird eine Anforderung an den Webserver gesendet. Dieser sendet einen Text als Antwort. Der gesendete Text wird in den (zunächst leeren) Absatz eingesetzt und erscheint auf der Seite, wie Sie es in Abbildung 14.2 sehen.

Abbildung 14.2 Die Seite wird aus der PHP-Datei ergänzt.

Hier sehen Sie zunächst die HTML-Seite mit dem JavaScript-Code:

```
<!DOCTYPE html>...<head>...
<script type="text/javascript">
function anfordern()
{
    var req = new XMLHttpRequest();
    req.open("get", "ajax_hallo.php", true);
    // req.open("get", "ajax_hallo.txt", true);
    req.onreadystatechange = auswerten;
    req.send();
}
```

```
function auswerten(e)
{
   if(e.target.readyState == 4 && e.target.status == 200)
      document.getElementById("idAbsatz").firstChild.nodeValue =
         e.target.responseText;
}
</script>
</head><body>
<p><a href="javascript:anfordern()">Bitte klicken</a></p>
<p id="idAbsatz"> </p>
</body></html>
```

Listing 14.1 Datei »ajax_hallo.htm«

Das antwortende PHP-Programm sieht wie folgt aus:

```
<?php
   header("Content-type: text/html; charset=utf-8");
   echo "PHP-Datei: Hallo Ajax";
?>
```

Listing 14.2 Datei »ajax_hallo.php«

In der Datei *ajax_hallo.htm* stehen der Hyperlink und der optisch leere Absatz. Durch Betätigung des Hyperlinks wird die Funktion anfordern() aufgerufen. Darin wird zunächst ein neues XMLHttpRequest-Objekt erzeugt. Die Methode open() dieses Objekts eröffnet die Kommunikation mit der antwortenden Seite, hier mit *ajax_hallo.php*, mithilfe der GET-Methode. Der dritte Parameter der Methode open() steht im Normalfall auf true. Damit wird dafür gesorgt, dass die Kommunikation asynchron abgewickelt wird. Andere Abläufe müssen in diesem Fall nicht auf das Ende der Anforderung warten.

open()

Dem Event-Handler onreadystatechange wird eine Referenz auf die Funktion auswerten() zugewiesen. Nach dem Senden ändert das XMLHttpRequest-Objekt mehrmals seinen Status. Auf dieses Änderungsereignis reagiert der genannte Event-Handler. Kurz gesagt: Bei jeder Statusänderung wird die Methode auswerten() aufgerufen.

onreadystate-change

Die Methode send() des XMLHttpRequest-Objekts sendet die Anforderung an den Webserver. Weitere Daten werden zunächst nicht übermittelt. Das

send()

	Senden sollte erst erfolgen, nachdem der Event-Handler registriert ist. Auf diese Weise bleibt kein Ereignis unbemerkt.
readystate, status	An die Methode auswerten() wird die Referenz eines Ereignisobjekts übermittelt. Die Eigenschaft target dieses Objekts verweist auf das XMLHttpRequest-Objekt. Zunächst werden dessen Eigenschaften readystate und status betrachtet. Die Auswertung ist erst interessant, wenn readystate den Wert 4 (d. h. complete) und status den Wert 200 angenommen hat. status repräsentiert den Wert des Statuscodes des *Hypertext Transfer Protocol* (HTTP). 200 steht für OK, 404 für PAGE NOT FOUND, 500 für INTERNAL SERVER ERROR usw.
responseText	Die Eigenschaft responseText des XMLHttpRequest-Objekts enthält die Antwort des Webservers, in diesem Fall den Text PHP-Datei: Hallo Ajax. Dieser Text wird in den (zunächst leeren) Absatz gesetzt.
Textdatei laden	Sie können statt der Ausgabe einer PHP-Datei auch den Inhalt einer Textdatei vom Webserver anfordern und in ein vorhandenes Dokument einsetzen. Dazu müssen Sie den Aufruf der Methode open() in der Funktion anfordern() tauschen, also die Kommentarzeichen für die zweite Zeile entfernen und für die dritte Zeile setzen. Die Textdatei sieht wie folgt aus:

```
TXT-Datei: Hallo Ajax
```

Listing 14.3 Datei »ajax_hallo.txt«

14.2 Parameter senden

In diesem Abschnitt folgt ein Beispiel, bei dem Parameter an den Webserver gesendet werden. Die jeweilige Antwort des PHP-Programms hängt von den Daten dieser Parameter ab.

Es wird eine HTML-Seite mit zwei Hyperlinks gezeigt, wie Sie sie in Abbildung 14.3 sehen.

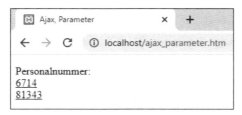

Abbildung 14.3 Dauerhaft angezeigte Seite

Wird der erste Hyperlink betätigt, werden Daten zu der Person mit der Personalnummer 6714 angefordert. Im zweiten Fall handelt es sich um die Daten zur Personalnummer 81343. Mit diesen Daten wird der Absatz unterhalb der Hyperlinks gefüllt (siehe Abbildung 14.4 und Abbildung 14.5).

Anforderung mit Parameter

Abbildung 14.4 Alle Daten zur Personalnummer 6714

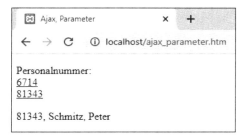

Abbildung 14.5 Ein Teil der Daten zur Personalnummer 81343

Hier ist zunächst die HTML-Seite mit dem JavaScript-Code:

```
<!DOCTYPE html>...<head>...
<script type="text/javascript">
function anfordern(personalnummer, umfang)
{
   var req = new XMLHttpRequest();
   req.open("get", "ajax_parameter.php?pnr=" + personalnummer
      + "&umfang=" + umfang, true);
   req.setRequestHeader("Content-Type",
      "application/x-www-form-urlencoded");
   req.onreadystatechange = auswerten;
   req.send();
}
```

```
function auswerten(e)
{
   if(e.target.readyState == 4 && e.target.status == 200)
      document.getElementById("idAbsatz").firstChild.nodeValue
         = e.target.responseText;
}
</script>
</head>
<body>
<p>Personalnummer:<br>
<a href="javascript:anfordern(6714, 'alle');">6714</a><br>
<a href="javascript:anfordern(81343, 'teil');">81343</a></p>
<p id="idAbsatz"> </p>
</body></html>
```

Listing 14.4 Datei »ajax_parameter.htm«

Das antwortende PHP-Programm sieht wie folgt aus:

```
<?php
   header("Content-type: text/html; charset=utf-8");

   if($_GET["pnr"] == 6714)
   {
      if($_GET["umfang"] == "alle")
         echo "6714, Maier, Hans, 3500.00 €, 15.03.1962";
      else
         echo "6714, Maier, Hans";
   }
   else if($_GET["pnr"] == 81343)
   {
      if($_GET["umfang"] == "alle")
         echo "81343, Schmitz, Peter, 3750.00 €, 12.04.1958";
      else
         echo "81343, Schmitz, Peter";
   }
?>
```

Listing 14.5 Datei »ajax_parameter.php«

Ich erläutere nur die Unterschiede zum vorherigen Beispiel. Zunächst zur Datei *ajax_parameter.htm*: Durch Betätigung eines der beiden Hyperlinks wird die Funktion `anfordern()` aufgerufen. Dabei werden zwei Parameter übermittelt: eine Zahl und eine Zeichenkette.

Mithilfe der Methode `setRequestHeader()` des `XMLHttpRequest`-Objekts wird festgelegt, in welcher Form diese Daten übermittelt werden – in diesem Fall angehängt an die Adresse der Seite. Im Parameter der Methode `send()` des `XMLHttpRequest`-Objekts werden die einzelnen Teile mit dem Zeichen & voneinander getrennt. Im ersten Fall ergibt sich somit: `ajax_parameter.php?pnr=6714&umfang=alle`.

setRequestHeader()

Nun zur Datei *ajax_parameter.php*: Nach dem Senden der Daten stehen hier die beiden Elemente `$_GET["pnr"]` und `$_GET["umfang"]` mit ihren jeweiligen Werten zur Verfügung. Innerhalb einer Verzweigung wird entschieden, welche Antwort zurückgesendet wird.

$_GET

14.3 XML-Datei lesen

Sie können mit Ajax die Inhalte von XML-Dateien (siehe Kapitel 13), die mit externen Programmen erzeugt werden und auf dem Webserver gespeichert sind, in Ihre Dokumente einbauen.

14.3.1 Einzelnes Objekt

Zunächst sollen die Werte der Knoten und Attribute eines einzelnen Objekts aus einer XML-Datei, die auf dem Webserver liegt, in eine Internetseite eingebunden werden. Unsere XML-Datei sieht so aus:

```
<?xml version="1.0" encoding="utf-8"?>
<fahrzeug>
   <farbe>Rot</farbe>
   <geschwindigkeit>50</geschwindigkeit>
   <leistung hubraum="1600" zylinder="4">76.2</leistung>
</fahrzeug>
```

Listing 14.6 Datei »ajax_xml_einzel.xml«

Der Wurzelknoten ist hier das Element `fahrzeug`. Ein `fahrzeug` hat drei Eigenschaften mit Werten, die als Kindknoten definiert werden. Der dritte Kindknoten hat zwei Attribute, jeweils mit Werten. Handelt es sich bei einem Wert um eine Fließkommazahl, werden die Nachkommastellen mit einem Dezimalpunkt abgetrennt. Diese Daten werden nach Betätigung

Hierarchie der Knoten

eines Hyperlinks mithilfe von Ajax aus der XML-Datei gelesen und füllen den Absatz (siehe Abbildung 14.6).

Abbildung 14.6 Daten eines einzelnen XML-Objekts

Hier folgt das zugehörige Programm:

```
<!DOCTYPE html>...<head>...
<script type="text/javascript">
function anfordern()
{
   req = new XMLHttpRequest();
   req.open("get", "ajax_xml_einzel.xml", true);
   req.onreadystatechange = auswerten;
   req.send();
}

function auswerten(e)
{
   if(e.target.readyState == 4 && e.target.status == 200)
   {
      var antwort = e.target.responseXML;
      var kfarbe = antwort.getElementsByTagName("farbe")[0];
      var kleistung = antwort.getElementsByTagName("leistung")[0];
      document.getElementById("idDaten").firstChild.nodeValue =
         "Farbe: " + kfarbe.firstChild.nodeValue
         + ", Leistung: " + kleistung.firstChild.nodeValue
         + ", Hubraum: " + kleistung.getAttribute("hubraum")
         + ", Zylinder: " + kleistung.getAttribute("zylinder");
   }
}
</script>
</head>
<body>
```

```
<p>Fahrzeugdaten:<br>
<a href="javascript:anfordern();">Dacia</a></p>
<p id="idDaten"> </p>
</body></html>
```

Listing 14.7 Datei »ajax_xml_einzel.htm«

In der Funktion `anfordern()` eröffnet die Methode `open()` die Kommunikation mit der antwortenden XML-Seite. Es wird kein Text, sondern ein XML-Dokument angefordert, daher wird in der Funktion `auswerten()` mit der Eigenschaft `responseXML` und nicht mit der Eigenschaft `responseText` gearbeitet.

responseXML()

Die Methode `getElementsByTagName()` des `document`-Objekts liefert ein Feld mit Referenzen auf alle XML-Elemente mit der gewünschten Markierung. Dies wird hier für die Markierung `farbe` und für die Markierung `leistung` durchgeführt. Das erste Element des Felds hat jeweils die Nummer 0.

getElementsByTagName()

Mithilfe der Eigenschaft `firstChild` eines `node`-Objekts wird der erste Kindknoten des jeweils ersten Elements ausgegeben. Anschließend wird mit der Methode `getAttribute()` eines `node`-Objekts der Wert von zwei verschiedenen Attributen ermittelt und ausgegeben.

firstChild, getAttribute()

14.3.2 Sammlung von Objekten

In der folgenden XML-Datei sehen Sie eine Sammlung von gleichartig aufgebauten Objekten. Mithilfe von Ajax werden auch Inhalte dieser XML-Datei in eine Internetseite eingebaut.

Zunächst sehen Sie hier die XML-Datei:

```
<?xml version="1.0" encoding="utf-8"?>
<sammlung>
   <fahrzeug>
      <farbe>Rot</farbe>
      <geschwindigkeit>50</geschwindigkeit>
      <leistung hubraum="1600" zylinder="4">76.2</leistung>
   </fahrzeug>
   <fahrzeug>
      <farbe>Gelb</farbe>
      <geschwindigkeit>65</geschwindigkeit>
```

```
            <leistung hubraum="1800" zylinder="4">85.0</leistung>
        </fahrzeug>
</sammlung>
```

Listing 14.8 Datei »ajax_xml_sammlung.xml«

Auch in dieser XML-Datei gibt es nur ein Hauptelement beziehungsweise einen Wurzelknoten. Dieses Element hat die Markierung sammlung und zwei Kindknoten vom bereits beschriebenen Typ fahrzeug.

Nach Betätigung eines der Hyperlinks aus Abbildung 14.7 wird mithilfe von Ajax der zunächst leere Absatz gefüllt.

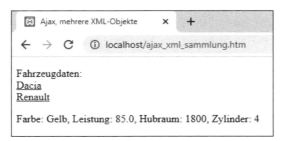

Abbildung 14.7 Daten eines XML-Objekts aus einer Sammlung

Hier folgt das zugehörige Programm:

```
<!DOCTYPE html>...<head>...
<script type="text/javascript">
function anfordern(x)
{
    req = new XMLHttpRequest();
    req.open("get", "ajax_xml_sammlung.xml", true);
    req.onreadystatechange = function(e) { auswerten(e, x); };
    req.send();
}

function auswerten(e, x)
{
    if(e.target.readyState == 4 && e.target.status == 200)
    {
        var antwort = e.target.responseXML;
        var kfarbe = antwort.getElementsByTagName("farbe")[x];
        var kleistung = antwort.getElementsByTagName("leistung")[x];
```

```
        document.getElementById("idDaten").firstChild.nodeValue =
            "Farbe: " + kfarbe.firstChild.nodeValue
            + ", Leistung: " + kleistung.firstChild.nodeValue
            + ", Hubraum: " + kleistung.getAttribute("hubraum")
            + ", Zylinder: " + kleistung.getAttribute("zylinder");
    }
}
</script>
</head>
<body>
<p>Fahrzeugdaten:<br>
<a href="javascript:anfordern(0);">Dacia</a><br>
<a href="javascript:anfordern(1);">Renault</a></p>
<p id="idDaten"> </p>
</body></html>
```

Listing 14.9 Datei »ajax_xml_sammlung.htm«

Bei Betätigung eines der Hyperlinks wird der zugehörige Wert als Parameter an die Funktion anfordern() übergeben. Dieser Wert wird an die Funktion auswerten() weitergereicht. Damit kann das passende Objekt aus der Sammlung ermittelt werden. Die Daten dieses Objekts werden zurückgeliefert und füllen den zunächst leeren Absatz.

14.4 JSON-Datei lesen

Die *JavaScript Object Notation*, kurz *JSON*, stellt eine Alternative zu XML als universellem Datenaustauschformat dar. An dieser Stelle zeige ich, wie JSON den Transport von Daten zwischen verschiedenen Anwendungen vereinfacht, zum Beispiel zwischen einer PHP- und einer JavaScript-Anwendung.

PHP zu JavaScript

In den nächsten beiden Abschnitten werden JSON-Daten aus einer Textdatei, die extern erzeugt wurde, mithilfe von Ajax in eine bestehende Internetseite eingebaut.

Codieren

Im dritten Abschnitt wird der umgekehrte Weg beschritten. Es wird gezeigt, wie JSON-Daten, die von einer anderen Anwendung erzeugt werden, in PHP decodiert und verwendet werden können.

Decodieren

14.4.1 Einzelnes Objekt

Zunächst geht es um ein einzelnes JSON-Objekt in einer Textdatei. Die Textdatei wird mithilfe des folgenden PHP-Programms erzeugt:

```
<!DOCTYPE html>...<body>
<?php
   $feld_einzel = array("farbe"=>"Rot", "geschwindigkeit"=>50.2);
   $inhalt = json_encode($feld_einzel);

   $datei = "ajax_json_einzel.txt";
   if(@file_put_contents($datei, $inhalt) === false)
      exit("Fehler beim Schreiben");
   else
      echo "JSON-Daten in Datei geschrieben<br>";
?>
</body></html>
```

Listing 14.10 Datei »ajax_json_einzel.php«

json_encode() — Die Daten eines Objekts werden in einem assoziativen Feld gespeichert. Dieses Feld wird mithilfe der Funktion json_encode() in die JSON-Repräsentation des Objekts umgewandelt. Diese wird wiederum in eine Textdatei ausgegeben, die später mithilfe von Ajax gelesen werden kann.

Die Datei mit der JSON-Repräsentation sieht wie folgt aus:

```
{"farbe":"Rot","geschwindigkeit":50.2}
```

Listing 14.11 Datei »ajax_json_einzel.txt«

JSON-Objekt — Das gesamte JSON-Objekt steht in geschweiften Klammern. Die Eigenschaft-Wert-Paare werden durch Kommata voneinander getrennt. Die Eigenschaften und die Werte werden jeweils in doppelte Hochkommata gesetzt und durch einen Doppelpunkt voneinander getrennt. Handelt es sich bei einem Wert um eine Zahl, muss diese nicht in Hochkommata gesetzt werden.

Diese JSON-Daten werden nach Betätigung eines Hyperlinks mithilfe von Ajax aus der Textdatei gelesen und füllen den Absatz (siehe Abbildung 14.8).

Abbildung 14.8 Daten eines einzelnen JSON-Objekts

Hier folgt das zugehörige Programm:

```
<!DOCTYPE html>...<head>...
<script type="text/javascript">
function anfordern()
{
   req = new XMLHttpRequest();
   req.open("get", "ajax_json_einzel.txt", true);
   req.onreadystatechange = auswerten;
   req.send();
}

function auswerten(e)
{
   if(e.target.readyState == 4 && e.target.status == 200)
   {
      var antwort = JSON.parse(e.target.responseText);
      document.getElementById("idAusgabe").firstChild.nodeValue
         = "Farbe: " + antwort.farbe + ", Geschwindigkeit: "
         + antwort.geschwindigkeit;
   }
}
</script>
</head>
<body>
<p>Fahrzeugdaten:<br>
<a href="javascript:anfordern();">Dacia</a></p>
<p id="idAusgabe"> </p>
</body></html>
```

Listing 14.12 Datei »ajax_json_einzel.htm«

In der Funktion `anfordern()` eröffnet die Methode `open()` die Kommunikation mit der antwortenden Textdatei. Es wird ein Text angefordert, daher steht in der Funktion `auswerten()` die Antwort in der Eigenschaft `responseText`.

parse() Die Zeichenkette wird mithilfe der Methode `parse()` in ein Objekt umgewandelt. Die Werte seiner Eigenschaften werden ausgegeben.

14.4.2 Sammlung von Objekten

Das folgende PHP-Programm erzeugt eine Textdatei mit einer Sammlung von Objekten in der kompakten JSON-Schreibweise:

```
<!DOCTYPE html>...<body>
<?php
   $feld_sammlung = array(
      array("farbe"=>"Rot", "geschwindigkeit"=>50.2),
      array("farbe"=>"Blau", "geschwindigkeit"=>85.0),
      array("farbe"=>"Gelb", "geschwindigkeit"=>65.5));
   $inhalt = json_encode($feld_sammlung);

   $datei = "ajax_json_sammlung.txt";
   if(@file_put_contents($datei, $inhalt) === false)
      exit("Fehler beim Schreiben");
   else
      echo "JSON-Daten in Datei geschrieben<br>";
?>
</body></html>
```

Listing 14.13 Datei »ajax_json_sammlung.php«

Sammlung von JSON-Objekten
Die Sammlung von Objekten wird in einem zweidimensionalen Feld gespeichert. Jedes Element dieses Felds entspricht einem assoziativen Feld mit den Daten eines Objekts. Das zweidimensionale Feld wird in die JSON-Repräsentation umgewandelt, die in eine Textdatei ausgegeben wird. Sie sieht wie folgt aus:

```
[{"farbe":"Rot","geschwindigkeit":50.2},
 {"farbe":"Blau","geschwindigkeit":85},
 {"farbe":"Gelb","geschwindigkeit":65.5}]
```

Listing 14.14 Datei »ajax_json_sammlung.txt«

Das Feld, das die Sammlung von Objekten beinhaltet, steht in rechteckigen Klammern. Nach Betätigung eines der Hyperlinks aus Abbildung 14.9 wird mithilfe von Ajax der Absatz gefüllt.

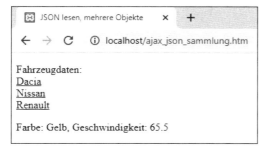

Abbildung 14.9 Daten eines JSON-Objekts aus einer Sammlung

Hier folgt das zugehörige Programm:

```
<!DOCTYPE html>...<head>...
<script type="text/javascript">
function anfordern(x)
{
   req = new XMLHttpRequest();
   req.open("get", "ajax_json_sammlung.txt", true);
   req.onreadystatechange = function(e) { auswerten(e, x); };
   req.send();
}

function auswerten(e, x)
{
   if(e.target.readyState == 4 && e.target.status == 200)
   {
      var antwort = JSON.parse(e.target.responseText);
      document.getElementById("idAusgabe").firstChild.nodeValue
         = "Farbe: " + antwort[x].farbe
         + ", Geschwindigkeit: " + antwort[x].geschwindigkeit;
   }
}
</script>
</head>
<body>
<p>Fahrzeugdaten:<br>
```

```
<a href="javascript:anfordern(0);">Dacia</a><br>
<a href="javascript:anfordern(1);">Nissan</a><br>
<a href="javascript:anfordern(2);">Renault</a></p>
<p id="idAusgabe"> </p>
</body></html>
```

Listing 14.15 Datei »ajax_json_sammlung.htm«

Bei Betätigung eines der Hyperlinks wird der zugehörige Wert als Parameter an die Funktion `anfordern()` übergeben. Dieser Wert wird an die Funktion `auswerten()` weitergereicht. Damit kann das passende Element aus dem zweidimensionalen Feld ermittelt werden. Die Daten dieses Elements werden zurückgeliefert und füllen den Absatz.

14.4.3 Decodieren von JSON-Daten

In dem Beispiel in diesem Abschnitt werden JSON-Daten aus zwei verschiedenen Textdateien gelesen, decodiert und auf dem Bildschirm ausgegeben. In der ersten Textdatei stehen die Daten eines einzelnen Objekts. Die zweite Textdatei beinhaltet die Daten einer Sammlung von Objekten. In Abbildung 14.10 sehen Sie das Ergebnis des Programms. Den Aufbau der Textdateien kennen Sie bereits aus den beiden letzten Abschnitten.

Abbildung 14.10 Einzelnes Objekt und Sammlung von Objekten

Hier sehen Sie das Programm:

```
<!DOCTYPE html>...<body>
<?php
    /* Einzelnes Objekt */
    $datei = "ajax_json_einzel.txt";
```

```php
    $inhalt = @file_get_contents($datei, $inhalt);
    if($inhalt === false)
        exit("Fehler beim Lesen");
    $objekt = json_decode($inhalt);
    foreach($objekt as $eigenschaft=>$wert)
        echo "$eigenschaft: $wert<br>";
    echo "<br>";

    /* Sammlung von Objekten */
    $datei = "ajax_json_sammlung.txt";
    $inhalt = @file_get_contents($datei, $inhalt);
    if($inhalt === false)
        exit("Fehler beim Lesen");
    $sammlung = json_decode($inhalt);
    for($i=0; $i<count($sammlung); $i++)
        foreach($sammlung[$i] as $eigenschaft=>$wert)
            echo "$eigenschaft: $wert<br>";
?>
</body></html>
```

Listing 14.16 Datei »ajax_json_decode.php«

Sowohl das einzelne Objekt als auch die Sammlung stehen innerhalb einer Zeile, die zunächst aus der jeweiligen Textdatei eingelesen wird. Mithilfe der Funktion `json_decode()` wird daraus ein Feld mit den Daten erzeugt. — json_decode()

Im Fall des einzelnen Objekts handelt es sich um ein assoziatives Feld. Innerhalb einer `foreach`-Schleife werden die Daten des einzelnen Objekts ausgegeben. — Einzelnes Objekt

Im Fall der Sammlung von Objekten handelt es sich um ein zweidimensionales Feld, das für jedes Objekt ein assoziatives Feld beinhaltet. In einer `for`-Schleife werden die Objekte durchlaufen. Für jedes Objekt werden innerhalb einer `foreach`-Schleife die Daten der Objekte ausgegeben. — Sammlung von Objekten

14.5 Zugriff auf MySQL-Datenbank

Im folgenden Beispiel zeige ich Ihnen Ajax im Zusammenspiel mit einem Datenbankzugriff. Es werden alle Datensätze der bereits bekannten Tabelle personen aus der MySQL-Datenbank firma angezeigt. Jeder Datensatz wird — Ergänzung aus Datenbank mit den Inhalten der Felder name und vorname als Hyperlink dargestellt, wie Sie aus Abbildung 14.11 ersehen können.

Abbildung 14.11 Aufbau der Seite aus einer Datenbank

span   Sobald der Benutzer einen Hyperlink betätigt, werden die Daten zu den Feldern gehalt und geburtstag des betreffenden Datensatzes in span-Containern angezeigt (siehe Abbildung 14.12). span-Container dienen in HTML zur Kennzeichnung von Bereichen innerhalb eines Absatzes.

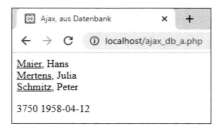

Abbildung 14.12 Ergänzung der Seite

Hier ist das PHP-Programm, das die dauerhaft angezeigte Seite erzeugt:

```
<!DOCTYPE html>...<head>...
<script type="text/javascript">
function anfordern(personalnummer)
{
   var req = new XMLHttpRequest();
   req.open("get", "ajax_db_b.php?pnr=" + personalnummer, true);
   req.setRequestHeader("Content-Type",
      "application/x-www-form-urlencoded");
   req.onreadystatechange = auswerten;
   req.send();
}
```

```
function auswerten(e)
{
   if(e.target.readyState == 4 && e.target.status == 200)
   {
      var antwort = e.target.responseXML;
      document.getElementById("idGehalt").firstChild.nodeValue
         = antwort.getElementsByTagName("gh")[0].
           firstChild.nodeValue;
      document.getElementById("idGeburtstag").firstChild.nodeValue
         = antwort.getElementsByTagName("gb")[0].
           firstChild.nodeValue;
   }
}
</script>
</head>
<body>
<?php
   $con = new mysqli("", "root", "", "firma");
   $res = $con->query(
      "SELECT * FROM personen ORDER BY name, vorname");
   while ($dsatz = $res->fetch_assoc())
      echo "<a href='javascript:anfordern("
         . $dsatz["personalnummer"] . ")'>" . $dsatz["name"]
         . "</a>, " . $dsatz["vorname"] . "<br>";
   $res->close();
   $con->close();
?>
<p><span id="idGehalt"> </span>
<span id="idGeburtstag"> </span></p>
</body></html>
```

Listing 14.17 Datei »ajax_db_a.php«

Das reagierende PHP-Programm sieht wie folgt aus:

```
<?php
   header("Content-Type: text/xml; charset=utf-8");

   $con = new mysqli("", "root", "", "firma");
   $res = $con->query("SELECT * FROM personen"
      . " WHERE personalnummer = " . $_GET["pnr"]);
   $dsatz = $res->fetch_assoc();
```

```
echo "<?xml version='1.0' encoding='utf-8'?>";
echo "<daten>";
echo " <gh>" . $dsatz["gehalt"] . "</gh>";
echo " <gb>" . $dsatz["geburtstag"] . "</gb>";
echo "</daten>";

$res->close();
$con->close();
?>
```

Listing 14.18 Datei »ajax_db_b.php«

Bei Betätigung des Hyperlinks auf einem der Datensätze wird die Funktion `anfordern()` mit einer Zahl für den Parameter `personalnummer` aufgerufen. Der Parameter für das `XMLHttpRequest`-Objekt könnte anschließend wie folgt aussehen: `pnr=6714`.

Im antwortenden PHP-Programm wird der Datensatz mit dem betreffenden Wert im Feld `personalnummer` ermittelt. Aus diesem Datensatz werden die Werte für die Felder `gehalt` und `geburtstag` als Knoten innerhalb eines XML-Dokuments zurückgesendet.

14.6 Weitere Ereignisse

Bisher wird nur das Ereignis *Betätigen eines Hyperlinks* zum Aufruf einer JavaScript-Funktion genutzt. Der Benutzer kann aber noch weitere Ereignisse auslösen, die wiederum für Ajax genutzt werden können.

Im folgenden Beispiel werden einige Möglichkeiten hierzu gezeigt. In Abbildung 14.13 sehen Sie die Reaktion, nachdem der Benutzer die Maus in die erste Tabellenzelle bewegt hat.

Abbildung 14.13 Dokument mit sechs Ereignissen

Der HTML- und JavaScript-Code sieht wie folgt aus:

```html
<!DOCTYPE html>...<head>...
<style>table,td {border:1px solid black;}</style></head><body>
<script type="text/javascript">
function anfordern(ereignis)
{
   var req = new XMLHttpRequest();
   req.open("get", "ajax_ereignis.php?ereignis=" + ereignis
      + "&auswahl=" + document.f.s.selectedIndex, true);
   req.setRequestHeader("Content-Type",
      "application/x-www-form-urlencoded");
   req.onreadystatechange = auswerten;
   req.send();
}

function auswerten(e)
{
   if(e.target.readyState == 4 && e.target.status == 200)
      document.getElementById("idAbsatz").firstChild.nodeValue
         = e.target.responseText;
}
</script>
</head>

<body>
<table>
   <tr>
      <td onmouseover="anfordern(1)">Erste Zelle</td>
      <td onmouseout="anfordern(2)">Zweite Zelle</td>
      <td onmousedown="anfordern(3)">Dritte Zelle</td>
      <td onmouseup="anfordern(4)">Vierte Zelle</td>
   </tr>
</table><br>

<form name="f" onreset="anfordern(5)">
   <select name="s" onchange="anfordern(6)">
      <option value="0" selected="selected">0</option>
      <option value="1">1</option>
      <option value="2">2</option>
   </select>
```

```
            <input type="submit"><input type="reset">
        </form>
        <p id="idAbsatz"> </p>
    </body></html>
```

Listing 14.19 Datei »ajax_ereignis.htm«

Mausereignisse Das Dokument beinhaltet eine Tabelle und ein Formular. In jeder der vier Zellen kann der Benutzer ein anderes Mausereignis auslösen: Maus hinein (onmouseover), Maus heraus (onmouseout), Maustaste gedrückt (onmousedown) oder Maustaste losgelassen (onmouseup).

Formularereignisse Das Formular mit dem Namen f umfasst ein select-Element mit dem Namen s. Das Zurücksetzen (onreset) des Formulars sowie der Wechsel (onchange) der Auswahl innerhalb des select-Elements sind ebenfalls Ereignisse. Die Eigenschaft selectedIndex des select-Elements beinhaltet den Wert der aktuellen Auswahl.

Nun folgt das antwortende PHP-Programm:

```
<?php
    header("Content-type: text/html; charset=utf-8");

    switch($_GET["ereignis"])
    {
        case 1: echo "Maus in 1. Zelle hineinbewegt";      break;
        case 2: echo "Maus aus 2. Zelle herausbewegt";     break;
        case 3: echo "Maustaste in 3. Zelle gedrückt";     break;
        case 4: echo "Maustaste in 4. Zelle losgelassen";  break;
        case 5: echo "Formular zurückgesetzt";             break;
        case 6: echo "Auswahl " . $_GET["auswahl"];
    }
?>
```

Listing 14.20 Datei »ajax_ereignis.php«

Der Wert von ereignis übermittelt die Information, welches Ereignis ausgelöst wurde. Ändert der Benutzer beim select-Element seine Auswahl, wird auch der Wert von auswahl benötigt.

Kapitel 15
Grafiken programmieren

PHP gibt Ihnen mit der *GD-Bibliothek* eine Möglichkeit, eigene Grafiken zu erstellen. Diese Grafiken lassen sich unmittelbar anzeigen oder als Grafikdatei speichern. Außerdem können Sie vorhandene Grafiken laden und verändern.

GD-Bibliothek

Am Ende des Kapitels finden Sie zwei größere Beispiele: Zum einen wird der Verlauf eines Aktienkurses dargestellt, und zum anderen sehen Sie, wie Sie ein eigenes *CAPTCHA* zur Abwehr automatisierter Formulareingaben programmieren können. CAPTCHA steht für *Completely Automated Public Turing Test to tell Computers and Humans Apart*, zu Deutsch: vollautomatischer öffentlicher Turing-Test zur Unterscheidung zwischen Computern und Menschen.

CAPTCHA

Zwei weitere umfangreiche Beispiele für die Anwendung der GD-Bibliothek finden Sie in Abschnitt 18.5 und im Bonuskapitel »Das Projekt ›Blog‹«.

15.1 Installation testen

Bei der in diesem Buch empfohlenen *XAMPP*-Installation ist die GD-Bibliothek als Erweiterung (Extension) bereits aktiviert.

Bibliothek geladen

Allerdings benötigen Sie unter Ubuntu Linux und macOS zunächst Schreibrechte zur Erstellung der Bilddatei. Bei vielen Internet-Service-Providern wird Linux genutzt. Dort werden Ihnen normalerweise Schreibrechte innerhalb Ihrer Domain gegeben.

Schreibrechte

Die Aktivierung der GD-Bibliothek und ihre Unterstützung für bestimmte Grafikformate können Sie wie folgt testen:

```
<!DOCTYPE html>...<body>
<?php
    if(extension_loaded("gd"))
    {
```

```
                echo "GD-Bibliothek aktiviert<br>";
                $gd = gd_info();
                echo "Version: " . $gd["GD Version"] . "<br>";
                echo "Grafikformate, unter anderem: ";
                if ($gd["JPEG Support"]) echo "JPEG ";
                if ($gd["PNG Support"]) echo "PNG ";
                if ($gd["BMP Support"]) echo "BMP ";
            }
            else
                echo "GD-Bibliothek nicht aktiviert";
        ?>
        </body></html>
```

Listing 15.1 Datei »im_pruefen.php«

Ist die GD-Bibliothek aktiviert, sieht die Anzeige so aus wie in Abbildung 15.1.

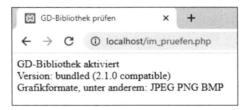

Abbildung 15.1 Prüfung der GD-Aktivierung

extension_loaded() — Die Funktion `extension_loaded()` stellt fest, ob die GD-Bibliothek geladen ist.

gd_info() — Die Funktion `gd_info()` liefert ein assoziatives Feld mit Informationen über die GD-Bibliothek. Das Feldelement `"GD Version"` beinhaltet die Versionsnummer. Werden bestimmte Grafikformate unterstützt, hat das jeweilige Feldelement, zum Beispiel `"PNG Support"`, den Wert true.

15.2 Grafik anzeigen

Es gibt zwei Möglichkeiten zur Erzeugung und Anzeige einer Grafik:

Speichern ▶ Wird sie dauerhaft oder mehrmals benötigt, können Sie sie nach der Erzeugung in einer Bilddatei speichern. Diese Bilddatei können Sie an der gewünschten Stelle in Ihrem Dokument anzeigen lassen.

▶ Wird sie nur einmalig benötigt, ist keine Speicherung notwendig. Sie können die Grafik unmittelbar nach der Erzeugung anzeigen lassen.

Anzeigen

Beide Techniken sollen im Folgenden demonstriert werden.

15.2.1 Speicherung in Bilddatei

Im folgenden Programm wird eine einfache Grafik erzeugt und in einer Bilddatei gespeichert, die in ein Dokument eingebunden wird:

```
<!DOCTYPE html>...<body>
<?php
    $im = imagecreate(150,100);
    $grau = imagecolorallocate($im, 192, 192, 192);
    imagefill($im, 0, 0, $grau);
    imagejpeg($im, "im_test.jpg");
    imagedestroy($im);
?>
<img src="im_test.jpg" alt="[Bild]">
</body></html>
```

Listing 15.2 Datei »im_speichern.php«

Die Grafik ist in der Bilddatei *im_test.jpg* im selben Verzeichnis wie die Programmdatei *im_speichern.php* gespeichert. Die Ausgabe sehen Sie in Abbildung 15.2.

Abbildung 15.2 Eine erste Grafik

Die Funktion imagecreate() erzeugt ein Grafikobjekt in der angegebenen Breite (150 Pixel) und Höhe (100 Pixel). Sie liefert eine Referenz auf dieses Objekt, die anschließend benötigt wird, um das Grafikobjekt zu bearbeiten.

imagecreate()

imagecolorallocate()	Mithilfe der Funktion imagecolorallocate() wird eine Farbe für die Farbpalette dieser Grafik erstellt. Sie benötigt vier Parameter: die Referenz auf das Grafikobjekt und drei Werte zwischen 0 und 255 für die Rot-, Grün- und Blauanteile der Grafik. Sie liefert eine Farb-ID für die erstellte Farbe zurück.
imagefill()	Die Funktion imagefill() füllt eine Grafik mit Farbe. Sie benötigt vier Parameter: die Referenz auf das Grafikobjekt, zwei Werte für die x- und y-Koordinaten des Startpunkts für den Füllvorgang sowie die Farb-ID.
imagejpeg()	Mithilfe der Funktion imagejpeg() wird die JPEG-Grafikdatei erzeugt und gespeichert. Sie benötigt zwei Parameter: die Referenz auf das Grafikobjekt und den Dateinamen.
imagedestroy()	Die Funktion imagedestroy() gibt den Speicher wieder frei, der zur Erzeugung der Grafik benötigt wird.

[»] **Hinweis**

Eine Grafik im PNG-Format können Sie wie folgt erzeugen:

imagepng($im, "im_test.png");

Seit PHP 7.2 können Sie auch eine BMP-Grafik erzeugen, und zwar so:

imagebmp($im, "im_test.bmp");

Der HTML-Code am Ende des Dokuments sollte dann so lauten:

<img src="im_test.png"> oder <img src="im_test.bmp">

15.2.2 Anzeige ohne Speicherung

Im folgenden Programm wird eine Grafik ohne Inhalt unmittelbar nach ihrer Erzeugung und ohne Speicherung angezeigt (siehe Abbildung 15.3):

```
<?php
    $im = imagecreate(450,100);
    $grau = imagecolorallocate($im, 192, 192, 192);
    imagefill ($im, 0, 0, $grau);

    header("Content-Type: image/jpeg");
    imagejpeg($im);

    imagedestroy($im);
?>
```

Listing 15.3 Datei »im_anzeigen.php«

15.2 Grafik anzeigen

Abbildung 15.3 Grafik unmittelbar anzeigen

Die Funktion `header()` wird zum Senden des Headers benutzt. Es handelt sich um Startinformationen für das HTTP-Protokoll. Hier wird der Typ der nachfolgenden Informationen (image/jpg) übermittelt.

`header()`

Die Funktion `imagejpeg()` benötigt jetzt keinen Dateinamen mehr.

In einer PHP-Datei, die unmittelbar ein Bild (oder eine andere Anwendung) und keine HTML-Datei erzeugt, sollten Sie keinen HTML-Header nutzen. Der Code wird also ohne den <html>-Container notiert. Achten Sie darauf, dass die Kodierung der Datei auf dem Wert *UTF-8* steht (siehe Abschnitt 1.10.9).

> **Hinweis**
>
> Eine Grafik im PNG-Format können Sie wie folgt erzeugen:
>
> ```
> header("Content-Type: image/png");
> imagepng($im);
> ```

[«]

Sie können ein solches *programmiertes Bild* auch direkt in eine HTML-Datei einbinden:

```
<!DOCTYPE html>...<body>
Es folgt ein Bild: <img src="im_anzeigen.php" alt="[Bild]">
</body></html>
```

Listing 15.4 Datei »im_anzeigen.htm«

Das Ergebnis sieht so wie in Abbildung 15.4 aus.

Abbildung 15.4 Die Grafik wurde in eine HTML-Datei eingebunden.

15.3 Texte anzeigen

Zur Anzeige von Text können Sie sowohl interne Fonts als auch TrueType-Fonts nutzen.

15.3.1 Text mit internen Fonts

Zunächst folgt ein Beispiel mit internen Fonts (siehe Abbildung 15.5).

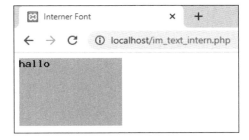

Abbildung 15.5 Text mit internem Font

In diesem und in den folgenden Beispielen wird die Grafik in einer Bilddatei gespeichert, die in ein Dokument eingebunden wird.

Der Programmcode sieht wie folgt aus:

```
<!DOCTYPE html>...<body>
<?php
    $im = imagecreate(150,100);
    $grau = imagecolorallocate($im, 192, 192, 192);
    imagefill ($im, 0, 0, $grau);
```

```
    $schwarz = imagecolorallocate($im, 0, 0, 0);
    imagestring($im, 5, 0, 0, "hallo", $schwarz);

    imagejpeg($im, "im_test.jpg");
    imagedestroy($im);
?>
<img src="im_test.jpg" alt="[Bild]">
</body></html>
```

Listing 15.5 Datei »im_text_intern.php«

Der Farbpalette der Grafik wird eine weitere Farbe hinzugefügt.

Die Funktion `imagestring()` erzeugt einen Text in einem internen Font. Sie benötigt sechs Parameter: die Referenz auf das Grafikobjekt, die Größe des Fonts, die x- und y-Koordinaten, den Text selbst und die Farb-ID. Die x- und y-Koordinaten werden ab der linken oberen Ecke der Seite gemessen und kennzeichnen den oberen linken Startpunkt des Textes.

imagestring()

> **Hinweis**
>
> Der Wert für die Größe des Fonts kann zwischen 1 (klein) und 5 (groß) liegen. Interne Fonts bieten nur wenige Variationsmöglichkeiten.

15.3.2 Text mit TrueType-Fonts

Weitaus mehr Möglichkeiten bieten *TrueType-Fonts* (TTF). Bei manchen Grafiken besteht auch die Notwendigkeit, den Text zu drehen, zum Beispiel für eine Achsenbeschriftung. Ein Beispiel dafür sehen Sie in Abbildung 15.6. Der Programmcode lautet wie folgt:

```
<!DOCTYPE html>...<body>
<?php
    $im = imagecreate(150,100);
    $grau = imagecolorallocate($im, 192, 192, 192);
    imagefill ($im, 0, 0, $grau);

    $schwarz = imagecolorallocate($im, 0, 0, 0);
    $schriftart = $_SERVER["DOCUMENT_ROOT"] . "/arial.ttf";
    imagettftext($im, 20, 0, 0, 20, $schwarz, $schriftart, "normal");
    imagettftext($im, 20, 90, 144, 100,
```

```
                $schwarz, $schriftart, "gedreht");

    imagejpeg($im, "im_test.jpg");
    imagedestroy($im);
?>
<img src="im_test.jpg" alt="[Bild]">
</body></html>
```

Listing 15.6 Datei »im_text_ttf.php«

Abbildung 15.6 Text mit dem TrueType-Font »Arial«

TTF-Datei mit Pfad
Der Name einer TTF-Datei wird in einer Variablen gespeichert. Dies ist von Vorteil, falls mehrere Texte ausgegeben werden und eventuell später die Schriftart für alle Texte geändert werden soll. Dieser Dateiname sollte inklusive des absoluten Pfads angegeben werden. Im vorliegenden Fall habe ich die Datei zuvor in das Hauptverzeichnis des Webservers kopiert. Für die Pfadangabe können Sie dann das Element DOCUMENT_ROOT aus dem superglobalen Feld $_SERVER nutzen.

Unter Windows finden sich die systemweit verfügbaren TTF-Dateien meist im Verzeichnis *C:\Windows\Fonts*, zum Beispiel die Datei *arial.ttf*. Unter Ubuntu Linux liegen sie im Verzeichnis */usr/share/fonts/truetype* und darunter, zum Beispiel die Datei *ubuntu-font-family/Ubuntu-R.ttf*.

imagettftext()
Die Funktion imagettftext() erzeugt einen Text. Sie benötigt acht Parameter: die Referenz auf das Grafikobjekt, die Größe des Fonts, einen Drehwinkel, zwei Werte für die x- und y-Koordinaten, die Farb-ID, die Schriftart und den Text selbst:

Startpunkt an Basislinie
▶ Die x- und y-Koordinaten kennzeichnen den Startpunkt des Textes; dies ist das linke Ende der Basislinie des Textes. Die Basislinie ist die Linie, die direkt unter den Buchstaben verläuft, die keine Unterlänge, also kein

»Anhängsel« nach unten haben. Buchstaben ohne Unterlänge sind in der hier verwendeten Schriftart zum Beispiel e und d, Buchstaben mit einer Unterlänge sind zum Beispiel g und p.

- Im ersten Beispiel wird die Schriftgröße 20 gewählt, der erste Text erhält die Startkoordinaten 0, 20. Daher beginnt der Text am linken Rand der Grafik; der obere Rand des Textes schließt mit dem oberen Rand der Grafik ab.
- Der Drehwinkel wird in Grad angegeben. Er wird wie in der Mathematik verwendet. Das heißt, 0 Grad liegt bei 3 Uhr, und es wird entgegen dem Uhrzeigersinn gerechnet (90 Grad = 12 Uhr, 180 Grad = 9 Uhr, 270 Grad = 6 Uhr). Der Drehpunkt ist wiederum das linke Ende der Basislinie des Textes.

Text drehen

Im zweiten Beispiel wird ein Drehwinkel von 90 Grad gewählt. Die y-Koordinate liegt bei 100, also beginnt der Text am unteren Rand der Grafik. Die x-Koordinate wird etwas kleiner als 150 gewählt. Damit liegt der Startpunkt etwas links von der rechten unteren Ecke der Grafik. Das ist nötig, weil der Buchstabe g eine Unterlänge hat: Er würde sonst nicht vollständig angezeigt.

15.4 Bilder anzeigen

Sie können vorhandene Bilder aus Dateien laden, verändern, anzeigen und speichern. Es ist sogar möglich, Bilder ineinander einzubetten.

15.4.1 Bilder aus Dateien laden

Abbildung 15.7 zeigt ein erstes Beispiel zum Laden von Bildern. Der Programmcode sieht wie folgt aus:

```
<!DOCTYPE html>...<body>
<?php
    $im = imagecreatefromjpeg("im_blume.jpg");
    $breite = imagesx($im);
    $hoehe = imagesy($im);
    $schwarz = imagecolorallocate($im, 0, 0, 0);
    $weiss = imagecolorallocate($im, 255, 255, 255);
    $schriftart = $_SERVER["DOCUMENT_ROOT"] . "/arial.ttf";
```

```
        imagettftext($im, 20, 90, $breite, $hoehe, $weiss,
            $schriftart, "Sonnen");
        imagettftext($im, 20, 180, $breite, 0, $schwarz,
            $schriftart, "blume");
        imagejpeg($im, "im_test.jpg");
        imagedestroy($im);
    ?>
    <img src="im_test.jpg" alt="[Bild]">
    </body></html>
```

Listing 15.7 Datei »im_bild_laden.php«

imagecreatefromjpeg() — Die Funktion imagecreatefromjpeg() dient zum Laden eines Bildes aus einer JPEG-Datei. Als Parameter wird der Name einer Bilddatei angegeben; hier liegt sie im selben Verzeichnis. Der Rückgabewert ist wie bei imagecreate() eine Referenz auf das Grafikobjekt, auf das anschließend zugegriffen wird.

imagesx(), imagesy() — Die Funktionen imagesx() und imagesy() werden eingesetzt, um die Breite beziehungsweise Höhe des geladenen Bildes zu ermitteln. Im dargestellten Beispiel wird es dadurch möglich, zwei Texte am rechten unteren beziehungsweise am rechten oberen Rand zu platzieren.

Abbildung 15.7 Bild aus Datei, mit Text

> **Hinweis**
> Eine Grafik aus einer PNG-Datei können Sie wie folgt laden:
> ```
> imagecreatefrompng($im, "im_blume.png");
> ```
> Seit PHP 7.2 können Sie auch eine Grafik aus einer BMP-Datei laden:
> ```
> imagecreatefrombmp($im, "im_blume.bmp");
> ```

15.4.2 Bilder skalieren

Die Funktion `imagescale()` kann zum Skalieren von Bildern genutzt werden. Im nachfolgenden Programm wird ein Bild auf die halbe Größe skaliert:

imageflip()

```php
<!DOCTYPE html>...<body>
<?php
    $im = imagecreatefromjpeg("im_blume.jpg");
    $breite = imagesx($im);
    $hoehe = imagesy($im);
    $im_neu = imagescale($im, $breite * 0.5, $hoehe * 0.5);

    imagejpeg($im_neu, "im_test.jpg");
    imagedestroy($im);
    imagedestroy($im_neu);
?>
<img src="im_test.jpg" alt="[Bild]">
</body></html>
```

Listing 15.8 Datei »im_bild_skalieren.php«

Das bereits bekannte Bild mit der Sonnenblume dient als Basis. Zunächst werden die aktuelle Breite und Höhe festgestellt. Anschließend wird die Funktion `imagescale()` mit der halbierten Breite und der halbierten Höhe aufgerufen. Das Ergebnis sehen Sie in Abbildung 15.8.

Im Unterschied zu vielen anderen Bildfunktionen wird nicht das aktuelle Grafikobjekt verändert. Stattdessen wird das Ergebnis zurückgeliefert und muss in einem neuen Grafikobjekt gespeichert werden.

Neues Grafikobjekt

Abbildung 15.8 Ein skaliertes Bild

15.4.3 Bilder spiegeln

imageflip()   Seit PHP 5.6 gibt es die Funktion `imageflip()`, die Ihnen das Spiegeln von Bildern ermöglicht. Zunächst ist hier ein Beispielprogramm:

```
<!DOCTYPE html>...<body>
<?php
    $im = imagecreatefromjpeg("im_blume.jpg");
    // imageflip($im, IMG_FLIP_HORIZONTAL);
    imageflip($im, IMG_FLIP_VERTICAL);
    // imageflip($im, IMG_FLIP_BOTH);

    imagejpeg($im, "im_test.jpg");
    imagedestroy($im);
?>
<img src="im_test.jpg" alt="[Bild]">
</body></html>
```

Listing 15.9 Datei »im_bild_spiegeln.php«

IMG_FLIP_VERTICAL   Wiederum dient das Bild mit der Sonnenblume als Basis. Es wird mithilfe der Konstanten `IMG_FLIP_VERTICAL` vertikal gespiegelt, wie Sie in Abbildung 15.9 sehen. Sie können es auch horizontal spiegeln (`IMG_FLIP_HORIZONTAL`) oder gleichzeitig horizontal und vertikal (`IMG_FLIP_BOTH`).

Abbildung 15.9 Ein gespiegeltes Bild

15.4.4 Bildausschnitte erstellen

Ebenfalls seit PHP 5.6 gibt es die Funktion imagecrop(), mit der Sie einen Bildausschnitt erstellen können. Hier sehen Sie ein Beispielprogramm dazu:

```
<!DOCTYPE html>...<body>
<?php
    $im = imagecreatefromjpeg("im_blume.jpg");
    // $re = array("x"=>0, "y"=>0, "width"=>187, "height"=>283);
    $re = array("x"=>0, "y"=>0, "width"=>90, "height"=>140);
    // $re = array("x"=>90, "y"=>140, "width"=>97, "height"=>143);
    $im = imagecrop($im, $re);

    imagejpeg($im, "im_test.jpg");
    imagedestroy($im);
?>
<img src="im_test.jpg" alt="[Bild]">
</body></html>
```

Listing 15.10 Datei »im_bild_ausschneiden.php«

Wiederum dient das Bild mit der Sonnenblume als Basis. Zunächst wird ein assoziatives Feld mit vier Elementen erstellt und in $re gespeichert. Darin wird der Bildausschnitt festgelegt. Mit diesem Feld wird die Funktion `imagecrop()` anschließend aufgerufen. Der aktuell gewählte Bildausschnitt beinhaltet das linke obere Viertel des Originalbildes (siehe Abbildung 15.10).

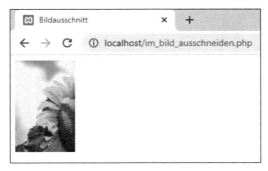

Abbildung 15.10 Bildausschnitt

x, y, width, height   Die beiden Schlüssel `x` und `y` des assoziativen Feldes verweisen auf den linken oberen Startpunkt des Ausschnitts. Die beiden Schlüssel `width` und `height` legen die Größe des Ausschnitts fest. Ein Rechteck mit den Werten 0, 0, 187, 283 umfasst das gesamte Bild; ein Rechteck mit den Werten 90, 140, 97, 143 beinhaltet das rechte untere Viertel des Originalbildes.

15.4.5 Bilder aus Dateien ineinander einbetten

Es ist auch möglich, Bilder vollständig oder teilweise in andere Bilder einzubetten, wie Sie anhand von Abbildung 15.11 sehen.

Abbildung 15.11 Bild einbetten

15.4 Bilder anzeigen

Dazu brauchen wir folgenden Programmcode:

```
<!DOCTYPE html>...<body>
<?php
   $im = imagecreate(250,150);
   $grau = imagecolorallocate($im, 192, 192, 192);
   imagefill ($im, 0, 0, $grau);

   $ve = imagecreatefromjpeg("im_vogel.jpg");
   imagecopy($im, $ve, 0, 0, 0, 0, imagesx($ve), imagesy($ve));
   imagecopy($im, $ve, 150, 50, 20, 10, 50, 50);

   imagejpeg($im, "im_test.jpg");
   imagedestroy($im);
   imagedestroy($ve);
?>
<img src="im_test.jpg" alt="[Bild]">
</body></html>
```

Listing 15.11 Datei »im_bild_einbetten.php«

Mit der Funktion `imagecreate()` wird eine eigene Grafik mit grauem Hintergrund in der Größe 250 × 150 Pixel erzeugt. Die Funktion `imagecreatefromjpeg()` lädt ein vorhandenes Bild aus einer Datei.

Die Funktion `imagecopy()` dient zum Einbetten eines zweiten Bildes in ein Basisbild. Sie benötigt acht Parameter: die Referenz auf das Basisbild, die Referenz auf das zweite Bild, die x- und y-Koordinaten im Basisbild, die x- und y-Koordinaten im zweiten Bild sowie Breite und Höhe des Ausschnitts des zweiten Bildes.

imagecopy()

Die x- und y-Koordinaten dienen jeweils als oberer linker Bezugspunkt. Das zweite Bild wird ab den x- und y-Koordinaten im Basisbild eingebettet. Dabei wird der Ausschnitt des zweiten Bildes eingebettet, der ab den x- und y-Koordinaten im zweiten Bild beginnt und die angegebene Breite und Höhe hat.

Bildausschnitt

Im ersten Beispiel werden die Parameter (`$im`, `$ve`, 0, 0, 0, 0, `imagesx($ve)`, `imagesy($ve)`) verwendet. Ein Ausschnitt des Bildes `$ve` wird in das Bild `$im` eingebettet. Der Ausschnitt beginnt bei 0, 0 und hat die Maße des zweiten Bildes. Demnach wird das vollständige Bild verwendet. Eingebettet wird in das Bild `$im` ab 0, 0, also links oben.

Im zweiten Beispiel werden die Parameter ($im, $ve, 150, 50, 20, 10, 50, 50) verwendet. Es wird wiederum ein Ausschnitt des Bildes $ve im Bild $im eingebettet. Der Ausschnitt beginnt bei 20, 10 und hat die Maße 50, 50. Somit wird ein kleiner Ausschnitt aus dem linken oberen Teil von $ve verwendet. Eingebettet wird in das Bild $im ab 150, 50, also etwas rechts vom Zentrum.

15.5 Zeichnungen erzeugen

Es gibt eine Reihe von grafischen Elementen zur Erzeugung von Zeichnungen, zum Beispiel Ellipsen und Bogen, Rechtecke und Polygone, Linien und Pixel sowie Farbfüllungen. Die Zeichnungen können der grafischen Darstellung von größeren Datenmengen dienen.

15.5.1 Ellipsen und Bogen

Beginnen wir mit Ellipsen und Bogen. Diese sehen Sie in Abbildung 15.12.

Abbildung 15.12 Ellipsen und Bogen

Der Programmcode dazu lautet:

```
<!DOCTYPE html>...<body>
<?php
   $im = imagecreate(500,100);
   $grau = imagecolorallocate($im, 192, 192, 192);
   imagefill ($im, 0, 0, $grau);
   $s = imagecolorallocate($im, 0, 0, 0);

   imageellipse($im, 50, 50, 50, 50, $s);
   imagefilledellipse($im, 120, 50, 50, 50, $s);
```

```
    imagearc($im, 190, 50, 50, 50, 0, 90, $s);
    imagefilledarc($im, 260, 50, 50, 50, 0, 90, $s, IMG_ARC_PIE);
    imagefilledarc($im, 330, 50, 50, 50, 0, 90, $s,
       IMG_ARC_EDGED | IMG_ARC_NOFILL);
    imagefilledarc($im, 400, 50, 50, 50, 0, 90, $s, IMG_ARC_CHORD);

    imagejpeg($im, "im_test.jpg");
    imagedestroy($im);
?>
<img src="im_test.jpg">
</body></html>
```

Listing 15.12 Datei »im_zeichnen_bogen.php«

Die Funktion imageellipse() zeichnet eine Ellipse. Sie benötigt sechs Parameter: die Referenz auf das Grafikobjekt, die x- und y-Koordinaten des Mittelpunkts der Ellipse, die Breite und Höhe der Ellipse sowie die Farbe des Randes. Sind die Werte für Breite und Höhe gleich, wird ein Kreis gezeichnet. | **imageellipse()**

Eine gefüllte Ellipse wird mithilfe der Funktion imagefilledellipse() gezeichnet. Sie hat die gleichen Parameter wie die Funktion imageellipse(). Die angegebene Farbe dient zum Füllen des Objekts. | **imagefilledellipse()**

Die Funktion imagearc() zeichnet einen Bogen. Sie hat fast die gleichen Parameter wie die Funktion imageellipse(). Zusätzlich werden nach den Koordinaten- und Größenangaben der Startwinkel und der Endwinkel des Bogens in Grad notiert. 0 Grad liegt bei 3 Uhr, und es wird im Uhrzeigersinn gerechnet (90 Grad = 6 Uhr, 180 Grad = 9 Uhr, 270 Grad = 12 Uhr), also nicht wie in der Mathematik üblich, sondern umgekehrt. Im vorliegenden Beispiel wird jeweils die Angabe 0, 90 verwendet; es handelt sich also um den unteren rechten Ausschnitt. | **imagearc()**

Die Funktion imagefilledarc() bietet Füllmöglichkeiten für Bögen. Nach den Parametern der Funktion imagearc() wird zusätzlich mithilfe von Konstanten die Art der Füllung notiert. Diese Konstanten können einzeln stehen oder durch den Operator | (bit-weises Oder) miteinander verknüpft werden: | **imagefilledarc()**

- IMG_ARC_PIE: gefüllter Bogen (Kuchenstück)
- IMG_ARC_EDGED: Verbindung des Start- und des Endwinkels mit dem Zentrum

- IMG_ARC_NOFILL: Randbegrenzung statt Füllung
- IMG_ARC_CHORD: direkte Verbindung zwischen Start- und Endwinkel

15.5.2 Rechtecke und Polygone

Es geht weiter mit Rechtecken und Polygonen. Abbildung 15.13 zeigt einige Beispiele.

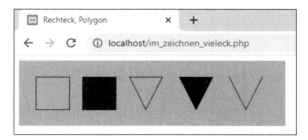

Abbildung 15.13 Rechtecke und Polygone

Der Programmcode dafür sieht wie folgt aus:

```
<!DOCTYPE html>...<body>
<?php
   $im = imagecreate(400,100);
   $grau = imagecolorallocate($im, 192, 192, 192);
   imagefill($im, 0, 0, $grau);
   $s = imagecolorallocate($im, 0, 0, 0);

   imagerectangle($im, 25, 25, 75, 75, $s);
   imagefilledrectangle($im, 95, 25, 145, 75, $s);

   $poly1 = array(165, 25, 190, 75, 215, 25);
   imagepolygon($im, $poly1, 3, $s);

   $poly2 = array(240, 25, 265, 75, 290, 25);
   imagefilledpolygon($im, $poly2, 3, $s);

   $poly3 = array(315, 25, 340, 75, 365, 25);
   imageopenpolygon($im, $poly3, 3, $s);

   imagejpeg($im, "im_test.jpg");
   imagedestroy($im);
```

```
?>
<img src="im_test.jpg" alt="[Bild]">
</body></html>
```

Listing 15.13 Datei »im_zeichnen_vieleck.php«

Die Funktion `imagerectangle()` zeichnet ein Rechteck. Sie benötigt sechs Parameter: die Referenz auf das Grafikobjekt, die x- und y-Koordinaten der linken oberen Ecke und der rechten unteren Ecke des Rechtecks sowie die Farbe des Randes.

imagerectangle()

Mithilfe der Funktion `imagefilledrectangle()` wird ein gefülltes Rechteck gezeichnet. Sie hat die gleichen Parameter wie die Funktion `imagerectangle()`. Die angegebene Farbe dient zum Füllen des Objekts.

imagefilled-
rectangle()

Die Funktion `imagepolygon()` zeichnet ein geschlossenes Vieleck (Polygon). Sie benötigt vier Parameter: die Referenz auf das Grafikobjekt, ein Koordinatenfeld, die Anzahl der Eckpunkte und die Farbe des Randes. Das Feld wird nacheinander mit den x- und y-Koordinaten der einzelnen Eckpunkte gefüllt. Bei einem geschlossenen Polygon werden der Anfangs- und der Endpunkt miteinander verbunden.

imagepolygon()

Mithilfe der Funktion `imagefilledpolygon()` wird ein gefülltes Vieleck gezeichnet. Sie benötigt die gleichen Parameter wie die Funktion `imagepolygon()`. Die angegebene Farbe dient zum Füllen des Objekts.

imagefilled-
polygon()

Die Funktion `imageopenpolygon()` gibt es seit PHP 7.2. Sie zeichnet ein offenes Vieleck und benötigt ebenfalls die gleichen Parameter wie die Funktion `imagepolygon()`. Bei einem offenen Polygon werden der Anfangs- und der Endpunkt nicht miteinander verbunden.

imageopen-
polygon()

15.5.3 Linien und Pixel

Nun folgen Linien und Pixel, wie Sie sie in Abbildung 15.14 sehen. Der Programmcode für sie sieht so aus:

```
<!DOCTYPE html>...<body>
<?php
   $im = imagecreate(150,150);
   $grau = imagecolorallocate($im, 192, 192, 192);
   imagefill ($im, 0, 0, $grau);
   $s = imagecolorallocate($im, 0, 0, 0);
```

```
        for($i=25; $i<=125; $i+=5)
            imagesetpixel($im, 25, $i, $s);

        imageline($im, 50, 25, 50, 125, $s);

        imagesetthickness($im, 10);
        imageline($im, 75, 25, 75, 125, $s);
        imagesetthickness($im, 1);

        $w = imagecolorallocate($im, 255, 255, 255);
        $style = array($s, $s, $s, $s, $s, $s, $s,
                       $w, $w, $w, $w, $w, $w, $w);
        imagesetstyle($im, $style);
        imageline($im, 100, 25, 100, 125, IMG_COLOR_STYLED);

        imagedashedline($im, 125, 25, 125, 125, $s);

        imagejpeg($im, "im_test.jpg");
        imagedestroy($im);
    ?>
    <img src="im_test.jpg" alt="[Bild]">
    </body></html>
```

Listing 15.14 Datei »im_zeichnen_linie.php«

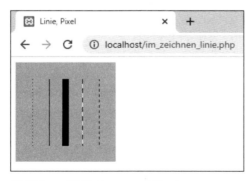

Abbildung 15.14 Linien und Pixel

imagesetpixel() Mithilfe der Funktion imagesetpixel() wird ein einzelnes Pixel gesetzt. Sie benötigt vier Parameter: die Referenz auf das Grafikobjekt, die x- und y-Koordinaten des einzelnen Pixels und die Farbe des Pixels. Im vorliegenden

Beispiel wird zur Verdeutlichung mithilfe einer Schleife eine Pixelreihe gesetzt.

Die Funktion `imageline()` zieht eine Linie. Sie benötigt sechs Parameter: die Referenz auf das Grafikobjekt, die x- und y-Koordinaten des Startpunkts und des Endpunkts der Linie und die Farbe der Linie.

imageline()

Die Funktion `imagesetthickness()` bestimmt die Dicke von Linien, mit denen nachfolgende Objekte gezeichnet werden. Sie benötigt zwei Parameter: die Referenz auf das Grafikobjekt und die Dicke der Linie in Pixeln. Im vorliegenden Beispiel wird die Dicke zunächst auf 10 und nach dem Ziehen einer Linie wieder auf 1 gesetzt. Ohne Zurücksetzen würden alle weiteren Objekte mit Linien der Dicke 10 gezeichnet werden.

imagesetthickness()

Die Funktion `imagesetstyle()` bestimmt die Art von Linien, mit denen nachfolgende Objekte gezeichnet werden. Sie benötigt zwei Parameter: die Referenz auf das Grafikobjekt und ein Farbenfeld für das Style-Element. Im vorliegenden Beispiel wird festgelegt, dass das Style-Element aus sieben schwarzen und sieben weißen Pixeln besteht. Wird als letzter Parameter der Funktion `imageline()` die Konstante `IMG_COLOR_STYLED` statt einer Farbangabe eingesetzt, wird die Linie mit den gewählten Style-Elementen gezogen.

imagesetstyle()

Die Funktion `imagedashedline()` zeichnet eine gepunktete Linie. Sie benötigt die gleichen Parameter wie die Funktion `imageline()`.

imagedashedline()

15.5.4 Füllen mit Farbe

Objekte beziehungsweise Kombinationen von Objekten innerhalb einer Grafik können mit Farben gefüllt werden. Ein Beispiel sehen Sie in Abbildung 15.15. Der Programmcode sieht wie folgt aus:

```
<!DOCTYPE html>...<body>
<?php
    $im = imagecreate(250,200);
    $grau = imagecolorallocate($im, 192, 192, 192);
    imagefill ($im, 0, 0, $grau);
    $s = imagecolorallocate($im, 0, 0, 0);
    $w = imagecolorallocate($im, 255, 255, 255);
    $r = imagecolorallocate($im, 255, 0, 0);

    imagerectangle($im, 0, 0, 249, 199, $s);
```

```
          imageellipse($im, 100, 100, 100, 100, $s);
          imageellipse($im, 150, 100, 100, 100, $s);
          imagerectangle($im, 120, 90, 130, 110, $r);

          imagefilltoborder($im, 125, 100, $s, $w);
          imagefilltoborder($im, 1, 1, $s, $w);

          imagejpeg($im, "im_test.jpg");
          imagedestroy($im);
?>
<img src="im_test.jpg" alt="[Bild]">
</body></html>
```

Listing 15.15 Datei »im_fuellen.php«

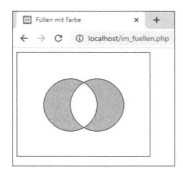

Abbildung 15.15 Füllen mit Farbe

Zunächst werden zwei Kreise gezeichnet, die sich überlappen, und ein Rechteck, um den Rand der Grafik zu verdeutlichen. Innerhalb des Überlappungsbereichs wird ein kleines rotes Rechteck gezeichnet. Dieses Rechteck ist in der endgültigen Grafik nicht mehr zu sehen, da es später durch die Füllung übermalt wird.

imagefilltoborder() Die Funktion `imagefilltoborder()` füllt Teile einer Grafik mit Farbe. Sie benötigt fünf Parameter: die Referenz auf das Grafikobjekt, die x- und y-Koordinaten des Startpunkts, die Grenzfarbe sowie die Füllfarbe. Jeder Pixel der Grafik wird, beginnend mit dem Startpunkt, in der Füllfarbe gefüllt. Sobald beim Füllen die Grenzfarbe oder der Rand der Grafik erreicht wird, wird in dieser Richtung nicht weiter gefüllt.

Befindet sich also der Startpunkt innerhalb eines mit der Grenzfarbe geschlossenen Bereichs, wird nur dieser Bereich gefüllt. Im vorliegenden Beispiel sind zwei Bereiche geschlossen: der Überlappungsbereich der beiden Kreise und der Bereich außerhalb der beiden Kreise.

Beim Füllen wird das rote Rechteck, das mit dem zweiten Aufruf der Funktion `imagerectangle()` erzeugt wurde, innerhalb des Überlappungsbereichs ignoriert (das heißt übermalt), da es nicht die Grenzfarbe hat.

15.6 Beispielprojekte

Das Zusammenspiel und die Vorteile verschiedener grafischer Möglichkeiten sehen Sie in den zwei nachfolgenden Beispielprojekten.

15.6.1 Darstellung eines Aktienkurses

Zunächst sehen wir uns an, wie Sie einen Aktienkurs darstellen können. Dieses einfache Programm arbeitet mit zufälligen Daten. Normalerweise stammen die Daten aus einer Datenbank, die vorher mit realen Börsenkursen gefüllt wird. Abbildung 15.16 zeigt die Darstellung des Aktienkurses.

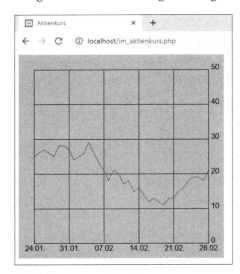

Abbildung 15.16 Aktienkurs

In der Grafik werden die Tageskurse der letzten fünf Wochen dargestellt, ausgehend vom 28. Februar 2020. Auf der x-Achse wird für jede Woche ein Datum angegeben, auf der y-Achse wird der Kurswert in Stufen von jeweils 10 € dargestellt. Der Programmcode lautet wie folgt:

```php
<!DOCTYPE html>...<body>
<?php
   // Grafik erzeugen
   $im = imagecreate(400,400);

   // Farben, Schriftart
   $grau = imagecolorallocate($im, 192, 192, 192);
   imagefill ($im, 0, 0, $grau);
   $s = imagecolorallocate($im, 0, 0, 0);
   $r = imagecolorallocate($im, 255, 0, 0);
   $schriftart = $_SERVER["DOCUMENT_ROOT"] . "/arial.ttf";

   // Startdatum
   $ds = "28.02.2020";
   $datum = mktime(0, 0, 0, mb_substr($ds,3,2),
      mb_substr($ds,0,2), mb_substr($ds,6,4));
   $datum = strtotime("-35 day", $datum);

   // Kurse
   $kurs[0] = 25;
   for($i=1; $i<36; $i++)
   {
      $kurs[$i] = $kurs[$i-1] + random_int(-3,3);
      if($kurs[$i]<1)
         $kurs[$i] = 1;
   }

   // Gitternetz, Beschriftung
   for($i=0; $i<6; $i++)
   {
      imageline($im, 30, 30 + $i * 340/5, 370, 30 + $i * 340/5, $s);
      imagettftext($im, 11, 0, 375, 30 + $i * 340/5, $s,
         $schriftart, 50-$i*10);
      imageline($im, 30 + $i * 340/5, 30, 30 + $i * 340/5, 370, $s);
      imagettftext($im, 11, 0, 12 + $i * 340/5, 385, $s,
         $schriftart, date("d.m.",$datum));
      $datum = strtotime("+7 day", $datum);
   }

   // Kurs darstellen
   for($i=0; $i<35; $i++)
```

```
        imageline($im, 30 + $i * 340/35, 370 - $kurs[$i] * 340/50,
           30 + ($i+1) * 340/35, 370 - $kurs[$i+1] * 340/50, $r);

   // Grafik darstellen und Speicher freigeben
   imagejpeg($im, "im_test.jpg");
   imagedestroy($im);
?>
<img src="im_test.jpg" alt="[Bild]">
</body></html>
```

Listing 15.16 Datei »im_aktienkurs.php«

Als Erstes wird eine Grafik der Größe 400 × 400 Pixel erzeugt.

Die Farben Grau (Hintergrund), Schwarz (Gitternetz und Beschriftung) und Rot (Kursverlauf) werden zur Farbpalette der Grafik hinzugefügt. Die True-Type-Schriftart Arial wird eingeführt.

Farben

In der Variablen $ds wird das Enddatum für den Kursverlauf festgelegt. Dieses würde im Normalfall aus dem Systemdatum (Kursverlauf bis heute) oder aus einer Benutzereingabe (Kursverlauf bis zum ausgewählten Tag) generiert. Das Datum wird mit der Funktion mktime() in das Datumsformat konvertiert, mit dem PHP arbeiten und rechnen kann. Aus dem Enddatum wird mit der Funktion strtotime() das Startdatum (35 Tage = 5 Wochen vorher) erzeugt.

Datum

Die Werte für den Kursverlauf werden in ein Feld geschrieben. Der Startwert ist 25. Die per Zufallszahlengenerator erzeugten Änderungswerte liegen zwischen +3 und -3 pro Tag, wobei der Kurs nicht unter den Wert 1 fallen kann. Die Kurswerte würden, wie bereits erwähnt, im Normalfall aus einer Datenbank in das Feld geschrieben.

Kurswerte in Feld

Es werden mithilfe einer Schleife nacheinander:

Hintergrund

- sechs senkrechte Gitternetzlinien zur Datumsorientierung gezeichnet,
- sechs Beschriftungen für die y-Achse (Kurswerte 0 bis 50) gesetzt,
- sechs waagerechte Gitternetzlinien zur Orientierung gezeichnet,
- sechs Beschriftungen für die x-Achse gesetzt und
- das Datum um sieben Tage erhöht.

Mithilfe einer weiteren Schleife werden 35 Linien für den Kursverlauf gezogen. Eine Linie erstreckt sich jeweils vom Kurswert eines Tages zum Kurs-

Kurslinie

wert des nächsten Tages. Zum Schluss wird die Grafik gezeichnet und der Speicher wieder freigegeben.

15.6.2 Erstellung eines CAPTCHAS

Bei einem *CAPTCHA* handelt es sich um einen Test, mit dessen Hilfe ermittelt werden soll, ob ein Computerprogramm oder ein Mensch versucht, Daten in ein Formular einzutragen.

Eine Möglichkeit für ein CAPTCHA bietet eine Grafik, in der Zeichen so dargestellt werden, dass sie nur von Menschen und nicht von Programmen erkannt werden können. Ein Beispiel mit gedrehten, zufälligen Zeichen sehen Sie in Abbildung 15.17.

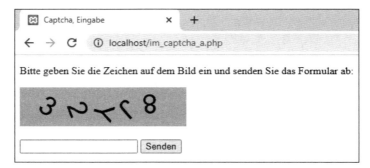

Abbildung 15.17 Formular mit CAPTCHA-Grafik

Nach der Eingabe der richtigen Zeichen, hier »32YJ8«, erscheint die Bestätigung, dass die Zeichen richtig erkannt wurden und der weitere Nutzinhalt des Formulars (hier nicht dargestellt) ordnungsgemäß übermittelt und gespeichert wird (siehe Abbildung 15.18).

Abbildung 15.18 Bestätigung

Hier sehen Sie das erforderliche Programm:

```php
<!DOCTYPE html>...<body>
<?php
   // graues Bild, schwarze Schrift
   $im = imagecreate(250, 60);
   $grau = imagecolorallocate($im, 192, 192, 192);
   imagefill($im, 0, 0, $grau);
   $schwarz = imagecolorallocate($im, 0, 0, 0);

   // ohne verwechselbare Zeichen, Zahlen doppelt
   $alle = "ABCDEFGHIJKLPQRSTUVXY12345781234578";
   $alle = str_shuffle($alle);
   $feld = mb_str_split($alle);

   // 5 Zeichen
   for($i=1; $i<=5; $i++)
   {
      // Referenz, Schriftgröße, Winkel, x, y, Farbe, Schrift, Text
      $schriftart = $_SERVER["DOCUMENT_ROOT"] . "/arial.ttf";
      imagettftext ($im, 30, -35 * $i, 45 * $i - 20, 40 - $i * 6,
         $schwarz, $schriftart, $feld[$i-1]);
   }

   // Speichern
   imagepng($im, "im_captcha.png");
   imagedestroy($im);

   // Formular
   echo "<form action='im_captcha_b.php' method='post'>";
   echo "<p>Bitte geben Sie die Zeichen auf dem Bild ein"
      . " und senden Sie das Formular ab:</p>";
   echo "<input name='bildtext' type='hidden' value='"
      . password_hash(substr($alle,0,5), PASSWORD_DEFAULT) . "'>";
   echo "<p><img src='im_captcha.png' alt='[Bild]'></p>";
   echo "<p><input name='eingabe'> <input type='submit'></p>";
   echo "</form>";
?>
</body></html>
```

Listing 15.17 Datei »im_captcha_a.php«

Zunächst wird ein Bild der Größe 250 × 60 Pixel erzeugt, das mit einem hellgrauen Hintergrund gefüllt wird. Die Farbe für die Zeichen wird auf Schwarz gestellt.

Ohne verwechselbare Kombinationen

Eine Zeichenkette wird mit den möglichen darstellbaren Zeichen gefüllt. Dabei werden einige leicht verwechselbare Kombinationen von Zeichen weggelassen, zum Beispiel M und W, O und 0 oder 6 und 9. Die verbleibenden Ziffern werden doppelt aufgeführt, sodass die Wahrscheinlichkeit ihrer zufälligen Auswahl ansteigt.

Grafik erzeugen und speichern

Die Zeichen der Zeichenkette werden gemischt. Ihre einzelnen Zeichen werden in einem Feld gespeichert. Die ersten fünf Zeichen der Zeichenkette und somit die ersten fünf Elemente des Felds sind für den Text des Captchas gedacht. Innerhalb einer Schleife werden diese fünf Elemente ausgegeben. Die Schleifenvariable wird dabei für die Berechnung der Position und des individuellen Drehwinkels eines einzelnen Zeichens genutzt. Anschließend wird das Grafikobjekt in der Datei *captcha.png* gespeichert. Diese Datei wird angezeigt.

Text verschlüsseln

Nun folgt die Ausgabe eines Formulars. Darin gibt es ein verstecktes Feld, in dem der Text des Captchas übermittelt wird. Er wird mithilfe der Funktion `password_hash()` verschlüsselt, sodass er nicht im Quelltext der Internetseite erkannt werden kann. Außerdem gibt es ein Eingabefeld für den Benutzer.

Nach dem Absenden des Formulars erscheint die zweite Seite mit einer Bestätigung oder einer Ablehnung. Der dazugehörige Code ist recht kurz:

```
<!DOCTYPE html>...<body>
<?php
    $eingabe = htmlentities($_POST["eingabe"]);
    if(password_verify($eingabe, $_POST["bildtext"]))
        echo "Ihre Angaben werden gespeichert";
    else
        echo "Ihre Angaben werden nicht gespeichert";
?>
</body></html>
```

Listing 15.18 Datei »im_captcha_b.php«

Text vergleichen

Mithilfe der Funktion `password_verify()` wird geprüft, ob die zufällige verschlüsselte Zeichenkette zur Eingabe des Benutzers passt. Ist das der Fall, kann der weitere Nutzinhalt des Formulars (hier nicht dargestellt) ordnungsgemäß gespeichert werden.

Kapitel 16
PDF-Dateien erstellen

Die frei verfügbare und frei nutzbare Bibliothek *fpdf* ermöglicht es Ihnen, eigene PDF-Objekte zu erstellen. Diese Objekte können unmittelbar als PDF-Objekt im Browser angezeigt oder als PDF-Datei gespeichert werden. Die Bibliothek *fpdf* beinhaltet eine Sammlung von Klassen.

fpdf

PDF-Dateien sind weitverbreitet und dienen zur Darstellung von Dokumenten, die Texte und Grafiken beinhalten. Zum Betrachten der PDF-Dateien wird lediglich ein PDF-Reader benötigt.

16.1 Installation

Sie finden die Bibliothek *fpdf* im Unterverzeichnis *fpdf* in den Materialien zum Buch. Unter Ubuntu Linux und macOS werden zur Erstellung der PDF-Dateien zunächst Schreibrechte benötigt. Bei vielen Internet-Service-Providern wird Linux genutzt. Dort werden Ihnen normalerweise Schreibrechte innerhalb Ihrer Domain gegeben.

Schreibrechte

Sie können die Bibliothek auch von der Website *fpdf.org* herunterladen. In den Beispielen in diesem Abschnitt wird davon ausgegangen, dass die notwendigen Dateien (als wichtigste *fpdf.php*) jeweils im Unterverzeichnis *fpdf* des aktuellen PHP-Programms bereitstehen. Dies erleichtert die Portierung Ihrer Programme auf einen Webserver.

Download

16.2 PDF-Dokument erzeugen

In einem ersten Beispiel soll ein einfaches PDF-Objekt mit einer leeren Seite erzeugt werden:

```
<!DOCTYPE html>...<body>
<?php
require("fpdf/fpdf.php");
```

```
$pdf = new FPDF();
$pdf->AddPage();
$pdf->Output("F", "pdf_test.pdf");
// header("Location: pdf_test.pdf");
?>
</body></html>
```

Listing 16.1 Datei »pdf_einfach.php«

Anzeige im PDF-Reader

Im Browser wird nichts angezeigt. Die erzeugte PDF-Datei *pdf_test.pdf* ist im selben Verzeichnis gespeichert und kann mit einem PDF-Reader betrachtet werden (siehe Abbildung 16.1).

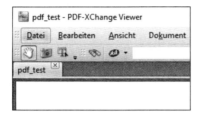

Abbildung 16.1 Die Datei »pdf_test.pdf« im PDF-Reader

require()

Die Datei *fpdf.php* im Unterverzeichnis *fpdf* wird mit der Funktion require() eingebunden (siehe Abschnitt 1.10.7). Sie beinhaltet die Klasse FPDF.

new FPDF()

Die Anweisung $pdf = new FPDF() erzeugt ein neues Objekt der Klasse FPDF. Der dabei verwendete Konstruktor hat drei optionale Parameter: die Seitenausrichtung ("P" = Hochformat, "L" = Querformat), die Maßeinheit für Größenangaben ("pt" = Point, "mm", "cm", "in" = Inch) und das Seitenformat ("A3", "A4", "A5", "Letter", "Legal"). Die Default-Werte sind "P", "mm" und "A4". Das gleiche Objekt kann also mit der Anweisung $pdf = new FPDF("P", "mm", "A4") erzeugt werden. Mit $pdf können Sie auf das Objekt zugreifen.

AddPage()

Mithilfe der Methode AddPage() wird eine Seite erzeugt. Die Methode besitzt einen optionalen Parameter für die Seitenausrichtung ("P", "L"). Wird dieser nicht angegeben, wird diejenige Ausrichtung genommen, die mit dem Konstruktor gewählt wird.

Output()

Die Methode Output() dient zur Ausgabe des PDF-Objekts. Sie hat zwei Parameter: die Zeichenkette "F" für das *Speichern als Datei* und eine Zeichenkette mit dem Dateinamen (mit der Dateiendung *.pdf*).

16.3 Text in Zelle

> **Hinweis**
> Versuchen Sie, eine Datei zu erzeugen, während sie noch in einem PDF-Reader geöffnet ist, schlägt die Erzeugung fehl.

In Abbildung 16.2 sehen Sie die Ansicht, die sich bietet, wenn die nachfolgende Zeile hinzugefügt wird, damit die PDF-Datei direkt im Browser angezeigt wird (sofern dieser dazu in der Lage ist).

Anzeige im Browser

```
header("Location: pdf_test.pdf");
```

Abbildung 16.2 Die Datei »pdf_test.pdf« im Browser

16.3 Text in Zelle

Zur Anzeige von Text gibt es Standardfonts und zusätzlich geladene Fonts. Ein Beispiel mit Standardfont sieht so aus wie in Abbildung 16.3.

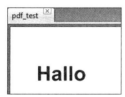

Abbildung 16.3 PDF-Datei mit Standardfont

Der Programmcode:

```
<!DOCTYPE html>...<body>
<?php
```

```
require("fpdf/fpdf.php");
$pdf = new FPDF();
$pdf->SetFont("Helvetica", "B", 24);
$pdf->AddPage();
$pdf->Cell(50, 20, "Hallo");
$pdf->Output("F", "pdf_test.pdf");
?>
</body></html>
```

Listing 16.2 Datei »pdf_zelle.php«

SetFont()   Die Methode SetFont() legt die Schriftart fest. Sie kann bereits vor der ersten Seite aufgerufen werden und gilt im Folgenden für das Dokument, bis sie wieder geändert wird. Sie hat drei Parameter, wobei die beiden letzten optional sind:

- Der erste Parameter bezeichnet den Font. Unter Windows sind intern unter anderem die Schriftarten "Helvetica", "Courier" und "Times" bereits vorhanden.
- Der zweite Parameter legt den Schriftschnitt fest ("B" = fett, "I" = kursiv, "U" = unterstrichen). Die Buchstaben können beliebig kombiniert werden.
- Mit dem dritten Parameter wird die Größe der Schrift in Punkt gewählt; der Default-Wert beträgt 12.

Im vorliegenden Beispiel wird Helvetica, fett, 24 Punkt, verwendet. Die zugehörige PHP-Fontdatei (*helveticab.php*) muss im Unterverzeichnis *fpdf/font* vorhanden sein.

Cell()   Die Methode Cell() erzeugt eine rechteckige Zelle, gegebenenfalls mit Text. Die erste Zelle einer Seite wird links oben mit jeweils 1 cm Abstand zum Seitenrand erzeugt. Die Methode besitzt acht Parameter, davon sind alle außer dem ersten optional:

- Die ersten drei Parameter legen die Breite, die Höhe und den Text fest. Beträgt die Breite 0, erstreckt sich die Zelle bis zum rechten Rand. Passt der Text nicht vollständig in die Zelle, wird über den Rand der Zelle und gegebenenfalls der Seite hinausgeschrieben! Eine Alternative bietet die Methode Write(); dazu später mehr.
- Der vierte Parameter dient zur Festlegung des Randes (0 = kein Rand, 1 = alle Ränder, "L" = Rand links, "T" = Rand oben, "R" = Rand rechts, "B" =

Rand unten). Die Buchstaben können Sie beliebig kombinieren, der Default-Wert beträgt 0.

▶ Der fünfte Parameter legt die nächste Schreibposition nach der Zelle fest (0 = rechts von der Zelle, 1 = nach Zeilenumbruch in der nächsten Zeile, 2 = unter der Zelle). Der Default-Wert ist 0.

▶ Der sechste Parameter bestimmt die Ausrichtung des Textes ("L" = links, "C" = zentriert, "R" = rechts). Der Default-Wert ist "L".

▶ Mit dem siebten Parameter wird festgehalten, ob die Zelle gefüllt wird (0 = keine Füllung, 1 = Füllung). Der Default-Wert ist 0.

▶ Der letzte Parameter dient zur Wahl eines Hyperlinks (mehr dazu folgt in Abschnitt 16.8).

> **Hinweis**
>
> Möchten Sie Text mit Umlauten oder dem Eszett (ß) in der PDF-Datei notieren, sollten Sie die Funktion utf8_decode() nutzen. Ein Beispiel:
>
> `$pdf->Cell(50, 20, utf8_decode("Text mit äöü oder ß"));`

16.4 Fließtext, Schriftparameter

Die Methode Cell() bietet einige Möglichkeiten zur Textgestaltung und Textumrandung, allerdings wird der Text gegebenenfalls über den Rand der Zelle hinausgeschrieben. Die Methode Write() hingegen schreibt Fließtext und fügt automatisch einen Zeilenumbruch ein, falls der Text zu lang wird. Abbildung 16.4 zeigt ein Beispiel.

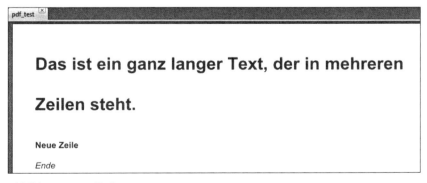

Abbildung 16.4 Fließtext

Der Programmcode:

```php
<!DOCTYPE html>...<body>
<?php
require("fpdf/fpdf.php");
$pdf = new FPDF();
$pdf->SetFont("Helvetica", "B", 24);
$pdf->SetTextColor(255, 0, 0);

$pdf->AddPage();
$text = "Das ist ein ganz langer Text, "
    . "der in mehreren Zeilen steht.";
$pdf->Write(20, $text);

$pdf->SetFontSize(12);
$pdf->Ln();
$pdf->Write(20, "Neue Zeile");

$pdf->SetFont("","I");
$pdf->Ln(10);
$pdf->Write(20, "Ende");

$pdf->Output("F", "pdf_test.pdf");
?>
</body></html>
```

Listing 16.3 Datei »pdf_schrift.php«

SetTextColor()   Mit der Methode SetTextColor() wird die Schriftfarbe festgelegt. Sie kann bereits vor der ersten Seite aufgerufen werden und gilt nachfolgend für das Dokument, bis sie wieder geändert wird. Sie hat drei Parameter: die Rot-, Grün- und Blauanteile jeweils mit Werten zwischen 0 und 255.

Die Methode Write() gibt Text an der aktuellen Position aus. Beim Erreichen des rechten Seitenrandes wird ein Zeilenumbruch erzeugt. Nach der Ausgabe ist die aktuelle Position unmittelbar hinter dem Text. Die Methode hat drei Parameter, davon ist der letzte optional:

- Die Parameter 1 und 2 legen die Zeilenhöhe und den Text fest.
- Der letzte Parameter dient zur Wahl eines Hyperlinks.

SetFontSize()

Soll nur die Schriftgröße geändert werden, müssen Sie nicht die Methode `SetFont()` aufrufen; die Methode `SetFontSize()` reicht hier aus. Die restlichen Einstellungen werden übernommen. Der einzige Parameter gibt die Größe der Schrift in Punkt an.

Ln()

Die Methode `Ln()` erzeugt einen Zeilenumbruch. Sie ist zum Beispiel in Verbindung mit der Methode `Write()` sinnvoll, da diese keinen Zeilenumbruch am Ende des Textes erzeugt. `Ln()` hat einen einzigen, optionalen Parameter: die Zeilenhöhe. Wird kein Parameter angegeben, wird die Zeilenhöhe der letzten Ausgabe übernommen.

Soll nur der Schriftschnitt geändert werden, können Sie als ersten Parameter der Methode `SetFont()` eine leere Zeichenkette angeben. Die restlichen Einstellungen werden übernommen. Hier wird lediglich von »fett« auf »kursiv« gewechselt. Die zugehörige PHP-Fontdatei (*helveticai.php*) muss im Unterverzeichnis *fpdf/font* vorhanden sein.

16.5 Tabelle

Tabellen lassen sich mit der Methode `Cell()` zusammensetzen. Mit einer individuellen Einstellung von Schriftfarbe, Schriftschnitt, Linienfarbe, Liniendicke und Füllung der Zellen lassen sich größere Datenmengen übersichtlich darstellen. Eine Tabelle könnte so wie in Abbildung 16.5 aussehen.

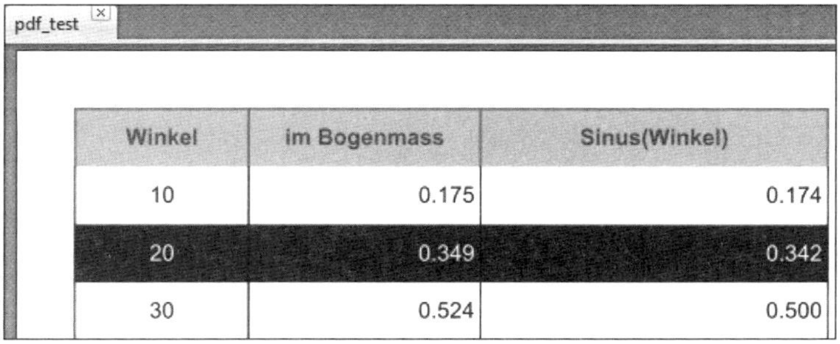

Winkel	im Bogenmass	Sinus(Winkel)
10	0.175	0.174
20	0.349	0.342
30	0.524	0.500

Abbildung 16.5 Beispieltabelle (Ausschnitt)

Der Programmcode:

```
<!DOCTYPE html>...<body>
<?php
require("fpdf/fpdf.php");
$pdf = new FPDF();
```

```
$pdf->AddPage();

/* Einstellung für Überschrift */
$pdf->SetFont("Helvetica", "B", 11);
$pdf->SetLineWidth(0.4);
$pdf->SetDrawColor(255, 0, 255);
$pdf->SetFillColor(192, 192, 192);
$pdf->SetTextColor(255, 0, 0);

/* Überschrift */
$pdf->Cell(30, 10, "Winkel", "LTR", 0, "C", 1);
$pdf->Cell(40, 10, "im Bogenmass", "LTR", 0, "C", 1);
$pdf->Cell(60, 10, "Sinus(Winkel)", "LTR", 0, "C", 1);
$pdf->Ln();

/* Einstellung für Tabelle */
$pdf->SetFont("", "");
$pdf->SetLineWidth(0.2);
$pdf->SetDrawColor(0, 0, 0);

/* Tabelle */
for($w=10; $w<=90; $w=$w+10)
{
  /* Zeilen abwechselnd gestalten */
  if($w%20==0)
  {
    $pdf->SetFillColor(0, 0, 255);
    $pdf->SetTextColor(255, 255, 255);
  }
  else
  {
    $pdf->SetFillColor(255, 255, 255);
    $pdf->SetTextColor(0, 0, 0);
  }

  /* Werte */
  $wb = $w / 180 * M_PI;
  $pdf->Cell(30, 10, $w, "LR", 0, "C", 1);
  $pdf->Cell(40, 10, number_format($wb,3), "LR", 0, "R", 1);
  $pdf->Cell(60, 10, number_format(sin($wb),3), "LR", 0, "R", 1);
```

```
    $pdf->Ln();
}

$pdf->Output("F", "pdf_test.pdf");
?>
</body></html>
```

Listing 16.4 Datei »pdf_tabelle.php«

Zunächst erfolgen drei Einstellungen:

- Die Methode `SetLineWidth()` dient zur Einstellung der Liniendicke bei Zellen oder geometrischen Objekten. Der einzige Parameter ist der Wert für die Liniendicke. Der Standardwert beträgt 0,2 mm. — *SetLineWidth()*

- Die Methode `SetDrawColor()` wird zur Einstellung der Linienfarbe bei Zellen oder geometrischen Objekten verwendet und besitzt drei Parameter. Damit werden die Rot-, Grün- und Blauanteile angegeben, jeweils mit Werten zwischen 0 und 255. — *SetDrawColor()*

- Mit der Methode `SetFillColor()` wird die Füllfarbe bei Zellen oder gefüllten geometrischen Objekten eingestellt. Sie besitzt dieselben drei Parameter für die Farbanteile. — *SetFillColor()*

Nun wird eine Tabelle mit drei Spalten dargestellt. Jede Zelle wird rechts neben die Vorgängerzelle gesetzt. Nach jeweils drei Zellen wird mithilfe der Methode `Ln()` die Zeile gewechselt. — *Tabelle mit drei Spalten*

- Die Zellen der Überschrift haben einen grauen Hintergrund und eine magentafarbene Rahmenlinie der Dicke 0,4 mm als linke, rechte und obere Begrenzung. Der Text ist in Fettschrift und zentriert gesetzt.

- Die Zeilen der restlichen Tabelle haben abwechselnd schwarze Schrift auf weißem Hintergrund und weiße Schrift auf blauem Hintergrund. Sie verfügen über eine schwarze Rahmenlinie der Dicke 0,2 mm als linke und rechte Begrenzung der Zellen. Der Text besitzt die normale Dicke. Die erste Spalte ist zentriert, und die restlichen Spalten sind rechtsbündig ausgerichtet.

Es kann sich, wie hier, um eine mathematische Tabelle oder um die Darstellung eines größeren Datenbestands handeln – zum Beispiel aus einer Datenbank.

16.6 Kopf- und Fußzeile

Zum Füllen der Kopf- und Fußzeilen müssen die bereits vorhandenen Methoden der Klasse FPDF überschrieben werden. Daher müssen Sie zunächst eine abgeleitete Klasse erzeugen. In Abbildung 16.6 sehen Sie zunächst die Kopfzeile.

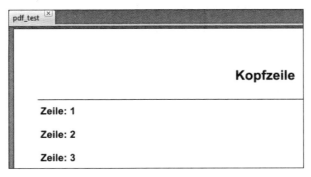

Abbildung 16.6 Kopfzeile und Text (Ausschnitt)

In Abbildung 16.7 folgt die Fußzeile.

Abbildung 16.7 Fußzeile

Der Programmcode:

```
<!DOCTYPE html>...<body>
<?php
require("fpdf/fpdf.php");

class MyPDF extends FPDF
{
  function Header()
  {
      $this->SetFont("Helvetica", "B", 16);
      $this->Cell(0, 20, "Kopfzeile", "B", 1, "C");
  }
```

```php
    function Footer()
    {
        $this->SetY(-20);
        $this->SetFont("Helvetica", "B", 8);
        $this->Cell(0, 10, "Seite "
            . $this->PageNo() . "/{nb}", "T", 0, "R");
    }
}

$pdf = new MyPDF();
$pdf->AliasNbPages();
$pdf->AddPage();
$pdf->SetFont("Helvetica", "B", 12);
for($i=1;$i<=60;$i++)
    $pdf->Cell(0, 10, "Zeile: " . $i, 0, 1);
$pdf->Output("F", "pdf_test.pdf");
?>
</body></html>
```

Listing 16.5 Datei »pdf_kopf.php«

Die Klasse `MyPDF` wird von der Klasse `FPDF` abgeleitet. Die Methoden Header() und Footer() der Klasse `FPDF` werden überschrieben.

In der Methode Header() für die Kopfzeile wird gewählt:

- die Schrift `Helvetica`, fett, Größe 16. Sie bleibt für die Kopfzeilen aller Seiten erhalten, unabhängig von der Schrift für die Fußzeile oder für den eigentlichen Text.
- eine Zelle mit der Breite 0, unterer Rahmenlinie und zentrierter Ausrichtung. Daher erstreckt sich die Zelle über die gesamte Breite, und die Kopfzeile wird vollständig nach unten mit einer Linie begrenzt; der Text steht mittig.

In der Methode Footer() für die Fußzeile wird gewählt:

- Schrift `Helvetica`, fett, Größe 8. Sie bleibt für die Fußzeilen aller Seiten erhalten, unabhängig von der Schrift für die Kopfzeile oder für den eigentlichen Text.
- Die Methode SetY() setzt die Schreibposition auf einen absoluten Wert. Ist dieser negativ, wird vom unteren Rand gemessen. Wird die Methode nicht aufgerufen, wird die letzte Fußzeile ans Ende des Textes und nicht ans Ende der letzten Seite gesetzt!

{nb}, PageNo() ▸ eine Zelle mit der Breite 0, obere Rahmenlinie und rechtsbündige Ausrichtung. Daher erstreckt sich die Zelle über die gesamte Breite, die Fußzeile wird vollständig nach oben mit einer Linie begrenzt, und der Text steht rechts. Der Text beinhaltet unter anderem die laufende Seitennummer (Methode PageNo()) sowie die Gesamtanzahl der Seiten im Dokument. Dazu dient der Platzhalter {nb} in Verbindung mit der Methode AliasNbPages.

Abgeleitete Klasse Die Anweisung $pdf = new MyPDF() erzeugt ein neues Objekt der abgeleiteten Klasse MyPDF.

AliasNbPages() Die Methode AliasNbPages() sorgt dafür, dass die Gesamtanzahl der Seiten im Dokument zur Verfügung steht.

Es wird die Schrift Helvetica, fett, Größe 12 gewählt. Sie bleibt für den eigentlichen Text aller Seiten erhalten, unabhängig von der Schrift für die Kopfzeile oder die Fußzeile. Insgesamt werden 60 Zeilen ausgegeben. Sobald eine Zelle den unteren Seitenrand erreicht, wird automatisch ein Seitenumbruch vorgenommen.

16.7 Bild aus Datei laden

Das Einfügen eines Bildes aus einer Datei ist recht einfach. Abbildung 16.8 zeigt ein Beispiel.

Abbildung 16.8 Bilder in PDF-Datei einbinden

Das Programm:

```
<!DOCTYPE html>...<body>
<?php
```

```
require("fpdf/fpdf.php");
$pdf = new FPDF();
$pdf->AddPage();
$pdf->Image("im_blume.jpg", 50, 10, 30);
$pdf->Image("im_work.gif", 20, 10);
$pdf->Output("F", "pdf_test.pdf");
?>
</body></html>
```

Listing 16.6 Datei »pdf_bild.php«

Die Methode Image() dient zum Einbinden eines Bildes. Sie hat sieben Parameter, davon sind die ersten drei zwingend. Sie legen den Dateinamen sowie die x- und y-Position fest.

Image()

Der vierte Parameter dient zur Angabe der Breite, falls das Bild vergrößert oder verkleinert dargestellt wird. Wird der Wert nicht angegeben oder ist er 0, wird die Originalbreite genommen. Der fünfte Parameter legt die Höhe fest. Wird der Wert nicht angegeben oder ist der Wert 0, wird die Höhe passend zur Breite genommen.

Mit dem sechsten Parameter kann der Bildtyp (JPG, JPEG, PNG, GIF) bestimmt werden. Wird keiner angegeben, wird der Typ aus der Dateiendung bestimmt. Der letzte Parameter dient zur Wahl eines Hyperlinks.

16.8 Hyperlinks

Hyperlinks können auf interne Ziele innerhalb des PDF-Dokuments oder auf externe Ziele, also andere URLs, verweisen. Ausgangspunkt eines Hyperlinks kann ein Text, eine Zelle, ein Bild oder ein Rechteck ähnlich wie bei einer Image-Map sein. Zunächst sehen Sie in Abbildung 16.9 ein Beispiel mit einem internen Textlink auf Seite 1 des Dokuments, der zu Seite 2 führt.

Abbildung 16.9 Text-Hyperlink

Der Programmcode:

```php
<!DOCTYPE html>...<body>
<?php
require("fpdf/fpdf.php");
$pdf = new FPDF();
$pdf->SetFont("Helvetica", "", 11);

$pdf->AddPage();
$pdf->Write(10, "Inhalt:");
$pdf->Ln();

/* Start des Hyperlinks */
$pdf->SetFont("", "U");
$seite2 = $pdf->AddLink();
$pdf->Write(10, "zu Seite 2", $seite2);
$pdf->SetFont("", "");
$pdf->Ln();

$pdf->Write(10, "Ende Inhalt");

/* Ziel des Hyperlinks */
$pdf->AddPage();
$pdf->SetLink($seite2);

$pdf->Write(10, "Seite 2");
$pdf->Output("F", "pdf_test.pdf");
?>
</body></html>
```

Listing 16.7 Datei »pdf_link1.php«

Vor der ersten Seite wird eine der üblichen Schriften eingestellt. Unmittelbar vor dem Link wird auf *Unterstrichen* gewechselt, damit der Text als anklickbar erkannt wird. Dazu benötigen Sie keine separate PHP-Fontdatei. Es genügt die Datei für *Normaltext* (= nicht unterstrichen).

AddLink() Die Methode AddLink() erzeugt einen Link und liefert dessen ID zurück.

Mit der Methode Write() wird ein Text auf die erste Seite geschrieben. Als dritter Parameter nach Zeilenhöhe und Textinhalt wird die soeben ermittelte Link-ID notiert. Damit erreichen Sie, dass der Textinhalt anklickbar ist und als Startpunkt des Links dient. Sobald sich der Mauszeiger im PDF-Dokument über dem Link befindet, ändert sich sein Aussehen.

Nach dem Link wird auf *Nicht unterstrichen* zurückgewechselt.

Auf der zweiten Seite wird mit der Methode `SetLink()` der Zielpunkt des Links eingerichtet. Einziger Parameter ist die Link-ID. Damit erreichen Sie, dass dieser Punkt auf der zweiten Seite direkt per Klick von dem unterstrichenen Text der ersten Seite aus erreicht werden kann.

SetLink()

In Abbildung 16.10 sehen Sie ein Beispiel mit einem externen Ziel sowie einer Zelle, einem Bild und einem Bildbereich als Startpunkte.

Der Programmcode:

```
<!DOCTYPE html>...<body>
<?php
require("fpdf/fpdf.php");
$pdf = new FPDF();
$pdf->SetFont("Helvetica", "", 11);

$pdf->AddPage();
$pdf->Write(10, "Seite 1");
$pdf->Ln();

/* Externer Hyperlink */
$pdf->SetFont("", "U");
$pdf->Write(10, "extern", "http://localhost");
$pdf->Ln();

/* Hyperlink in einer Zelle */
$seite2 = $pdf->AddLink();
$pdf->Cell(40, 10, "zu Seite 2", 1, 1, "C", 0, $seite2);
$pdf->SetFont("", "");

/* Bild als Hyperlink */
$pdf->Image("im_blume.jpg", 65, 10, 20, 0, "", $seite2);

/* Hyperlink innerhalb eines Bildes */
$pdf->Image("im_blume.jpg", 100, 10, 20);
$pdf->Link(100, 10, 20, 15, $seite2);
```

```
/* Ziel des Hyperlinks */
$pdf->AddPage();
$pdf->SetLink($seite2);

$pdf->Write(10, "Seite 2");
$pdf->Output("F", "pdf_test.pdf");
?>
</body></html>
```

Listing 16.8 Datei »pdf_link2.php«

Abbildung 16.10 Verschiedene Hyperlink-Möglichkeiten

Text-Hyperlink | Als Erstes wird ein Text-Hyperlink eingerichtet, hier zur Startseite des Webservers (*http://localhost*). Eine Link-ID wird bei einem externen Link nicht benötigt. Bei vielen PDF-Readern wird nach einem Klick auf einen externen Link sicherheitshalber gewarnt.

Es folgt ein interner Hyperlink in einer Zelle. Der letzte Parameter der Methode Cell() ist die Link-ID.

Bild-Hyperlink | Das erste Bild stellt einen Hyperlink zum gleichen Ziel dar. Der letzte Parameter der Methode Image() ist wiederum die Link-ID. Sobald sich der Mauszeiger im PDF-Dokument über dem Bild befindet, ändert sich sein Aussehen.

Bildbereich-Hyperlink | Mithilfe der Methode Link() ist der obere Bereich des zweiten Bildes als Hyperlink eingerichtet. Die Methode hat fünf Parameter, die alle angegeben werden müssen: die x- und y-Koordinaten der oberen linken Ecke des Bereichs, die Breite und Höhe des Bereichs sowie die Link-ID. Die Koordinaten stimmen mit den Koordinaten des Bildes überein. Als Breite wird die Breite des Bildes gewählt. Sobald sich der Mauszeiger im PDF-Dokument über dem betreffenden Bildbereich befindet, ändert sich sein Aussehen wieder.

Bei der Positionierung eines solchen Hyperlinks sollten Sie darauf achten, dass er in einem Bildteil liegt, der intuitiv als Link zu erkennen ist. Eine Landkarte, auf der Sie einzelne Städte oder Regionen anklicken können, ist ein gutes Beispiel hierfür.

16.9 Linie, Rechteck, Position

Sie können auch in PDF-Dateien einfache geometrische Objekte wie eine Linie oder ein Rechteck zeichnen. Im Zusammenhang mit Text kann es dabei nützlich sein, die aktuelle Position zu bestimmen beziehungsweise zu setzen. Abbildung 16.11 zeigt ein Beispiel mit einer Linie, einem Rechteck und einem gefüllten Rechteck. Der Programmcode sieht wie folgt aus:

```
<!DOCTYPE html>...<body>
<?php
require("fpdf/fpdf.php");
$pdf = new FPDF();
$pdf->SetFont("Helvetica", "", 11);
$pdf->SetLineWidth(1);

/* Linie */
$pdf->AddPage();
$pdf->Ln();
$x = $pdf->GetX();
$y = $pdf->GetY();
$pdf->Line($x, $y, $x+15, $y+10);

/* Rechteck */
$pdf->SetY($y+15);
$pdf->Ln();
$x = $pdf->GetX();
$y = $pdf->GetY();
$pdf->Rect($x, $y, 15, 10);

/* Gefülltes Rechteck */
$pdf->SetY($y+15);
$pdf->Ln();
$x = $pdf->GetX();
$y = $pdf->GetY();
```

```
$pdf->SetFillColor(0, 0, 255);
$pdf->Rect($x, $y, 15, 10, "DF");

$pdf->Output("F", "pdf_test.pdf");
?>
</body></html>
```

Listing 16.9 Datei »pdf_zeichnen.php«

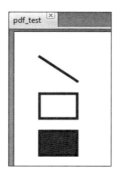

Abbildung 16.11 Linie, Rechteck und gefülltes Rechteck

SetLineWidth()	Mithilfe der Methode SetLineWidth() wird zunächst die Linienstärke auf 1 mm gesetzt.
GetX(), GetY()	Nach der Ausgabe eines Zeilenumbruchs wird jeweils die aktuelle Position bestimmt, damit an dieser Position gezeichnet werden kann. Dazu werden die beiden Methoden GetX() und GetY() eingesetzt, die die aktuellen x- und y-Koordinaten als Rückgabewert liefern.
Line()	Die Methode Line() zeichnet eine Linie von einem Startpunkt zu einem Zielpunkt. Die vier Parameter geben die x- und y-Koordinaten des Startpunkts und des Zielpunkts an.
Rect()	Die Methode Rect() zeichnet ein Rechteck. Die vier Parameter geben die x- und y-Koordinaten des Startpunkts sowie die Breite und Höhe des Rechtecks an.
SetFillColor()	Ein gefülltes Rechteck wird gezeichnet, indem im fünften Parameter F angegeben wird. D steht für das Ziehen der Rahmenlinie und F für die Füllung. Mit SetFillColor() wird vorher eine Füllfarbe angegeben.
SetX(), SetY(), SetXY()	Neben der Methode SetY() gibt es noch die verwandten Methoden SetX() und SetXY() zum Setzen der Schreibposition.

Kapitel 17
Automatisierter E-Mail-Versand

Bei vielen Websites besteht die Notwendigkeit, automatisierte E-Mails zu versenden. Diese dienen zum Beispiel als Bestellbestätigungen, Statusinformationen oder zur Registrierung von Benutzern. In PHP wird zu diesem Zweck die Funktion `mail()` angeboten. Damit können Sie bereits einfache E-Mails versenden.

Automatisierte E-Mail

Möchten Sie allerdings eine E-Mail im HTML-Format versenden, eventuell auch mit Anhängen, wird es mit der Funktion `mail()` sehr aufwendig. Daher arbeiten wir in diesem Kapitel zusätzlich mit der frei verfügbaren Klasse PHP-Mailer. Diese Version finden Sie auch in den Materialien zum Buch.

PHP-Mailer

Am Ort der Ausführung des PHP-Skripts (zum Beispiel auf der eigenen Website im Internet) muss ein laufender E-Mail-Server zur Weiterleitung der E-Mail zur Verfügung stehen.

17.1 Eine erste E-Mail

Zunächst sehen Sie hier eine einfache E-Mail mit der Funktion `mail()`:

```
<!DOCTYPE html>...<body>
<?php
   $empfaenger = "emil@empfaenger.de";
   $betreff = "Mein Betreff";
   $nachricht = "Zeile 1\r\nZeile 2\r\nZeile 3";
   $headers = "From: arnold@absender.de";
   if(mail($empfaenger, $betreff, $nachricht, $headers))
      echo "Mail zum Senden akzeptiert";
   else
      echo "Mail nicht zum Senden akzeptiert";
?>
</body></html>
```

Listing 17.1 Datei »mail_einfach.php«

17 Automatisierter E-Mail-Versand

mail() Die Funktion `mail()` benötigt als Parameter drei Zeichenketten: die E-Mail-Adresse des Empfängers, den Betreff der Nachricht und die Nachricht selbst. Auf den meisten Websites wird zur Vermeidung von Spam-Mails auch ein Header verlangt, in dem eine Absenderadresse steht, die bei der absendenden Domain registriert ist. Bei dem Header kann es sich um eine Zeichenkette oder um ein assoziatives Feld handeln.

Die Zeichenketten werden hier zur besseren Übersicht vorher zusammengesetzt. Zeilenumbrüche in der Nachricht müssen mit der Zeichenfolge \r\n gebildet werden. Der Absender steht im Header nach der vorgegebenen Zeichenfolge `From:` . Achten Sie auch darauf, ein Leerzeichen zwischen dem Doppelpunkt und der Adresse zu setzen.

Mail akzeptiert? Der boolesche Rückgabewert informiert darüber, ob die Mail vom E-Mail-Server zum Senden akzeptiert wurde. Das beinhaltet allerdings noch nicht die Information, ob es sich um einen gültigen Empfänger handelt und die E-Mail auch wirklich dort eintrifft.

> **[»] Hinweis**
> Möchten Sie Text mit Umlauten oder Eszett (ß) im Betreff oder innerhalb der Nachricht notieren, sollten Sie die jeweilige Zeichenkette mithilfe der Funktion `utf8_decode()` umwandeln.

17.2 Weitere Header

In diesem Abschnitt folgt eine E-Mail mit weiteren Einträgen im Header:

```php
<!DOCTYPE html>...<body>
<?php
    $empfaenger = "emil@empfaenger.de";
    $betreff = "Mein Betreff";
    $nachricht = "Zeile 1\r\nZeile 2\r\nZeile 3";
    $headers = array("From" => "arnold@absender.de",
                     "Reply-To" => "antwort@absender.de",
                     "Cc" => "kopie@empfaenger.de",
                     "Bcc" => "blindkopie@geheim.de");
    if(mail($empfaenger, $betreff, $nachricht, $headers))
        echo "Mail zum Senden akzeptiert";
    else
```

```
        echo "Mail nicht zum Senden akzeptiert";
?>
</body></html>
```

Listing 17.2 Datei »mail_header.php«

Bei mehreren Einträgen im Header sollte man mit einem assoziativen Feld arbeiten. Als Schlüssel dienen festgelegte Header-Elemente wie `From`, `Reply-To`, `Cc` oder `Bcc`.

From, Reply-To, Cc, Bcc

17.3 Ein E-Mail-Formular

Häufig wird zur Kontaktaufnahme auf Websites ein E-Mail-Formular eingesetzt (siehe Abbildung 17.1). Die E-Mail-Adresse des Empfängers ist damit nicht mehr direkt erkennbar. Dies schützt, zum Beispiel zusammen mit einem CAPTCHA, vor ungebetenen automatisierten Spam-Mails.

Adresse nicht erkennbar

Zudem können weitere Formularelemente genutzt werden, um die E-Mail-Anfrage unmittelbar an die richtigen Stellen des Empfängers zu leiten und einige Fragen bereits im Vorfeld zu klären.

Hier sehen Sie zunächst den Code des Formulars:

```
<!DOCTYPE html>...<body>
<h2>Formularinhalt mailen</h2>
<form action = "mail_formular.php" method = "post">
   <p><input name="absender"> Ihre E-Mail-Adresse</p>
   <p><input name="betreff"> Ihr Betreff</p>
   <p><select name="abteilung">
        <option value="einkauf">Einkauf</option>
        <option value="verkauf">Verkauf</option>
        <option value="lager">Lager</option>
        <option value="zentrale"
               selected="selected">Zentrale</option>
      </select>
   <p><textarea name="nachricht" cols="50" rows="5"></textarea>
      Ihre Nachricht</p>
   <p><input type="submit"> <input type="reset"></p>
</form>
</body></html>
```

Listing 17.3 Datei »mail_formular.htm«

17   Automatisierter E-Mail-Versand

Abbildung 17.1 E-Mail-Formular

Im vorliegenden Beispiel gibt es zwei Textfelder für die E-Mail-Adresse des Absenders und den Betreff, ein Auswahlmenü für den Empfänger und eine Textarea für die eigentliche Nachricht.

Der Code der dazugehörigen PHP-Datei sieht wie folgt aus:

```
<!DOCTYPE html>...<body>
<?php
    $empfaenger = match($_POST["abteilung"])
    {
        "einkauf" => "einkauf@empfaenger.de",
        "verkauf" => "verkauf@empfaenger.de",
        "lager" => "lager@empfaenger.de",
        "zentrale" => "zentrale@empfaenger.de"
    };
    $betreff = htmlentities($_POST["betreff"]);
    $nachricht = htmlentities($_POST["nachricht"]);
    $headers = array("From" => "formular@empfaenger.de",
        "Reply-To" => htmlentities($_POST["absender"]));
    if(mail($empfaenger, $betreff, $nachricht, $headers))
        echo "Mail zum Senden akzeptiert";
    else
```

```
        echo "Mail nicht zum Senden akzeptiert";
?>
</body></html>
```

Listing 17.4 Datei »mail_formular.php«

Der Empfänger wird mithilfe eines `match`-Ausdrucks bestimmt. Eventuell vorhandene HTML-Markierungen in den Inhalten der Formularfelder für Absender, Betreff und Nachricht werden zur Erhöhung der Sicherheit mithilfe der Funktion `htmlentities()` umgewandelt. Der Absender wird als `Reply-To`-Adresse eingetragen.

Sicherheit erhöhen

17.4 E-Mails mit PHPMailer

Die Klasse `PHPMailer` dient zum komfortablen Senden von E-Mails im Text- oder HTML-Format, eventuell auch mit Anhängen. Dies ist mithilfe der Funktion `mail()` zwar auch möglich, allerdings recht aufwendig. Im folgenden Beispiel wird davon ausgegangen, dass die Klasse `PHPMailer` und die zugehörigen Dateien des PHPMailer-Projekts im untergeordneten Verzeichnis *phpmailer* stehen.

Zunächst das Beispiel:

```
<!DOCTYPE html>...<body>
<?php
include("phpmailer/class.phpmailer.php");

$mail             = new PHPMailer();
$mail->From       = "arnold@absender.de";
$mail->FromName   = "Arnold Absender";
$mail->Subject    = "Mein Betreff";
$mail->Body       =
    "<table style='border:1px solid black;'>"
    . "<tr><td style='border:1px solid black;'>"
    . "Das ist <b>fett</b></td></tr></table>";
$mail->AltBody    = "Nur Text";

$mail->AddAddress("emil@empfaenger.de");
$mail->AddCC("kopie@empfaenger.de");
$mail->AddBCC("blindkopie@geheim.de");
```

```
$mail->AddReplyTo("antwort@absender.de");
$mail->AddAttachment("mail_word.doc");
$mail->AddAttachment("mail_excel.xls");

if($mail->Send())
    echo "Mail zum Senden akzeptiert";
else
    echo "Mail nicht zum Senden akzeptiert";
?>
</body></html>
```

Listing 17.5 Datei »mail_pm.php«

Es handelt sich um eine HTML-Mail. Im HTML-Code finden Sie eine Tabelle mit einer Zelle. Darin steht ein Text, teilweise in Fettschrift. Die CSS-Style-Angaben müssen einzeln innerhalb der HTML-Markierungen notiert werden. Als Anhänge werden eine MS-Word-Datei und eine MS-Excel-Datei gesendet, die sich im selben Verzeichnis wie das PHP-Programm befinden.

Klasse Zunächst wird die Datei *class.phpmailer.php* aus dem untergeordneten Verzeichnis *phpmailer* eingebunden. Damit steht die Klasse PHPMailer zur Verfügung. Mit new wird ein neues Objekt dieser Klasse erzeugt und eine Referenz auf dieses Objekt zurückgeliefert.

In den Eigenschaften From und FromName werden die E-Mail-Adresse und der Name des Absenders notiert, und in der Eigenschaft Subject steht der Betreff. Die Eigenschaft Body speichert den eigentlichen E-Mail-Text, hier im HTML-Format mit CSS-Style-Angaben. Kann der E-Mail-Client des Empfängers keine HTML-Mails verarbeiten, sieht er nur den Wert der Eigenschaft AltBody.

Adressen und Anhang Die Methoden AddAddress(), AddCC() und AddBCC() dienen zur Aufnahme der Empfängeradressen für Original und Kopie der E-Mail. AddReplyTo() sorgt dafür, dass eine Antwort auf diese E-Mail nicht an den Absender, sondern an die hier angegebene Adresse gesendet wird. Die Methode AddAttachment() wird genutzt, um eine oder mehrere Dateien als Anhang der E-Mail hinzuzufügen. Im Beispiel wird davon ausgegangen, dass sich die Dateien im selben Verzeichnis wie dieses PHP-Programm befinden.

Send() Zu guter Letzt wird die E-Mail mithilfe der Methode Send() gesendet. Auch die Methode Send() besitzt einen booleschen Rückgabewert.

Kapitel 18
Beispielprojekte

In diesem Kapitel verweise ich zunächst auf drei Anwendungsprojekte, die jeweils ausführlich in Bonuskapiteln in den Materialien zum Buch beschrieben werden: einen *Chat*, ein *Blog* und ein *Forum*.

Zudem werden hier im Buch zwei neue Projekte beschrieben:

- ein einfaches *Multiplayer-Spiel*, das von mehreren Spielern genutzt werden kann, die Rechner an unterschiedlichen Orten nutzen: Zur Identifizierung der verschiedenen Spieler wird Session-Management eingesetzt. Die Daten der einzelnen Spieler werden in XML-Dateien gespeichert und später wiederum aus diesen XML-Dateien gelesen.

  Multiplayer-Spiel

- ein Beispiel für die *Steganografie*, also das Verstecken von Daten innerhalb von anderen Informationen: Als Beispiel wird eine Word-Datei unsichtbar innerhalb einer Bilddatei versteckt. Anschließend kann die veränderte Bilddatei versendet werden. Beim Empfänger wird die Original-Word-Datei wieder aus der Bilddatei rekonstruiert.

  Steganografie

18.1 Das Projekt »Chat«

In diesem Projekt wird ein einfacher Chat in eine Website integriert. Die Chat-Anwendung gibt es in zwei Versionen. Eine Version nutzt zur Speicherung eine einfache Textdatei und kann auf Websites ohne Datenbankanbindung eingesetzt werden. Die andere Version nutzt zur Speicherung eine MySQL-Datenbank. Alles Weitere finden Sie im Bonuskapitel »Das Projekt ›Chat‹« in den Materialien zum Buch.

Text oder Datenbank

18.2 Das Projekt »Blog«

In diesem Projekt wird ein einfaches Blog, z. B. für ein Reisetagebuch, in eine Website integriert. Der Blog-Betreiber kann Texte und Bilder hochladen.

Reisetagebuch

- Die Bilder werden nach dem Hochladen verkleinert. Dies ermöglicht eine weiterhin informative Darstellung, gleichzeitig verringert es die Ladezeit für die Blog-Betrachter.
- Die Einträge sind absteigend nach Zeit sortiert, sodass der Blog-Betrachter die Bilder und Texte zu den neuesten Reiseerlebnissen immer als Erstes sieht.

Sie finden das Bonuskapitel »Das Projekt ›Blog‹« in den Materialien zum Buch.

18.3 Das Projekt »Forum«

Geschlossene Benutzergruppe

In diesem Projekt wird ein umfangreiches Projekt erzeugt, mit dessen Hilfe ein individuelles Forum für eine geschlossene Benutzergruppe geschaffen wird. Die Namen, Passwörter und Beiträge der Teilnehmer werden in einer MySQL-Datenbank gespeichert. Das gesamte Programm einschließlich der Anmeldeseite ist in einer Datei codiert. Dies vereinfacht viele Vorgänge. Sie finden das Projekt im Bonuskapitel »Das Projekt ›Forum‹« in den Materialien zum Buch.

18.4 Das Projekt »Multiplayer«

Session-Management

In diesem Abschnitt werden der Ablauf und der Aufbau eines einfachen Multiplayer-Spiels ausführlich erläutert. Bei dem Spiel wird unter anderem das Session-Management zur Unterscheidung und Identifizierung der verschiedenen Spieler eingesetzt (siehe Kapitel 11).

XML-Datei

Die Daten der einzelnen Spieler werden in XML-Dateien gespeichert und später wiederum aus diesen XML-Dateien gelesen (siehe Kapitel 13).

Der Aufbau des gesamten Spiels wird mithilfe einer einzigen PHP-Datei durchgeführt. In Abhängigkeit von der persönlichen Identität des Spielers und des individuellen Spielzustands werden den verschiedenen Spielern unterschiedliche Informationen und Bedienelemente angezeigt. Auf diese Weise werden die Möglichkeiten einer Fehlbedienung minimiert.

Funktionalität

In diesem Projekt wird bewusst ein einfaches Kartenspiel genutzt. Der Schwerpunkt des Programms liegt auf der Multiplayer-Funktionalität. Die gezeigten Techniken können in gleichartiger Weise auch auf komplexere Spiele angewendet werden.

Das PHP-Programm und die anderen beteiligten Dateien finden Sie im Unterverzeichnis *multiplayer*.

18.4.1 Der Ablauf der Anmeldung

Die Internetseite mit dem Spiel kann von beliebig vielen Spielern aufgerufen werden. Es handelt sich um ein einfaches Kartenspiel für zwei Spieler. Es können also zum Beispiel insgesamt acht Spieler zur selben Zeit vier verschiedene Spiele bestreiten.

Die Seite ruft sich automatisch alle drei Sekunden selbst auf. Auf diese Weise wird auf eine Änderung des Spielzustands von außen, also durch den Gegner, reagiert.

Automatischer Aufruf

Nach dem Aufruf der Seite *localhost/multiplayer/index.php* muss sich der Spieler zunächst durch Betätigung der entsprechenden Schaltfläche anmelden (siehe Abbildung 18.1).

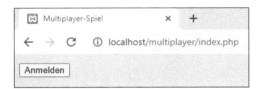

Abbildung 18.1 Anmeldung zum Spiel

Es können nun zwei verschiedene Zustände vorliegen.

Zustand 1: Aktuell wartet kein anderer Spieler. Es gibt also noch keinen Gegner. Dann erhält der Spieler, der sich soeben angemeldet hat, eine Meldung wie in Abbildung 18.2. Die Schaltfläche ANMELDEN wird zur Schaltfläche ABMELDEN. Außerdem erscheint eine Schaltfläche HILFE.

Kein Gegner wartet

Abbildung 18.2 Es wird auf die Anmeldung eines Gegners gewartet.

Gegner wartet   **Zustand 2:** Ein anderer Spieler wartet bereits. Dann startet ein Spiel unmittelbar. Bei beiden Spielern erscheinen der jeweilige Spielstand und die eigenen fünf Spielkarten. In Abbildung 18.3 wird der erste Spieler links oben im Browser Google Chrome angezeigt, der zweite Spieler rechts unten im Browser Mozilla Firefox. Im Normalfall sieht jeder Spieler nur seine eigenen Karten.

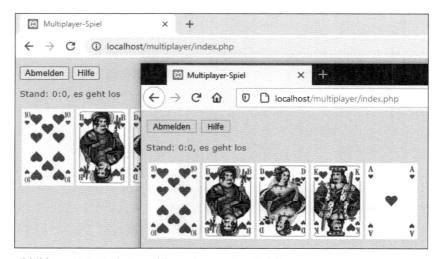

Abbildung 18.3 Nach Anmeldung des zweiten Spielers

Zweiter Browser   Bei der Nutzung eines einzigen Browsers wird standardmäßig dieselbe Session-ID für alle Tabs und Fenster zugeteilt. Möchten Sie das Spiel für zwei Spieler lokal auf Ihrem Rechner simulieren, sollten Sie daher einen zweiten Browser nutzen. Laden Sie das Spiel auf einen öffentlich zugänglichen Webserver, zum Beispiel auf Ihre Website im Internet, können es zwei Personen als echtes Multiplayer-Spiel von zwei Rechnern an unterschiedlichen Orten gegeneinander spielen.

Regeln   Nach Betätigung der Schaltfläche Hilfe erscheint der folgende Hilfetext mit den Spielregeln: »Zwei Spieler müssen sich anmelden. Nach der Anmeldung hat jeder Spieler fünf Karten zur Verfügung. In jeder Runde legt jeder Spieler eine Karte. Der Spieler mit der höheren Karte erhält einen Punkt. Falls beide Spieler dieselbe Karte legen, erhält keiner einen Punkt. Das Spiel ist nach fünf Runden beendet.«

18.4.2 Der Ablauf des Spiels und der Abmeldung

Jeder Spieler legt in jeder Runde eine Karte, indem er auf das betreffende Bild klickt. Anschließend können zwei verschiedene Zustände vorliegen.

Zustand 1: Der Gegner hat in dieser Runde noch keine Karte gelegt. Dann erhält der Spieler eine Meldung wie in Abbildung 18.4.

Warten auf Karte

Abbildung 18.4 Es wird auf einen Spielzug des Gegners gewartet.

Zustand 2: Der Gegner hat in dieser Runde bereits eine Karte gelegt. Dann werden beide gelegten Karten unmittelbar ausgewertet. Bei beiden Spielern erscheinen weitere Informationen: An der Stelle der zuvor gelegten Karte sieht man eine Kartenrückseite, und die Bezeichnungen der gelegten Karten, das daraus resultierende Ergebnis für diese Runde und der individuelle Spielstand werden angezeigt (siehe Abbildung 18.5).

Auswertung

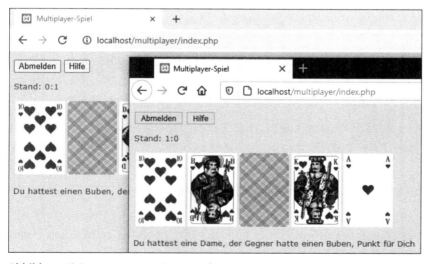

Abbildung 18.5 Auswertung einer Runde

Nachdem die Auswertung angezeigt wurde, kann jeder Spieler die nächste Karte legen. Es ist nicht wichtig, welcher Spieler innerhalb einer Runde die

Reihenfolge egal

erste Karte legt. Jeder Spieler sieht nur seine eigenen Karten. Die Karte des Gegners sieht er erst, nachdem dieser sie gelegt hat.

Spielende Nach der fünften Runde endet das Spiel. Entweder hat einer der beiden Spieler gewonnen (siehe Abbildung 18.6) oder es kam zu einem Unentschieden. Anschließend meldet sich einer der beiden Spieler ab. Der Gegner wird dadurch automatisch ebenfalls abgemeldet. Bei beiden Spielern erscheint wieder die Schaltfläche ANMELDEN aus Abbildung 18.1. Erst nach einer erneuten Anmeldung kann ein Spieler wieder an einem Spiel teilnehmen.

Abbildung 18.6 Ende des Spiels

Sonderfälle Es werden auch zwei Sonderfälle berücksichtigt:

- Ein Spieler möchte sich abmelden, während er auf die Anmeldung eines Gegners wartet.
- Ein Spieler möchte sich mitten im Verlauf eines Spiels abmelden.

Es erfolgt eine Rückfrage. Nach Bestätigung der Abmeldung befinden sich beide Spieler wieder im Zustand »Anmelden«.

18.4.3 Aufbau der XML-Dateien

Das PHP-Programm greift zur Veränderung des Spielzustands und zum Speichern von Informationen auf verschiedene XML-Dateien, die auf dem Webserver liegen, schreibend und lesend zu.

Muster für Spieler Die Datei *spieler.xml* dient als Muster für die XML-Datei, die für jeden Spieler individuell nach der Anmeldung angelegt wird und nach der Abmeldung wieder gelöscht wird. Hier sehen Sie zunächst den XML-Code:

```xml
<?xml version="1.0" encoding="utf-8"?>
<spieler>
    <gegnerID> </gegnerID>
    <karteLetzte>0</karteLetzte>
    <karte1>1</karte1>
    <karte2>1</karte2>
    <karte3>1</karte3>
    <karte4>1</karte4>
    <karte5>1</karte5>
    <warten>0</warten>
    <punkte>0</punkte>
    <runde>0</runde>
    <info> </info>
</spieler>
```

Listing 18.1 Musterdatei »spieler.xml«

Innerhalb des Objekts spieler stehen die Attribute und ihre Werte: — Attribute

- gegnerID: Die Session-ID des Gegners. Hat sich noch kein Gegner angemeldet, steht hier noch nichts.
- karteLetzte: Der Wert der letzten Karte, die der Spieler gespielt hat. Hat er noch keine Karte gespielt, steht hier eine 0, ansonsten einer der Werte von 1 (Herz Zehn) bis 5 (Herz As).
- karte1 bis karte5: Falls der Spieler diese Karte noch besitzt, also noch nicht gespielt hat, steht hier eine 1, ansonsten eine 0.
- warten: Wartet der Spieler aktuell auf eine Karte des Gegners, steht hier eine 1, ansonsten eine 0.
- punkte: Der Punktestand des Spielers.
- runde: Die Nummer der Runde, in der sich der Spieler befindet. Nach dem Legen der ersten Karte befindet er sich in Runde 1, nach dem Legen der zweiten Karte in Runde 2 und so weiter.
- info: Eine Information, die für den Spieler angezeigt werden soll, zum Beispiel der Hilfetext oder die Information, welche Karten soeben gelegt wurden.

Ein Beispiel: Nach der Anmeldung eines Spielers mit der Session-ID abc123 wird für diesen Spieler eine XML-Datei mit dem Namen *spieler_abc123.xml* nach dem obigen Muster erzeugt. Auf diese Datei kann von dem Spieler

Wartender Die Datei *wartender.xml* ist zu Beginn leer. Nachdem sich ein Spieler zu einem Spiel angemeldet hat und bevor ihm ein Gegner zugeteilt wurde, beinhaltet die Datei die Session-ID des Spielers.

```
<?xml version="1.0" encoding="utf-8"?>
<wartender>
    <ID> </ID>
</wartender>
```

Listing 18.2 Datei »wartender.xml«

18.4.4 Beginn des Programms

Nun folgt der Beginn des PHP-Programms mit den Kopfdaten und den JavaScript-Funktionen:

```
<?php
    session_start();
?>
<!DOCTYPE html>
<html lang="de">
<head>
    <meta http-equiv="refresh" content="3; url=index.php">
    <meta charset="utf-8">
    <title>Multiplayer-Spiel</title>
    <style>
        body {font-family:Verdana; font-size:10pt;
            color:#b22222; background-color:#e3e3e3}
    </style>
<script>
    function senden(aktion, wert)
    {
        if(aktion == 1)
        {
            if(wert == 2)
            {
                if(!confirm("Vor Beginn des Spiels abmelden?"))
                    return;
            }
```

```
            else if(wert == 3)
            {
               if(!confirm("Beide vor dem Ende abmelden?"))
                  return;
            }
         }

         document.f.aktion.value = aktion;
         document.f.karteGespielt.value = wert;
         document.f.submit();
      }
</script>
```

Listing 18.3 Datei »index.php«, Teil 1 von 10

Durch den Aufruf der PHP-Funktion `session_start()` wird das Session-Management gestartet.

Die Meta-Angabe `http-equiv` steht für ein *HTTP-Äquivalent*. Diese HTTP-Äquivalente dienen zur Steuerung des Webservers. Das HTTP-Äquivalent `refresh` ermöglicht die Weiterleitung an eine Adresse nach einer bestimmten Zeit. Im vorliegenden Fall wird nach drei Sekunden an die eigene Adresse weitergeleitet. Das Ergebnis: Das Programm ruft sich alle drei Sekunden selbst auf, damit auch auf eine Änderung des Spielzustands durch einen anderen Spieler reagiert werden kann.

Automatischer Aufruf

Die JavaScript-Funktion `senden()` wird entweder durch die Betätigung einer der Schaltflächen oder durch den Klick auf eine der Karten aufgerufen. Die möglichen Spielzustände und die Werte der zugehörigen Parameter, falls sie von Bedeutung sind, sind wie folgt definiert:

- Schaltfläche ANMELDEN: aktion=0. Der Spieler möchte sich anmelden. — *Anmelden*
- Schaltfläche ABMELDEN: aktion=1. Der Spieler möchte sich abmelden. — *Abmelden*
  Der Parameter wert kennzeichnet die verschiedenen Situationen:
  - wert=1: Abmeldung nach Ende des Spiels
  - wert=2: Abmeldung vor Beginn des Spiels
  - wert=3: Abmeldung mitten im Spiel
- Schaltfläche HILFE: aktion=2. Der Spieler möchte den Hilfetext sehen. — *Hilfe*
- Klick auf Karte: aktion=3. Der Parameter wert kennzeichnet den Wert der gelegten Karte, von 1 (Herz Zehn) bis 5 (Herz As). — *Auswahl einer Karte*

Die Werte der Parameter sendet sich das Programm als Formularwerte selbst zu. Beim nächsten automatischen Aufruf der Seite werden diese Werte genutzt.

18.4.5 Anmeldung

Nun folgt die PHP-Funktion `anmelden()`. Sie wird nach Betätigung der entsprechenden Schaltfläche aufgerufen.

```
<?php
   function anmelden()
   {
      $spieler = simplexml_load_file("spieler.xml");
      $wartender = simplexml_load_file("wartender.xml");

      if(mb_strlen($wartender->ID) <= 1)
         $wartender->ID = session_id();
      else
      {
         $spieler->gegnerID = $wartender->ID;
         $gegner = simplexml_load_file(
            "spieler_" . $spieler->gegnerID . ".xml");
         $gegner->gegnerID = session_id();
         file_put_contents("spieler_" . $spieler->gegnerID
            . ".xml", $gegner->asXML());
         $wartender->ID = " ";
      }

      file_put_contents("spieler_" . session_id()
         . ".xml", $spieler->asXML());
      file_put_contents("wartender.xml", $wartender->asXML());
   }
```

Listing 18.4 Datei »index.php«, Teil 2 von 10

XML-Datei laden Zunächst werden mithilfe der Funktion `simplexml_load_file()` zwei PHP-Objekte mit den Inhalten der beiden XML-Dateien angelegt.

XML-Datei speichern Diese Objekte werden im Verlauf der Funktion gegebenenfalls verändert und anschließend wieder mithilfe der Funktion `file_put_contents()` in den zugehörigen XML-Dateien gespeichert. Es gibt nun zwei mögliche Zustände:

- **Zustand 1:** In der Datei *wartender.xml* steht noch kein anderer Spieler, der auf die Anmeldung eines Gegners wartet. In diesem Fall wird die Session-ID des aktuellen Spielers in die Datei *wartender.xml* eingetragen. Er wird also zum wartenden Spieler, der auf die Anmeldung eines Gegners wartet. **Kein Gegner wartet**

- **Zustand 2:** In der Datei *wartender.xml* steht bereits ein anderer Spieler. Das ist der Gegner für den aktuellen Spieler. Die Session-ID des Gegners wird als gegnerische ID eingetragen. Die XML-Datei des Gegners wird geöffnet und es wird die eigene ID als *Gegner des Gegners* eingetragen. Anschließend gibt es keinen wartenden Spieler mehr. **Gegner wartet**

18.4.6 Abmeldung

Jetzt folgt die PHP-Funktion `abmelden()`. Sie wird ebenfalls nach Betätigung der entsprechenden Schaltfläche aufgerufen.

```
function abmelden($id)
{
   if(!file_exists("spieler_" . $id . ".xml"))
      return;

   $spieler = simplexml_load_file("spieler_" . $id . ".xml");
   unlink("spieler_" . $id . ".xml");
   $infoAllgemein = "Sie haben sich abgemeldet";

   if(mb_strlen($spieler->gegnerID) > 1)
      abmelden($spieler->gegnerID);
   else
   {
      $wartender = simplexml_load_file("wartender.xml");
      $wartender->ID = " ";
      file_put_contents("wartender.xml", $wartender->asXML());
   }
}
```

Listing 18.5 Datei »index.php«, Teil 3 von 10

Die Funktion erhält als Parameter die Session-ID des Spielers, der abgemeldet werden soll.

Rekursion mit Abbruch

Nach dem Abmelden des Spielers soll auch der Gegner abgemeldet werden. Zu diesem Zweck ruft sich die Funktion einmal selbst auf. Diese Rekursion soll allerdings nach einem Durchlauf enden. Der Gegner des Gegners (sprich: der Spieler selbst) soll also nicht erneut abgemeldet werden. Zu diesem Zweck wird als Erstes geprüft, ob für den Spieler eine XML-Datei existiert. Ist das nicht der Fall, ist der Spieler bereits abgemeldet und die Funktion wird unmittelbar verlassen.

XML-Datei löschen

Wird die Funktion nicht unmittelbar verlassen, wird das Spieler-Objekt aus der XML-Datei gefüllt. Diese XML-Datei wird mithilfe der Funktion unlink() gelöscht und es wird eine allgemeine Info gespeichert, die im Browserfenster des Spielers angezeigt wird, der soeben abgemeldet wurde.

Es gibt nun zwei mögliche Zustände:

Gegner abmelden
- **Zustand 1:** Der Spieler ist zurzeit angemeldet und hat einen Gegner. Für diesen Gegner ruft sich die Funktion abmelden() selbst auf.

Wartenden löschen
- **Zustand 2:** Der Spieler ist zurzeit nicht angemeldet und wartet auf einen Gegner. In diesem Fall wird der Spieler als Wartender gelöscht.

18.4.7 Lesen der XML-Dateien

Nun folgen die beiden PHP-Funktionen lesen() und lesenGegner(). Sie werden mehrmals im Programm aufgerufen. Sie lesen den gespeicherten Wert einer Eigenschaft und liefern ihn als Rückgabewert zurück.

```php
function lesen($attr)
{
   $spieler = simplexml_load_file(
      "spieler_" . session_id() . ".xml");
   if($attr == "info")
      return $spieler->$attr;
   else
      return intval($spieler->$attr);
}

function lesenGegner($attr)
{
   $spieler = simplexml_load_file("spieler_"
      . session_id() . ".xml");
```

```
   $gegner = simplexml_load_file("spieler_"
      . $spieler->gegnerID . ".xml");
   if($attr == "info")
      return $gegner->$attr;
   else
      return intval($gegner->$attr);
}
```

Listing 18.6 Datei »index.php«, Teil 4 von 10

Als Parameter wird jeweils der Name der Eigenschaft, also des Attributs, übergeben. In beiden Funktionen wird das Spieler-Objekt aus der XML-Datei gefüllt. Bei der Funktion lesenGegner() wird anschließend das Gegner-Objekt aus der XML-Datei des Gegners gefüllt.

Attribut lesen

Der Wert des gewünschten Attributs wird als Wert der Funktion zurückgeliefert. Die meisten Attribute, außer info, beinhalten Zahlenwerte. Für diese Attribute wird daher mithilfe der Funktion intval() der ganzzahlige Wert des Attributs geliefert.

18.4.8 Schreiben der XML-Dateien

Es folgen die PHP-Funktionen schreiben() und schreibenGegner(), die ebenso mehrfach benötigt werden. Sie überschreiben den gespeicherten Wert eines Attributs mit einem neuen Wert.

```
function schreiben($attr, $wert)
{
   $spieler = simplexml_load_file("spieler_"
      . session_id() . ".xml");
   $spieler->$attr = $wert;
   file_put_contents("spieler_" . session_id()
      . ".xml", $spieler->asXML());
}

function schreibenGegner($attr, $wert)
{
   $spieler = simplexml_load_file("spieler_"
      . session_id() . ".xml");
   $gegner = simplexml_load_file("spieler_"
      . $spieler->gegnerID . ".xml");
```

```
    $gegner->$attr = $wert;
    file_put_contents("spieler_" . $spieler->gegnerID
        . ".xml", $gegner->asXML());
}
```

Listing 18.7 Datei »index.php«, Teil 5 von 10

Attribut schreiben Als Parameter wird neben dem Namen des Attributs der neue Wert übergeben. Das Spieler-Objekt und gegebenenfalls das Gegner-Objekt werden aus den zugehörigen XML-Dateien gefüllt. Dem gewünschten Attribut wird der neue Wert zugewiesen. Anschließend werden die veränderten Objekte wieder in der zugehörigen XML-Datei gespeichert.

18.4.9 Erhöhen eines Werts um 1

Hier folgen die beiden PHP-Funktionen erhoehen() und erhoehenGegner(). Sie werden im Programm aufgerufen, um den gespeicherten Wert einer Eigenschaft (Anzahl der gespielten Runden oder Anzahl der erzielten Punkte) um 1 zu erhöhen.

```
function erhoehen($attr)
{
    $spieler = simplexml_load_file("spieler_"
        . session_id() . ".xml");
    $spieler->$attr = $spieler->$attr + 1;
    file_put_contents("spieler_" . session_id()
        . ".xml", $spieler->asXML());
}

function erhoehenGegner($attr)
{
    $spieler = simplexml_load_file("spieler_"
        . session_id() . ".xml");
    $gegner = simplexml_load_file("spieler_"
        . $spieler->gegnerID . ".xml");
    $gegner->$attr = $gegner->$attr + 1;
    file_put_contents("spieler_" . $spieler->gegnerID
        . ".xml", $gegner->asXML());
}
```

Listing 18.8 Datei »index.php«, Teil 6 von 10

Als Parameter wird nur der Name des Attributs übergeben. Das Spieler-Objekt und gegebenenfalls das Gegner-Objekt werden aus den zugehörigen XML-Dateien gefüllt. Der Wert des gewünschten Attributs wird um 1 erhöht. Anschließend werden die veränderten Objekte wieder in der zugehörigen XML-Datei gespeichert.

Attributwert++

18.4.10 Ausgelöste Aktion durchführen

Falls der Benutzer eine Aktion auslöst, also eine der Schaltflächen betätigt oder auf eine der Karten klickt, werden Formulardaten gesendet. Die Auswertung dieser Daten erfolgt beim nächsten Aufruf der Seite. Der zugehörige Code sieht wie folgt aus:

```
if(isset($_POST["aktion"]))
{
   if($_POST["aktion"] == "0")
      anmelden();
   else if($_POST["aktion"] == "1")
      abmelden(session_id());
   else if($_POST["aktion"] == "2")
      schreiben("info",
        "Zwei Spieler müssen sich anmelden. Nach der "
        . "Anmeldung hat jeder Spieler fünf Karten zur "
        . "Verfügung.<br>In jeder Runde legt jeder Spieler "
        . "eine Karte. Der Spieler mit der höheren Karte "
        . "erhält einen Punkt.<br>Falls beide Spieler "
        . "dieselbe Karte legen, erhält keiner einen Punkt."
        . " Das Spiel ist nach fünf Runden beendet.");
   else if($_POST["aktion"] == "3")
   {
      $meine = $_POST["karteGespielt"];
      schreiben("karteLetzte", $meine);
      schreiben("karte$meine", 0);
      erhoehen("runde");

      if(lesenGegner("warten") == 0)
      {
         schreiben("warten", 1);
         schreiben("info", "");
      }
      else
```

```php
            {
                $karteText[1] = "eine Zehn";
                $karteText[2] = "einen Buben";
                $karteText[3] = "eine Dame";
                $karteText[4] = "einen König";
                $karteText[5] = "ein As";

                schreibenGegner("warten", 0);
                $seine = lesenGegner("karteLetzte");
                $meineInfo = "Du hattest $karteText[$meine], "
                    . "der Gegner hatte $karteText[$seine], ";
                $seineInfo = "Du hattest $karteText[$seine], "
                    . "der Gegner hatte $karteText[$meine], ";

                if($meine > $seine)
                {
                    $meineInfo .= "Punkt für Dich";
                    $seineInfo .= "Punkt für den Gegner";
                    erhoehen("punkte");
                }
                else if($seine > $meine)
                {
                    $meineInfo .= "Punkt für den Gegner";
                    $seineInfo .= "Punkt für Dich";
                    erhoehenGegner("punkte");
                }
                else
                {
                    $meineInfo .= "keine Punkte";
                    $seineInfo .= "keine Punkte";
                }

                schreiben("info", $meineInfo);
                schreibenGegner("info", $seineInfo);
            }
        }
    }
?>
</head>
```

Listing 18.9 Datei »index.php«, Teil 7 von 10

Nach dem Betätigen einer der Schaltflächen ANMELDEN oder ABMELDEN werden die oben beschriebenen Funktionen anmelden() beziehungsweise abmelden() aufgerufen. Im letztgenannten Fall wird die Session-ID des Spielers übergeben.

Schaltflächen

Nach dem Betätigen der Schaltfläche HILFE wird die Beschreibung des Spiels als Information für diesen Spieler gespeichert. Sie wird am Ende des Programms ausgegeben.

Nach dem Klick auf eine Karte wird zunächst festgestellt, welche Karte gelegt wurde. Ihr Wert wird als die letzte gelegte Karte des Spielers gespeichert. Die betreffende Karte wird als »gelegt« gekennzeichnet. Die Anzahl der Runden dieses Spielers wird um 1 erhöht.

Auswahl einer Karte

Es gibt nun zwei mögliche Zustände:

Zustand 1: Der Gegner hat noch keine Karte gelegt und wartet daher nicht auf die Karte des Spielers. In diesem Fall wird für den Spieler eingetragen: »Wartet auf Karte des Gegners«.

Wartet auf Karte

Zustand 2: Der Gegner hat bereits eine Karte gelegt und wartet auf eine Karte des Spielers. In diesem Fall wird für den Gegner eingetragen: »Wartet nicht mehr«. Die letzte gelegte Karte des Gegners wird ermittelt und mit der letzten gelegten Karte des Spielers verglichen. Für Spieler und Gegner wird ein individueller Text zusammengestellt, der am Ende des Programms ausgegeben wird: Welche Karten wurden gelegt, wer hatte die höhere Karte und wer erhält einen Punkt? Die Punktzahl wird entsprechend erhöht.

Auswertung

18.4.11 Formular mit Schaltflächen

Nun folgt der Beginn des Formulars, inklusive der versteckten Elemente und der Schaltflächen:

```
<body>
<form name="f" action="index.php" method="post">
   <input type="hidden" name="aktion">
   <input type="hidden" name="karteGespielt">
<?php
   if(!file_exists("spieler_" . session_id() . ".xml"))
      echo "<p><input type='button' value='Anmelden' "
         . "onclick='senden(0,0);'>";
   else
```

```
{
   $status = 1;
   $wartender = simplexml_load_file("wartender.xml");

   if($wartender->ID == session_id())
      $status = 2;
   else
   {
      $runde = lesen("runde");
      $rundeGegner = lesenGegner("runde");
      if($runde < 5 || $rundeGegner < 5)
         $status = 3;
   }

   echo "<p><input type='button' value='Abmelden' "
      . "onclick='senden(1,$status);'> ";
   echo "<input type='button' value='Hilfe' "
      . "onclick='senden(2,0);'></p>";
}
```

Listing 18.10 Datei »index.php«, Teil 8 von 10

Versteckte Elemente
: Die beiden versteckten Formularelemente `aktion` und `karteGespielt` erhalten mithilfe der oben beschriebenen JavaScript-Funktion `senden()` ihre Werte.

Ist der Spieler noch nicht angemeldet, gibt es noch keine XML-Datei für ihn. In diesem Fall wird die Schaltfläche ANMELDEN angezeigt.

Abmelden
: Ist der Spieler bereits angemeldet, werden die beiden Schaltflächen ABMELDEN und HILFE angezeigt. Nach dem Abmelden gibt es drei mögliche Zustände:

- Das Spiel ist zu Ende. Das wäre der Standardfall ($status = 1).
- Der Spieler wartet noch auf einen Gegner ($status = 2).
- Das Spiel ist noch nicht zu Ende ($status = 3).

18.4.12 Anzeige von Informationen oder Spielkarten

Für einen angemeldeten Spieler werden entweder bestimmte Informationen oder der Spielstand und die Spielkarten angezeigt:

```php
if(file_exists("spieler_" . session_id() . ".xml"))
{
   $wartender = simplexml_load_file("wartender.xml");
   if($wartender->ID == session_id())
      echo "<p>Warte auf Anmeldung eines Gegners</p>";
   else if(lesen("warten") == 1)
      echo "<p>Warte auf eine Karte des Gegners</p>";
   else
   {
      echo "<p>Stand: " . lesen("punkte") . ":"
         . lesenGegner("punkte");
      if(lesen("runde") == 0)
         echo ", es geht los";
      echo "</p>";

      if(lesen("runde") < 5)
      {
         echo "<p><table><tr>";
         for($i=1; $i<=5; $i++)
         {
            if(lesen("karte$i") == 1)
               echo "<td>"
                  . "<a href='javascript:senden(3,$i);'>"
                  . "<img src='bilder/karteBild$i.png' "
                  . "style='border:0px;'></a></td>";
            else
               echo "<td>"
                  . "<img src='bilder/rueckseite.png'>"
                  . "</td>";
         }
         echo "</tr></table></p>";
      }
      else
      {
         schreiben("info", "");
         schreibenGegner("info", "");
         if(lesen("punkte") > lesenGegner("punkte"))
            echo "<p>Sie haben gewonnen!";
         else if(lesenGegner("punkte") > lesen("punkte"))
            echo "<p>Sie haben leider verloren.";
```

```
            else
               echo "<p>Es gab ein Unentschieden.";
               echo " Bitte melden Sie sich ab.</p>";
         }
      }
   }
```

Listing 18.11 Datei »index.php,« Teil 9 von 10

Spieler wartet Wartet der Spieler darauf, dass sich ein Gegner anmeldet, wird die entsprechende Information angezeigt. Ebenso verhält es sich, falls er auf eine Spielkarte des Gegners wartet.

Wartet er nicht, wird zunächst der Spielstand angezeigt. Vor dem Legen der ersten Karte wird zusätzlich angezeigt, dass es jetzt losgeht.

Es gibt nun zwei mögliche Zustände:

Anzeige der Karten **Zustand 1:** Das Spiel ist noch nicht zu Ende. Es wird eine Tabelle mit fünf Kartenbildern angezeigt. Wurde eine Karte noch nicht gelegt, kann sie angeklickt werden. Dank der CSS-Style-Angabe `border:0px` wird kein sichtbarer Rahmen für den Hyperlink gelegt. Wurde eine Karte bereits gelegt, wird die Rückseite angezeigt.

Spielende **Zustand 2:** Das Spiel ist zu Ende. Die Punkte beider Spieler werden ermittelt. Das resultierende Ergebnis wird angezeigt.

18.4.13 Individuelle oder allgemeine Informationen

Nun folgt das Ende des Programms mit der Anzeige von Informationen, die im Verlauf des Programms zwischengespeichert wurden:

```
   if(file_exists("spieler_" . session_id() . ".xml"))
   {
      $infoPersoenlich = lesen("info");
      if($infoPersoenlich != "")
         echo "<p>$infoPersoenlich</p>";
   }

   if(isset($infoAllgemein))
      echo "<p>$infoAllgemein</p>";
?>
</form>
```

```
</body>
</html>
```

Listing 18.12 Datei »index.php«, Teil 10 von 10

Sind persönliche Informationen für einen Spieler in seiner XML-Datei gespeichert, werden diese angezeigt.

Persönliche Infos

Für einen Spieler, der noch nicht oder nicht mehr angemeldet ist, können keine persönlichen Informationen in einer XML-Datei gespeichert werden. In diesem Fall werden für ihn allgemeine Informationen in einer Variablen gespeichert. Diese werden ebenfalls angezeigt.

Allgemeine Infos

18.5 Das Projekt »Steganografie«

In diesem Abschnitt wird PHP zum Zwecke der *Steganografie* genutzt. Der Begriff stammt aus dem Griechischen und bedeutet *Geheimes Schreiben*. Es geht um das Verstecken von geheimen Daten innerhalb einer unauffälligen Trägerinformation.

Daten verstecken

Im vorliegenden Fall handelt es sich bei den geheimen Daten um die PDF-Datei *beispiel.pdf*. Sie beinhaltet neben einem Text eine kleine Liste und ein Bild (siehe Abbildung 18.7).

Abbildung 18.7 Die geheime Information: eine PDF-Datei

Trägerinformation Als Trägerinformation dient die Bilddatei *bild.png*. Sie beinhaltet das Foto einer kleinen Bucht mit Schiffen, Bäumen und Häusern (siehe Abbildung 18.8). Beim Verstecken der geheimen Daten kommen unter anderem Methoden aus der GD-Bibliothek zum Einsatz.

Abbildung 18.8 Die Trägerinformation: eine Bilddatei

Rekonstruktion Nach dem Verstecken der PDF-Datei kann die veränderte Bilddatei versendet werden. Beim Empfänger kann die PDF-Datei wieder aus der Bilddatei rekonstruiert werden.

Alle beteiligten PHP-Programme und Dateien finden Sie im Unterverzeichnis *steganografie*. Es wird mit Funktionen zur Bildbearbeitung aus der GD-Bibliothek (siehe Kapitel 15), mit Dual- und Hexadezimalzahlen (siehe Abschnitt 10.9) sowie mit Bit-Operatoren (siehe Abschnitt 10.10) gearbeitet.

18.5.1 Das Auge erkennt keinen Unterschied

Die Daten der PDF-Datei, der sogenannten Lastdatei, werden innerhalb bestimmter Teile der Farbinformation der Bilddatei versteckt. Mit dem Auge ist der Unterschied zwischen der unveränderten Bilddatei und der veränderten Bilddatei nicht zu erkennen.

Es ist wichtig, dass die Bilddatei in einem verlustfreien Pixelformat vorliegt, hier im PNG-Format (*Portable Network Graphics*). Jedem Pixel (Bildpunkt) einer solchen Datei ist eine bestimmte Farbe zugeordnet. Sie setzt sich aus drei Anteilen zusammen: Rot, Grün und Blau. Jeder Farbanteil wird in einem Byte, also in acht Bit kodiert. Damit ergeben sich Werte zwischen 0 (geringer Anteil dieser Farbe) und 255 (hoher Anteil dieser Farbe).

Verlustfreies Format

Nehmen wir für einen bestimmten Bildpunkt einen Rot-Wert von 83 an. Das entspricht der Dualzahl mit der Bitfolge 0101 0011 (siehe Abschnitt 10.9). Das Auge nimmt den Unterschied zwischen den Farbwerten im Bereich von 80 (0101 0000) bis 87 (0101 0111) nicht wahr. Wir können also die drei niederwertigen Bit jedes Anteils einer Farbe (die drei Bit ganz rechts) verändern, ohne dass es bemerkt wird. Es gibt drei Farbanteile pro Pixel, das ergibt insgesamt 9 Bit: genügend Platz, um jeweils ein Byte der Lastdatei zu verstecken.

Niederwertige Bits

Bei den beiden nachfolgend beschriebenen Programmen zum Verstecken und zum Rekonstruieren der Daten wird mit einzelnen Bytes gearbeitet. Daher kommen, mit gleicher Wirkungsweise wie in Kapitel 6, die Standardfunktionen strlen(), ord() und chr() statt der Multibyte-Funktionen mb_strlen(), mb_ord() und mb_chr() zum Einsatz.

18.5.2 Das Verstecken der Daten

Mithilfe des Programms *kodieren.php* wird die Lastdatei innerhalb der Bilddatei versteckt. Die Dateinamen werden in den beiden Variablen $bildDatei und $lastDatei gespeichert. Der Code wird in einzelnen Abschnitten erläutert:

```
<!DOCTYPE html>...<body>
<?php
   $bildDatei = "bild.png";
   $lastDatei = "beispiel.pdf";

   $bildInfo = getimagesize($bildDatei);
   $bildBreite = $bildInfo[0];
   $bildHoehe = $bildInfo[1];

   $lastString = file_get_contents($lastDatei);
   $lastGroesse = strlen($lastString);
```

```
if($lastGroesse > $bildBreite * $bildHoehe - 4)
    exit("Last zu groß");
```

Listing 18.13 Datei »kodieren.php«, Teil 1 von 6

Bildgröße | Die Funktion `getimagesize()` liefert ein Feld mit Informationen über eine Bilddatei. Die beiden Feldelemente 0 und 1 beinhalten die Breite und die Höhe des Bilds in Pixeln. Diese Informationen werden später für den Zugriff auf die einzelnen Pixel des Bilds benötigt.

Lastgröße | Die Funktion `file_get_contents()` liest sämtliche Bytes einer Datei in eine Zeichenkette. Mithilfe der Funktion `strlen()` wird die Länge der Zeichenkette festgestellt, hier also die Anzahl der zu versteckenden Bytes. Zu dieser Anzahl werden noch vier Bytes hinzugerechnet. In diesen vier Bytes wird die Größe der Lastdatei als Zahl gespeichert. Ist die auf diese Weise ermittelte Gesamtanzahl der benötigten Bytes zu groß für die Bilddatei, wird das Programm beendet.

Nun folgt der nächste Teil des Codes:

```
$lastGroesseFeld[0] = ($lastGroesse >> 24) & 0xFF;
$lastGroesseFeld[1] = ($lastGroesse >> 16) & 0xFF;
$lastGroesseFeld[2] = ($lastGroesse >> 8) & 0xFF;
$lastGroesseFeld[3] = $lastGroesse & 0xFF;
```

Listing 18.14 Datei »kodieren.php«, Teil 2 von 6

Feld für Lastgröße | Die Größe der Lastdatei wird kodiert und in einem Feld gespeichert. Dieses besteht aus vier einzelnen Bytes, die später in den ersten vier Bytes der Bilddatei versteckt werden. Daraus kann das dekodierende Programm ermitteln, wie viele der nachfolgenden Bytes zur Lastdatei gehören.

Im vorliegenden Beispiel hat die Lastdatei *beispiel.pdf* eine Größe von 360.226 Byte. Schreiben wir diesen Wert als Dualzahl mit 32 Stellen:

0000 0000 0000 0101 0111 1111 0010 0010

Bit-Operatoren | Das sind vier Gruppen zu jeweils acht Bit. Jede Gruppe à acht Bit wird einzeln mithilfe von Bit-Operatoren ermittelt (siehe Abschnitt 10.10). Der Bit-Operator `>>` wird zum Verschieben von Bits genutzt. Der Bit-Operator `&` (bitweises logisches Und) dient zum Filtern bestimmter Bits. Im Folgenden sehen Sie ein Beispiel für die Ermittlung des Elements 2 des Felds.

Nach dem Ausdruck `$lastGroesse >> 8` sind die Bits der Dualzahl um acht Bit nach rechts verschoben:

0000 0000 0000 0000 0000 0101 0111 1111

Mit dem Präfix `0x` wird eine Hexadezimalzahl eingeleitet (siehe Abschnitt 10.9). Die Zahl `0xFF` entspricht der Dualzahl 1111 1111. Nach dem Ausdruck `($lastGroesse >> 8) & 0xFF` verbleiben nur noch die acht Bits ganz rechts:

Hexadezimalzahl

0000 0000 0000 0000 0000 0000 0111 1111

Nun folgt der nächste Teil des Codes:

```
$img = imagecreatefromstring(file_get_contents($bildDatei));
for($x=0; $x<$bildBreite; $x++)
{
   for($y=0; $y<$bildHoehe; $y++)
   {
      $index = $x * $bildHoehe + $y;

      if($index < $lastGroesse + 4)
      {
         if($index < 4)
            $zahl = $lastGroesseFeld[$index];
         else
            $zahl = ord($lastString[$index-4]);
```

Listing 18.15 Datei »kodieren.php«, Teil 3 von 6

Zunächst wird der Inhalt der Bilddatei in einer Zeichenkette gespeichert. Aus dieser Zeichenkette wird wiederum ein Image-Objekt erzeugt.

Image-Objekt

Mithilfe einer doppelten Schleife wird auf die einzelnen Pixel des Bilds zugegriffen. Der Index des Bytes, das im jeweiligen Pixel versteckt werden soll, wird mithilfe der beiden Schleifenvariablen ermittelt.

Zugriff auf Pixel

Die folgenden Operationen werden nur durchgeführt, falls der Index kleiner ist als die Summe aus der Größe der Lastdatei und der Anzahl der Bytes des Felds. Ist das der Fall, dann wird wie folgt unterschieden:

▸ Hat der Index einen Wert von 0 bis 3, wird ein Byte aus dem Feld, in dem die Größe der Lastdatei steht, in der Variablen `$zahl` gespeichert.

Byte mit Lastgröße

▸ Hat der Index einen Mindestwert von 4, wird mithilfe der Funktion `ord()` der ASCII-Wert eines Bytes aus der Lastdatei in der Variablen `$zahl` gespeichert. Dabei ist eine Verschiebung um 4 Bytes zu berücksichtigen,

Byte aus Lastdatei

wegen der vorher gespeicherten Größe der Lastdatei. Hat also zum Beispiel der Index den Wert 14, wird auf Byte 10 der Lastdatei zugegriffen.

Jetzt folgt der nächste Teil des Codes, innerhalb der doppelten Schleife und der ersten Verzweigung:

```
$rot      = (($zahl & 0xC0) >> 6) << 16;
$gruen    = (($zahl & 0x38) >> 3) << 8;
$blau     =   $zahl & 0x07;
$lastFarbe = $rot | $gruen | $blau;
```

Listing 18.16 Datei »kodieren.php«, Teil 4 von 6

Byte zerlegen   Das Byte in der Variablen `$zahl` wird in einzelne Bits zerlegt. Die ersten zwei Bits sollen in den letzten zwei Bits des Rot-Anteils des Pixels gespeichert werden. Die nächsten drei Bits sollen in den letzten drei Bits des Grün-Anteils gespeichert werden. Die letzten drei Bits sollen in den letzten 3 Bits des Blau-Anteils gespeichert werden. Dazu werden drei kombinierte Bit-Operationen vorgenommen:

In Rot-Anteil
- Mithilfe der Hexadezimalzahl `0xC0` werden die ersten zwei Bits herausgefiltert. Sie werden um sechs Stellen nach ganz rechts verschoben und anschließend mithilfe des Bit-Operators `<<` um zwei Bytes nach links verschoben.

In Grün-Anteil
- Mithilfe der Hexadezimalzahl `0x38` werden die nächsten drei Bits herausgefiltert. Sie werden um drei Stellen nach ganz rechts verschoben und anschließend um ein Byte nach links verschoben.

In Blau-Anteil
- Mithilfe der Hexadezimalzahl `0x07` werden die letzten drei Bits herausgefiltert. Sie müssen nicht mehr verschoben werden.

Der Bit-Operator `|` (bitweises logisches Oder) dient zur Verknüpfung dieser drei Bytes. Sie werden zu einer Farbe zusammengesetzt.

Nun folgt der nächste Teil des Codes, weiterhin innerhalb der doppelten Schleife und der ersten Verzweigung:

```
$bildFarbe = imagecolorat($img, $x, $y);
$bildFarbe = ($bildFarbe & 0xFCF8F8) | $lastFarbe;
imagesetpixel($img, $x, $y, $bildFarbe);
```

Listing 18.17 Datei »kodieren.php«, Teil 5 von 6

Mithilfe der Funktion `imagecolorat()` wird die Farbkombination eines Pixels im Bild ermittelt. Die hexadezimale Zahl `0xFCF8F8` entspricht der Dualzahl 1111 1100 1111 1000 1111 1000. — *Farbe ermitteln*

Nach dem Ausdruck `$bildFarbe & 0xFCF8F8` bleiben nur noch die Werte derjenigen Bits erhalten, die nicht von der Lastinformation überschrieben werden sollen. Mithilfe des Ausdrucks (`$bildFarbe & 0xFCF8F8`) | `$lastFarbe` werden die Bits der Originalfarbe mit den Bits der Lastinformation verknüpft. — *Bit verknüpfen*

Die Funktion `imagesetpixel()` besetzt das zuvor ermittelte Pixel mit der neuen Farbkombination. — *Farbe setzen*

Es folgt der letzte Teil des Codes. Er beginnt mit dem Ende der doppelten Schleife und der ersten Verzweigung:

```
        }
      }
   }

   $bildDateiFeld = mb_split("\.", $bildDatei);
   imagepng($img, $bildDateiFeld[0] . "_neu." . $bildDateiFeld[1]);
   imagedestroy($img);
?>
</body>
</html>
```

Listing 18.18 Datei »kodieren.php«, Teil 6 von 6

Aus dem Namen der unveränderten Bilddatei wird der Name der veränderten Bilddatei gebildet. Aus *bild.png* wird also *bild_neu.png*. Das Image-Objekt wird an die neue Bilddatei übergeben und anschließend zerstört. — *Neue Bilddatei*

18.5.3 Die Rekonstruktion der Daten

Mithilfe des Programms *dekodieren.php* wird die Lastdatei aus der Bilddatei rekonstruiert. Der Code wird in einzelnen Abschnitten erläutert:

```
<!DOCTYPE html>...<body>
<?php
   $bildDatei = "bild_neu.png";
   $bildInfo = getimagesize($bildDatei);
   $bildBreite = $bildInfo[0];
```

```
        $bildHoehe = $bildInfo[1];

        $img = imagecreatefromstring(file_get_contents($bildDatei));
        $lastGroesse = 0;
        $lastString = "";
        $ende = false;
```

Listing 18.19 Datei »dekodieren.php«, Teil 1 von 4

Bildgröße Hier wird die Breite und die Höhe des Bilds in der Bilddatei in Pixeln ermittelt. Diese Informationen werden später für den Zugriff auf die einzelnen Pixel des Bilds benötigt.

Image-Objekt Der Inhalt der Bilddatei wird in einer Zeichenkette gespeichert. Aus dieser Zeichenkette wird wiederum mithilfe der Funktion imagecreatefromstring() ein Image-Objekt erzeugt.

Byte für Byte Es werden einige Variablen initialisiert, die später gefüllt werden: In $lastGroesse wird Byte für Byte die dekodierte Größe der Lastdatei ermittelt. In $lastString wird Byte für Byte der dekodierte Inhalt der Lastdatei zusammengesetzt. Die Variable $ende wird benötigt, um die doppelte Schleife nach dem letzten Byte der Lastdatei zu verlassen.

Nun folgt der nächste Teil des Codes:

```
        for($x=0; $x<$bildBreite; $x++)
        {
            for($y=0; $y<$bildHoehe; $y++)
            {
                $bildFarbe = imagecolorat($img, $x, $y);
                $lastFarbe = $bildFarbe & 0x030707;
                $rot    = ($lastFarbe >> 16) << 6;
                $gruen = (($lastFarbe >> 8) & 0x07) << 3;
                $blau   =   $lastFarbe & 0x07;
                $zahl = $rot | $gruen | $blau;
```

Listing 18.20 Datei »dekodieren.php«, Teil 2 von 4

Bits der Last ermitteln Mithilfe einer doppelten Schleife wird auf die einzelnen Pixel des Bilds zugegriffen. Zunächst wird die Farbkombination eines Pixels im Bild ermittelt. Nach dem Ausdruck $bildFarbe & 0x030707 bleiben nur noch die Werte derjenigen Bits erhalten, die die Lastinformation beinhalten. Es geht wie folgt weiter:

- Die ersten zwei Bits des Bytes der Lastdatei werden aus dem Rot-Anteil des Pixels ermittelt. Zu diesem Zweck werden die Bits des Pixels um 16 Bit nach rechts verschoben. Anschließend werden sie um sechs Bit nach links verschoben. Sie bilden dann die ersten zwei Bits des Bytes der Lastdatei. *Aus Rot-Anteil*
- Die nächsten drei Bits des Bytes der Lastdatei werden aus dem Grün-Anteil des Pixels ermittelt. Zu diesem Zweck werden die Bits des Pixels um acht Bit nach rechts verschoben. Nach der bitweisen Und-Verknüpfung mit 0x07 verbleiben nur noch die drei letzten Bits. Diese werden um drei Bit nach links verschoben. Sie bilden dann die nächsten drei Bits des Bytes der Lastdatei. *Aus Grün-Anteil*
- Die letzten drei Bits des Bytes der Lastdatei werden aus dem Blau-Anteil des Pixels ermittelt. Nach der bitweisen Und-Verknüpfung mit 0x07 verbleiben nur noch die drei letzten Bit. *Aus Blau-Anteil*

Das Byte der Lastdatei wird durch eine bitweise Oder-Verknüpfung der drei zuvor gewonnenen Anteile ermittelt und in der Variablen `$zahl` gespeichert. *Byte zusammenfügen*

Jetzt folgt der nächste Teil des Codes, innerhalb der doppelten Schleife:

```php
$index = $x * $bildHoehe + $y;
if($index < 4)
{
   $zahl = $zahl << ((3-$index)*8);
   $lastGroesse = $lastGroesse | $zahl;
}
else
{
   $lastString .= chr($zahl);
   if($index > $lastGroesse + 2)
   {
      $ende = true;
      break;
   }
}
```

Listing 18.21 Datei »dekodieren.php«, Teil 3 von 4

Der Index des Bytes der Lastdatei wird mithilfe der beiden Schleifenvariablen ermittelt.

Byte mit Lastgröße	Aus den ersten vier Bytes wird die Größe der Lastdatei rekonstruiert. Dazu wird das erste Byte um 24 Bits, das zweite Byte um 16 Bits und das dritte Byte um acht Bits verschoben. Durch eine bitweise Oder-Verknüpfung wird die Zahl zusammengesetzt, die die Größe der Lastdatei repräsentiert.
Byte für Lastdatei	Aus den restlichen Bytes wird mithilfe der Funktion `chr()` jeweils ein Zeichen ermittelt. Zeichen für Zeichen wird damit die Zeichenkette zusammengesetzt, aus der später die Lastdatei erzeugt wird. Entspricht der Index der zuvor ermittelten Größe der Lastdatei, ist das Ende der Lastdatei erreicht. Die innere Schleife wird verlassen.

Nun folgt der letzte Teil des Codes:

```
        }
        if($ende) break;
    }
    file_put_contents("beispiel_neu.pdf", $lastString);
?>
</body>
</html>
```

Listing 18.22 Datei »dekodieren.php«, Teil 4 von 4

Nachdem das Ende der Lastdatei erreicht ist, wird auch die äußere Schleife verlassen. Mithilfe der Funktion `file_put_contents()` wird die Lastdatei aus der Zeichenkette rekonstruiert.

Anhang A
Installationen und Hilfestellungen

Dieses Kapitel beschreibt zunächst die Installation des kostenfreien Pakets XAMPP. Sie können damit unter Windows, Ubuntu Linux und macOS arbeiten. Das Paket ist fertig vorkonfiguriert und beinhaltet unter anderem einen Apache-Webserver, die Sprache PHP mit ihren Bibliotheken, die frei verfügbare Variante MariaDB des Datenbankservers MySQL und die Datenbank-Benutzeroberfläche phpMyAdmin. Seit Anfang Dezember 2020 gibt es das Paket XAMPP in der Version 8.0.0. Es beinhaltet PHP in der Version 8.0.0.

XAMPP

Zum Schreiben Ihrer Programme können Sie unter Windows den Editor Notepad++ nutzen. Er zeichnet sich unter anderem durch die Syntaxhervorhebung für die verschiedenen Sprachen (wie zum Beispiel HTML, PHP oder JavaScript) aus. Zum Austausch von Dateien mit Ihrer Website steht Ihnen der FTP-Client *FileZilla* zur Verfügung.

Notepad++

Nach der Erläuterung einiger Windows-Tastenkombinationen in Abschnitt A.4 folgt eine Reihe von Unix-Befehlen, die Sie bei der täglichen Arbeit an einem Terminal unter Ubuntu Linux, macOS oder anderen Unix-basierten Systemen benötigen.

A.1 Installationen unter Windows

In diesem Abschnitt beschreibe ich die Installation und die Nutzung des Pakets *XAMPP* sowie des FTP-Clients *FileZilla* auf einem Windows-Betriebssystem.

A.1.1 Installation des Pakets XAMPP

Sie können das Paket *XAMPP für Windows* über die Internet-Adresse *www.apachefriends.org* herunterladen.

Download

Installationsdatei	Anschließend starten Sie die Installation durch den Aufruf der ausführbaren Datei *xampp-windows-x64-8.0.0-0-VS16-installer.exe*. Zu Beginn können zwei Warnungen erscheinen, die unter anderem auf ein laufendes Antivirus-Programm hinweisen. Hier können Sie fortfahren. Sie können die vorgeschlagenen Installationsoptionen bestätigen. Nur beim Zielverzeichnis empfehle ich, *C:\xampp* zu wählen.
XAMPP Control Panel	Starten Sie nach der Installation die Anwendung *XAMPP Control Panel*. Im XAMPP Control Panel starten und stoppen Sie den Apache-Webserver über die Schaltfläche rechts neben dem Begriff *Apache*. Den MariaDB-Datenbankserver starten und stoppen Sie über die Schaltfläche rechts neben dem Begriff *MySQL*.
Fehlermeldung	Sollte sich beim Start der Server die Fehlermeldung `Unable to open process` ergeben, kann das an einem bereits belegten Port liegen. Eine anschauliche Anleitung zur Behebung des Problems finden Sie unter: *http://www.coder-welten.com/windows-10-unable-to-open-process*
Speicherort	Nachdem der Webserver gestartet ist, können Sie HTML-Dateien und PHP-Programme, die Sie im Verzeichnis *C:\xampp\htdocs* ablegen, mithilfe des Webservers in Ihrem Browser über die Adresse *localhost* erreichen. Nachdem der Datenbankserver gestartet ist, können Sie Ihre Datenbanken in der Benutzeroberfläche phpMyAdmin bearbeiten, die Sie in Ihrem Browser direkt über die Adresse *localhost/phpmyadmin* erreichen.
phpinfo()	Zur Prüfung einer erfolgreichen Installation können Sie das nachfolgende PHP-Programm verwenden. Sie können es mithilfe eines Editors schreiben und in der Datei *C:\xampp\htdocs\phpinfo.php* speichern:

```
<?php
    phpinfo();
?>
```

Listing A.1 Datei »phpinfo.php«

Wenn Sie nun die zugehörige Adresse *localhost/phpinfo.php* im Browser eingeben, erscheinen dank der Funktion `phpinfo()` Informationen über die installierte PHP-Version.

Zeitzone	Suchen Sie mithilfe des Browsermenüs innerhalb dieser Informationen den Text `timezone`. Zur Kennzeichnung der mitteleuropäischen Zeitzone

findet sich hier eine Zeile mit `date.timezone="Europe/Berlin"` oder `date.timezone="Europe/Paris"`. Sollte eine andere Zeitzone genannt werden, müssen Sie die Konfigurationsdatei *php.ini* ändern.

Öffnen Sie dazu die Datei *C:\xampp\php\php.ini*. Suchen Sie die Zeile, die mit `date.timezone` beginnt, und ändern Sie sie entsprechend. Speichern Sie die Datei, und führen Sie für den Apache-Webserver einen Neustart durch, damit die Einstellung wirksam wird.

php.ini

Beenden Sie die Anwendung *XAMPP Control Panel* nach dem Stoppen der beiden Server über die Schaltfläche BEENDEN.

Vor der Installation einer neueren Version von *XAMPP* müssen Sie die alte Version deinstallieren. Sichern Sie vorher Ihre eigenen PHP-Programme aus dem Verzeichnis *C:\xampp\htdocs* und den darunterliegenden Verzeichnissen. Sichern Sie auch Ihre eigenen MySQL-Datenbanken aus dem Verzeichnis *C:\xampp\htdocs\mysql\data*.

Deinstallation

A.1.2 Der FTP-Client FileZilla

Sie können den FTP-Client *FileZilla* über die Internet-Adresse *filezilla-project.org* herunterladen.

Nach dem Herunterladen rufen Sie die Installationsdatei auf und folgen den Installationsschritten. Dabei können Sie alle Komponenten inklusive des Desktop-Icons einschließen. Nach dem Start des Programms können Sie den Bildschirm etwas übersichtlicher gestalten, indem Sie über das Menü ANSICHT die folgenden Fenster ausschalten:

Installation

- QUICKCONNECT-LEISTE
- LOKALER VERZEICHNISBAUM
- SERVER-VERZEICHNISBAUM
- ÜBERTRAGUNGS-WARTESCHLANGE

Anschließend rufen Sie den Menüpunkt DATEI • SERVERMANAGER auf, um die Daten der Verbindung zum FTP-Server der eigenen Website einzutragen.

Im Dialogfeld SERVERMANAGER klicken Sie zunächst auf die Schaltfläche NEUER SERVER und tragen anschließend auf der linken Seite einen selbst gewählten Namen für die neue Verbindung ein. Auf der rechten Seite wäh-

Servermanager

len Sie die Verbindungsart Normal aus und tragen den Namen des FTP-Servers beziehungsweise des SFTP-Servers für verschlüsselte Verbindungen, den Namen des Benutzers und das Passwort ein. Diese Daten werden Ihnen nach Buchung eines Pakets von Ihrem Internet-Service-Provider zur Verfügung gestellt (siehe auch Abschnitt 2.6).

Anschließend können Sie über die Schaltfläche Verbinden unmittelbar eine Verbindung mit dem FTP-Server beziehungsweise SFTP-Server aufnehmen. Die Verbindungsdaten sind gespeichert und über den Servermanager weiterhin erreichbar.

Transfer Im linken Fenster werden die Dateien und Verzeichnisse des lokalen PCs und im rechten Fenster die Dateien und Verzeichnisse auf dem FTP-Server für die Website im Internet angezeigt. Wenn Sie die gewünschten Dateien markiert haben, können Sie über das Kontextmenü (rechte Maustaste) die Dateien und Verzeichnisse zwischen den beiden Orten hochladen beziehungsweise herunterladen. Zudem können Sie an beiden Orten Verzeichnisse erzeugen und löschen sowie Dateien löschen.

A.2 Installation unter Ubuntu Linux

Sie können das Paket *XAMPP für Linux* über die Internet-Adresse *www.apachefriends.org* herunterladen. Anschließend steht Ihnen die Datei *Datei xampp-linux-x64-8.0.0-0-installer.run* zur Verfügung.

Installationsdatei Öffnen Sie zur Eingabe der Installationsbefehle ein Terminal. Ändern Sie gegebenenfalls die Zugriffsrechte auf die Datei mit dem Befehl:

```
chmod 744 xampp-linux-x64-8.0.0-0-installer.run
```

Starten Sie die Installation mit:

```
sudo ./xampp-linux-x64-8.0.0-0-installer.run
```

Sie können die vorgeschlagenen Installationsoptionen bestätigen. *XAMPP* wird im Verzeichnis */opt/lampp* installiert.

Manage Servers Am Ende der Installation können Sie das Häkchen bei Launch Xampp stehen lassen. Damit wird ein Dialogfeld zum Verwalten der Server aufgerufen. Auf der Registerkarte Manage Servers haben Sie die Möglichkeit, den Apache-Webserver und den MariaDB-Datenbankserver (über MySQL) auszuwählen und rechts über die jeweiligen Schaltflächen zu starten und zu stoppen. Das Dialogfeld zum Verwalten der Server können Sie auch direkt wie folgt aufrufen:

`sudo /opt/lampp/manager-linux-x64.run`

Häufig läuft allerdings nach einem Systemstart bereits der Apache-Webserver von Ubuntu Linux. In diesem Fall kann der Apache-Webserver von *XAMPP* nicht starten. Beenden Sie in diesem Fall zunächst den Apache-Webserver von Ubuntu Linux einmalig mit: **Server beenden**

`sudo /etc/init.d/apache2 stop`

Anschließend können Sie den Apache-Webserver von *XAMPP* wie oben beschrieben starten.

Damit Sie den Apache-Webserver von Ubuntu Linux nicht nach jedem Systemstart beenden müssen, können Sie den automatischen Start des zugehörigen Dienstes wie folgt deaktivieren: **Dienst deaktivieren**

`sudo update-rc.d apache2 disable`

Möchten Sie den automatischen Start des zugehörigen Dienstes irgendwann wieder einmal aktivieren, dann geht das mit: **Dienst aktivieren**

`sudo update-rc.d apache2 enable`

Sie können die Startseite des lokalen Webservers in Ihrem Browser über die Adresse *localhost* erreichen. Die Benutzeroberfläche phpMyAdmin rufen Sie über die Adresse *localhost/phpmyadmin* auf. Ihre HTML-Dateien und PHP-Programme können Sie im Verzeichnis */opt/lampp/htdocs* und in den darunterliegenden Verzeichnissen speichern. **Speicherort**

Um zu testen, ob die Installation erfolgreich war, können Sie das nachfolgende PHP-Programm verwenden. Sie können es mithilfe des Editors *gedit* wie folgt in der Datei *phpinfo.php* schreiben und speichern: **phpinfo()**

`sudo gedit /opt/lampp/htdocs/phpinfo.php`

Lassen Sie sich dabei nicht von eventuell auftretenden Fehlermeldungen bezüglich *gedit* beirren. Das PHP-Programm sieht so aus:

```
<?php
   phpinfo();
?>
```

Listing A.2 Datei »phpinfo.php«

Wenn Sie nun die zugehörige Adresse *localhost/phpinfo.php* im Browser eingeben, erscheinen dank der Funktion `phpinfo()` Informationen über die installierte PHP-Version.

Zeitzone Suchen Sie mithilfe des Browsermenüs innerhalb dieser Informationen den Text `timezone`. Zur Kennzeichnung der mitteleuropäischen Zeitzone findet sich hier eine Zeile mit `date.timezone="Europe/Berlin"` oder `date.timezone="Europe/Paris"`. Sollte eine andere Zeitzone genannt werden, müssen Sie die Konfigurationsdatei *php.ini* ändern.

php.ini Öffnen Sie dazu diese Datei wie folgt:

```
sudo gedit /opt/lampp/etc/php.ini
```

Suchen Sie die Zeile, die mit `date.timezone` beginnt, und ändern Sie sie entsprechend. Speichern Sie die Datei, und führen Sie für den Apache-Webserver einen Neustart durch, damit die Einstellung wirksam wird.

Deinstallation Vor der Installation einer neueren Version des Pakets *XAMPP* müssen Sie die alte Version entfernen. Sichern Sie vorher Ihre eigenen PHP-Programme aus dem Verzeichnis */opt/lampp/htdocs* und den darunterliegenden Verzeichnissen. Sichern Sie auch Ihre eigenen MySQL-Datenbanken aus dem Verzeichnis */opt/lampp/var/mysql*. Anschließend können Sie die alte Version wie folgt entfernen:

```
sudo /opt/lampp/uninstall
```

Schreibrechte Zur Erstellung oder Änderung von Dateien (zum Beispiel von einfachen Textdateien, SQLite3-Datenbankdateien, Bilddateien oder PDF-Dateien) sowie von Verzeichnissen werden zunächst Schreibrechte benötigt. Bei vielen Internet-Service-Providern wird Linux genutzt. Dort werden Ihnen normalerweise Schreibrechte innerhalb Ihrer Domain gegeben.

A.3 Installation für macOS

Sie können das Paket *XAMPP für OS X* über die Internet-Adresse *www.apachefriends.org* herunterladen. Anschließend steht Ihnen die Datei *xampp-osx-8.0.0-0-installer.dmg* zur Verfügung.

Start Durch einen Doppelklick auf diese Datei wird ein neues Laufwerk angelegt. Nun können Sie die Installationsdatei aufrufen, die sich auf dem neuen

Laufwerk befindet. *XAMPP* wird standardmäßig im Verzeichnis */Applications/XAMPP* installiert, was im Finder dem Verzeichnis *Programme/XAMPP* entspricht.

Am Ende der Installation können Sie das Häkchen bei LAUNCH XAMPP stehen lassen. Damit wird ein Dialogfeld zum Verwalten der Server aufgerufen. Auf der Registerkarte MANAGE SERVERS haben Sie die Möglichkeit, den Apache-Webserver und den MariaDB-Datenbankserver (über MySQL) auszuwählen und rechts über die jeweiligen Schaltflächen zu starten und zu stoppen. Das Dialogfeld zum Verwalten der Server können Sie auch über *Programme/XAMPP/manager-osx* aufrufen.

Manage Servers

Sie können die Startseite des lokalen Webservers in Ihrem Browser über die Adresse *localhost* erreichen. Die Benutzeroberfläche phpMyAdmin rufen Sie über die Adresse *localhost/phpmyadmin* auf. Ihre HTML-Dateien und PHP-Programme können Sie im Verzeichnis *Programme/XAMPP/htdocs* und in den darunterliegenden Verzeichnissen speichern.

Speicherort

Um zu testen, ob die Installation erfolgreich war, können Sie das folgende PHP-Programm verwenden. Sie können es mithilfe des Editors *TextWrangler* aus dem *App Store* in der Datei *Programme/XAMPP/htdocs/phpinfo.php* schreiben und speichern.

phpinfo()

Das PHP-Programm sieht so aus:

```
<?php
   phpinfo();
?>
```

Listing A.3 Datei »phpinfo.php«

Wenn Sie nun die zugehörige Adresse *localhost/phpinfo.php* im Browser eingeben, erscheinen dank der Funktion `phpinfo()` Informationen über die installierte PHP-Version.

Suchen Sie mithilfe des Browsermenüs innerhalb dieser Informationen den Text `timezone`. Zur Kennzeichnung der mitteleuropäischen Zeitzone findet sich hier eine Zeile mit `date.timezone="Europe/Berlin"` oder `date.timezone="Europe/Paris"`. Sollte eine andere Zeitzone genannt werden, müssen Sie die Konfigurationsdatei *php.ini* bearbeiten.

Zeitzone

Öffnen Sie dazu mithilfe eines Editors die Datei *Programme/XAMPP/xamppfiles/etc/php.ini*. Suchen Sie die Zeile, die mit `date.timezone` beginnt,

php.ini

und ändern Sie sie entsprechend. Speichern Sie die Datei, und führen Sie für den Apache-Webserver einen Neustart durch, damit die Einstellung wirksam wird.

Deinstallation Vor der Installation einer neueren Version des Pakets *XAMPP* müssen Sie die alte Version entfernen. Sichern Sie vorher Ihre eigenen PHP-Programme aus dem Verzeichnis *Programme/XAMPP/htdocs* und den darunterliegenden Verzeichnissen. Sichern Sie auch Ihre eigenen MySQL-Datenbanken aus dem Verzeichnis *Programme/XAMPP/xamppfiles/var/mysql*.

Schreibrechte Damit Sie Dateien (zum Beispiel einfache Textdateien, SQLite3-Datenbankdateien, Bilddateien oder PDF-Dateien) sowie Verzeichnisse erstellen oder ändern können, benötigen Sie zunächst Schreibrechte.

A.4 Windows – einige Tastenkombinationen

Windows-Taste Unter Windows lassen sich einige häufiger benutzte Befehle mithilfe der ⊞-Taste aufrufen:

- ⊞ + E : Windows-Explorer
- ⊞ + I : Einstellungen, unter anderem SYSTEMSTEUERUNG
- ⊞ + R : Ausführen, anschließend zum Beispiel cmd für den Kommandozeilenmodus
- ⊞ + X : Systemmenü, unter anderem COMPUTERVERWALTUNG

Nach einem Klick auf den Desktop können Sie Windows mithilfe der Tastenkombination Alt + F4 herunterfahren.

A.5 Unix-Befehle

Kommandozeile Zur Verwaltung von Verzeichnissen und Dateien unter dem Betriebssystem Unix oder einem seiner Abkömmlinge (zum Beispiel Ubuntu Linux, macOS oder Raspbian) können Sie mit Kommandozeilenbefehlen arbeiten. Diese können Sie in einem Terminal unter den genannten Betriebssystemen eingeben.

Groß- und Kleinschreibung In diesem Abschnitt lernen Sie die nützlichen Befehle ls, mkdir, rmdir, cd, cp, mv und rm kennen. Achten Sie auf den Unterschied zwischen Groß- und Kleinschreibung. Ein Beispiel: Es kann zwei verschiedene Dateien mit den Namen *hallo.txt* und *Hallo.txt* geben.

A.5.1 Inhalt eines Verzeichnisses

Unix-Systeme verfügen wie Windows-Systeme über eine Hierarchie von Verzeichnissen. Das bedeutet, es gibt ein Hauptverzeichnis, und darunter kann es Unterverzeichnisse geben. Diese können wiederum Unterverzeichnisse haben usw.

Hierarchie

Mit `..` (zwei Punkten) wird immer das jeweils übergeordnete Verzeichnis angesprochen, mit `.` (einem einzelnen Punkt) das aktuelle Verzeichnis. Diese Bezeichnungen kommen nachfolgend bei einigen Befehlen zum Einsatz.

.. und .

Mithilfe des Befehls `ls -l` können Sie sich eine Liste der Dateien und Unterverzeichnisse des aktuellen Verzeichnisses in ausführlicher Form anzeigen lassen. Dies kann eine nützliche Kontrolle nach jeder Veränderung sein. Eine Beispielausgabe:

ls -l

```
-rw-r--r-- 1 theis theis   12 Dez  3 08:52 hallo.txt
-rw-r--r-- 1 theis theis   12 Dez  3 08:51 gruss.txt
drwxr-xr-x 2 theis theis 4096 Dez  3 08:57 haus
```

Sie sehen zwei Dateien mit der Endung *.txt* und ein Unterverzeichnis. Die wichtigsten Informationen dazu:

- Steht in der ersten Spalte ein `d` (für *directory*), handelt es sich um ein Unterverzeichnis.

Verzeichnis

- Im Unterschied zu Windows sind die Rechte klar unterteilt. Nicht jeder Benutzer darf alles. Nach dem `d` (oder `-`) folgen die Rechte bezüglich des Eintrags. Dabei steht `r` (für *read*) für das Leserecht, `w` (für *write*) für das Schreibrecht und `x` (für *execute*) für das Ausführungsrecht zum Beispiel eines Programms.

rwx

- Diese Rechte werden dreimal nacheinander aufgelistet: zuerst für den aktuellen Benutzer, anschließend für die Arbeitsgruppe des aktuellen Benutzers und zuletzt für alle Benutzer des Systems.

Benutzer, Gruppe, andere

- Sie sehen die Größe der Dateien. In diesem Fall sind es jeweils 12 Byte für die beiden Textdateien. Außerdem sehen Sie Datum und Uhrzeit der letzten Änderung.

Größe, Zeitpunkt

Alle Dateien und Verzeichnisse, deren Name mit einem Punkt beginnt, sind versteckt. Mithilfe des Befehls `ls -al` listen Sie auch versteckte Dateien und Verzeichnisse auf.

A.5.2 Verzeichnis anlegen, wechseln und löschen

mkdir Der Befehl `mkdir` (für *make directory*) dient zum Anlegen eines neuen Verzeichnisses unterhalb des aktuellen Verzeichnisses. Ein Beispiel:

- `mkdir meineTexte`: Anlegen des Unterverzeichnisses *meineTexte* relativ zum aktuellen Verzeichnis

cd Mit dem Befehl `cd` (für *change directory*) wechseln Sie das Verzeichnis. Einige Beispiele:

- `cd meineTexte`: Wechsel in das Unterverzeichnis *meineTexte* relativ zum aktuellen Verzeichnis
- `cd ..`: Wechsel in das übergeordnete Verzeichnis
- `cd` (ohne weitere Angaben): Wechsel in Ihr Heimatverzeichnis, unabhängig vom aktuellen Verzeichnis
- `cd /usr/bin`: Wechsel in das absolute Verzeichnis *usr/bin*, unabhängig vom aktuellen Verzeichnis

rmdir Der Befehl `rmdir` (für *remove directory*) dient zum Löschen eines leeren Unterverzeichnisses, das sich unterhalb des aktuellen Verzeichnisses befindet. Zum Löschen von Dateien aus einem Verzeichnis verweise ich auf den nächsten Abschnitt. Ein Beispiel:

- `rmdir meineTexte`: Löschen des Unterverzeichnisses *meineTexte*, falls es leer ist

A.5.3 Datei kopieren, verschieben und löschen

Editor Textbasierte Dateien, wie zum Beispiel PHP-Programme, können Sie mit einem Editor anlegen, beispielsweise mit *gedit*.

cp Zum Kopieren von Dateien nutzen Sie den Befehl `cp` (für *copy*). Es werden immer zwei Angaben benötigt, zum einen für die Quelle und zum anderen für das Ziel der Kopieraktion. Einige Beispiele:

- `cp hallo.txt gruss.txt`: Kopiert die Datei *hallo.txt* in die Datei *gruss.txt* innerhalb des aktuellen Verzeichnisses.
- `cp hallo.txt ..`: Kopiert die Datei *hallo.txt* in das übergeordnete Verzeichnis.
- `cp hallo.txt ../nochMehrTexte`: Kopiert die Datei *hallo.txt* in das Verzeichnis *nochMehrTexte*, das sich unter demselben übergeordneten Verzeichnis wie das aktuelle Verzeichnis befindet.

- `cp ../hallo.txt .`: Kopiert die Datei *hallo.txt* aus dem übergeordneten Verzeichnis in das aktuelle Verzeichnis. Beachten Sie den einzelnen Punkt am Ende des Befehls.
- `cp ../*.txt .`: Kopiert alle Dateien mit der Endung *.txt* aus dem übergeordneten Verzeichnis in das aktuelle Verzeichnis.
- `cp ../nochMehrTexte/hallo.txt .`: Kopiert die Datei *hallo.txt* aus dem Verzeichnis *nochMehrTexte* (siehe oben) in das aktuelle Verzeichnis.

Mithilfe des Befehls `mv` (für *move*) können Sie Dateien umbenennen beziehungsweise verschieben. Die Benutzung ist der von `cp` sehr ähnlich. Einige Beispiele:

mv

- `mv hallo.txt gruss.txt`: Benennt die Datei *hallo.txt* in die Datei *gruss.txt* innerhalb des aktuellen Verzeichnisses um.
- `mv hallo.txt ..`: Verschiebt die Datei *hallo.txt* in das übergeordnete Verzeichnis.
- `mv ../hallo.txt .`: Verschiebt die Datei *hallo.txt* aus dem übergeordneten Verzeichnis in das aktuelle Verzeichnis.
- `mv ../*.txt .`: Verschiebt alle Dateien mit der Endung *.txt* aus dem übergeordneten Verzeichnis in das aktuelle Verzeichnis.

Zum Löschen von Dateien nutzen Sie den Befehl `rm` (für *remove*). Einige Beispiele:

rm

- `rm hallo.txt`: Löscht die Datei *hallo.txt* innerhalb des aktuellen Verzeichnisses.
- `rm *.txt`: Löscht alle Dateien mit der Endung *.txt* innerhalb des aktuellen Verzeichnisses.

Index

-- (Dekrement) 34
- (Subtraktion) 32
^ (bitweises Exklusiv-Oder) 440
^ (regulärer Ausdruck) 334
__clone() 297
__construct() 285
__destruct() 288
__toString() 285
::(Klasse) 309
! (logisches Nicht) 60
!= (Vergleich) 51
!== (Vergleich, mit Typ) 68
? (nullbar) 135
? (URL) 327
?:(Verzweigung) 70
?? (Koaleszenz) 76
?> (einbetten) 25
. (regulärer Ausdruck) 353
. (Verkettung) 26, 39
. (Verzeichnis) 603
.. (Verzeichnis) 603
... (Spread-Operator) 363
.= (Verkettung) 39
... (Feld von Parametern) 120
(Objekt) 282
[] (Dekonstruktion) 396
{ } (Anweisungsblock) 53
{nb} (Platzhalter) 552
@ (Silence) 214, 328
* (Multiplikation) 32
** (Exponentialoperator) 32, 427
**= (Exponentialoperator) 34
*= (Multiplikation) 34
/ (Division) 32
/* (Kommentar) 28
// (Kommentar) 28
/= (Division) 34
\\n (Zeilenumbruch) 346
& (bitweises Und) 440, 588
& (Referenz) 41
& (URL) 327
&& (logisches Und) 58
  175
% (Modulo) 32

% (Platzhalter) 217
%= (Modulo) 34
+ (Addition) 32
++ (Inkrement) 34
+= (Addition) 34
< (Vergleich, SQL) 217
< (Vergleich) 51
<?php 25
<< (bitweiser Links-Shift) 441, 590
<= (Vergleich, SQL) 217
<= (Vergleich) 51
<=> (Spaceship) 71
<> (Vergleich, SQL) 216
-= (Subtraktion) 34
= (Vergleich, SQL) 216
== (Vergleich, PHP) 51
=== (Vergleich, mit Typ) 68
=> (Feld) 115
> (Vergleich, SQL) 216
> (Vergleich) 51
>= (Vergleich, SQL) 216
>= (Vergleich) 51
>> (bitweiser Rechts-Shift) 441, 588
| (bitweises Oder) 440, 590
|| (logisches Oder) 57
~ (bitweise Inversion) 440
$ (regulärer Ausdruck) 334
$_COOKIE 460
$_FILES 188
$_GET 181, 327, 497
$_POST 45
$_SERVER 416, 479
$_SESSION 443
0 (Präfix) 437
0b (Präfix) 437
0x (Präfix) 437, 589
1:n-Beziehung 265

A

Absenden 43, 169
accdb 479
action 43

607

Index

AddAddress() 564
AddAttachment() 564
AddBCC() 564
AddCC() 564
Addition 32
AddLink() 554
AddPage() 542
AddReplyTo() 564
affected_rows
  mysqli 239
  mysqli_stmt 235
Aggregatfunktionen 249
Ajax 491
Aktionsabfrage 235
Aktionselement 168
Aliasname 247
AliasNbPages() 552
AltBody 564
AND 217
Angriff 327
Anmeldeseite 446
Anmeldung 446
Anweisungsblock 53, 79, 116
Apache 26
array (Typhinweis) 369
array_diff() 401
array_filter() 392
array_intersect() 401
array_key_exists() 321
array_map() 392
array_merge() 401
array_pop() 378
array_push() 378
array_rand() 368
array_reduce() 392
array_search() 402
array_shift() 378
array_unique() 401
array_unshift() 378
array_walk() 392
array() 111, 115
arsort() 380
as 115
AS (SQL) 247
ASC 217
asort() 380
asXML() 489
Asynchronous JavaScript and XML ... 491

Aufhängen (in Schleife) 80
Ausnahmebehandlung 106
Auswahlelement 160
Auswahlmenü
  einfaches 163
  mehrfaches 166
AUTO_INCREMENT 416
AVG() 249

B

base_convert() 438
Basisklasse 279, 307
Bedingung 51
Benannter Parameter 123, 290
Benutzeroberfläche 252
Betrag 429
Bild
  Ausschnitt 525
  Informationen 588
  Ladezeit 566
  skalieren 523
  spiegeln 524
bind_param() 229
bind_result() 230
bindec() 438
bindParam()
  PDOStatement 480
  SQLite3Stmt 475
Bit-Operator 439, 588
Blog 565
BMP 516
Body 564
Bogenmaß 434
bool (Typhinweis) 132
boolean 68
Boolesche Variable 68
boolval() 68
border 83
break 88

C

Cache 328
Callback-Funktion 391
Call-by-Reference 101

Call-by-Value 101
CAPTCHA 513, 538
case 65
catch 106
cd 604
ceil() 431
Cell() 544, 547, 556
charset 27
Chat 565
chdir() 358
Checkbox 164
checkdate() 408
checked 161, 164
chr() 587, 594
class 281
Clientprogramm 21
clone 297
close()
 mysqli 215
 mysqli_result 216
 mysqli_stmt 230
 SQLite3 469
closedir() 356, 358
Code
 auslagern 127
 einrücken 27
cols 154
CONCAT() 247
confirm() 255
connect_error 214
connect.inc.php 272
const 40
continue 89
Cookies 443, 459
 Lebensdauer 328
COUNT() 249, 267
count() 120
cp 604
CREATE DATABASE 340
CREATE TABLE 274
CSS 172, 178, 252
 externe Datei 179
CSV-Datei
 Format 351
 lesen 353
 schreiben 351
current() 313

D

DATE 207
date() 356, 405, 409
Datei
 anlegen 604
 Existenz prüfen 317
 Informationen 355
 kopieren 604
 lesen 347
 löschen 576, 605
 mit Ajax laden 494
 schreiben 346
 umbenennen 605
 verschieben 605
 versteckt 603
Daten verstecken 585
Datenbank 203
 Ajax 507
 auswählen 340
 Ergebnis einer Abfrage 215
 Ergebnis schließen 216
 erstellen 340
 erzeugen 207
 exportieren 274
 hochladen 271
 importieren 276
 SQL-Anweisung senden 215
 Verbindung aufnehmen 214
 Verbindung schließen 215
Datenbankbrowser 271
Datenbankmodell 264
Datenbankserver 204
Datensatz 204
 ändern 238, 239
 Anzahl 215, 249
 auswählen 215, 216
 erzeugen 233
 größter Wert 249
 gruppieren 251, 269
 identifizieren 209
 kleinster Wert 249
 löschen 244
 Mittelwert 249
 nummerieren 416
 speichern 215, 398
 Summe 249
 unterscheiden 249

609

Index

Datentyp 29
   kontrollieren 131, 369
   SQLite3 466
Datentyphinweise 30
Datum und Zeit 403
   Differenz 410, 411, 413
   erzeugen 409, 410
   formatieren 405
   Gültigkeit prüfen 408
   Systemzeit ermitteln 403
DAYOFMONTH() 418
decbin() 438
dechex() 438
declare 131
decoct() 438
default 65
deg2rad() 434
Dekonstruktion 396
Dekrement 34
DELETE 246, 257
DESC 217
Deserialisierung 315
Destruktor 288
Dezimalsystem 437
Dezimaltrennzeichen 31
Differenzmenge 401
display_errors 324
DISTINCT 249
Division 32
   durch 0 .... 33, 107
   ganzzahlig 432
   Rest 32
do while 87
document 171, 499
DOCUMENT_ROOT 479
Dollarzeichen 30
DOUBLE 207
doubleval() 47
DROP TABLE 276
Dualsystem 437
Dualzahl 587
Dump 274

E

e (Eulersche Zahl) 428
echo 26

Eigenschaft 279
   statisch 294
Eingabe 42
Eingabefeld → Texteingabefeld
Eingabemaske 176
Einweg-Funktion 339
Element, verstecktes 156
else 53
E-Mail automatisieren 559
enctype 187
Endlosschleife 80
Ereignis 510
error_log 324
error_reporting 324
Eulersche Zahl 428
Event-Handler 171
Exception Handling 106
exec() 468
execute()
   mysqli_stmt 229
   PDOStatement 480
   SQLite3Stmt 475
exit()
   mit Meldung 317
   ohne Meldung 199
Exklusiv-Oder 440
exp() 428
Exponentialoperator 32, 427
Exponentialrechnung 428
Exponentialzahl 31
extends 308
Extension
   GD-Bibliothek 513
   pdo_mysql 476
   pdo_odbc 476
   pdo_sqlite 476
   php_sqlite3.dll 466
extension_loaded() 467, 514

F

false 172
Farbe
   Anteile 587
   ermitteln 591
   setzen 591

Fehler 323
   vermeiden 137
Fehlermeldung unterdrücken 214
Feiertage 420
Feld 110, 204
   als Parameter 365
   assoziativ 45, 113
   benutzerdefiniert sortieren 393
   eindimensional 111
   Element entfernen 378
   Element hinzufügen 378
   Elemente einzigartig 401
   entpacken 121, 363
   erzeugen 113, 117, 371
   Extrema ermitteln 374
   filtern 392
   gemischt 381
   in Klasse 301
   kopieren 364
   mappen 392
   mehrdimensional 363, 381
   numerisch indiziert 111
   Referenz 365
   Schlüssel 113
   Schreibweise 115
   sortieren 372
   statistische Auswertung 375
   von Formularelementen 167, 172
   von Objekten 301
   Wert 115
   Wert suchen 402
fetch_assoc() 215
fetch_row() 398
fetch()
   mysqli_stmt 230
   PDOStatement 480
fetchArray() 470
file (hochladen) 187
file_exists() 317, 358
file_get_contents() 317, 347, 588
FILE_IGNORE_NEW_LINES 349
file_put_contents() 317, 346
file() 321, 347
FileZilla 597
finally 109
firstChild 499
Fließkommazahl 31, 425
float (Typhinweis) 132

floatval() 47, 329
floor() 431
fmod() 432
Footer() 551
for 78
foreach 115
   mit Referenz 370
form 43
Formatierung 36, 172
Formular 222, 329
   auswerten 42, 151
   mit Programm 176
   prüfen 169
Forum 566
fpdf 541
From 564
FromName 564
FTP 201
FTP-Client 597
func_get_arg() 117
func_get_args() 117
func_num_args() 117
function 91
   Methode 281
function_exists() 110
Funktion 90
   als Parameter 394
   Aufruf 92
   auslagern 127
   Definition 91
   Existenz prüfen 110
   mathematisch 425
   Parameter 93, 96
   rekursiv 125, 359
   Rückgabewert 99
   Übergabe von Parametern 101
   variable Parameteranzahl 117
   variadisch 119
   verlassen 100

G

Ganze Zahl 31
Gauß, Carl Friedrich 145
gd_info() 514
GD-Bibliothek 513, 586
gedit 604

Index

Geldanlage 138
Generator 130
getAttribute() 499
getAvailableDrivers() 479
getcwd() 359
getElementsByTagName() 499
getimagesize() 588
getMessage() 109
GetX() 558
GetY() 558
global 104
Globale Variable 104
Grafik 513
    anzeigen 514
    Bild aus Datei laden 521
    Bildausschnitt 527
    Bogen 528
    Breite 522
    Ellipse 528
    erzeugen und speichern 516
    Farbe 516, 533
    Farbpalette 516
    gepunktete Linie 533
    Höhe 522
    interner Font 518
    Linie 531
    Linienart 533
    Liniendicke 533
    Objekt erzeugen 515
    Pixel 531
    Polygon 530
    Rechteck 530
    speichern 515
    Text drehen 521
    Text erzeugen 519
    unmittelbar anzeigen 516
Gregorianischer Kalender 408
Groß- und Kleinschreibung 30
GROUP BY 251, 269

H

Hash (Verschlüsselung) 339
Hash-Tabelle 111
HAVING 247
Header() 551
header() 517, 543

Hexadezimalsystem 437
hexdec() 438
hidden 156, 328
Hintergrundfarbe 179
hoch 427
Hochkommata 115
Hochladen
    Daten 186
    Programme 201
HOUR() 418
Hover-Effekt 180
HTML
    Entities 329
    Mail 563
    Tabelle 82
htmlentities() 329
htmlspecialchars() 329
HTTP 494
HTTP-Äquivalent 573
http-equiv 573
Hyperlink 178
    Daten anhängen 184
Hypertext Transfer Protocol 494

I

iconv() 353
if 52
Image() 553, 556
image/jpg 517
imagearc() 529
imagebmp() 516
imagecolorallocate() 516
imagecolorat() 591
imagecopy() 527
imagecreate() 515
imagecreatefrombmp() 523
imagecreatefromjpeg() 522
imagecreatefrompng() 523
imagecreatefromstring() 592
imagecrop() 525
imagedashedline() 533
imagedestroy() 516
imageellipse() 529
imagefill() 516
imagefilledarc() 529
imagefilledellipse() 529

imagefilledpolygon()	531
imagefilledrectangle()	531
imagefilltoborder()	534
imageflip()	524
imagejpeg()	516
imageline()	533
imageopenpolygon()	531
imagepng()	516
imagepolygon()	531
imagerectangle()	531
imagescale()	523
imagesetpixel()	532, 591
imagesetstyle()	533
imagesetthickness()	533
imagestring()	519
imagesx()	522
imagesy()	522
imagettftext()	520
IMG_FLIP_VERTICAL	524
implements	313
implode()	337, 346, 353
inc.php	127
include	127, 129
include_once	130
Index	112
INF	33, 107
ini_get()	325
ini_set()	326
Inkrement	34
INNER JOIN	267
input	152
INSERT	235
Instanz	279
INT	206
int (Typhinweis)	132
intdiv()	146, 432
INTEGER	468
integer primary key	466
interface	311, 312
Internet-Service-Provider	201
intval()	47, 329, 407
Inversion	440
IP-Adresse	416
is_array()	369
is_bool()	74
is_countable()	120
is_dir()	358
is_file()	358
is_float()	74
is_int()	74
is_null()	368
is_numeric()	74
is_readable()	358
is_string()	74
is_writeable()	358
ISP	201
isset ternary	76
isset()	72, 109, 446
Iterator	313

J

JavaScript	168, 252
JavaScript Object Notation	501
JOIN	267
geschachtelt	268
oder WHERE	270
JPEG	516
JSON	501
json_decode()	507
json_encode()	502

K

Kapselungsprinzip	283
Key	113
key()	313
Klammer	
geschweift	53, 79
rechteckig	45, 112
Klasse	279
abgeleitet	279, 307
Definition	281
Konstante	293
Koaleszenzoperator	76
Kodierung	27
Kollation	207
Kommandozeile	602
Kommentar	28
Konfigurationsdatei	597
Konstante	40
Konstruktor	213, 285
Kontrollkästchen	164
Kopfrechnen	195, 322, 424, 476

Index

krsort() 380
ksort() 380

L

Leerzeichen 175
LENGTH() 247
Lesbarkeit 27
LibreOffice Calc 351
LIKE 217
Line() 558
Link() 556
Links-Shift 441
Linux 598
list 396
Ln() 547, 549
log_errors 324
log() 428
log10() 428
Logarithmus 428
Logisches Nicht 60
Logisches Oder 57
Logisches Und 58
Log-Tabelle 416
Lokale Variable 103
ls -al 603
ls -l 603

M

m:n-Beziehung 265
macOS 600
mail() 559
MariaDB 19, 204
MAX() 249
max() 434
Maximum 433
maxlength 152
mb_chr() 338
mb_ereg_replace() 334, 353
mb_ereg_search_init() 334
mb_ereg_search() 334
mb_eregi_replace() 334
mb_ord() 332
mb_split() 188, 321, 337
mb_str_split() 332

mb_stripos() 336
mb_strlen() 47, 332
mb_strpos() 335
mb_strripos() 336
mb_strrpos() 336
mb_strtolower() 332
mb_strtoupper() 332
mb_substr() 336
mdb 479
Mehrere Tabellen 263
Mengenlehre 399
Meta-Angabe 27
method 43
Methode 279, 281
 magische 285
 statische 294
 überschreiben 308
microtime() 403
MIN() 249
min() 434
Minimum 433
MINUTE() 418
Mischen 435
mkdir 604
mktime() 409, 414
Modularisierung 90, 104
Modulo 32
 Fließkommazahl 432
MONTH() 418
MS Excel 351
Multibyte-Funktion 331
Multiplayer-Spiel 566
multiple 166
Multiplikation 32
mv 605
MySQL 19, 204
mysqli 213
mysqli_result 215
mysqli_stmt 229

N

name 152
Namensregel 30, 93, 207, 282
new 213, 284
next() 313
Nicht (logisches) 60

nl2br() 156, 348
node 499
NOT 217
Notepad++ 595
null 72
nullables 135
Nullbarer Typ 135
num_rows
   mysqli_result 215
   mysqli_stmt 230
number_format() 36
Nummerierung 416

O

object 300
Objekt 279
   als Parameter 297
   als Rückgabewert 297
   ausgeben 285
   erzeugen 213, 284
   in Klasse 301
   klonen 297
   kopieren 297
   laden 315
   Lebensdauer 285
   speichern 315
   Typhinweis 300
Objektorientierte Programmierung 279
octdec() 438
Oder
   bitweises 440
   logisches 57
Oktalsystem 437
ON 267
onchange 512
onmousedown 512
onmouseout 512
onmouseover 512
onmouseup 512
onreadystatechange 493
onreset 512
onsubmit 171
open() 493
opendir() 356
Open-Source-Datenbank 204

Operator
   arithmetisch 32
   logisch (PHP) 57
   logisch (SQL) 217
   Rangordnung 33, 61
   Spaceship 71
   ternär 70
   Vergleich (PHP) 51
   Vergleich (SQL) 216
   Vergleich, streng 68
Optionale Parameter 122, 290
OR 217
ord() 587, 589
ORDER BY 217
Ostersonntag 144, 422
Output() 542

P

padding 199
PageNo() 552
Parameter
   benannt 123, 290
   entpacken 121
   Feld von 120
   optional 122, 290
   positional 123
   Typ kontrollieren 94
   Vorgabewert 122, 290
   zu wenige 94
parent 309
parent::__construct() 309
parse() 504
PASSWORD_DEFAULT 340
password_hash() 330, 339
password_verify() 339
Passwort 330, 339
   Speicherung 330
PDF
   Ausgabe 542
   Bild skalieren 553
   erzeugen 541
   externer Hyperlink 556
   Fließtext 545
   Font 544
   Füllfarbe 549
   Hyperlink 553

PDF (Forts.)
- *Hyperlink erzeugen* 554
- *Hyperlink im Bild* 556
- *Hyperlink im Bildbereich* 556
- *Hyperlink in der Zelle* 556
- *Hyperlink, Zielpunkt* 555
- *Image-Map* 553
- *Kopf- und Fußzeile* 550
- *Linie* 557
- *Liniendicke* 549, 558
- *Linienfarbe* 549
- *Rechteck* 557
- *Schreibposition* 551, 558
- *Schreibposition nach der Zelle* 545
- *Schriftart* 544
- *Schriftfarbe* 546
- *Schriftgröße* 544, 547
- *Schriftschnitt* 544, 547
- *Seite erzeugen* 542
- *Seitenanzahl* 552
- *Seitenumbruch* 552
- *Standardfont* 543
- *Tabelle* 547
- *unterstreichen* 554
- *Zeilenhöhe* 546
- *Zeilenumbruch* 545, 547, 549
- *Zelle* 544
- *Zellenausrichtung* 545
- *Zellenfüllung* 545
- *Zellengröße* 544
- *Zellenrand* 544

PDF-Reader 541
PDO 465, 476
pdo_mysql 476
pdo_odbc 476
pdo_sqlite 476
PDO::FETCH_ASSOC 480
PDOStatement 479
PHP Data Objects 465, 476
PHP Hypertext Preprocessor 20
PHP_FLOAT_EPSILON 427
PHP_FLOAT_MAX 427
PHP_FLOAT_MIN 427
PHP_INT_MAX 425
PHP_INT_MIN 425
php_sqlite3.dll 466
php.ini 323
- *macOS* 601

php.ini (Forts.)
- *Ubuntu Linux* 600
- *Windows* 597

phpinfo() 596
PHPMailer 559
phpMyAdmin 205
- *aktualisieren* 207
- *Internet* 272

Platzhalter 217
Plausibilität 329
PNG 516, 587
Positionaler Parameter 123
post 43
Postfix-Notation 35
Potenzieren 32
pow() 428
Präfix 437
Prefix-Notation 35
prepare()
- *mysqli* 228
- *PDO* 479
- *SQLite3* 475

Prepared Statement
- *ausführen* 229
- *Ergebnis binden* 230
- *Ergebnis holen* 230
- *Ergebnis speichern* 230
- *Ergebnis, Anzahl* 230
- *erstellen* 228
- *MySQL* 226
- *PDO* 476
- *schließen* 230
- *SQLite* 471
- *Variable binden* 229

Primärschlüssel 209
private 282
Programm
- *beenden* 199, 317
- *entwickeln* 137
- *selbst aufrufen* 573

Programmierstil 25
Programmierung
- *objektorientierte* 279

Programmpaket 327
Projektverwaltung 263
Promotion 286
protected 282

Proxy 328
public 282

Q

query()
   mysqli 215
   SQLite3 470

R

rad2deg() 434
Radiobutton 160
   Gruppe 161
random_int() 85
range() 371, 436
readdir() 356
readonly 152, 154
readystate 494
REAL 468
Rechenoperator 32
Rechte (Unix) 603
Rechtsassoziativ 428
Rechts-Shift 441
Rect() 558
Referenz 41, 147
   Feld 365
   foreach 370
   Objekt 297
   Variable 101
refresh 573
Reguläre Ausdrücke 333
Rekursive Funktion 125, 359
Relation 263
REMOTE_ADDR 416
require 129
require_once 130
reset 43, 169
responseText 494
responseXML 499
return
   JavaScript 172
   PHP 99
rewind() 313
rm 605
rmdir 604

round() 431
rows 154
rsort() 373
Rückgabewert 99
   null 135
   Typ kontrollieren 100
Rückruffunktion 391
rwx 603

S

Schleife 77
   Abbruch 88
   bedingungsgesteuert 85, 87
   endlos 80
   Fortsetzung 89
   verschachtelt 81
Schnittmenge 401
Schnittstelle 311
Schreibrechte 345
Schriftart 179
Schriftgröße 179
SECOND() 418
Seitenquelltext 260
select 164, 166
select_db() 340
selected 164
selectedIndex 512
self 295, 296
Send() 564
send() 493
Separator 32
Serialisierung 315
serialize() 316
Serverprogramm 21
Session 328
   Gültigkeit beenden 328
session_cache_limiter() 328
session_destroy() 444
session_id() 446
session_regenerate_id() 328
session_set_cookie_params() 328
session_start() 444
Session-ID 445
   regenerieren 328
Session-Management 443, 566
setcookie() 460

Index

SetDrawColor() 549
SetFillColor() 549, 558
SetFont() 544
SetFontSize() 547
SetLineWidth() 549, 558
SetLink() 555
setRequestHeader() 497
SetTextColor() 546
SetX() 558
SetXY() 558
SetY() 551
shuffle() 435, 436
Sichtbarkeit 282
Silence-Operator 214, 328
SimpleXML 481
simplexml_load_file() 483
simplexml_load_string() 488
SimpleXMLElement 483
size 152
sort() 373
Sortierung
   Abfrage 217
   Feld 393
Spaceship-Operator 71
span 508
Spiel 87
Spread-Operator 120, 363
sprintf() 36
SQL 204
   Aggregatfunktionen 249
   Großschrift 204
   Gruppierung 251
   Zeichenkettenfunktion 247
   Zeitfunktionen 418
SQL-Injection 226, 330
SQLite3 465
SQLITE3_ASSOC 470
SQLITE3_FLOAT 475
SQLITE3_INTEGER 475
SQLITE3_TEXT 475
SQLite3Result 470
SQLite3Stmt 475
sqrt() 428
Startwert 79
stat() 355, 358
Statische Eigenschaft 294
Statische Methode 294
status 494

Steganografie 585
Stellenwertsystem 437
store_result() 230
str_shuffle() 437
strftime() 405
String 39, 331
string (Typhinweis) 132
strlen() 587
strtotime() 410
strval() 47, 353
Subject 564
submit 43, 169
Subtraktion 32
SUM() 249
superglobal
   $_COOKIE 460
   $_FILES 188
   $_SERVER 416
   $_SESSION 443
Superglobale Variable 104
switch 63
Symmetrische Differenzmenge 401
Systemzeit ermitteln 403

T

Tabelle 203
   erzeugen 207
   Struktur 204
   verknüpfen 263, 267
Tasten (Windows) 602
Terminal 602
Ternärer Operator 70
TEXT 468
textarea 154
Texteingabefeld 42
   einzeilig 152
   mehrzeilig 154
   Passwort 156
Textelement 151
Textfarbe 179
throw 106
time() 403, 414, 462
Timestamp 356, 404
   Bereichsüberschreitung 421
TIMESTAMP (SQL) 416
timezone 596

Index

Trägerinformation 585
true 172
TrueType-Font 519
try 106
TTF-Datei 520
Typ prüfen 74, 368
Typhinweise 30, 94, 100, 131, 300, 369

U

Überschreiben 308
Ubuntu Linux 598
UCS 27
Umlaut 30, 205
   E-Mail 560
   PDF-Datei 545
Und
   bitweises 440
   logisches 58
Unicode 27
Universal Character Set 27
Unix-Befehle 602
unlink() 576
unserialize() 317
unset() 72, 329
Unterstrich
   Namensteil 30
   Separator 32
UPDATE 238, 257
Upload 186
URL
   Daten anhängen 181, 327
   wechseln 543
usort() 393
UTF-8 .... 27, 132
utf8_decode() 545, 560
utf8_general_ci 205, 207

V

valid() 313
Value 115
value 152, 162, 169
var_dump() 425
VARCHAR 206

Variable
   Existenz prüfen 72, 77, 109
   global 104
   Gültigkeit 103, 329
   Information über 425
   initialisieren 329
   lokal 103
   löschen 72
   superglobal 104
   unerlaubter Zugriff 329
Variadische Funktionen 119
Vereinigungsmenge 401
Vererbung 306
Verknüpfung 57
Verschlüsselung 339
version() 467
Verstecktes Element 156
Verzeichnis
   aktuell 359, 603
   anlegen 604
   Existenz prüfen 317
   Hierarchie 603
   Informationen 356
   Inhalt 603
   lesen 358
   löschen 604
   öffnen 358
   schließen 358
   übergeordnet 603
   versteckt 603
   wechseln 358, 604
Verzweigung 51
   mehrfach 61, 63
   mit ? 70
   verschachtelt 61
Vorzeichen 429, 441

W

Warenkorb 451
Webcounter 350
Webshop 451
WHERE 216
   oder JOIN 270
while 85
Wiederholung 77
Wildcard 217

Windows
  Tasten 602
Winkelfunktion 434
Write() 546, 554
Würfeln 85
Wurzel 428

X

XAMPP 23, 204
  Control Panel 596
  installieren unter Linux 598
  installieren unter macOS 600
  installieren unter Windows 595
XML 481
  Zeichenkette 488
XML-Datei 482, 570
  Attribut lesen 577
  Attribut schreiben 577
  laden 574
  speichern 575
XMLHttpRequest 491

Y

YEAR() 418
yield 130

Z

Zahl 31, 425
  Fließkomma 31
  Formatierung 36

Zahl (Forts.)
  ganz 31
  in ganze Zahl 430
  mit Exponent 31
  Präfix 437
  runden 430
  Separator 32
Zeichencode 332, 338
Zeichencodierung 482
Zeichenkette 38, 331
  aus Feld 337
  beginnt mit 334
  einzelne Zeichen 332
  endet mit 334
  enthält 334
  in Feld 337
  Kodierung ändern 353
  Länge 47, 332
  Länge (SQL) 247
  Position suchen 335
  SQL-Funktion 247
  Teile ersetzen 334
  Teilzeichenkette 336
  umwandeln 46, 332
  verketten (SQL) 247
Zeilenumbruch 26, 260, 346
  umwandeln 156, 348
Zeit, SQL-Funktion 418
Zeitangabe → Datum und Zeit
Zeitstempel 416
Zeitzone 596
Zugriffszähler 444
Zurücksetzen 43, 169
Zuweisung 31
  kombiniert 34

PHP und MySQL für dynamische Webseiten

Hier finden Sie einen leichten, fundierten Einstieg in die Webentwicklung mit PHP und seine Sprachgrundlagen. PHP-Entwicklern mit Erfahrung bietet das Buch jede Menge Infos zu den fortgeschrittenen Themen von PHP 8. Das Besondere dabei ist die Mischung aus Theorie und Praxis mit zahlreichen Code- und Anwendungsbeispielen. So lernen Sie professionelle Arbeitsweisen und nützliche Werkzeuge für die PHP-Entwicklung kennen.

1.050 Seiten, gebunden, 49,90 Euro, ISBN 978-3-8362-8327-4
www.rheinwerk-verlag.de/5292

SQL: Verstehen, einsetzen, nachschlagen

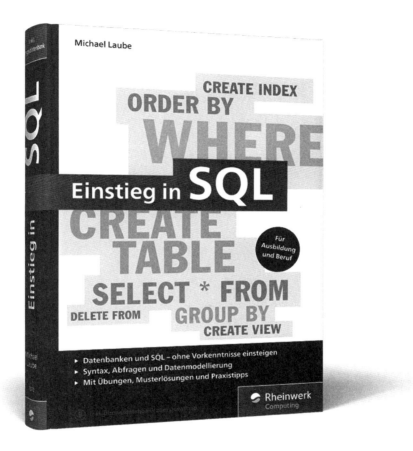

Dieses Buch steht Ihnen von jetzt an zur Seite und führt Sie Schritt für Schritt in SQL und seine verschiedenen Dialekte ein. Sie lernen die Sprache umfassend kennen und erfahren, wie Sie eine Beispieldatenbank einrichten, Rohdaten von Redundanzen befreien und effiziente SQL-Abfragen formulieren. Dank zahlreicher Übungen und Musterlösungen eignet sich dieser SQL-Leitfaden auch hervorragend fürs Selbststudium.

608 Seiten, gebunden, 29,90 Euro, ISBN 978-3-8362-7070-0

www.rheinwerk-verlag.de/4912

Umfassend, praxisnah, zum Lernen und Nachschlagen

Die Webstandards HTML5 und CSS3 sowie die HTML5-APIs bieten Ihnen alle Möglichkeiten, um moderne Webseiten zu erstellen und zu gestalten. Dieses Buch zeigt Ihnen, wie Sie die neuen Funktionen einsetzen. Jürgen Wolf macht Sie umfassend mit Syntax, Aufbau und Struktur von HTML vertraut und bietet Ihnen zahlreiche konkrete Beispielprojekte. Sie lernen, wie Sie mit CSS3 aufwendige Layouts gestalten und CSS-Präprozessoren einsetzen. Außerdem bietet das Buch eine grundlegende Einführung in JavaScript.

1.243 Seiten, gebunden, 44,90 Euro, ISBN 978-3-8362-6226-2
www.rheinwerk-verlag.de/4622

WordPress von A bis Z

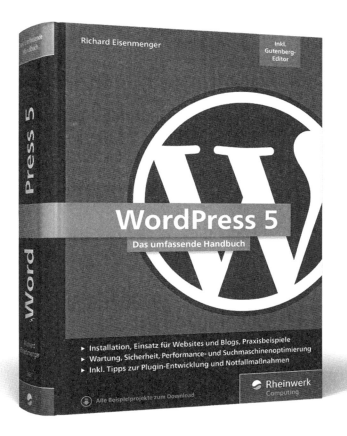

Mit WordPress können Sie sich schnell einen eigenen Webauftritt oder ein Blog. Dieses Buch zeigt Ihnen wie es geht. Entweder greifen Sie auf eine Vielzahl an Themes-Vorlagen zurück und entwickeln mit PHP und zahlreichen Widgets oder Plug-ins, die es für WordPress gibt. Richard Eisenmenger zeigt, wie Sie die Funktionen von WordPress gut und effektiv nutzt. Erfahren Sie, wie Sie Themes und Plugins entwickeln, und profitieren Sie von den Tipps zu fortgeschrittenen Themen wie Custom Post Types, Responsive Webdesign und Performance-Optimierung. Perfekt zum Lernen und Nachschlagen.

1.068 Seiten, gebunden, 39,90 Euro, ISBN 978-3-8362-5681-0

www.rheinwerk-verlag.de/4456